2025

GSAT
삼성직무적성검사
3급 대졸 500제

삼성적성검사연구소

2025

GSAT 삼성직무적성검사
3급 대졸 500제

인쇄일 2025년 1월 1일 4판 1쇄 인쇄	**발행처** 시스컴 출판사	
발행일 2025년 1월 5일 4판 1쇄 발행	**발행인** 송인식	
등 록 제17-269호	**지은이** 삼성적성검사연구소	
판 권 시스컴2025		

ISBN 979-11-6941-591-0 13320
정 가 17,000원

주소 서울시 금천구 가산디지털1로 225, 514호(가산포휴) | **홈페이지** www.nadoogong.com
E-mail siscombooks@naver.com | **전화** 02)866-9311 | **Fax** 02)866-9312

INTRO

삼성직무적성검사(Global Samsung Aptitude Test)란 삼성에서 실시하는 직무적성검사로, 단편적인 지식보다는 주어진 상황을 유연하게 대처하고 해결할 수 있는 종합적인 능력을 평가하는 검사입니다. GSAT는 3 · 4 · 5급으로 나뉘며 3급은 대졸, 4급은 전문대졸, 5급은 고졸을 대상으로 합니다. 각 급수마다 출제유형이 다르기 때문에 급수에 맞는 맞춤대비가 필요합니다. 시스컴의 삼성 GSAT 500제는 3 · 4 · 5급이 시리즈로 출간되어 본인의 급수에 맞는 책으로 맞춤학습을 할 수 있습니다.

본 교재는 문제 출제 비중과 난이도를 고려하여 수리논리는 응용수리 90문제, 자료해석 90문제로 총 180문제를 수록하였으며, 추리는 언어추리 150문제, 단어유추 50문제, 도형추리 20문제, 도식추리 20문제, 논리추론 80문제로 총 320문제를 수록, 도합 500문제로 수록하였습니다. 수리논리와 추리에 대한 다양한 유형의 문제를 실어 GSAT 시험대비에 부족함이 없도록 구성하였습니다.

GSAT가 오프라인 시험에서 온라인 시험으로 바뀌면서 기존에 존재했던 언어능력검사, 지각능력검사, 영어능력검사가 제외되어 수리능력검사, 추리능력검사 두 가지 과목이 GSAT 과목으로 채택되었습니다.

변화된 온라인 시험으로 혼란스러워 할 수험생들이 이 책으로 충분히 시험을 대비하고 마음을 다잡아 어려운 시기를 극복하고 취업에 한 발짝 내딛을 수 있기를 진심으로 희망합니다.

삼성적성검사연구소

01 경영철학과 목표

1. 인재와 기술을 바탕으로

- 인재육성과 기술우위 확보를 경영의 원칙으로 삼는다.
- 인재와 기술의 조화를 통하여 경영전반의 시너지 효과를 증대한다.

2. 최고의 제품과 서비스를 창출하여

- 고객에게 최고의 만족을 줄 수 있는 제품과 서비스를 창출한다.
- 동종업계에서 세계 1군의 위치를 확보한다.

3. 인류사회에 공헌

- 인류의 공동이익과 풍요로운 삶을 위해 기여한다.
- 인류공동체 일원으로서의 사명을 다한다.

02 핵심가치

1. 인재제일

'기업은 사람이다'라는 신념을 바탕으로 인재를 소중히 여기고 마음껏 능력을 발휘할 수 있는 기회의 장을 만들어 간다.

2. 최고지향

끊임없는 열정과 도전정신으로 모든 면에서 세계 최고가 되기 위해 최선을 다한다.

3. 변화선도

변화하지 않으면 살아남을 수 없다는 위기의식을 가지고 신속하고 주도적으로 변화와 혁신을 실행한다.

4. 정도경영

곧은 마음과 진실되고 바른 행동으로 명예와 품위를 지키며 모든 일에 있어서 항상 정도를 추구한다.

5. 상생추구

우리는 사회의 일원으로서 더불어 살아간다는 마음을 가지고 지역사회, 국가, 인류의 공동 번영을 위해 노력한다.

03 채용프로세스

삼성전자는 '함께 가는 열린 채용'을 통해 학력, 연령, 성별 구분 없이 우수한 인재를 선발하고 있다.

1. 채용안내

(1) 모집시기

신입사원 공개채용은 매년 상반기, 하반기로 연 2회로 나누어 진행되며, 계열사에 따라 시기가 며칠씩 차이나기도 한다.

(2) 지원자격

3급 : 4년제 정규대학 기졸업자 또는 졸업예정자

지원하는 회사의 모집 직군별로 전공, 영어회화 최소등급 등의 자격조건을 충족해야 함

병역필 또는 면제자로 해외여행에 결격사유가 없는 자

4급 : 전문대 기졸업자 또는 졸업예정자

병역필 또는 면제자로 해외여행에 결격사유가 없는 자

5급 : 고등학교 기졸업자 또는 졸업예정자

병역필 또는 면제자로 해외여행에 결격사유가 없는 자

2. 채용전형절차

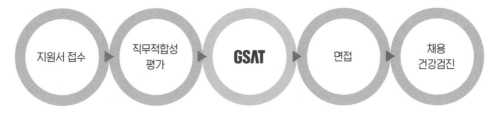

지원서 접수 ▶ 직무적합성 평가 ▶ **GSAT** ▶ 면접 ▶ 채용 건강검진

(1) 지원서 접수

기본 인적사항, 학업 이수내용, 경험/자격, 자기소개서 작성 후 제출

※ 삼성 채용 홈페이지(http://www.samsungcareers.com)를 통해 접수

(2) 직무적합성 평가

지원서 제출 정보를 바탕으로 직군별 직무수행역량을 평가

※ 직무적합성평가 합격자에 한해 직무적성검사 응시 가능

(3) 직무적성검사

GSAT(Global Samsung Aptitude Test)

대상 : 연구개발, 기술/설비, 영업마케팅, 경영지원 지원자

※ 영문GSAT 응시자격은 공고 모집 시 확인

(4) 종합면접

임원 면접 + 직무역량 면접 + 창의성 면접

구분	임원 면접	직무역량 면접	창의성 면접
평가 항목	개인 품성, 조직 적합성 등	전공 역량, 직무 동기	독창적인 아이디어와 논리 전개과정을 평가
면접 방식	1(면접자) : 多(면접위원), 개인별 면접방식		
면접 운영	질의/응답	전공별 문제 풀이 후 프리젠테이션 및 질의/응답	문제풀이 후 프리젠테이션 및 질의/응답

(5) 채용 건강검진

건강검진 합격자에 한해 최종 합격 및 입사 가능

GSAT(Global Samsung Aptitude Test)

구분		내용	문항수	검사시간
직무적성검사	수리능력검사	• 응용수리 • 자료해석	20문항	30분
	추리능력검사	• 언어추리(명제, 조건추리) • 단어유추 • 도형추리 • 도식추리 • 논리추론	30문항	30분

1. 수리능력검사

기초 수준의 수리 능력을 평가하는 영역으로 비교적 간단한 수식을 세워 해결할 수 있다. 소금물의 농도, 속도, 일률 등의 응용수리와 자료해석으로 구성되어 있다.

2. 추리능력검사

사물을 신속하고 정확하게 식별할 수 있는 능력을 평가한다. 명제와 조건추리로 이루어진 언어추리와 단어유추, 도형추리, 숫자와 문자로 이루어진 도식 추리, 논리추론 등으로 구성되어 있다.

※ 채용 정보는 추후 변경 가능성이 있으므로, 반드시 채용 기관의 홈페이지를 참고하시기 바랍니다.

1. 시험 구성

진행 방식	오프라인 시험
출제영역	언어논리, 수리논리, 추리, 시각적사고
총 문항수	110문항
시험시간	115분
특징	모든 계열사가 같은 날 같은 시간에 동시에 진행(동일한 시험 문항으로 출제)

▶

진행 방식	온라인 시험
출제영역	수리논리, 추리
총 문항수	50문항
시험시간	60분
특징	계열사별로 이틀 간 오전과 오후 총 4번에 걸쳐 진행(부정행위 방지를 위해 회차별 시험 문항 다르게 출제)

2. 시험 응시시간

GSAT(온라인 시험)기준이며 수리논리 시험이 종료되고 5분간 응시환경을 점검한 뒤에 추리 시험이 진행되었다.

시간		단계
오전	오후	
8:40~9:00	13:40~14:00	응시 프로그램(PC) 실행 후 대기화면 확인 / 감독 프로그램 (휴대 전화) 접속
9:00~10:00	14:00~15:00	삼성직무적성검사 시험 준비
10:00~11:00	15:00~16:00	삼성직무적성검사 실시

1. 문제유형

GSAT가 아닌 다른 채용시험은 매번 문제 유형이 변화하기 때문에 맞춤형 대비가 쉽지 않다. 그러나 GSAT는 타 채용시험과 다르게 출제 유형이 정해져 있으며 이 기출 유형이 반복적으로 출제되고 있다.

2. 시험 난이도

평균적인 시험의 난이도는 대체로 평이한 수준이며 매번 세부적인 난이도는 조금씩 다르다. 간혹 있는 고난이도 문제로 인해 만점을 받기가 다소 어려우나, 고난이도 문제를 집중적으로 공부한다면 높은 점수를 받을 수 있을 것이다.

3. 영역별 과락

정확한 과락 점수는 공개되지 않았으므로, 특정 영역의 점수가 점수 기준에 미달되지 않도록 어느 한 영역에 치중하여 학습하기보다 골고루 학습하여야 한다.

4. 감점

GSAT는 오답 감점 제도가 있기 때문에 모르는 문제는 차라리 풀지 않고 다른 문항으로 넘어가는 것이 좋다.

※ GSAT 시험 규정은 시험 전에 반드시 채용 기관의 홈페이지 내용을 참고하시기 바랍니다.

01 에세이(자기소개서)

에세이는 지원서를 접수하기 전에 작성하는 것으로, 자기소개서를 쓰는 것과 유사하다. 다음의 에세이는 예시이며, 직군별 모집전공은 회사별로 다를 수 있으므로 삼성 채용 홈페이지를 참고하여 각 지원 분야에 맞는 에세이양식을 확인하고 작성하여야 한다.

> **에세이 4문항**
> 1. 삼성전자를 지원한 이유와 입사 후 회사에서 이루고 싶은 꿈을 기술하십시오.(700자)
> 2. 본인의 성장과정을 간략히 기술하되 현재의 자신에게 가장 큰 영향을 끼친 사건, 인물 등을 포함하여 기술하시기 바랍니다. (작품 속 가상인물도 가능)(1500자)
> 3. 최근 사회이슈 중 중요하다고 생각되는 한 가지를 선택하고 이에 관한 자신의 견해를 기술해주시기 바랍니다.(1000자)
> 4. 지원한 직무 관련 본인이 갖고 있는 전문지식/경험(심화전공, 프로젝트, 논문, 공모전 등)을 작성하고, 이를 바탕으로 본인이 지원 직무에 적합한 사유를 구체적으로 서술해 주시기 바랍니다.(1000자)
>
> **전공소개 ppt**
> 4장 분량의 짧은 소개 자료를 ppt로 제작하여 첨부
>
> **학점입력**

02 삼성 GSAT 면접

삼성 면접은 많게는 3가지 유형으로 이루어지며, 임원 면접(30분)과 직무역량 면접(30분), 창의성 면접(30분)으로 이루어진다. 면접 순서는 조에 따라 다르다. 어떤 면접을 보는지는 급수별, 직무별로 조금씩 상이하므로 삼성 채용 홈페이지에서 자신에게 맞는 급수와 직무 유형의 채용공고를 참고하여야 한다. 면접을 보기 전날에는 컨디션 관리를 철저히 하여 면접을 볼 때 집중력을 발휘하여 면접에 임하도록 한다. 면접 분위기는 대체로 우호적이기 때문에 지나치게 긴장하거나 긴장이 풀어진 모습이 보이지 않도록 한다. 면접 경험이 거의 없는 경우 면접을 보기 전 면접노트를 만들어 예상 질문과 답변을 적고 숙지하도록 한다. 또한 면접관을 대면하는 방식이 익숙해질 수 있도록 실제 면접 환경과 같은 모의면접 환경에서의 반복적인 연습이 필요하다.

1. 임원(인성) 면접

임원 면접은 평가 비중이 가장 높으며, 가치관과 직무 적합성을 평가한다. 임원 면접을 볼 때에는 말하고자 하는 핵심을 앞에 언급하고 그에 맞는 이유와 근거를 든 후에 마무리하는 방식의 두괄식 화법을 사용하는 것이 좋으며 20~40초 내에 간결한 답변을 하는 것이 좋다. 또한 상대방에게 다른 의견을 제시할 때에는 먼저 상대방의 의견에 동의하고 인정하는 자세가 필요하다. 인정하는 자세가 보이지 않는다면 변명을 하는 것처럼 보일 수 있으며, 편협한 생각을 가진 사람이라는 이미지로 비춰질 수 있기 때문이다. 그리고 답변을 할 때 첫째, 둘째, 셋째로 정리하여 말한다면 면접관에게 좋은 인상을 줄 수 있다. 직관적인 답변은 바로 대답하는 것이 좋으며 그 외의 답변은 2~3초 텀을 두고 대답하는 것이 좋다. 외운 내용이라도 읽는 듯한 딱딱한 말투를 쓰기보다는 자연스러운 답변이 나올 수 있도록 충분히 연습하는 것이 좋다. 임원 면접은 본인의 자기소개서를 토대로 나올 수 있는 예상 질문을 만들어 자신만의 면접노트에 답변을 정리하고 반복적으로 연습하여야 한다.

2. PT면접(직무역량 면접)

직무역량 면접은 PT면접으로 이루어지며 직무에 대한 전문성과 발표력을 평가한다. PT면접은 기본적으로 전공에 대한 지식이 필요하며, 꾸준한 학습이 기반이 되어야 한다. 또한 업계별 트렌드에 대한 정보가 필요하다. 전공은 단순히 개념을 정리하는 것뿐만 아니라, 현장에서 발생할 수 있는 문제점과 개선방안에 대해 연구하여 준비하여야 한다. 그래서 주어진 주제에 대한 문제점과 해결방안을 도출해낼 수 있도록 한다. PT의 내용과 형식 모두 중요하지만, 차별화를 원한다면 형식부분에서 차별화를 주는 것이 좋다. PT면접은 5분의 발표시간이 주어지는데, 시간 내에 자신의 역량과 발표력을 충분히 어필할 수 있도록 한다. 면접의 난이도가 점점 높아지는 추세이므로 철저한 준비가 필요하다.

3. 창의성 면접

창의성 면접은 문제해결능력을 평가하며, 획일적인 정답을 찾기보다는 다양한 방식으로 실현가능한 문제해결방안을 생각하여 제시하여야 하며, 문제를 구체적으로 어떻게 해결할 수 있는지 설명하여야 한다. 5분 정도의 브리핑 후 면접관과의 토론을 통해 최선의 결론을 도출해가는 방식으로 이루어진다. 무조건적으로 자신의 의견을 주장하는 것이 아닌 토론의 과정을 통하여 부족한 부분을 점점 더 보완해나가야 한다. 자신의 생각을 설득력 있게 전달할 수 있는 능력과 자신감이 필요하다. 전공과 무관한 주제가 자주 출제되므로 미리 최근의 이슈를 찾아보고 평소에 자신의 생각을 정리하는 연습이 필요하다. 지원자들이 가장 어려워하지만 가장 무난하게 느끼는 면접 유형이다.

지원 시 우대되는 자격증

구분		자격증
중국어자격 보유	필기	• BCT(620점 이상) • FLEX 중국어(620점 이상) • 新 HSK(新 5級 195점 이상)
	회화	• TSC(Level 4 이상) • OPIc 중국어(IM1 이상)
공인한자능력자격 보유		• 한국어문회(3급 이상) • 한자교육진흥회(3급 이상) • 한국외국어평가원(3급 이상) • 대한검정회(2급 이상)
한국공학교육인증원		공학교육 프로그램 이수자

BCT

BCT는 Business Chinese Test의 줄임말로, '실용중국어시험'이라고 할 수 있다. 중국어를 모국어로 사용하지 않는 사람을 대상으로 하며, 비즈니스 활동에 종사하는 데 있어 갖추어야 할 중국어 실력을 측정하는 표준화된 시험이다. 그러나 비즈니스 활동뿐 아니라 일상생활이나 사회활동 중 요구되는 중국어를 활용한 교제 능력을 전반적으로 측정할 수 있기 때문에, 비즈니스 전문 지식시험이 아닌 중국어 활용 능력 시험에 가깝다고 할 수 있다. 매년 정기적으로 중국과 한국 및 그 외 국가에서 널리 시행되고 있다.

新BCT 시험은 초급 학습자를 대상으로 한 新BCT(A)[듣기, 읽기, 쓰기], 중·고급 학습자를 대상으로 한 新BCT(B)[듣기, 읽기, 쓰기], 그리고 新BCT(Speaking) 세 가지가 있다.

FLEX

FLEX(Foreign Language Examination)는 한국외국어대학교가 수년간의 개발을 거쳐 1999년 개발을 완료한 현재 시행하고 있는 전문적인 외국어 능력시험이다. 외국어 사용에 대한 전반적인 능력을 공정하고 균형 있게 평가할 수 있는 표준화된 도구이다. 정기 시험은 연 4회에 걸쳐 전국적으로 시행되고 있다.

HSK

HSK는 제1언어가 중국어가 아닌 사람의 중국어능력을 평가하기 위해 만들어진 중국정부 유일의 국제 중국어능력 표준화 고시로 생활·학습·업무 등 실생활에서의 중국어 운용능력을 중점적으로 평가하며, 현재 세계 112개 국가, 860개 지역에서 시행되고 있다. HSK는 듣기·독해·쓰기 능력평가 시험으로 1급~6급으로 나뉘며, 급수별로 각각 실시된다.

TSC

TSC(Test of Spoken Chinese)는 국내 최초의 CBT 방식의 중국어 Speaking Test로 중국어 학습자의 말하기 능력을 직접적으로 평가할 수 있는 실용적인 시험이다.

OPIc

OPIc은 면대면 인터뷰인 OPI를 최대한 실제 인터뷰와 가깝게 만든 IBT 기반의 응시자 친화형 외국어 말하기 평가로, 단순히 문법이나 어휘 등을 얼마나 많이 알고 있는가를 측정하는 시험이 아니라 실제 생활에서 얼마나 효과적이고 적절하게 언어를 사용할 수 있는가를 측정하는 객관적인 언어 평가도구이다.

과목설명

각 직무적성검사에 대한 간략한 설명을 첨부하여 GSAT 문제 유형을 쉽게 파악할 수 있도록 구성하였습니다.

유형별 문제

각 과목의 출제비중을 고려하여 문제를 구성하였으며, 유형별 문제에 대비할 수 있도록 하였습니다.

정답해설

문제의 요지에 초점을 맞추어 해당 선택지가 문제의 정답이 되는 이유를 명확하게 설명하였고, 필요한 경우에는 설명을 덧붙여 이해하기 쉽도록 하였습니다.

핵심정리

문제와 관련 있는 공식 및 개념 등을 제시하여 주요 개념을 익히고 문제를 깊이 있게 학습할 수 있도록 하였습니다.

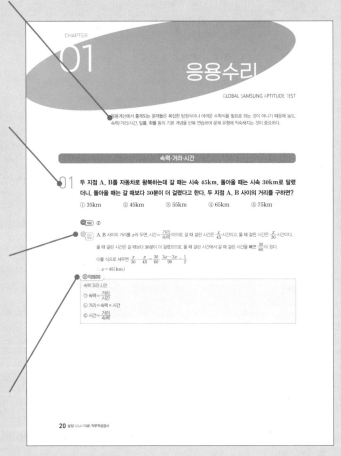

핵심 노트

삼성직무적성검사 정복을 위해 각 영역에서 빈출되는 유형의 문제를 분석하고 핵심만을 정리하여 전략적인 학습을 할 수 있도록 하였습니다.

핵심정리

응용수리 영역에서는 문제풀이에 필요한 공식과 자료를 유형별로 보기 쉽게 정리하였으며, 추리 영역에서는 각 유형의 개념과 정의, 문제풀이 방법 등을 간략히 수록하였습니다.

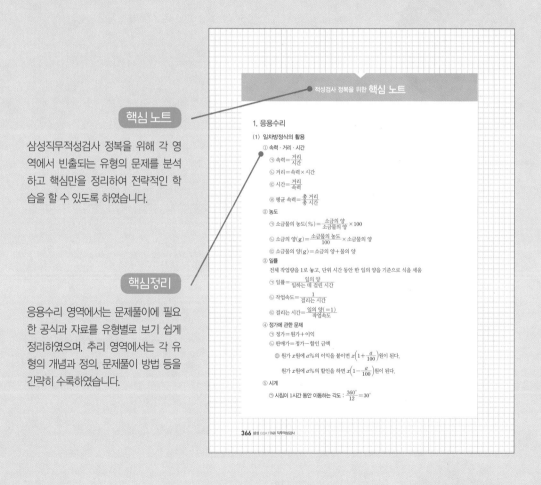

적성검사 정복을 위한 **핵심 노트**

1. 응용수리

(1) 일차방정식의 활용

① 속력 · 거리 · 시간

 ⊙ 속력 $= \dfrac{거리}{시간}$

 ⓒ 거리 = 속력 × 시간

 ⓒ 시간 $= \dfrac{거리}{속력}$

 ⓔ 평균 속력 $= \dfrac{총 거리}{총 시간}$

② 농도

 ⊙ 소금물의 농도(%) $= \dfrac{소금의 양}{소금물의 양} \times 100$

 ⓒ 소금의 양(g) $= \dfrac{소금물의 농도}{100} \times 소금물의 양$

 ⓒ 소금물의 양(g) = 소금의 양 + 물의 양

③ 일률

 전체 작업량을 1로 놓고, 단위 시간 동안 한 일의 양을 기준으로 식을 세움

 ⊙ 일률 $= \dfrac{일의 양}{일하는 데 걸린 시간}$

 ⓒ 작업속도 $= \dfrac{1}{걸리는 시간}$

 ⓒ 걸리는 시간 $= \dfrac{일의 양(=1)}{작업속도}$

④ 정가에 관한 문제

 ⊙ 정가 = 원가 + 이익

 ⓒ 판매가 = 정가 − 할인 금액

  ⓒ 원가 x원에 a%의 이익을 붙이면 $x\left(1 + \dfrac{a}{100}\right)$원이 된다.

   원가 x원에 a%의 할인을 하면 $x\left(1 - \dfrac{a}{100}\right)$원이 된다.

⑤ 시계

 ⊙ 시침이 1시간 동안 이동하는 각도 : $\dfrac{360°}{12} = 30°$

366 삼성 GSAT 3급 직무적성검사

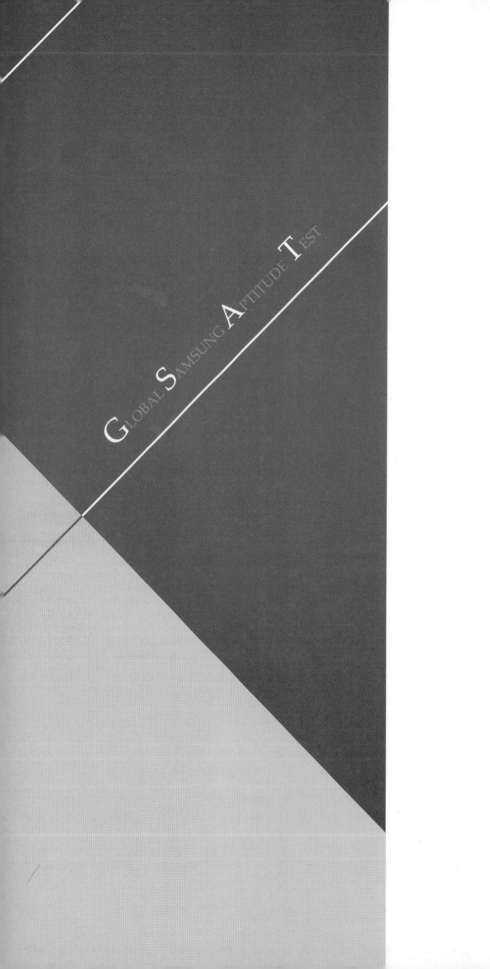

수리
논리

01

응용수리

GLOBAL SAMSUNG APTITUDE TEST

응용계산에서 출제되는 문제들은 복잡한 방정식이나 어려운 수학식을 필요로 하는 것이 아니기 때문에 농도, 속력/거리/시간, 일률, 확률 등의 기본 개념을 반복 연습하여 문제 유형에 익숙해지는 것이 중요하다.

속력·거리·시간

01 두 지점 A, B를 자동차로 왕복하는데 갈 때는 시속 45km, 돌아올 때는 시속 30km로 달렸더니, 돌아올 때는 갈 때보다 30분이 더 걸렸다고 한다. 두 지점 A, B 사이의 거리를 구하면?

① 35km ② 45km ③ 55km ④ 65km ⑤ 75km

정답 ②

정답해설 A, B 사이의 거리를 x라 두면, 시간$=\dfrac{거리}{속력}$이므로, 갈 때 걸린 시간은 $\dfrac{x}{45}$시간이고, 올 때 걸린 시간은 $\dfrac{x}{30}$시간이다.

올 때 걸린 시간은 갈 때보다 30분이 더 걸렸으므로, 올 때 걸린 시간에서 갈 때 걸린 시간을 빼면 $\dfrac{30}{60}$이 된다.

이를 식으로 세우면 $\dfrac{x}{30}-\dfrac{x}{45}=\dfrac{30}{60}$, $\dfrac{3x-2x}{90}=\dfrac{1}{2}$

$\therefore x=45(\text{km})$

핵심정리

속력·거리·시간

㉠ 속력$=\dfrac{거리}{시간}$

㉡ 거리$=$속력$\times$시간

㉢ 시간$=\dfrac{거리}{속력}$

02 A지점에서 120km 떨어진 B지점까지 평균 시속 80km로 왕복하였다. 갈 때는 시속 90km로 운전하였다면 올 때의 시속은 몇 km인가?

① 70km ② 72km ③ 74km ④ 75km ⑤ 76km

 정답 ②

 정답 해설 올 때의 시속을 $x(\text{km})$라 하면 시간$=\dfrac{거리}{속력}$이므로 올 때의 시간은 $\dfrac{120}{x}$이고, 갈 때의 시간은 $\dfrac{120}{90}$이다.

총 시간은 $\dfrac{총 거리}{평균 속력}$이므로 $\dfrac{240}{80}$이다.

올 때의 시간과 갈 때의 시간을 더하면 총 시간이 나오므로 $x(\text{km})$를 구할 수 있다.

$\dfrac{120}{90}+\dfrac{120}{x}=\dfrac{240}{80}, \dfrac{4}{3}+\dfrac{120}{x}=3, \dfrac{4x+360}{3x}=3, 5x=360$

∴ $x=72\text{km}$

03 일정한 속력으로 x지점에서 y지점까지 가는 데 A시간이 걸렸고, Zm의 다리를 지나는데 B시간이 걸렸다. x와 y 사이의 거리는 얼마인가?

① $\dfrac{Z+A}{B}$ ② $\dfrac{ZB}{A}$ ③ $\dfrac{B}{ZA}$ ④ $\dfrac{\frac{Z}{A}}{B}$ ⑤ $\dfrac{ZA}{B}$

 정답 ⑤

 정답 해설 x와 y 사이의 거리를 L이라고 하면, Zm의 다리를 지나는 속력과 x지점에서 y지점까지 가는 데 속력이 일정하므로 Z:B=L:A 라는 식을 세울 수 있다.

∴ $\text{L}=\dfrac{ZA}{B}$

04

둘레의 길이가 2.4km인 호수를 A, B 두 사람이 같은 장소에서 동시에 출발하여 서로 반대 방향으로 돌면 15분 후에 처음으로 다시 만나고, 서로 같은 방향으로 돌면 40분 후에 처음으로 다시 만난다고 한다. 이때, A의 속력을 구하면? (단, A의 속력이 B의 속력보다 빠르다.)

① 분속 100m   ② 분속 110m   ③ 분속 120m   ④ 분속 130m   ⑤ 분속 140m

정답 ②

정답해설 A의 속력을 분속 am, B의 속력을 분속 bm이라 하면 호수의 둘레는 2.4km=2,400m

A, B가 서로 반대 방향으로 돌면 두 사람이 만났을 때 두 사람의 거리의 합이 2,400m이고, 서로 같은 방향으로 돌면 두 사람이 만났을 때 두 사람의 거리의 차가 2,400m이다.

$15a+15b=2,400$ ⋯ ㉠

$40a-40b=2,400$ (∵ $a>b$) ⋯ ㉡

㉠, ㉡을 연립하면 ㉢, ㉣과 같은 식이 나온다.

$a+b=160$ ⋯ ㉢

$a-b=60$ ⋯ ㉣

㉢, ㉣을 연립하면 $a=110$이므로 A의 속력은 분속 110m이다.

05

새마을호가 출발하고 나서 1시간 후 KTX가 300km/h로 출발하여 1시간 뒤 새마을호를 따라잡았다. 서울과 부산의 거리가 400km라면 부산에서 출발한 새마을호가 서울까지 가는데 걸리는 시간은?

① 약 1.7시간   ② 약 2.2시간   ③ 약 2.7시간   ④ 약 3.2시간   ⑤ 약 3.5시간

정답 ③

정답해설 새마을호가 출발하고 나서 1시간 후 KTX가 300km/h로 출발하여 1시간 뒤 새마을호를 따라잡았다는 말을 통해 같은 거리를 이동할 때 새마을호는 2시간, KTX는 1시간이 걸리므로 KTX의 속력은 새마을호의 2배라는 것을 알 수 있다.

$300(\text{km/h}) \times \dfrac{1}{2} = 150(\text{km/h})$

∴ $\dfrac{400\text{km}}{150\text{km/h}} ≒ 2.7$(시간)

06

공기 중에서 소리의 속력은 기온이 x℃일 때, 매초 약 $(0.6x+331)$m/s이다. 기온 25℃에서 번개가 보이고 10초 후 천둥소리를 들었다면, 번개가 발생한 지점까지의 거리는?

① 3,100m   ② 3,265m   ③ 3,460m   ④ 3,680m   ⑤ 3,820m

 정답 ③

 정답
해설

기온이 25℃일 때 x=25이므로, $0.6×25+331=346$(m/s)
기온 25℃에서 번개가 보이고 10초 후 천둥소리를 들었다고 하였으므로, 346m/s×10s이다.
∴ 346m/s×10s=3,460(m)이다.

07

길이가 30m인 배가 150m 길이의 터널을 완전히 통과하는 데 30초 걸렸다. 이 배의 초속을 구하면?

① 4m/s   ② 5m/s   ③ 6m/s   ④ 7m/s   ⑤ 8m/s

 정답 ③

 정답
해설

배의 길이가 30m이고, 터널의 길이가 150m이므로 거리는 $(150+30)$m이다.
터널을 완전히 통과하는 데 30초 걸렸다고 하였으므로 시간은 30s이다.
∴ $\dfrac{(150+30)\text{m}}{30\text{s}}=6$(m/s)

08

회사에서 서점까지 15km/h로 자전거를 타고 가면 왕복 1시간이 걸린다. 이때 회사에서 서점까지의 거리는?

① 7.5km   ② 15km   ③ 20km   ④ 25km   ⑤ 25.5km

 정답 ①

 정답
해설

거리=속력×시간
이때 문제에서 왕복 1시간이 걸린다고 하였고 속력은 일정하므로 왕복거리를 구한 뒤에 회사에서 서점까지의 거리를 구하여야 한다.
왕복거리=15km/h×1h=15km
∴ 회사에서 거리는 7.5km

09 수아와 경희는 원형으로 된 600m 운동장에서 달리기를 하려고 한다. 출발선에서 서로 반대방향으로 출발하여 30초가 지났을 때 수아와 경희는 만났다. 수아가 8m/s의 속력으로 달렸다면 경희의 속력은 얼마인가?

① 8m/s　　　② 9m/s　　　③ 10m/s　　　④ 11m/s　　　⑤ 12m/s

 정답 ⑤

 정답해설 경희의 속력을 x라고 가정하고, 거리＝시간×속력이므로, 수아가 달린 거리는 $8(m/s)×30(s)$이고 경희가 달린 거리는 $x(m/s)×30(s)$이다.
수아와 경희가 각각 달린 거리를 더하면 운동장의 거리인 600m이다.
$600=(8×30)+(x×30)$
$∴ x=12(m/s)$

10 화물열차가 일정한 속력으로 달려 기차역을 완전히 통과하는 데 5초가 걸리고, 길이가 160m인 터널을 완전히 지나는 데 13초가 걸린다고 한다. 이 화물열차의 길이를 구하면?

① 50m　　　② 100m　　　③ 150m　　　④ 180m　　　⑤ 200m

 정답 ②

 정답해설 화물열차가 일정한 속력으로 달린다고 하였으므로, 화물열차의 길이를 x로 가정하여 식을 세울 수 있다.
이 때 주의할 점은 거리를 산정할 때 화물열차의 길이도 포함하여야 한다는 것이다.
$\frac{x}{5}=\frac{160+x}{13}$, $800+5x=13x$
$∴ x=100(m)$

11 혜정이는 집에서 학교까지 2km/h로 등교를 하고, 방과 후 학교에서 다시 그보다 5km가 먼 학원을 3km/h로 걸어 총 5시간을 걸었다. 집·학교·학원이 일직선상에 있다고 할 때, 집에서 학원까지의 거리는?

① 11km　　　② 13km　　　③ 15km　　　④ 17km　　　⑤ 19km

 정답 ②

 정답해설 집에서 학교까지의 거리를 x라고 하면, 학교에서 학원까지의 거리는 $x+5$이다.
시간＝$\frac{거리}{속력}$의 식을 이용하여 거리 x를 구할 수 있다.
집에서 학교까지의 시간과 학교에서 학원까지의 시간을 더하면, 집에서 학원까지 가는데 시간인 5시간이 나온다.
$\frac{x}{2}+\frac{x+5}{3}=5$, $\frac{3x+2x+10}{6}=5$, $5x+10=30$, $x=4(km)$
$∴$ 집에서 학원까지의 거리 : $x+(x+5)=2x+5=13(km)$

12 3,000m 떨어진 곳에 있는 두 사람이 서로를 향해 동시에 달리기 시작하였다. 한 사람은 8km/h, 다른 한 사람은 10km/h로 달리고 있다면, 두 사람이 만나기까지 걸린 시간은?

① 10분 　　　② 20분 　　　③ 30분 　　　④ 40분 　　　⑤ 50분

 정답 ①

 정답해설 두 사람이 달린 거리의 합은 3,000m, 즉 3km이다. 두 사람이 만나기까지 걸린 시간을 x라고 하면, 한 사람이 8km/h로 달려 두 사람이 만난 거리는 $8x$, 다른 한 사람이 10km/h로 달려 만난 거리는 $10x$이다. 이를 식으로 세우면,

$8x+10x=3$, $x=\dfrac{1}{6}$(시간)

$\dfrac{1}{6}$시간은 10분이므로, 두 사람이 만나기까지 걸린 시간은 10분이다.

13 A씨네 집은 약국에서부터 15km 떨어져있다. 어느 날 약국으로 자전거를 타고 시속 10km로 가다가 도중에 시속 4km로 걸어서 총 3시간이 걸렸다. 이때 자전거를 타고 간 거리를 구하면?

① 5km 　　　② 6km 　　　③ 7km 　　　④ 8km 　　　⑤ 9km

 정답 ①

 정답해설 자전거를 타고 간 거리를 $x$km, 걸어서 간 거리를 $y$km라 하면 $x+y=15$이다.

또한 시간$=\dfrac{거리}{속력}$의 식을 이용하여 거리 x를 구할 수 있다.

자전거를 타고 간 시간과 걸어서 간 시간을 구하면 각각 $\dfrac{x}{10}$, $\dfrac{y}{4}$이고 총 3시간이 걸렸으므로, $\dfrac{x}{10}+\dfrac{y}{4}=3$이다.

$x+y=15$ … ㉠

$\dfrac{x}{10}+\dfrac{y}{4}=3$ … ㉡

㉠, ㉡을 연립하면

$y=10$, $x=5$

따라서 자전거를 타고 간 거리는 5km이다.

14

집에서 카페까지 가는데, 처음에는 시속 12km로 자전거를 타고 가다가 자전거가 고장이 나서 시속 3km로 자전거를 끌면서 걸었더니 1시간 만에 카페에 도착하였다. 자전거를 타고 간 거리가 걸어서 간 거리의 2배일 때, 집에서 카페까지의 거리는 몇 km인가?

① 6 　　　　　 ② 7 　　　　　 ③ 8 　　　　　 ④ 9 　　　　　 ⑤ 10

 정답 ①

 정답해설 걸어간 거리를 $x$km라 하면, 자전거를 타고 간 거리가 걸어서 간 거리의 2배라고 하였기 때문에 자전거를 타고 간 거리는 $2x$km이다.

집에서 카페까지의 거리는 자전거를 타고 간 시간과 걸어서 간 시간을 더한 것이고 총 1시간이 걸렸으므로 시간에 대한 식을 세워 거리를 구할 수 있다.

시간 $=\dfrac{거리}{속력}$ 이므로, 자전거를 타고 간 시간은 $\dfrac{2x}{12}$ 이고, 걸어서 간 시간은 $\dfrac{x}{3}$ 이다.

$$\dfrac{2x}{12}+\dfrac{x}{3}=1,\ 2x+4x=12,\ x=2$$

따라서 걸어간 거리는 2km, 자전거를 타고 간 거리는 4km이므로

집에서 카페까지의 거리는 $2+4=6$km

15

A가 집에서 800m 떨어진 도서관을 갈 때 처음에는 분속 50m로 걷다가 나중에는 분속 200m로 뛰어갔더니 10분이 걸렸다. A가 걸은 거리는 얼마인가?

① 400m 　　　　 ② 420m 　　　　 ③ 450m 　　　　 ④ 480m 　　　　 ⑤ 490m

 정답 ①

 정답해설 걸어간 거리를 x라고 하고 뛰어간 거리를 y라고 하여 거리에 대한 식을 세우면, $x+y=800$이다.

시간 $=\dfrac{거리}{속력}$ 이고, 걸어간 시간과 뛰어간 시간을 더하면 총 10분이므로 $\dfrac{x}{50}+\dfrac{y}{200}=10$이다.

$x+y=800$ … ㉠

$\dfrac{x}{50}+\dfrac{y}{200}=10$ … ㉡

㉠과 ㉡을 연립하여 풀면 $x=400(\text{m})$, $y=400(\text{m})$

문제에서 A가 걸은 거리를 구하라고 하였고 걸어간 거리는 x라고 하였으므로 A가 걸은 거리는 400m이다.

16 장섭이는 앞산을 올라갈 때는 시속 2km, 내려올 때에는 같은 코스를 시속 3km의 속력으로 내려왔더니 2시간 30분이 걸렸다. 앞산을 올라간 거리는 얼마인가?

① 1km   ② 2km   ③ 3km   ④ 4km   ⑤ 5km

 정답 ③

정답 해설 올라갈 때와 내려올 때의 코스가 같으므로 올라간 거리를 x라 하면 내려온 거리도 x가 된다.

시간$=\dfrac{거리}{속력}$이고, 2시간 30분을 분수로 환산하면 $\dfrac{5}{2}$이므로,

$$\dfrac{5}{2}=\dfrac{x}{2}+\dfrac{x}{3}$$

$15=3x+2x,\ 5x=15$

$\therefore x=3(\mathrm{km})$

농도

01 5%의 식염수와 10%의 식염수를 섞어서 8%의 식염수 500g을 만들려고 한다. 이때 필요한 5%의 식염수의 양은?

① 200g   ② 300g   ③ 400g   ④ 450g   ⑤ 500g

 정답 ①

정답 해설 5%의 식염수의 양은 x, 10%의 식염수의 양은 y로 가정하여 식을 세우면 $x+y=500$이다.

5%의 식염수 농도는 $\dfrac{5}{100}x$, 10%의 식염수 농도는 $\dfrac{10}{100}y$, 8%의 식염수 농도는 $\dfrac{8}{100}\times500$이다.

5%의 식염수와 10%의 식염수를 섞어서 8%의 식염수 500g을 만든다고 하였으므로 이를 식으로 세우면

$\dfrac{5}{100}x+\dfrac{10}{100}y=\dfrac{8}{100}\times5000$이다.

$x+y=500 \cdots$ ㉠

$\dfrac{5}{100}x+\dfrac{10}{100}y=\dfrac{8}{100}\times500 \cdots$ ㉡

㉠과 ㉡을 연립하면 $x=200(\mathrm{g}),\ y=300(\mathrm{g})$

문제에서 5%의 식염수의 양을 구하라고 하였고 5%의 식염수의 양은 x라고 가정하였으므로 5%의 식염수의 양은 200(g)이다.

▶ 핵심정리

농도

㉠ 소금물의 농도(%)$=\dfrac{소금의\ 양}{소금물의\ 양}\times100$

㉡ 소금의 양(g)$=\dfrac{소금물의\ 농도(\%)}{100}\times소금물의\ 양$

㉢ 소금물의 양(g)$=$소금의 양$+$물의 양

02 15% 농도의 식염수 200g에 물을 넣어 5%의 식염수를 만들려고 한다. 이때 필요한 물의 양은?

① 200g　　　② 250g　　　③ 300g　　　④ 350g　　　⑤ 400g

 정답 ⑤

 정답해설 15% 농도의 식염수 200g에서 식염의 양은 $\frac{15}{100} \times 200$이므로 30(g)이다.

필요한 물의 양을 x라 하면, 식염수의 양은 200+x이다.

5%의 식염수라고 하였으므로, $\frac{30}{200+x} \times 100 = 5$

∴ $x = 400(g)$

03 12%의 소금물 200g에서 몇 g의 물을 증발시켰더니 15%의 소금물이 되었다. 증발시킨 물의 양을 구하면?

① 15g　　　② 23g　　　③ 30g　　　④ 35g　　　⑤ 40g

정답 ⑤

 정답해설 소금의 양=$\frac{농도}{100} \times$소금물의 양

증발시킨 물의 양을 $x(g)$이라 두면

12%의 소금물에서 소금의 양 : $\frac{12}{100} \times 200 = 24(g)$

15%의 소금물에서 소금의 양 : $\frac{15}{100} \times (200-x)(g)$

소금의 양은 변하지 않으므로 12%의 소금물에서 소금의 양과 15%의 소금물에서 소금의 양은 같다.

이를 식으로 세우면, $24 = \frac{15}{100} \times (200-x)$

∴ $x = 40(g)$

04 A% 농도의 식염수 Bg에 C% 농도의 식염수 Dg을 넣으면 농도 몇 %의 식염수가 만들어지는가?

① $\dfrac{A+C}{B+D}$　　② $\dfrac{AB+CD}{B+D}$　　③ $\dfrac{A+D}{AB+CD}$　　④ $\dfrac{AC}{AB+CD}$　　⑤ $\dfrac{100C+AB}{AB+CD}$

 정답 ②

정답해설　식염의 양 $=\dfrac{농도}{100}\times$식염수의 양이므로

A% 농도의 식염수 Bg의 식염 양은 $\dfrac{A}{100}\times B=\dfrac{AB}{100}$이고, C% 농도의 식염수 Dg의 식염 양은 $\dfrac{C}{100}\times D=\dfrac{CD}{100}$이다.

식염수의 농도$(\%)=\dfrac{식염의\ 양}{식염수의\ 양}\times 100$이므로

∴ 둘을 합한 식염수의 농도는 $\dfrac{\dfrac{AB}{100}+\dfrac{CD}{100}}{B+D}\times 100=\dfrac{AB+CD}{B+D}$이다.

05 62% 황산수용액 100g과 26% 황산수용액 50g을 섞었을 때 이 용액의 농도는?

① 40%　　② 45%　　③ 50%　　④ 55%　　⑤ 60%

 정답 ③

정답해설　62% 황산수용액 100g의 황산의 양은 100×0.62이고, 26% 황산수용액 50g의 황산의 양은 50×0.26이고, 두 황산수용액의 황산의 양을 더하면 $(100\times 0.62)+(50\times 0.26)$이다.

둘을 합한 황산수용액의 양은 150g이며 농도의 식에 이를 대입하면,

농도$(\%)=\dfrac{(100\times 0.62)+(50\times 0.26)}{150}\times 100=\dfrac{62+13}{150}\times 100$

∴ 황산수용액의 농도$(\%)=50(\%)$

06 10%의 소금물 400g에 물을 추가하여 농도가 8%의 소금물을 만들려고 한다. 추가해야 하는 물의 양은?

① 70g　　② 85g　　③ 100g　　④ 102g　　⑤ 110g

 정답 ③

정답해설　10%의 소금물 400g에 들어있는 소금의 양은 $400\times\dfrac{10}{100}=40(g)$이다.

농도가 8%인 소금물을 만들기 위해 추가해야 하는 물의 양을 $x(g)$이라 하면,

$\dfrac{40}{400-x}\times 100=8$

$8(400+x)=4,000$

∴ $x=100(g)$

07 물 Ag에 식염 Bg을 녹였을 때 이 식염수의 농도를 구하면?

① $\dfrac{100B}{A+B}$　　② $\dfrac{100B}{AB}$　　③ $\dfrac{100A}{AB}$　　④ $\dfrac{100A}{A+B}$　　⑤ $\dfrac{AB}{100A}$

정답 ①

정답해설 식염수의 농도$(\%)=\dfrac{\text{식염의 양}}{\text{식염수의 양}}\times100$이고 식염의 양은 Bg, 식염수의 양은 A+B이므로,

식염수의 농도는 $\dfrac{B}{A+B}\times100=\dfrac{100B}{A+B}$이다.

08 무게가 같은 3%의 소금물과 5%의 소금물이 있다. 5%의 소금물을 200g 덜어내고 남은 것을 3%의 소금물 전체와 섞었더니 3.5%의 소금물이 되었다. 3% 소금물의 무게는?

① 500g　　② 400g　　③ 300g　　④ 200g　　⑤ 100g

정답 ③

정답해설 3%의 소금물과 5%의 소금물의 무게가 같다고 하였으므로 3% 소금물의 무게를 x로 가정하면 5%의 소금물의 무게 또한 x이다.

5%의 소금물을 200g 덜어낸 소금의 양은 $0.05\times(x-200)$이며 3%의 소금물의 소금의 양은 $0.03x$이다.

5%의 소금물을 200g 덜어내고 남은 것을 3%의 소금물 전체와 섞었다고 하였으므로,

$(x-200)\times0.05+0.03x$이다.

소금물의 농도$(\%)=\dfrac{\text{소금의 양}}{\text{소금물의 양}}\times100$이므로,

$\dfrac{(x-200)\times0.05+0.03x}{x+(x-200)}\times100=3.5(\%)$

$\therefore x=300(g)$

09 10%의 식염수 500g에서 물을 증발시켰더니 20%의 식염수가 되었다. 증발된 물의 양은?

① 150g　　② 200g　　③ 250g　　④ 300g　　⑤ 350g

정답 ③

정답해설 10%의 식염수 500g에 있는 식염의 양은 $\dfrac{10}{100}\times500=50(g)$이다.

증발된 물의 양을 x라고 가정하면, 식염수의 양은 $500-x$이다.

식염수의 농도$(\%)=\dfrac{\text{식염의 양}}{\text{식염수의 양}}\times100$이므로, $\dfrac{50}{500-x}\times100=20$

$\therefore x=250(g)$

10 농도 A%의 식염수 Bg에 식염 Cg을 넣으면 농도는 얼마가 되는가?

① $\dfrac{AB-100C}{B+C}$ ② $\dfrac{AB+50C}{B+C}$ ③ $\dfrac{AB+100C}{B+C}$ ④ $\dfrac{AB-50C}{B+C}$ ⑤ $\dfrac{AB+C}{B+C}$

 정답 ③

정답
해설 식염의 양(g)=$\dfrac{\text{식염수의 농도}(\%)}{100}\times$식염수의 양

농도 A%의 식염수 Bg의 식염 양은 $\dfrac{A}{100}\times B=\dfrac{AB}{100}$이다.

농도 A%의 식염수 Bg에 식염 Cg을 넣은 식염수의 양은 B+C이다.

식염 양은 원래의 식염 양 $\dfrac{AB}{100}$과 Cg을 더한 $\dfrac{AB}{100}+C$이다.

식염수의 농도(%)=$\dfrac{\text{식염의 양}}{\text{식염수의 양}}\times 100$이므로,

식염수의 농도는 $\dfrac{\dfrac{AB}{100}+C}{B+C}\times 100=\dfrac{AB+100C}{B+C}$이다.

11 35% 소금물 200g에 물 50g을 첨가했을 때의 소금물의 농도를 구하면?

① 5%   ② 12%   ③ 18%   ④ 24%   ⑤ 28%

 정답 ⑤

정답
해설 35% 소금물 200g에 들어있는 소금의 양을 x라 하면 소금물의 농도(%)=$\dfrac{\text{소금의 양}}{\text{소금물의 양}}\times 100$이므로,

$\dfrac{x}{200}\times 100=35(\%)$

$\therefore x=70(\text{g})$

따라서 물 50g을 첨가했을 때의 소금물의 농도는 $\dfrac{70}{200+50}\times 100=28(\%)$

12 농도가 6%인 식염수 100g에 12%의 식염수 몇 g을 넣으면 8%의 식염수를 만들 수 있는가?

① 20g   ② 25g   ③ 50g   ④ 70g   ⑤ 100g

 정답 ③

정답
해설 농도가 6%인 식염수 100g에 들어있는 식염의 양 : $\dfrac{6}{100}\times 100=6(\text{g})$

12% 식염수의 양을 x라 하면,

12% 식염수에 들어있는 식염의 양 : $\dfrac{12}{100}\times x(\text{g})$

$\therefore \dfrac{6+\left(\dfrac{12}{100}\times x\right)}{100+x}\times 100=8(\%),\ x=50(\text{g})$

일의 양

01 어떤 일을 하는 데 A는 60시간, B는 90시간이 걸린다고 한다. A와 B가 함께 일을 하면 각자 능력의 20%를 분업 효과로 얻을 수 있다고 한다. A와 B가 함께 일을 한다면 몇 시간이 걸리겠는가?

① 25시간　　　② 30시간　　　③ 35시간　　　④ 36시간　　　⑤ 41시간

정답 ②

정답해설 전체 작업량을 1이라 하면, A의 1시간 작업량 : $\frac{1}{60}$, B의 1시간 작업량 : $\frac{1}{90}$

A와 B가 함께한 1시간 작업량 : $\left(\frac{1}{60}+\frac{1}{90}\right)\times 1.2=\frac{1}{30}$

∴ 전체 일을 하는 데 걸리는 시간 : $1\div\frac{1}{30}=30$(시간)

▶핵심정리

일의 양

㉠ 작업속도$=\dfrac{1}{\text{걸리는 시간}}$

㉡ 걸리는 시간$=\dfrac{\text{일의 양}(=1)}{\text{작업속도}}$

02 A는 5시간, B는 7시간 걸리는 일이 있다. 이 일을 A, B가 협력해서 한다면 얼마나 걸리겠는가?

① 2시간　　　② 2시간 20분　　　③ 2시간 35분　　　④ 2시간 50분　　　⑤ 2시간 55분

정답 ⑤

정답해설 A의 시간당 작업량$=\dfrac{1}{5}$, B의 시간당 작업량$=\dfrac{1}{7}$

2명이 했을 때 걸리는 시간$=1\div\left(\dfrac{1}{5}+\dfrac{1}{7}\right)=1\div\dfrac{12}{35}=\dfrac{35}{12}$

$\dfrac{35}{12}=2+\dfrac{11}{12}=2+\dfrac{55}{60}$

∴ 2시간 55분

03 철수와 영희가 함께 일을 하면 8일 걸리는 일을 영희가 4일 동안 일한 후, 그 나머지는 철수가
10일 걸려서 완성하였다. 이 일을 철수 혼자서 하려면 며칠이나 걸리겠는가?

① 8일 　　　　② 9일 　　　　③ 10일 　　　　④ 11일 　　　　⑤ 12일

 정답 ⑤

정답
해설 전체 일의 양이 1일 때

철수가 하루에 일하는 양을 x, 영희가 하루에 일하는 양을 y라 하면

$$\begin{cases} 8(x+y)=1 \\ 10x+4y=1 \end{cases}$$

$$\therefore x=\frac{1}{12}, y=\frac{1}{24}$$

철수는 하루에 $\frac{1}{12}$씩 일을 하므로 혼자서 일을 완성하려면 12일이 걸린다.

04 어떤 작업을 하는 데 다혜는 15시간, 민우는 9시간이 걸린다고 한다. 이 작업을 다혜와 민우가
3시간 동안 같이 하다가 민우가 혼자 일을 하게 되었다. 이 작업을 완성하기 위해 민우 혼자 일
해야 하는 시간은?

① 3시간 12분 　　② 3시간 15분 　　③ 4시간 12분 　　④ 4시간 15분 　　⑤ 4시간 18분

 정답 ③

정답
해설 전체 일의 양을 1이라 하면

다혜의 1시간 일량 : $\frac{1}{15}$, 민우의 1시간 일량 : $\frac{1}{9}$

민우가 혼자서 일한 시간 : x

$$\frac{3}{15}+\frac{3+x}{9}=1$$

$$9+15+5x=45$$

$$\therefore x=4.2시간=4시간 12분$$

05

A는 10일, B는 20일 걸리는 일이 있다. 둘은 공동작업으로 일을 시작했으나, 도중에 A가 쉬었기 때문에 끝마치는 데 16일 걸렸다. A가 쉰 기간은 며칠인가?

① 9일　　　　　② 10일　　　　　③ 12일　　　　　④ 14일　　　　　⑤ 15일

정답 ④

정답해설 전체 일의 양이 1일 때,

A의 1일 일량 : $\dfrac{1}{10}$, B의 1일 일량 : $\dfrac{1}{20}$

B가 일한 날 수 : 16일, B의 총 일량 : $\dfrac{1}{20} \times 16 = \dfrac{4}{5}$

A의 총 일량 : $1 - \dfrac{4}{5} = \dfrac{1}{5}$

A의 일한 날 수 : $\dfrac{1}{5} \div \dfrac{1}{10} = 2$(일)

∴ A가 쉰 날 수 : $16 - 2 = 14$(일)

06

어떤 일을 할 때 A는 6일, B는 12일 걸린다. 그 일을 둘이서 함께 시작했지만 B가 휴가를 얻어 쉬었기 때문에 일을 끝마치는 데 C일이 걸렸다. B의 휴가는 며칠인가?

① 3C−12　　　　② 4C−12　　　　③ 5C−12　　　　④ 6C−12　　　　⑤ 7C−12

정답 ①

정답해설 A의 1일 일량은 $\dfrac{1}{6}$, B의 1일 일량은 $\dfrac{1}{12}$이므로 B의 휴가 일수를 x라 하면 $\dfrac{C}{6} + \dfrac{C-x}{12} = 1$

$2C + C - x = 12$

∴ $x = 3C - 12$

07

3일 안에 끝내야 할 일의 $\dfrac{1}{4}$을 첫째 날에 마치고, 남은 일의 $\dfrac{3}{5}$를 둘째 날에 마쳤다. 셋째 날 해야 할 일의 양은 전체의 몇 %인가?

① 20%　　　　　② 25%　　　　　③ 30%　　　　　④ 35%　　　　　⑤ 40%

정답 ③

정답해설 첫째 날, 둘째 날을 마치고 남은 일은

$\left(1 - \dfrac{1}{4}\right)\left(1 - \dfrac{3}{5}\right) = \dfrac{3}{4} \times \dfrac{2}{5} = \dfrac{3}{10}$

따라서 셋째 날 해야 할 일의 양은

$\dfrac{3}{10} \times 100 = 30\%$

08

어떤 일을 A와 B가 할 때, A는 C시간이 걸리고 B는 D시간이 걸린다고 한다. 두 사람이 그 일을 같이 한다면 일을 끝마치는 데 걸리는 시간은 얼마인가?

① $\dfrac{C-D}{CD}$
② $\dfrac{CD}{C-D}$
③ $\dfrac{C+D}{CD}$
④ $\dfrac{CD}{C+D}$
⑤ $\dfrac{D-C}{C+D}$

 정답 ④

정답
해설 전체 일의 양이 1일 때, A의 시간당 일의 양은 $\dfrac{1}{C}$이고, B의 시간당 일의 양은 $\dfrac{1}{D}$이므로

A와 B가 함께 일할 때 두 사람의 시간당 일의 양은 $\dfrac{1}{C}+\dfrac{1}{D}=\dfrac{C+D}{CD}$이다.

두 사람이 함께 일할 때 걸리는 시간은 $\dfrac{\text{작업량}}{\text{두 사람의 시간당 일의 양}}$이므로 $\dfrac{1}{\frac{C+D}{CD}}=\dfrac{CD}{C+D}$이다.

09

사흘 안에 끝내야 할 일의 $\dfrac{1}{3}$을 첫째 날에 마치고, 남은 일의 $\dfrac{2}{5}$를 둘째 날에 마쳤다. 셋째 날 해야 할 일의 양은 전체의 몇 %인가?

① 40%
② 30%
③ 20%
④ 10%
⑤ 5%

 정답 ①

정답
해설 전체 해야 할 일의 양 : x

셋째 날까지 남은 일의 양 : $\left(x-\dfrac{1}{3}x\right)-\left(\dfrac{2}{3}\times\dfrac{2}{5}\right)x=\dfrac{2}{5}x$

$\left(\dfrac{2}{5}x\times\dfrac{1}{x}\right)\times100=40(\%)$

10

어떤 일을 할 때 A 혼자서는 10일, B 혼자서는 15일이 걸린다. 이 일을 2명이 함께할 경우 걸리는 시간은?

① 3일
② 4일
③ 5일
④ 6일
⑤ 7일

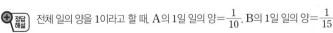 정답 ④

정답
해설 전체 일의 양을 1이라고 할 때, A의 1일 일의 양 $=\dfrac{1}{10}$, B의 1일 일의 양 $=\dfrac{1}{15}$

2명이 함께할 때 일의 양 : $\dfrac{1}{10}+\dfrac{1}{15}=\dfrac{1}{6}$

일을 모두 마치는 데 걸리는 시간 : $1\div\dfrac{1}{6}=6$(일)

11

A가 하면 5일, B가 하면 10일, C가 하면 30일 걸리는 일이 있다. 이 일을 3일간 A와 B가 하고 남은 부분을 C가 한다고 가정하며, 처음부터 계산했을 때 며칠 만에 끝마칠 수 있는가?

① 3일   ② 4일   ③ 5일   ④ 6일   ⑤ 7일

 ④

 A와 B 두 명이 3일간 한 일의 양 : $\left(\dfrac{1}{5}+\dfrac{1}{10}\right)\times3=\dfrac{3}{10}\times3=\dfrac{9}{10}$

C가 일을 마치는 데 걸린 시간 : $\left(1-\dfrac{9}{10}\right)\div\dfrac{1}{30}=\dfrac{1}{10}\div\dfrac{1}{30}=3(일)$

∴ 전체 작업＝3＋3＝6(일)

12

경희 혼자 작업하면 12일, 수빈이 혼자 작업하면 16일이 걸리는 일이 있다. 이 일을 두 명이 같이 하게 될 때 걸리는 작업 시간은?

① 약 6일   ② 약 7일   ③ 약 8일   ④ 약 9일   ⑤ 약 10일

 ②

 전체 작업량을 1이라고 할 때

경희의 1일 작업량 : $\dfrac{1}{12}$

수빈이의 1일 작업량 : $\dfrac{1}{16}$

두 명이 같이 일할 때 작업량 : $\dfrac{1}{12}+\dfrac{1}{16}$

일을 모두 마치는 데 걸리는 시간 : $1\div\left(\dfrac{1}{12}+\dfrac{1}{16}\right)\fallingdotseq6.85\cdots\cdots$

∴ 약 7일 걸린다.

정가

01 어떤 물건의 원가에 40%의 이윤을 붙여 정가를 정하였다. 이것을 300원 할인하여 팔면 물건 한 개당 원가의 25%의 이익금이 남는다고 한다. 이때 이 물건의 원가는?

① 1,500원　　　② 1,700원　　　③ 2,000원　　　④ 2,200원　　　⑤ 2,500원

 정답 ③

 정답 해설 물건의 원가를 x라 할 때,

정가 $= x + 0.4x = 1.4x$

$1.4x - 300 = 0.25x + x$

$\therefore x = 2,000$(원)

▶ 핵심정리

정가

㉠ 정가＝원가＋이익

㉡ 판매가＝정가－할인 금액

02 제조업을 하는 A가 원가 8,000원인 재료를 가공하는 데 2,000원이 든다고 한다. 이때 들어간 돈의 4할의 이익을 얻기 위해 원가에 붙여야 할 이윤은?

① 5할　　　　② 6할 5푼　　　③ 7할 5푼　　　④ 8할 5푼　　　⑤ 9할

 정답 ③

정답 해설 물건 값의 x할을 올려 팔아야 한다면,

$8,000(1 + 0.1x) = (8,000 + 2,000) \times (1 + 0.4)$

$8,000(1 + 0.1x) = 14,000$

$\therefore x = 7.5$(할)

03

꽃장사를 하는 형우는 정가에서 10% 할인하여 팔아도 원가에 대해서는 8%의 이익을 남기고 싶어한다. 형우는 처음 원가에 몇 %의 이익을 붙여서 정가를 매겨야 하는가?

① 45%　　　　② 40%　　　　③ 35%　　　　④ 30%　　　　⑤ 20%

 정답 ⑤

 정답해설　원가 x원에 y%의 이익을 붙여서 정가를 정한다고 하면, 정가는 $x(1+0.01y)$이다.

할인가격$=x(1+0.01y)(1-0.1)$

할인가격$-$원가$=$원가의 8%이므로,

$x(1+0.01y)(1-0.1)-x=0.08x$

$0.9x(1+0.01y)=1.08x$

$\therefore y=20(\%)$

04

원가가 6만 원인 제품의 원가대비수익률은 10%이다. 이 제품을 팔아서 남긴 원가대비수익이 42만 원일 때, 몇 개의 제품을 팔았는가?

① 60개　　　　② 70개　　　　③ 80개　　　　④ 90개　　　　⑤ 95개

 정답 ②

 정답해설　제품 하나를 팔 때 남는 원가대비수익은 $60,000 \times 0.1 = 6,000$원이므로 $420,000 \div 6,000 = 70$(개)

05

원가가 400원인 공책이 있다. 이 공책을 정가의 20%를 할인해서 팔아도 8%의 이익이 남게 하기 위해서는 원가에 몇 %의 이익을 붙여 정가를 정해야 하는가?

① 35%　　　　② 37%　　　　③ 42%　　　　④ 50%　　　　⑤ 53%

 정답 ①

 정답해설　원가에 x% 이익을 붙여 정가를 정하면

정가 : $400\left(1+\dfrac{x}{100}\right)$

$400\left(1+\dfrac{x}{100}\right)(1-0.2)=400(1+0.08)$

$320+\dfrac{32}{10}x=432, \dfrac{16}{5}x=112$

$\therefore x=35$

따라서 원가에 35%의 이익을 붙여서 정가를 정해야 한다.

06 청바지의 원가에 4할의 이익을 붙인 다음 500원을 할인해서 팔았더니 원가에 대하여 30%의
이익을 얻었다. 청바지의 원가는?

① 2,000원　　　② 5,000원　　　③ 7,000원　　　④ 10,000원　　　⑤ 12,000원

 정답 ②

 정답해설 청바지의 원가를 x원이라 하면
$x(1+0.4)-500=x(1+0.3)$
$0.1x=500$
$\therefore x=5,000$(원)

07 원가가 a원인 운동화를 30%의 이익을 붙여 팔다가 다시 20%의 특별할인을 하여 팔았다. 이
때, 운동화를 하나 팔 때 남는 이익은 얼마인가?

① 0.02a　　　② 0.04a　　　③ 0.05a　　　④ 0.06a　　　⑤ 0.08a

 정답 ②

 정답해설 운동화의 원가는 a, 정가는 $a\times(1+0.3)\times(1-0.2)=a\times1.3\times0.8=1.04a$
이때, 이익=정가-원가이므로
$1.04a-a=0.04a$

08 시경이네 가게에서는 원가가 3,000원인 물품에 5할의 이익을 덧붙여 정가로 팔았지만 경기가
좋지 않아 결국 정가의 3할을 할인하여 팔았다. 이때의 이익 또는 손실은?

① 100원 이익　　② 150원 손실　　③ 150원 이익　　④ 300원 손실　　⑤ 300원 이익

 정답 ③

 정답해설 정가=원가(1+이익률), 3,000(1+0.5)=4,500(원)
판매가=정가(1-할인율), 4,500(1-0.3)=3,150(원)
3,150(원)-3,000(원가)=150(원)이므로 이익이다.

09 장난감 매장에서 원가 2만 원짜리 장난감에, 이윤을 20% 추가하여 정가로 하였다가 오랫동안 팔리지 않아 정가의 30%를 깎아 팔았다. 이 장난감의 가격은?

① 13,200원   ② 14,700원   ③ 16,800원   ④ 17,300원   ⑤ 18,000원

 정답 ③

정답
해설   정가 : $20,000(1+0.2)=24,000$(원)

따라서 24,000(원)의 30%를 깎았으므로

$\therefore 24,000 \times (1-0.3)=16,800$(원)

경우의 수와 확률

---

01 어른 3명, 아이 5명이 원탁에 앉을 때, 어른과 어른 사이에 적어도 한 명의 아이가 들어가는 경우의 수는?

① 1,210가지   ② 1,320가지   ③ 1,440가지   ④ 1,510가지   ⑤ 1,670가지

 정답 ③

정답
해설   아이 5명이 원탁에 앉는 방법은 $(5-1)!=4!$(가지)이고, 이 각각에 대하여 아이와 아이 사이의 5곳 중 3곳에 어른이 앉는 방법의 수는 $_5P_3$가지이다.

$\therefore 4! \times _5P_3 = 4 \cdot 3 \cdot 2 \times 5 \cdot 4 \cdot 3 = 1,440$(가지)

> ▶ 핵심정리

경우의 수, 순열

㉠ 합의 법칙 : 두 사건 A, B가 일어나는 경우의 수가 각각 $n(A)=m$, $n(B)=n$이고 두 사건 A, B가 동시에 일어나지 않을 때, 사건 A 또는 사건 B가 일어나는 경우의 수는 $m+n$이다.

㉡ 곱의 법칙 : 사건 A가 일어나는 경우의 수가 $n(A)=m$이고 그 각각의 경우에 대하여 사건 B가 일어나는 경우의 수가 $n(B)=n$일 때, 두 사건 A, B가 동시에(잇달아) 일어나는 경우의 수는 mn이다.

㉢ 순열 : 서로 다른 n개에서 $r(r \le n)$개를 택하여 일렬로 나열하는 것을 n개에서 r개를 택하는 순열이라고 하고, 그 순열의 수를 기호로 $_nP_r$과 같이 나타낸다.

㉣ 순열의 수 : $_nP_r = \underbrace{n(n-1)(n-2) \cdots (n-r+1)}_{r개}$ (단, $0 < r \le n$)

02 3종류의 빵과 5종류의 음료수가 있는 제과점에서 빵과 음료수를 각각 한 가지씩 고르는 모든 경우의 수를 구하면?

① 10가지   ② 12가지   ③ 14가지   ④ 15가지   ⑤ 18가지

 정답 ④

정답
해설 3종류의 빵 중 한 가지를 고르는 것과 5종류의 음료수 중 한 가지를 고르는 사건은 동시에 일어나는 경우이다.

$\therefore 5 \times 3 = 15$(가지)

03 같은 종류의 주스 4병, 같은 종류의 생수 2병, 우유 1병을 3명에게 남김없이 나누어 주는 경우의 수는? (단, 1병도 받지 못하는 사람이 있을 수 있다.)

① 270   ② 260   ③ 250   ④ 240   ⑤ 230

 정답 ①

정답
해설 (i) 주스 4병을 3명에게 남김없이 나누어 주는 경우의 수는

$$_{4+3-1}C_2 = {}_6C_2 = \frac{6 \times 5}{2} = 15$$

(ii) 생수 2병을 3명에게 남김없이 나누어 주는 경우의 수는

$$_{2+3-1}C_2 = {}_4C_2 = \frac{4 \times 3}{2} = 6$$

(iii) 우유 1병을 3명에게 남김없이 나누어 주는 경우의 수는 3

따라서 구하는 경우의 수는 $15 \times 6 \times 3 = 270$

04 남자 7명과 여자 5명 중 3명을 고르려고 한다. 3명 모두 남자인 경우는 몇 가지인가?

① 35가지   ② 40가지   ③ 44가지   ④ 50가지   ⑤ 53가지

정답 ①

정답
해설 남자 7명 중 3명을 고르는 것이므로, $_7C_3 = \frac{7 \times 6 \times 5}{3 \times 2 \times 1} = 35$(가지)

05 사진관에서 5명의 가족이 단체사진을 찍을 때 앞줄에 2명, 뒷줄에 3명이 서는 방법의 수는?

① 100가지   ② 110가지   ③ 120가지   ④ 130가지   ⑤ 140가지

정답 ③

정답 해설 5명 중에 앞줄에 2명을 뽑아 세우는 방법은,

$$_5P_2 \times _3P_3 = \frac{5!}{(5-2)!} \times \frac{3!}{(3-3)!} = \frac{5!}{3!} \times \frac{3!}{1} = 5! = 120(가지)$$

핵심정리

조합

㉠ 조합 : 서로 다른 n개에서 순서를 생각하지 않고 $r(r \leq n)$개를 택하는 것을 n개에서 r개를 택하는 조합이라 하고, 이 조합의 수를 기호로 $_nC_r$과 같이 나타낸다.

㉡ 조합의 수 : $_nC_r = \frac{_nP_r}{r!} = \frac{n!}{r!(n-r)!}$ (단, $0 \leq r \leq n$)

06 청기 3개, 백기 2개, 적기 1개를 모두 한 줄로 배열하여 신호를 만들려고 한다. 만들 수 있는 신호의 개수는?

① 60개   ② 70개   ③ 77개   ④ 90개   ⑤ 94개

정답 ①

정답 해설 a, a, a, b, b, c의 순열의 수와 같다.

$$\therefore \frac{6!}{3! \times 2!} = \frac{6 \cdot 5 \cdot 4 \cdot 3 \cdot 2 \cdot 1}{3 \cdot 2 \cdot 1 \times 2 \cdot 1} = 60(개)$$

07 (1, 1, 1, 1, 2, 3)의 6개의 숫자를 모두 사용하여 만들 수 있는 6자리 정수의 개수는?

① 20개   ② 25개   ③ 30개   ④ 35개   ⑤ 40개

정답 ③

정답 해설 6개의 숫자를 일렬로 배열하는 경우의 수이고, 여기서 1이 4개이므로

$$\frac{6!}{4!} = \frac{6 \times 5 \times 4 \times 3 \times 2 \times 1}{4 \times 3 \times 2 \times 1} = 30(개)$$

08 주사위를 두 번 던질 때, 두 눈의 합이 5미만이 나올 확률은?

① $\frac{1}{5}$　　　　② $\frac{1}{6}$　　　　③ $\frac{1}{7}$　　　　④ $\frac{1}{8}$　　　　⑤ $\frac{1}{9}$

 정답 ②

 정답해설 (ⅰ) 두 눈의 합이 2인 경우 : (1, 1)

(ⅱ) 두 눈의 합이 3인 경우 : (1, 2), (2, 1)

(ⅲ) 두 눈의 합이 4인 경우 : (1, 3), (2, 2), (3, 1)

(ⅰ) ~ (ⅲ)에 의해 두 눈의 합이 5미만이 나오는 경우의 수는 1+2+3=6가지

따라서 구하는 확률은 $\frac{6}{6 \times 6} = \frac{1}{6}$

▶ 핵심정리

확률

어떤 시행에서 사건 A가 일어날 가능성을 수로 나타낸 것을 사건 A가 일어날 확률이라고 하고, 기호는 $P(A)$로 나타낸다.

$$P(A) = \frac{\text{사건 A가 일어나는 경우의 수}}{\text{모든 경우의 수}}$$

09 한 개의 주사위를 세 번 던질 때 나오는 눈이 모두 홀수일 확률은?

① $\frac{1}{4}$　　　　② $\frac{1}{5}$　　　　③ $\frac{1}{6}$　　　　④ $\frac{1}{7}$　　　　⑤ $\frac{1}{8}$

 정답 ⑤

 정답해설 주사위를 던졌을 때 홀수 눈이 나올 확률 : $\frac{1}{2}$

한 개의 주사위를 세 번 던진다고 하였으므로, $\frac{1}{2}$을 세 번 곱하여야 한다.

$\therefore \frac{1}{2} \times \frac{1}{2} \times \frac{1}{2} = \frac{1}{8}$

10

서로 다른 두 개의 주사위를 동시에 던질 때, 나오는 눈의 합이 2 또는 4가 되는 경우의 수를 구하면?

① 3가지 ② 4가지 ③ 5가지 ④ 7가지 ⑤ 9가지

 정답 ②

 정답 서로 다른 주사위 A, B가 나온 눈을 (A, B)로 표시할 때, 각각의 경우의 수는 다음과 같다.
해설
눈의 합이 2가 되는 경우 : (1, 1)
눈의 합이 4가 되는 경우 : (1, 3), (2, 2), (3, 1)
∴ 눈의 합이 2 또는 4가 되는 경우의 수는 4가지이다.

11

8개의 막대기 중 3개의 당첨 막대기와 5개의 비당첨 막대기가 있다. 이 중 2개를 뽑을 때, 적어도 1개가 당첨 막대기일 확률은?

① $\frac{3}{14}$ ② $\frac{5}{14}$ ③ $\frac{9}{14}$ ④ $\frac{5}{7}$ ⑤ $\frac{11}{14}$

 정답 ③

 정답 위의 조건에서 막대기 2개를 뽑을 때 나올 수 있는 경우의 수는 '당첨＋비당첨', '비당첨＋당첨', '당첨＋당첨', '비당첨＋
해설
비당첨' 총 4가지이다.
따라서 적어도 한 개 이상 당첨 막대기를 뽑을 확률은 전체 확률에서 두 개 모두 비당첨 막대기를 뽑을 확률을 빼면 된다.
이를 식으로 나타내면 $1-\left(\frac{5}{8}\times\frac{4}{7}\right)$이며, 그 확률을 구하면 $\frac{9}{14}$이다.

12

어느 공장에서 생산하는 제품 10개 중에는 3개의 불량품이 들어있다. 제품을 1개씩 검사할 때 5개를 검사할 때까지 불량품 2개를 발견할 확률은?

① $\frac{1}{2}$ ② $\frac{2}{5}$ ③ $\frac{3}{10}$ ④ $\frac{5}{12}$ ⑤ $\frac{9}{14}$

 정답 ④

정답 10개의 제품 중 5개의 제품을 선택할 때, 불량품이 2개일 확률을 구하는 것과 같다.
해설
$$\frac{{}_3C_2\times{}_7C_3}{{}_{10}C_5}=\frac{105}{252}=\frac{5}{12}$$

13

흰 공 2개, 검은 공 2개가 들어 있는 상자에서 A가 임의로 1개 꺼낸 뒤 B가 남은 3개의 공 중에서 임의로 1개를 꺼냈다. B가 꺼낸 공이 흰 공이었을 때, A가 꺼낸 공도 흰 공일 확률은?

① $\dfrac{1}{9}$ ② $\dfrac{2}{9}$ ③ $\dfrac{1}{3}$ ④ $\dfrac{4}{9}$ ⑤ $\dfrac{5}{9}$

정답 ③

정답해설 B가 흰 공을 꺼낼 확률은 A가 흰 공을 꺼낸 후 B가 흰 공을 꺼내는 확률과 A가 검은 공을 꺼낸 후 B가 흰 공을 꺼내는 확률의 합이므로

$$\left(\frac{2}{4} \times \frac{1}{3}\right) + \left(\frac{2}{4} \times \frac{2}{3}\right) = \frac{6}{12}$$

따라서 구하는 확률은

$$\frac{\left(\frac{2}{4} \times \frac{1}{3}\right)}{\frac{6}{12}} = \frac{2}{6} = \frac{1}{3}$$

14

A주머니에는 파란색 공이 3개, 빨간색 공이 2개 들어있고, B주머니에는 파란색 공이 5개, 빨간색 공이 2개 들어있다. A와 B주머니에서 각각 공을 한 개씩 꺼낼 때 하나는 빨간색 공, 다른 하나는 파란색 공일 확률은?

① $\dfrac{1}{7}$ ② $\dfrac{6}{35}$ ③ $\dfrac{16}{35}$ ④ $\dfrac{2}{7}$ ⑤ $\dfrac{5}{7}$

정답 ③

정답해설 A에서 파란색 공, B에서 빨간색 공이 나올 확률 : $\dfrac{3}{5} \times \dfrac{2}{7} = \dfrac{6}{35}$

A에서 빨간색 공, B에서 파란색 공이 나올 확률 : $\dfrac{2}{5} \times \dfrac{5}{7} = \dfrac{10}{35}$

$$\frac{6}{35} + \frac{10}{35} = \frac{16}{35}$$

15

주머니에 흰 공 3개, 파란 공 4개가 들어있다. 이 주머니에서 임의로 3개의 공을 동시에 꺼낼 때, 흰 공 1개와 파란 공 2개가 나올 확률은? (단, 모든 공의 크기와 모양은 같다고 한다.)

① $\dfrac{18}{35}$　　　② $\dfrac{19}{35}$　　　③ $\dfrac{5}{7}$　　　④ $\dfrac{21}{35}$　　　⑤ $\dfrac{23}{35}$

 정답 ①

정답해설 흰 공 3개, 파란 공 4개의 총 7개의 공에서 3개의 공을 꺼내는 경우의 수는 $_7C_3$

흰 공 1개와 파란 공 2개를 꺼내는 경우의 수는 $_3C_1 \times _4C_2$

따라서 구하는 확률은 $\dfrac{_3C_1 \times _4C_2}{_7C_3} = \dfrac{18}{35}$

16

1에서 20까지의 자연수 중 임의로 하나의 수를 선택할 때, 2 또는 5의 배수일 확률은?

① 0.5　　　② 0.6　　　③ 0.7　　　④ 0.8　　　⑤ 0.9

 정답 ②

정답해설 2의 배수 : 10(개), 5의 배수 : 4(개), 10의 배수 : 2(개)

$10 + 4 - 2 = 12$(개)

$\therefore \dfrac{12}{20} = \dfrac{3}{5} = 0.6$

17

갈매기가 어판장에 버려진 물고기들을 먹을 확률은 A이다. 하지만 고양이가 오면 확률은 B가 되고 청소부가 오면 확률은 C가 된다. 어느 날 갈매기가 어판장에 버려진 물고기를 먹는데 고양이와 청소부가 모두 왔다면 갈매기가 물고기를 먹을 수 있는 확률은 얼마인가?

① BC　　　② AC　　　③ $\dfrac{BC}{A}$　　　④ $\dfrac{A}{BC}$　　　⑤ ABC

 정답 ⑤

정답해설 세 가지 확률을 모두 곱해야 한다.

$\therefore$ 갈매기가 물고기를 먹을 수 있는 확률 $=$ ABC

18 A회사의 승진 시험은 2번까지 기회가 주어지는데 1차 시험은 모두 치러야 하고, 1차 시험을 통과하지 못하면 2차 시험을 치러야만 한다. 이 승진 시험에 지원하는 4명의 지원자가 1차 시험을 통과할 확률은 $\frac{1}{3}$이고, 2차 시험을 통과할 확률은 $\frac{1}{2}$이다. 4명의 지원자 중에서 2명만 합격할 확률이 $\frac{q}{p}$일 때, $p+q$의 값은? (단, p, q는 서로소인 자연수이다.)

① 33　　　　② 35　　　　③ 37　　　　④ 39　　　　⑤ 41

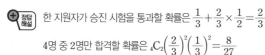 정답 ②

정답해설 한 지원자가 승진 시험을 통과할 확률은 $\frac{1}{3}+\frac{2}{3}\times\frac{1}{2}=\frac{2}{3}$

4명 중 2명만 합격할 확률은 $_4C_2\left(\frac{2}{3}\right)^2\left(\frac{1}{3}\right)^2=\frac{8}{27}$

즉 $\frac{q}{p}=\frac{8}{27}$이므로 $p=27$, $q=8$

∴ $p+q=35$

일차방정식의 활용

01 수영이는 문구점에서 공책과 연필을 사서 10,000원을 냈더니 1,900원을 거슬러 받았다. 공책의 가격은 1,200원, 연필의 가격은 300원이고 구입한 공책과 연필의 개수가 12개였다면, 공책은 몇 권 샀는가?

① 5권　　　　② 6권　　　　③ 7권　　　　④ 8권　　　　⑤ 9권

 정답 ①

정답해설 공책의 개수 : x, 연필의 개수 : y

$\begin{cases} x+y=12 \\ 1,200x+300y=8,100 \end{cases}$

∴ $x=5$(권), $y=7$(개)

핵심정리

일차방정식의 활용
㉠ 미지수 정하기 : 문제의 뜻을 이해하고 구하는 값을 미지수 x로 놓음
㉡ 방정식 세우기 : 문제에 제시된 수량 관계를 파악하여 x의 식으로 세움
㉢ 방정식 풀기 : 방정식을 풀어 해(또는 근)를 구함
㉣ 확인하기 : 구한 해(또는 근)가 문제의 뜻에 맞는지 확인함

02 서영이가 가지고 있는 돈으로 가격이 같은 빵을 8개 사면 600원이 남고, 10개 사면 1,000원이 모자란다. 빵을 9개 사면 어떻게 되겠는가?

① 200원이 모자란다.
② 200원이 남는다.
③ 600원이 모자란다.
④ 600원이 남는다.
⑤ 800원이 모자란다.

 정답 ①

 정답해설
빵 1개의 가격을 x원이라 하면
$8x+600=10x-1,000$
$\therefore x=800$(원)
따라서 서영이가 가지고 있는 돈은 7,000원이고 빵을 9개 사려면 7,200원이 필요하므로 200원이 모자란다.

03 정희는 남걸이가 가지고 있는 돈의 3배를 은행에 예금했다. 얼마 후 정희는 10,000원을 찾아 썼고 남걸이는 6,000원을 더 예금했더니 둘의 예금은 같게 되었다. 정희가 처음 예금한 금액은 얼마인가?

① 14,000원
② 18,000원
③ 24,000원
④ 30,000원
⑤ 32,000원

 정답 ③

 정답해설
처음 남걸이가 가지고 있는 돈을 x라 하면
$3x-10,000=x+6,000$
$x=8,000$(원)
$\therefore$ 정희의 처음 예금액은 $3\times8,000=24,000$(원)이다.

04 A, B 두 회사의 작년 자동차 판매량의 합은 300대이다. 금년에는 작년보다 A회사는 판매량이 20% 증가했고, B회사는 10% 감소하여 두 회사의 자동차 판매량의 합은 작년보다 10% 증가하였다. 금년 A회사의 자동차 판매량을 구하면?

① 90대   ② 100대   ③ 170대   ④ 210대   ⑤ 240대

 정답 ⑤

정답 A회사에서 작년에 판매한 자동차 대수 : x대
해설 B회사에서 작년에 판매한 자동차 대수 : y대

$$\begin{cases} x+y=300 \\ 1.2x+0.9y=300\times1.1 \end{cases}$$

$\therefore x=200, y=100$

따라서 금년 A회사의 자동차 판매량은 20% 증가했으므로 $200\times1.2=240$(대)

05 자판기에서 수금한 동전의 총 개수가 257개이다. 50원짜리 동전은 10원짜리 동전보다 15개가 적고, 100원짜리 동전은 10원짜리 동전보다 22개가 많으며, 500원짜리 동전의 합계금액은 12,500원이다. 50원짜리 동전의 합계 금액은?

① 1,000원   ② 2,000원   ③ 3,000원   ④ 4,000원   ⑤ 5,000원

 정답 ③

정답 10원짜리 동전의 개수 : x
해설 50원짜리 동전의 개수 : $x-15$
100원짜리 동전의 개수 : $x+22$
500원짜리 동전의 개수 : $12,500\div500=25$
$x+x-15+x+22+25=257$, $3x=225$, $x=75$(개)
$\therefore$ 50원짜리 동전의 합계 금액 : $50\times(75-15)=3,000$(원)

06 엘리베이터로 1층에서 5층까지 가는 데 걸리는 시간이 12초이다. 1층에서 어느 층까지 엘리베이터로 가는 데 걸리는 시간이 36초라면, 몇 층까지 엘리베이터로 타고 갔는가?

① 9층   ② 10층   ③ 11층   ④ 12층   ⑤ 13층

 정답 ⑤

정답 1층에서 5층까지 4개 층을 오르는 데 걸리는 시간이 12초이므로 1개 층을 오르는 데 걸리는 시간은 3초이다.
해설 $3\times(x-1)=36$
$\therefore x=13$(층)

07 연못 주위에 나무를 심으려고 하는데, 나무의 간격을 10m에서 5m로 바꾸면 필요한 나무는 11그루가 늘어난다. 연못의 둘레는?

① 100m   ② 110m   ③ 120m   ④ 130m   ⑤ 140m

정답 ②

정답해설 나무의 간격이 10m일 때 필요한 나무의 그루 수를 x라 하면

$10x = 5(x+11)$

$x = 11$(그루)

∴ 연못의 둘레 $= 10 \times 11 = 110$(m)

08 연못 주위에 나무를 심으려고 한다. 나무의 간격을 20m에서 10m로 바꾸면 필요한 나무가 A 그루가 늘어난다. 연못의 둘레는 몇 m인가?

① 10A   ② 20A   ③ $\dfrac{20A}{3}$ ④ $\dfrac{10A}{3}$ ⑤ 20+A

정답 ②

정답해설 나무의 간격이 20m일 때 필요한 나무의 그루 수를 x라 하면

$20x = 10(x+A)$

$10x = 10A$

∴ $x = A$

그러므로 연못의 둘레는 $20x = 20A$이다.

09 둘레가 Am인 원형 공원 주위에 Bm 간격으로 나무를 심으려고 할 때 몇 그루의 나무가 필요한가?

① $\dfrac{B}{A}$ ② $\dfrac{A}{B}+1$ ③ $\dfrac{A}{B}$ ④ $\dfrac{A}{B}-1$ ⑤ A

정답 ③

정답해설 원형으로 연결되어 있을 때의 간격 수=나무의 그루 수이다.

∴ 필요한 나무의 그루 수 $= \dfrac{A}{B}$

10 두 자연수의 합은 43이고 큰 수를 작은 수로 나누면 몫은 2이고 나머지가 7일 때, 큰 수의 값은?

① 30   ② 31   ③ 32   ④ 33   ⑤ 34

 정답 ②

 정답해설   두 자연수 중 큰 수를 x, 작은 수를 y라 하면

$x+y=43$

$x=2y+7$

즉 $(2y+7)+y=43$, $3y=36$

$y=12$이므로 $x=31$

∴ 큰 수 $=31$

11 연속하는 두 정수가 있는데, 큰 수의 제곱에서 작은 수의 제곱을 뺀 값이 101이라면, 두 수는?

① 10, 11   ② 20, 21   ③ 50, 51   ④ 70, 71   ⑤ 100, 101

 정답 ③

 정답해설   연속하는 두 정수를 n, $n+1$이라 하면

$(n+1)^2-n^2=101$

$(n+1)^2-n^2=n^2+2n+1-n^2=2n+1=101$, $2n=100$

∴ $n=50$, $n+1=51$

▶ 핵심정리

수에 관한 문제
ㄱ 두 자리의 자연수 : $10x+y$
ㄴ 연속하는 두 정수 : x, $x+1$ 또는 $x-1$, x
ㄷ 연속하는 세 정수 : x, $x+1$, $x+2$ 또는 $x-1$, x, $x+1$
ㄹ 연속하는 두 짝수(홀수) : x, $x+2$ 또는 $x-2$, x
ㅁ 연속하는 세 짝수(홀수) : x, $x+2$, $x+4$ 또는 $x-2$, x, $x+2$

12

어떤 회사의 신입사원 채용시험 응시자가 400명이었다. 시험점수의 전체평균은 50점, 합격자의 평균은 80점, 불합격자의 평균은 40점이었다. 합격한 사람들은 몇 명인가?

① 80명　　　　② 85명　　　　③ 90명　　　　④ 95명　　　　⑤ 100명

 정답 ⑤

정답해설 합격한 사람을 x명, 불합격한 사람을 y명이라 하면
$x+y=400 \cdots \bigcirc$
$80x+40y=50 \times 400$
$2x+y=500 \cdots \bigcirc$
$\bigcirc$, $\bigcirc$을 연립하면
$x=100, y=300$
따라서 합격한 사람은 100명이다.

13

지상의 기온이 $t\,℃$일 때, 지상에서 $x\,\mathrm{km}$ 높이의 기온은 $(t-6x)\,℃$로 나타난다고 한다. 지상의 기온이 $23\,℃$인 지상 위를 날고 있는 비행기의 외부 온도가 $-13\,℃$라면, 이 비행기는 지상으로부터 몇 km 높이에 있는가?

① 6km　　　　② 7km　　　　③ 8km　　　　④ 9km　　　　⑤ 10km

 정답 ①

정답해설 비행기의 지상으로부터의 높이를 x라 하면,
$23-6x=-13$
$\therefore x=6(\mathrm{km})$

14

오전 8시에 A열차와 B열차가 서울역에서 동시에 출발한다. A열차는 20분마다, B열차는 24분마다 출발할 때, 다음 두 열차가 동시에 출발하는 시각은 언제인가?

① 오전 9시　　　　② 오전 9시 30분　　　　③ 오전 10시
④ 오전 10시 30분　　　　⑤ 오전 11시

 정답 ③

정답해설 두 열차가 서로 동시에 출발하는 시각의 간격은 20, 24의 최소공배수인 120분이다.
따라서 오전 8시에 두 열차가 동시에 출발했으므로 그 다음은 120분(2시간) 후인 오전 10시에 두 열차가 동시에 출발한다.

15 정사각형 모양의 땅이 있다. 가로는 30% 늘리고 세로는 20% 줄인다면 넓이는 얼마나 증가하겠는가?

① 4%　　　　② 6%　　　　③ 8%　　　　④ 10%　　　　⑤ 11%

 ①

 정사각형의 길이를 a라 하면 정사각형의 넓이는 a^2
$(a+0.3a)(a-0.2a)=1.04a^2$
∴ 4% 증가하였다.

16 둘레의 길이가 54m이고, 가로의 길이가 세로의 길이의 2배보다 6m 더 긴 직사각형 모양의 수영장이 있다. 이 수영장의 넓이를 구하면?

① 110m^2　　　② 140m^2　　　③ 160m^2　　　④ 210m^2　　　⑤ 240m^2

 ②

 세로의 길이 : x, 가로의 길이 : $2x+6$
둘레의 길이 : $(2x+6+x)\times2=54$
$x=7$이므로, 세로의 길이는 7m, 가로의 길이는 20m이다.
∴ 수영장의 넓이$=20\times7=140(\text{m}^2)$

17 가로 35cm, 세로 20cm인 직사각형 모양의 타일 90개를 겹치지 않고 덮을 수 있는 면의 최소 넓이는 얼마인가?

① 3.8m^2　　　② 4.2m^2　　　③ 5.8m^2　　　④ 6.1m^2　　　⑤ 6.3m^2

 ⑤

 타일 90개를 직사각형 모양으로 겹치지 않고 덮을 경우 면의 넓이는, $0.35\times0.2\times90=6.3(\text{m}^2)$

18

A는 아버지와 나이가 30세 차이가 난다. 2년 후엔 아버지의 나이가 A의 2배가 된다고 하면, 현재 A의 나이는?

① 28세 　　② 29세 　　③ 30세 　　④ 31세 　　⑤ 32세

 정답 ①

 정답해설
A의 나이를 x라 하면 아버지의 나이는 $x+30$
2년 후 A의 나이는 $x+2$, 아버지의 나이는 $(x+30)+2=x+32$
이때, 아버지의 나이가 A의 2배가 되므로
$x+32=2(x+2)$, $x+32=2x+4$, $x=28$
따라서 A의 현재 나이는 28세이다.

19

현재 어머니는 64세이고 아들은 16세이다. 어머니의 나이가 아들 나이의 5배였던 것은 몇 년 전인가?

① 3년 전 　　② 4년 전 　　③ 5년 전 　　④ 6년 전 　　⑤ 7년 전

정답 ②

 정답해설
x년 전에 어머니의 나이가 아들 나이의 5배이므로,
$64-x=5(16-x)$, $64-x=80-5x$
$\therefore x=4$(년)

20

320L짜리 물통에 A 빨대를 이용하여 물을 채우는데 12분 후 물통의 60%가 찼다면 A 빨대가 1분간 채울 수 있는 물의 양은?

① 12L 　　② 13L 　　③ 14L 　　④ 15L 　　⑤ 16L

정답 ⑤

 정답해설
빨대가 1분간 채울 수 있는 물의 양을 x라 하면,
$x \times 12=320 \times \dfrac{60}{100}$, $12x=192$
$\therefore 16(L)$

21

어느 공원의 입장료가 어른은 2,500원, 어린이는 1,000원이다. 어른과 어린이를 합쳐서 20명이 입장하고 41,000원을 냈다면 입장한 어린이는 몇 명인가?

① 3명   ② 4명   ③ 5명   ④ 6명   ⑤ 7명

 정답 ④

 정답해설 입장한 어린이를 x명이라 두면 어른의 수는 $20-x$명이다.
$$2,500(20-x)+1,000x=41,000$$
$$1,500x=9000$$
$$\therefore x=6(명)$$

22

어떤 모임에서 구성원의 나이 평균이 25세였다. 새로운 구성원의 나이가 20세이고, 이 구성원으로 인해 전체 모임의 평균 나이가 1만큼 줄었다면, 최초 모임의 구성원 수는?

① 8명   ② 7명   ③ 6명   ④ 5명   ⑤ 4명

 정답 ⑤

 정답해설 최초 모임의 구성원 수를 x라고 했을 때
$$(25x+20)\div(x+1)=24$$
$$25x+20=24(x+1)$$
$$25x+20=24x+24$$
$$\therefore x=4(명)$$

23 직장인 A는 매일 출근 1시간 15분 전에 일어나 10분간 신문을 보고, 15분간 세수를 하며, 20분간 식사를 한 후 출근을 위해 집에서 나선다. 회사의 출근 시간이 오전 10시라면 집에서 출발한 시간의 시침과 분침의 각도는 얼마인가?

① 105° ② 115° ③ 125° ④ 135° ⑤ 140°

정답 ①

정답해설 집에서 출발한 시간 : 10시－1시간 15분＋10분＋15분＋20분＝9시 30분

각 시간의 각도 : 360÷12＝30(°)

시침은 9시와 10시의 중간에 있고 분침은 30분, 즉 6시에 있으므로 시침과 분침의 간격은 3시간 30분이다.

∴ 시침과 분침의 각도 : $3 \times 30 + \frac{1}{2} \times 30 = 90 + 15 = 105(°)$

핵심정리

시계

㉠ 시침이 1시간 동안 이동하는 각도 : $\frac{360°}{12} = 30°$

㉡ 시침이 1분 동안 이동하는 각도 : $\frac{30°}{60} = 0.5°$

㉢ 분침이 1분 동안 이동하는 각도 : $\frac{360°}{60} = 6°$

02 자료해석

GLOBAL SAMSUNG APTITUDE TEST

자료해석 문제는 표나 그래프를 주고 자료를 해석하거나 자료를 이용해서 계산을 하는 문제가 출제된다. 인·적성을 접하기 전까진 생소한 유형이므로 일단 유형에 익숙해지는 것이 최우선이며, 기본적인 가감승제 연산 연습이 필요하다.

특정 값 추론

01 다음 [표]는 어느 렌트카 회사에서 제시하는 요금제이다. B요금제의 연장 요금을 30분당 2,000원으로 인상한다면, 4시간 사용 시 A요금과 B요금을 바르게 비교한 것은?

[표] 렌트카 요금제

요금제	기본 요금	연장 요금
A	1시간 15,000원	초과 30분당 1,000원
B	3시간 17,000원	초과 30분당 1,300원

① A요금＜B요금   ② A요금＞B요금   ③ A요금＝B요금

④ 2×A요금＝B요금   ⑤ 알 수 없다.

 정답 ③

 정답
해설

4시간 사용 시 A요금은 기본 요금 1시간에 연장 요금 3시간이므로 A요금은 $15,000+(1,000×6)=21,000$(원)이며, 4시간 사용 시 B요금은 기본 요금 3시간에 연장 요금 1시간이므로 B요금 : $17,000+(2,000×2)=21,000$(원)이다.

▶ 핵심정리

자료해석에 필요한 능력

㉠ 자료 판단 능력 : 자료해석문제에 제시되는 자료의 대부분은 표·그래프·그림 등으로 구성된다. 문제에 따라서 여러 개의 자료가 한꺼번에 등장하기도 한다. 그러므로 빠르고 정확한 문제 풀이를 위해서는 자료의 유형을 파악하여 그에 맞는 해석 방법을 적용하는 능력, 자료를 빠르게 읽은 후 필요한 내용을 파악하는 능력이 필요하다.

㉡ 계산 능력 : 대부분의 자료는 숫자로 구성되어 있다. 문제 역시 계산 능력을 필요로 하는 경우가 많으며, 그 중 상당수는 몇 가지 계산 노하우 및 암산을 통해 해결할 수 있다.

02 다음 [표]는 산업재산권 유지를 위한 등록료에 관한 자료이다. 청구 범위가 3항인 특허권에 대한 3년간의 권리 유지비용은 얼마인가?

[표] 산업재산권 등록료

(단위 : 원)

구분 / 권리	설정등록료 (1~3년분)		연차등록료						
			4~6년차	7~9년차	10~12년차	13~15년차	16~18년차	19~21년차	22~25년차
특허권	기본료	81,000	매년 60,000	매년 120,000	매년 240,000	매년 480,000	매년 960,000	매년 1,920,000	매년 3,840,000
	가산료 (청구범위 1항마다)	54,000	매년 25,000	매년 43,000	매년 55,000	매년 68,000	매년 80,000	매년 95,000	매년 120,000
실용 신안권	기본료	60,000	매년 40,000	매년 80,000	매년 160,000	매년 320,000	—		
	가산료 (청구범위 1항마다)	15,000	매년 10,000	매년 15,000	매년 20,000	매년 25,000			
디자인권	75,000		매년 35,000	매년 70,000	매년 140,000	매년 280,000	—		
상표권	211,000(10년분)		10년 연장 시 256,000						

※ 특허권, 실용신안권의 기본료는 청구범위의 항 수와는 무관하게 부과되는 비용임. 예를 들어, 청구범위가 1항인 경우 기본료와 1항에 대한 가산료가 부과됨

① 243,000원   ② 392,200원   ③ 460,000원   ④ 891,000원   ⑤ 942,300원

 정답 ①

 정답 해설 청구 범위가 3항인 특허권에 대한 3년간의 권리 유지비용이 얼마인지를 묻고 있다.

특허권의 기본료는 청구범위의 항 수 와는 무관하게 부과되는 비용이므로 특허권 기본료는 81,000원이다.

3년간의 권리 유지비용이므로 1~3년분의 가산료 54,000원에 3을 곱하여야 한다.

이를 식으로 정리하면, 특허권 기본료+(가산료×3)＝81,000+(54,000×3)＝243,000(원)

따라서 청구 범위가 3항인 특허권에 대한 3년간의 권리 유지비용은 243,000(원)이다.

03 다음은 공인중개사 A의 중개수수료 요율표이다. 을이 병에게 주택을 임대해주며 9,500만 원의 전세금을 받았다면 A가 을로부터 받을 수 있는 수수료는 최대 얼마인가?

[표] 공인중개사 A의 중개수수료율

종별	거래가액	수수료율	한도액
매매 · 교환	5,000만 원 미만	거래가액의 0.6% 이내	250,000원
	5,000만 원 이상 2억 원 미만	거래가액의 0.5% 이내	800,000원
	2억 원 이상 6억 원 미만	거래가액의 0.4% 이내	—
매매 · 교환 이외의 임대차 등	5,000만 원 미만	거래가액의 0.5% 이내	200,000원
	5,000만 원 이상 1억 원 미만	거래가액의 0.4% 이내	300,000원
	1억 원 이상 3억 원 미만	거래가액의 0.3% 이내	—

① 12만 원　　② 18만 원　　③ 22만 원　　④ 30만 원　　⑤ 38만 원

  정답 ④

정답해설 을이 병에게 주택을 임대해주며 9,500만 원의 전세금을 받은 것은 매매 · 교환 이외의 임대차 등에 해당하며 5,000만 원 이상 1억 원 미만의 항목에 해당한다.

수수료율은 거래가액의 0.4% 이내이므로 9,500만 원×0.004＝38만 원이다.

그러나 한도액인 30만 원을 넘었으므로 최대 수수료는 30만 원이 된다.

04 다음 [표]는 우리나라의 돼지고기 수입 현황이다. 2019년부터 우리나라에 대한 돼지고기 수입량이 꾸준히 증가한 나라들에서 2023년 한 해 동안 수입한 돼지고기는 총 몇 톤인가?

[표] 국가별 돼지고기 수입 현황

(단위 : 톤)

구분	2019년	2020년	2021년	2022년	2023년
미국	17,335	14,448	23,199	62,760	85,744
캐나다	39,497	35,595	40,469	57,545	62,981
칠레	3,475	15,385	23,257	32,425	31,621
덴마크	21,102	19,430	28,190	25,401	24,005
프랑스	111	5,904	14,108	21,298	22,332
벨기에	19,754	14,970	19,699	17,903	20,062
오스트리아	4,474	2,248	6,521	9,869	12,495
네덜란드	2,631	5,824	8,916	10,810	12,092
폴란드	1,728	1,829	4,950	7,867	11,879

① 46,303톤　　② 48,296톤　　③ 50,584톤　　④ 65,047톤　　⑤ 74,801톤

 정답 ①

 정답해설 2019년부터 국가별 수입량이 꾸준히 증가한 나라는 프랑스, 네덜란드, 폴란드이다.
2023년 한 해동안 프랑스는 22,332(톤), 네덜란드는 12,092(톤), 폴란드는 11,879(톤)의 돼지고기를 수입하였다.
2023년 이들 나라에서 수입한 돼지고기를 모두 더하면 46,303톤(22,332＋12,092＋11,879)이다.

05 다음은 어느 지역의 급식 시행 학교 수와 급식인력 현황을 나타낸 [표]이다. 전체 급식 시행 학교에서 급식인력은 평균 몇 명인가? (단, 소수점 이하는 반올림한다.)

[표] 학교별 급식 시행 학교 수와 급식인력 현황

(단위 : 개, 명)

구분	급식 시행 학교 수	직종별 급식인력					
		영양사			조리사	조리 보조원	급식인력 합계
		정규직	비정규직	소계			
초등학교	137	95	21	116	125	321	562
중학교	81	27	34	61	67	159	287
고등학교	63	56	37	93	59	174	326
특수학교	5	4	0	4	7	9	20
전체	286	182	92	274	258	663	1,195

① 약 3명   ② 약 4명   ③ 약 5명   ④ 약 6명   ⑤ 약 7명

 ②

 전체 급식 시행 학교 수는 286개이고, 총 급식인력은 1,195명으로 전체 급식 시행 학교에 대한 평균 급식인력은

$$\frac{\text{급식인력 총 계}}{\text{전체 급식 시행 학교 수}} = \frac{1{,}195}{286} = 4.17832\cdots \text{이다.}$$

따라서 전체 급식 시행 학교에서 급식인력은 평균 4명이다.

06 다음은 주요 국가들의 연구개발 활동을 정리한 자료이다. 이를 바탕으로 할 때, 일본의 노동인구 500명당 연구원 수는?

[표] 주요 국가들의 연구개발 활동 현황

국가명	절대적 투입규모		상대적 투입규모		산출규모	
	총 R&D 비용 (백만 달러)	연구원 수(명)	GDP대비 총 R&D 비용(%)	노동인구 천 명당 연구원 수 (명)	특허 등록 수(건)	논문 수(편)
독일	46,405	516,331	2.43	13.0	51,685	63,847
미국	165,898	962,700	2.64	7.4	147,520	252,623
스웨덴	4,984	56,627	3.27	13.1	18,482	14,446
아이슬란드	663	1,363	1.33	9.5	35	312
아일랜드	609	7,837	1.77	5.6	7,088	2,549
영국	20,307	270,000	2.15	9.5	43,181	67,774
일본	123,283	832,873	2.68	8.0	141,448	67,004
프랑스	30,675	314,170	2.45	12.5	46,213	46,279
한국	7,666	98,764	2.22	7.3	52,900	9,555

① 2명   ② 4명   ③ 5명   ④ 6명   ⑤ 8명

 정답 ②

 정답 해설
일본의 노동인구 500명당 연구원 수를 묻고 있으므로 일본의 노동인구 천 명당 연구원 수의 수치를 이용하여 일본의 노동인구 500명당 연구원 수를 알 수 있다.
일본의 노동인구 천 명당 연구원 수가 8명이므로 노동인구 500명당 연구원 수를 x라 하면
$1,000 : 8 = 500 : x, x = 4$(명)
따라서 일본의 노동인구 500명당 연구원 수는 4명이다.

07 다음 [표]는 행정업무용 물품의 조달단가와 구매 효용성을 나타낸 것이다. 20억 원 이내에서 구매예산을 집행한다고 할 때, 정량적 기대효과 총합의 최댓값을 구하면?

[표] 물품별 조달단가와 구매 효용성

구분 \ 물품	A	B	C	D	E	F	G	H
조달단가(억 원)	3	4	5	6	7	8	10	16
구매 효용성	1	0.5	1.8	2.5	1	1.75	1.9	2

※ 구매 효용성$=\dfrac{\text{정량적 기대 효과}}{\text{조달단가}}$

※ 각 물품을 구매하지 않거나, 1개만 구매 가능함

① 29　　　　② 30　　　　③ 38　　　　④ 46　　　　⑤ 54

정답 ③

정답해설　구매 효용성$=\dfrac{\text{정량적 기대 효과}}{\text{조달단가}}$의 식을 정량적 기대효과의 식으로 다시 세우면, 정량적 기대효과=조달단가×구매 효용성이다.

정량적 기대효과를 각각 구하면, A=3, B=2, C=9, D=15, E=7, F=14, G=19, H=32이다.

구매 효용성의 수치가 높은 것은 B<A, E<F<C<G<H<D 순이지만, 정량적 기대효과 총합이 최대가 될 수 있도록 20억 원 이내에서 물품을 구매하면 C, D, F가 해당된다.

이 때 조달단가는 C<D<F 순으로 높으며 조달단가는 5+6+8=19(억 원), 정량적 기대효과는 9+15+14=38이다.

따라서 정량적 기대효과 총합의 최댓값은 38이다.

08 다음 [표]와 [그림]은 신·재생에너지 발전량과 신·재생에너지 발전량비율을 나타낸 것이다. 2023년 신·재생에너지 발전량비율은 전년대비 얼마나 증가했는가? (단, 소수점 셋째자리에서 반올림한다.)

[표] 신·재생에너지 발전량

(단위 : GWh, %)

구분	2017년	2018년	2019년	2020년	2021년	2022년	2023년
총발전량	474,660	501,527	532,191	543,098	546,249	560,974	561,586
신·재생 에너지 발전량	5,890	17,346	19,346	21,438	26,882	37,079	40,656

※ 신·재생에너지발전량비율 = (신·재생에너지발전량 ÷ 총발전량) × 100

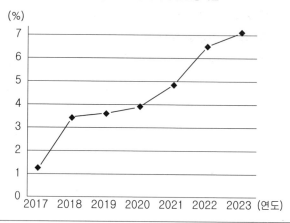

[그림] 신·재생에너지 발전량비율

① 약 0.27% ② 약 0.36% ③ 약 0.45% ④ 약 0.54% ⑤ 약 0.63%

 정답 ⑤

 정답 해설

2022년 신·재생에너지 발전량비율 = $\dfrac{37,079}{560,974} \times 100 ≒ 6.61$

2023년 신·재생에너지 발전량비율 = $\dfrac{40,656}{561,586} \times 100 ≒ 7.24$

따라서 전년대비 2023년 신·재생에너지발전량비율은 7.24 − 6.61 = 0.63% 증가했다.

▶ 핵심정리

선(절선) 그래프

㉠ 시간의 경과에 따라 수량에 의한 변화의 상황을 선(절선)의 기울기로 나타내는 그래프

㉡ 시간적 추이를 표시하는데 적합

09 다음은 고등학생 361명의 A 및 B 시험결과의 분포를 나타낸 [표]이다. A 시험에서 20점 미만을 받은 학생의 B 평균점수의 범위를 맞게 표시한 것을 고르면? (단, 소수점 둘째 자리에서 반올림한다.)

[표] A와 B 시험결과 점수의 분포 교차도

A B	0~ 9점	10~ 19점	20~ 29점	30~ 39점	40~ 49점	50~ 59점	60~ 69점	70~ 79점	80~ 89점	90~ 100점
0~9점	2	4	4							
10~19점	3	8	6	4				2		
20~29점		7	18	14			1	1		
30~39점			22	35	19	16				
40~49점				13	37	21				
50~59점			2	4	18	26	11	6		
60~69점			1	1		3	17	10	4	
70~79점							4	7	2	3
80~89점								1	2	1
90~100점										1

① 약 10.4~약 15.0   ② 약 15.0~약 19.4   ③ 약 10.4~약 19.4

④ 약 15.0~약 20.4   ⑤ 약 19.4~20.4

 ③

 A 시험에서 20점 미만을 받은 학생은 2+3+4+8+7=24(명)이다.

A 시험에서 20점 미만을 받은 학생들의 B 시험 점수 분포를 나타내면 0~9점은 2+4=6(명)이며, 10~19점은 3+8=11(명)이며, 20~29점은 7(명)이다.

그 중 모두가 최저점수(0점, 10점, 20점)를 받았을 경우의 평균은, $\frac{0 \times 6 + 10 \times 11 + 20 \times 7}{24} = \frac{250}{24} \fallingdotseq 10.4$(점)이다.

그 중 모두가 최고점수(9점, 19점, 29점)를 받았을 경우의 평균은, $\frac{9 \times 6 + 19 \times 11 + 29 \times 7}{24} = \frac{466}{24} \fallingdotseq 19.4$(점)이다.

10 다음은 공공도서관 현황에 대하여 조사한 결과이다. 사서 자격증 보유자를 각 공공도서관에 똑같이 배치한다고 했을 때, 2023년을 기준으로 1관당 배치되는 사서의 수는 몇 명인가? (단, 소수점 첫째 자리에서 반올림한다.)

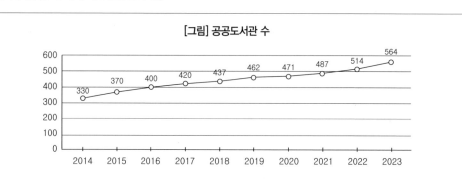

[그림] 공공도서관 수

[표] 공공도서관의 운영 실태 및 현황

	2014	2015	2016	2017	2018	2019	2020	2021	2022	2023
공공도서관 수 (관)	330	370	400	420	437	462	471	487	514	564
1석당 인구 수 (명)	217	202	203	200	197	196	206	196	188	191
1인당 책 수(권)	0.25	0.39	0.46	0.52	0.56	0.64	0.71	0.79	0.94	1.01
자료 수(천 권)	16,795	18,528	21,932	25,163	26,971	32,251	35,850	40,755	45,411	49,343
직원 수(명)	5,112	5,001	4,932	4,768	4,968	5,368	5,539	5,664	5,840	6,223
사서자격증 보유자(명)	1,961	1,976	1,696	1,735	1,789	1,958	2,023	2,179	2,324	2,560
운영예산(천 원)	156,717	140,825	164,226	186,448	231,516	300,714	354,576	345,624	360,109	418,714
이용자 수(천 명)	53,301	67,337	80,913	84,740	87,877	97,606	117,611	133,208	154,712	174,833
이용책 수(천 권)	54,760	82,245	98,662	101,608	108,727	110,074	179,668	172,698	213,489	265,501

① 약 3명　　　② 약 4명　　　③ 약 5명　　　④ 약 6명　　　⑤ 약 7명

 정답 ③

 정답해설 사서 자격증 보유자를 각 공공도서관에 똑같이 배치한다고 하였기 때문에 2023년 사서 자격증 보유자를 2023년 공공도서관 수로 나누면 2023년 1관당 배치되는 사서의 수를 알 수 있다.

∴ 2023 사서자격증 보유자÷2023년 공공도서관 수＝2,560÷564≒5(명)

11 다음 [표]는 영농형태별 가구원 1인당 경지면적을 나타낸 것이다. 2023년 가구원 1인당 경지
면적이 가장 큰 영농형태는?

[표] 영농형태별 가구원 1인당 경지면적

(단위 : m²)

연도 영농형태	2021년	2022년	2023년
논벼	8,562.104	8,708.261	8,697.995
과수	6,627.331	6,534.766	6,072.403
채소	5,098.830	5,934.209	5,445.083
특용작물	8,280.670	7,849.730	10,528.868
화훼	3,061.984	3,674.943	3,428.802
일반밭작물	8,808.634	8,982.871	8,805.360
축산	4,536.157	4,519.100	5,008.592
기타	6,314.491	6,093.295	6,596.595

① 논벼   ② 채소   ③ 축산   ④ 특용작물   ⑤ 일반밭작물

 정답 ④

정답
해설 [표] 영농형태별 가구원 1인당 경지면적에서 2023년에서 각각의 영농형태별로 그 수치를 비교하면 2023년 가구원 1인
당 경지면적이 가장 큰 영농형태를 알 수 있다.

논벼＝8,697.995(m²), 과수＝6,072.403(m²), 채소＝5,445.083(m²), 특용작물＝10,528.868(m²), 화훼＝3,428.802(m²),
일반밭작물＝8,805.360(m²), 축산＝5,008.592(m²), 기타＝6,596.595(m²)이므로, 202년 가구원 1인당 경지면
적이 가장 큰 영농형태는 특용작물임을 [표]를 통해 바로 알 수 있다.

12 다음 [표]는 소비자물가지수를 나타낸 것이다. 2023년 소비자물가상승률은 얼마인가? (단, 소수점 둘째자리에서 반올림한다.)

[표] 소비자물가지수

(단위 : %)

구분	2017년	2018년	2019년	2020년	2021년	2022년	2023년
소비자 물가지수	94.7	96.8	98.0	99.3	100.0	101.0	102.9

※ 소비자물가지수는 2021년＝100을 기준으로 함
※ 소비자물가상승률＝{(금년도 소비자물가지수÷전년도 소비자물가지수)－1}×100

① 1.9%　　　② 2.0%　　　③ 2.1%　　　④ 2.2%　　　⑤ 2.3%

 정답 ①

정답해설 소비자물가상승률＝{(금년도 소비자물가지수÷전년도 소비자물가지수)－1}×100이므로,
2023년 소비자물가상승률＝{(2023년 소비자물가지수÷2022년 소비자물가지수)－1}×100
∴ {(102.9÷101.0)－1}×100≒1.9%

13 다음은 2017년부터 2023년까지 S초등학교 학생들의 인터넷 이용률을 나타낸 것이다. 2019년도 초등학생의 수가 625명이고, 2021년도의 초등학생 수가 550명이라고 할 때, 인터넷을 이용하는 초등학생 수의 차이는?

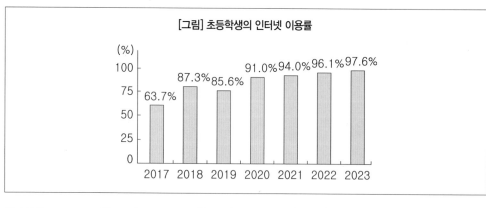

[그림] 초등학생의 인터넷 이용률

① 12명　　　② 14명　　　③ 16명　　　④ 18명　　　⑤ 20명

정답　④

정답
해설　[그림] 초등학생의 인터넷 이용률에서 2019년의 수치는 85.6%이며, 2021년의 수치는 94.0%임을 알 수 있다.

2019년도 초등학생의 수가 625명이고, 2021년도의 초등학생 수가 550명이라고 하였으므로 이를 식으로 나타내면

2019년도에 인터넷을 이용한 초등학생의 수는 $625 \times \dfrac{85.6}{100} = 535$(명), 2021년도에 인터넷을 이용한 초등학생의 수는

$550 \times \dfrac{94}{100} = 517$(명)이다.

∴ $535 - 517 = 18$(명)

▶ 핵심정리

막대 그래프

㉠ 비교하고자 하는 수량을 막대 길이로 표시하고, 그 길이를 비교하여 각 수량간의 대소 관계를 나타내고자 할 때 가장 기본적으로 활용할 수 있는 그래프

㉡ 내역, 비교, 경과, 도수 등을 표시하는 용도로 활용

14 다음은 박은식의 『한국독립운동지혈사』에서 발췌한 3·1 운동 관련 자료이다. 가, 나, 다, 라, 마 지역의 3·1 운동 참여자 중 사망자의 비율은? (단, 소수점 넷째 자리에서 반올림한다.)

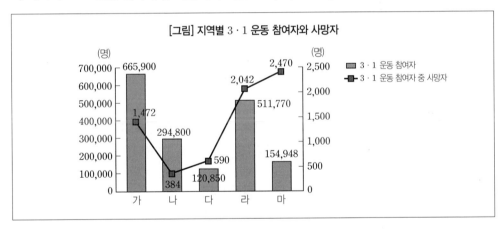

[그림] 지역별 3·1 운동 참여자와 사망자

① 약 0.354%　② 약 0.365%　③ 약 0.376%　④ 약 0.387%　⑤ 약 0.398%

 정답　⑤

 정답
해설　가, 나, 다, 라, 마 지역의 3·1 운동 참여자 중 사망자의 비율을 구하는 것이므로 가, 나, 다, 라, 마 지역의 3·1 운동 참여자의 수치를 모두 더한 것에서 사망자의 수치를 빼고 백분위로 환산하여야 한다.

가, 나, 다, 라, 마 지역의 3·1 운동 참여자를 모두 더하면 $665,900 + 294,800 + 120,850 + 511,770 + 154,948 = 1,748,268$(명)이며, 가, 나, 다, 라, 마 지역의 3·1 운동 참여자 중 사망자를 모두 더하면 $1,472 + 384 + 590 + 2,042 + 2,470 = 6,958$(명)이다.

∴ $\dfrac{6,958}{1,748,268} \times 100 ≒ 0.398(\%)$

15 다음은 A~D국의 건설 시장 중 주택 부문과 관련된 자료이다. 3~10층 주택의 시장 규모를 순서대로 나열할 때, 시장 규모가 가장 큰 국가는?

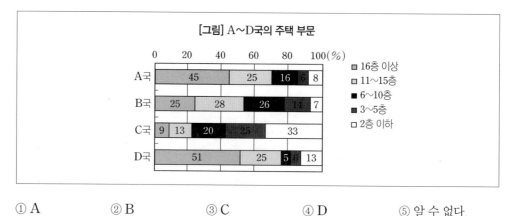

[그림] A~D국의 주택 부문

① A   ② B   ③ C   ④ D   ⑤ 알 수 없다.

정답 ③

정답
해설 [그림] A~D국의 주택 부문에서 각각의 3~10층 시장 규모의 범위에 속하는 것은 3~5층과 6~10층이다.
이 두 수치를 더하면 3~10층 시장 규모를 구할 수 있다.
A : 16+6=22(%)
B : 26+14=40(%)
C : 20+25=45(%)
D : 5+6=11(%)
∴ C의 시장 규모가 가장 크다.

16 다음 [표]는 어떤 도시의 2023년 산업별 사업체 수와 성별 종사자 수를 나타낸 것이다. 다음 중 남성의 고용비율이 가장 높은 산업은? (단, 소수 첫째 자리에서 반올림 한다.)

[표] 2023년 산업별 사업체 수와 성별 종사자 수

구분	사업체 수(개)	남성 종사자 수(명)	여성 종사자 수(명)
농업 및 축산업	40	228	36
어업	12	174	25
제조업	4,550	47,512	21,230
건설업	264	3,163	797
서비스업	12,670	73,274	37,658
기타	335	1,421	1,214

① 농업 및 축산업   ② 어업   ③ 제조업   ④ 건설업   ⑤ 서비스업

정답 ②

정답해설 어업은 $\dfrac{174}{174+25}\times100=87(\%)$로 남성의 고용비율이 가장 높다.

17 다음 [그림]과 [표]는 이동통신 사용자의 회사별 구성비와 향후 회사이동 성향에 관한 자료이다. 1년 뒤 총 사용자 중 A사의 사용자는 몇 %인가?

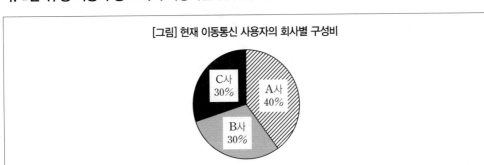

[그림] 현재 이동통신 사용자의 회사별 구성비

C사 30%
A사 40%
B사 30%

[표] 이동통신 사용자의 회사 이동 성향

(단위 : %)

현재＼1년 뒤	A사	B사	C사	합계
A사	80	10	10	100
B사	10	70	20	100
C사	40	10	50	100

① 32%　　② 35%　　③ 39%　　④ 43%　　⑤ 47%

정답 ⑤

정답해설 전체 사용자를 100으로 잡았을 때

현재 A사 사용자는 이동통신 사용자의 40%이고, 이 중 80%는 1년 후에도 A사의 사용자로 남아있으므로

$40\times0.8=32(\%)$

현재 B사의 사용자는 이동통신 사용자의 30%이고, 이 중 10%는 1년 뒤 A사의 사용자이므로

$30\times0.1=3(\%)$

현재 C사의 사용자는 이동통신 사용자의 30%이고, 이 중 40%는 1년 뒤 A사의 사용자이므로

$30\times0.4=12(\%)$

$\therefore 32+3+12=47(\%)$

18 다음은 A지역의 부부를 대상으로 가정 폭력 피해 실태를 설문 조사한 결과이다. 2015년에 가정 폭력의 피해자라고 답변한 아내의 수가 465명일 때, 2023년 가정 폭력의 피해자라고 답변한 아내의 수는?

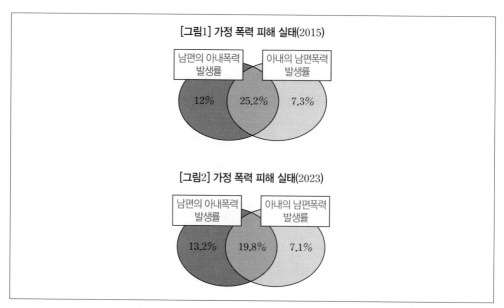

[그림1] 가정 폭력 피해 실태(2015)

[그림2] 가정 폭력 피해 실태(2023)

① 약 386명   ② 약 413명   ③ 약 447명   ④ 약 471명   ⑤ 약 492명

 정답 ②

 정답
해설 2015년 가정 폭력의 피해자라고 답변한 아내의 비율은 12＋25.2＝37.2(％)이므로 설문조사에 응답한 아내의 수는 465÷0.372＝1,250(명)이다.

부부의 수가 변하지 않았다면 아내의 수도 그대로이므로 2023년 설문 조사에 응답한 아내의 수 역시 1,250명이다.

2023년 가정 폭력의 피해자라고 답변한 아내의 비율은 13.2＋19.8＝33(％)이므로,

1,250×0.33＝412.5(명)

▶ 핵심정리

원 그래프

㉠ 내역이나 내용의 구성비를 원에 분할하여 작성하는 그래프

㉡ 전체에 대한 구성비를 표현할 때 다양하게 활용

19

다음은 (가), (나), (다) 생산 공장에서 생산하는 음료수의 1일 생산량을 나타낸 것이다. A~C 음료수에 대한 생산 비율 중 A음료수의 생산 비율이 가장 작은 공장과 B음료수의 생산 비율이 가장 작은 공장을 각각 순서대로 고르면? (단, 소수점 이하는 절삭한다.)

[표] 음료수의 1일 생산량

(단위 : 개)

구분	A음료수	B음료수	C음료수
(가) 공장	15,000	22,500	7,500
(나) 공장	36,000	48,000	18,000
(다) 공장	9,000	14,000	5,000

① (가) 공장, (나) 공장   ② (나) 공장, (다) 공장   ③ (다) 공장, (가) 공장

④ (다) 공장, (나) 공장   ⑤ (가) 공장, (다) 공장

 정답 ④

정답해설 [표]에는 각각 A, B, C음료수의 항목의 수치가 있으나 문제에서 필요한 것은 A, B음료수의 수치이므로 각 공장의 A음료수와 B음료수의 생산 비율을 구하면 다음과 같다.

• A음료수

(가) 공장 : $\dfrac{15,000}{15,000+22,500+7,500} \times 100 ≒ 33(\%)$

(나) 공장 : $\dfrac{36,000}{36,000+48,000+18,000} \times 100 ≒ 35(\%)$

(다) 공장 : $\dfrac{9,000}{9,000+14,000+5,000} \times 100 ≒ 32(\%)$

따라서 (다) 공장의 A음료수 생산 비율이 약 32%로 가장 작다.

• B음료수

(가) 공장 : $\dfrac{22,500}{15,000+22,500+7,500} \times 100 = 50(\%)$

(나) 공장 : $\dfrac{48,000}{36,000+48,000+18,000} \times 100 ≒ 47(\%)$

(다) 공장 : $\dfrac{14,000}{9,000+14,000+5,000} \times 100 = 50(\%)$

따라서 (나) 공장의 B음료수 생산 비율이 약 47%로 가장 작다.

20 다음 [표]는 2023년도 서울권과 세계 주요 대도시권의 교통 관련 통계이다. 인구밀도가 가장 높은 곳은?

구분	서울권	런던권	파리권	뉴욕권	동경권
면적(km^2)	11,719	10,385	12,011	5,793	13,143
인구(천 명)	22,877	11,957	11,027	13,673	32,577
자동차 보유율(대/명)	0.30	0.39	0.46	0.38	0.27
철도 연장(km)	489.7	2,125	1,602	1,145	3,128
인구당 철도 연장(km/만 명)	0.22	1.78	1.45	0.84	0.96
면적당 철도 연장(km/km^2)	0.04	0.20	0.13	0.20	0.24
인구당 고속화도로 연장 (km/만 명)	0.31	0.29	0.71	0.98	0.30
면적당 고속화도로 연장(km/km^2)	0.06	0.03	0.07	0.23	0.08

[표] 서울권 및 세계 주요 대도시권의 교통 관련 통계

① 서울권　　② 런던권　　③ 파리권　　④ 뉴욕권　　⑤ 동경권

 정답 ⑤

 정답
해설

인구밀도가 가장 높은 곳을 묻고 있으므로, [표] 서울권 및 세계 주요 대도시권의 교통 관련 통계에서 면적(km^2)과 인구 (천 명)의 항목만 비교하면 된다.

면적을 비교하면 서울권=11,719(km^2), 런던권=10,385(km^2), 파리권=12,011(km^2), 뉴욕권=5,793(km^2), 동경권=13,143(km^2)이다.

인구를 비교하면 서울권=22,877(천 명), 런던권=11,957(천 명), 파리권=11,027(천 명), 뉴욕권=13,673(천 명), 동경권=32,577(천 명)이다.

인구밀도는 면적대비 인구 수이므로 서울권은 약 2, 런던권은 약 1.2, 파리권은 약 0.9, 뉴욕권은 약 2.4, 동경권은 약 2.5 이므로 인구밀도는 동경권이 가장 높다.

21 다음 [표]는 폐기물 매립지 주변의 거주민 1,375명을 대상으로 특정 질환 환자 수를 파악한 것이다. 매립지 주변 거주민 중 환자의 비율을 구하면?

[표] 매립지 주변 거주민의 특정 질환 환자 수

구분	매립지와의 거리			
	1km 미만	1~2km 미만	2~3km 미만	3~5km 미만
거주민	564	428	282	101
호흡기 질환자 수	94	47	77	15
피부 질환자 수	131	70	102	42

구분	연령			
	19세 이하	20~39세	40~59세	60세 이상
거주민	341	405	380	249
호흡기 질환자 수	76	41	49	67
피부 질환자 수	35	71	89	150

구분	거주 기간			
	1년 미만	1~5년 미만	5~10년 미만	10년 이상
거주민	131	286	312	646
호흡기 질환자 수	15	23	41	154
피부 질환자 수	10	37	75	223

※ 환자 수＝호흡기 질환자 수＋피부 질환자 수(단, 위의 2가지 질환을 동시에 앓지는 않음)

① 약 21% ② 약 35% ③ 약 42% ④ 약 58% ⑤ 약 64%

 정답 ③

정답해설 문제에서 매립지 주변 거주민 중 환자의 비율을 구한다고 하였으므로 [표] 매립지 주변 거주민의 특정 질환 환자 수에서 연령과 거주 기간 항목의 수치는 관계가 없다.

매립지와의 거리 항목의 수치를 통해 매립지 주변 거주민 중 환자의 비율을 구할 수 있다.

환자 수는 호흡기 질환자 수와 피부 질환자 수를 더한 것이며, 위의 2가지 질환을 동시에 앓지는 않는다고 하였으므로 매립지 주변 거주민 중 환자의 비율은

$$\frac{(94+131+47+70+77+102+15+42)}{1,375} \times 100 = 42(\%)$$

22

다음은 A국의 수·출입액 현황을 나타낸 자료이다. 다음 중 네덜란드에 대한 A국의 수출액 대비 수입액을 백분율로 산정한 결과에 가장 가까운 숫자는?

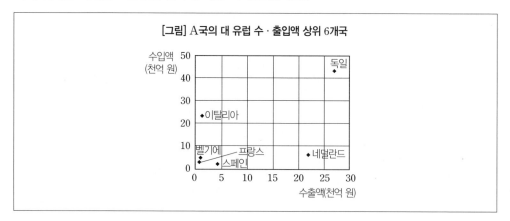

[그림] A국의 대 유럽 수·출입액 상위 6개국

① 7 　　　　　 ② 27 　　　　　 ③ 97 　　　　　 ④ 254 　　　　　 ⑤ 368

정답 ②

정답
해설 [그림] A국의 대 유럽 수·출입액 상위 6개국에서 네덜란드의 수치를 분석하여야 한다.

자료에서 네덜란드에 대한 A국의 수입액은 6천억 원가량이고, 수출액은 2조 2천억 원가량이므로

$$\frac{6(천억)}{22(천억)} \times 100 ≒ 27.27(\%)$$

핵심정리

점 그래프

지역분포를 비롯하여 도시, 지방, 기업, 상품 등의 평가나 위치, 성격을 표시하는데 활용할 수 있는 그래프

23

아래 [표]는 통계청이 발표한 연령별 농가 가구원 수 [표]이다. 2023년 50세 이상 가구원 수는 전체 가구원 수의 약 몇 %인가? (단, 소수점 둘째 자리에서 반올림한다.)

[표] 연령별 농가 가구원 수

(단위 : 명)

연도 \ 연령	2020	2021	2022	2023
14세 이하	0.46	0.44	0.4	0.36
15~19세	0.26	0.22	0.19	0.18
20~24세	0.15	0.16	0.14	0.13
25~29세	0.14	0.14	0.12	0.12
30~34세	0.1	0.1	0.1	0.09
35~39세	0.17	0.16	0.14	0.13
40~44세	0.22	0.21	0.19	0.19
45~49세	0.23	0.23	0.23	0.23
50~54세	0.26	0.26	0.27	0.26
55~59세	0.35	0.34	0.31	0.29
60~64세	0.38	0.37	0.38	0.39
65세 이상	0.57	0.6	0.65	0.71

① 약 51.8%   ② 약 53.6%   ③ 약 55.3%   ④ 약 57.4%   ⑤ 약 59.5%

 정답 ②

 정답 해설

2023년 50세 이상 가구원 수를 구하는 것이므로 2023년 50~54세, 55~59세, 60~64세, 65세 이상의 연령의 항목을 더하여야 한다.

2023년 50세 이상 가구원 수를 모두 더하면 0.26+0.29+0.39+0.71=1.65이다.

2023년 전체 가구원 수는 2023년 모든 연령의 항목을 더하여야 한다.

2023년 전체 가구원 수가 3.08이므로 $\frac{1.65}{3.08} \times 100 ≒ 53.6(\%)$

24 다음 [그림]은 A씨와 B씨의 체중 변화를 나타낸 것이다. 3년 전 동월대비 2023년 3월 A씨의 체중 증가율과 B씨의 체중 증가율을 바르게 비교한 것은? (단, 소수점 첫째 자리에서 반올림한다.)

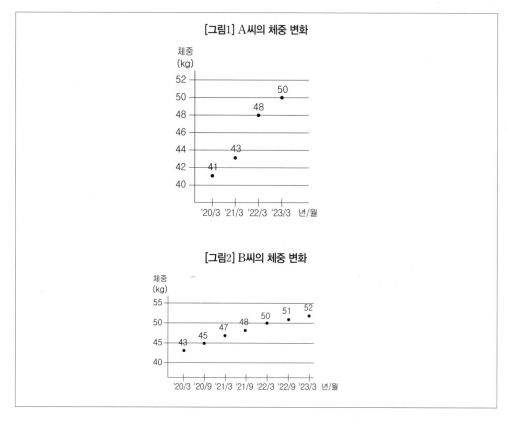

[그림1] A씨의 체중 변화

[그림2] B씨의 체중 변화

① A씨의 체중 증가율은 B씨의 체중 증가율 보다 약 1% 더 높다.

② A씨의 체중 증가율은 B씨의 체중 증가율 보다 약 10% 더 높다.

③ A씨의 체중 증가율은 B씨의 체중 증가율 보다 약 1% 더 낮다.

④ A씨의 체중 증가율은 B씨의 체중 증가율 보다 약 5% 더 낮다.

⑤ A씨의 체중 증가율은 B씨의 체중 증가율 보다 약 10% 더 낮다.

정답 ①

정답해설 [그림1] A씨의 체중 변화에서 A씨는 2020년 3월 41(kg)에서 9(kg)가 증가하여 2023년 3월 50(kg)가 되었으며, [그림2] B씨의 체중 변화 B씨는 2020년 3월 43(kg)에서 9(kg)가 증가하여 2023년 3월 52(kg)가 되었다.

이를 통해 체중 증가율을 구하면, A씨의 체중 증가율 = $\frac{9}{41} \times 100 ≒ 22(\%)$, B씨의 체중 증가율 = $\frac{9}{43} \times 100 ≒ 21(\%)$

따라서 3년 전 동월대비 2023년 3월 A씨의 체중 증가율은 B씨의 체중 증가율보다 약 1% 더 높다.

25 아래 [표]들은 통계청이 발표한 A국의 석유 생산 및 소비량이다. 2021년 A국 인구는 약 얼마인가?

[표1] A국의 석유 생산 및 소비량

연도	생산(백만 톤)	세계 점유율(%)	소비(백만 톤)	세계 점유율(%)
2014	158.5	4.1	173.8	6.2
2015	160.1	4.2	196	6.4
2016	160.2	4.1	197	6.7
2017	160.2	4.3	209.6	6.8
2018	162.6	4.2	223.6	7.0
2019	164.8	4.3	227.9	7.2
2020	166.9	4.5	227.9	7.4
2021	169.6	4.6	271.7	7.6
2022	174.1	4.5	318.9	8.2
2023	180.8	4.6	327.3	8.5

[표2] A국의 1인당 석유 소비량

(단위 : kg)

1인당 석유 소비량(kg)	2021년	2022년	2023년
A국	204.9	243.8	248.7

① 약 13.1억 명　　　　② 약 13.2억 명　　　　③ 약 13.5억 명

④ 약 13.6억 명　　　　⑤ 약 13.9억 명

정답　②

 정답해설　[표1] A국의 석유 생산에서 2021년 소비량은 271.7(백만 톤)임을 알 수 있으며, [표2] A국의 1인당 석유 소비량에서 2021년의 수치는 204.9(kg)임을 알 수 있다.

2021년 총 석유 소비량에서 2021년 1인당 석유 소비량을 나누면 인구를 구할 수 있다.

$$\therefore \frac{271,700,000,000}{204.9}=13.2(억 명)$$

26 다음은 각 도시 간의 물류비용을 [표]로 나타낸 것이다. A시에서 출발하여 F시까지 10톤의 화물을 운송한다고 할 때 최소비용으로 갈 수 있는 루트는?

[표] 각 도시 간 물류비용 행렬표

(단위 : 만원/톤)

	A	B	C	D	E	F
A	–	7	6	∞	∞	∞
B	7	–	∞	10	3	6
C	6	∞	–	∞	7	∞
D	∞	10	∞	–	∞	4
E	∞	3	7	∞	–	1
F	∞	6	∞	4	1	–

※ ∞는 비용이 무한히 소요된다는 것을 의미함

① A → B → F

② A → B → D → F

③ A → B → E → F

④ A → C → E → B → F

⑤ A → C → E → F

 정답 ③

 정답해설 ③의 루트를 이용했을 때의 비용을 구하면 다음과 같다.
A → B → E → F : 7+3+1=11

 오답해설 ①, ②, ④, ⑤의 루트를 이용했을 때의 비용을 구하면 다음과 같다.
① A → B → F : 7+6=13
② A → B → D → F : 7+10+4=21
④ A → C → E → B → F : 6+7+3+6=22
⑤ A → C → E → F : 6+7+1=14
따라서 A시에서 출발하여 F시까지 최소비용의 경로는 A → B → E → F를 이용하는 ③이다.

27 다음은 취업자 및 취업자 증감률에 관한 [표]이다. 취업자가 가장 많은 달을 찾아 전년도 동월의 취업자 수를 구하면? (단, 천 단위 미만은 절삭한다.)

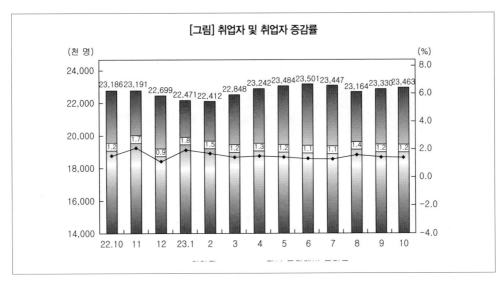

[그림] 취업자 및 취업자 증감률

① 19,570천 명　　② 20,245천 명　　③ 21,315천 명　　④ 22,315천 명　　⑤ 23,245천 명

 정답 ⑤

정답해설 [그림] 취업자 및 취업자 증감률에서 취업자가 가장 많은 달은 2023년 6월임을 알 수 있으며, 이 달의 전년 동월대비 증감률은 1.1%임을 알 수 있다.

x를 전년도 동월의 취업자라고 가정하면

$x+0.011x=23,501,000$(명)

$1.011x=23,501,000$(명)

$\therefore x=23,245,301.6815 \cdots$

따라서 2023년 6월의 전년도 동월인 2022년 6월의 취업자 수는 23,245천 명(천 단위 미만 절삭)이다.

▶ 핵심정리

층별 그래프

㉠ 선의 움직임보다는 선과 선 사이의 크기로써 데이터 변화를 나타내는 그래프

㉡ 층별 그래프는 합계와 각 부분의 크기를 백분율로 나타내고 시간적 변화를 보고자 할 때 활용

㉢ 합계와 각 부분의 크기를 실수로 나타내어 시간적 변화를 보고자 할 때 활용

28 다음 [표]는 전국과 서울에서 자동차에 의해 배출되는 오염물질 배출량을 나타낸다. 〈보기〉의 설명에 따라 [표] A~C에 해당하는 차종을 바르게 배열한 것은?

[표] 차종별 대기오염물질 배출량

(단위 : 천 톤/년, %)

지역	차종	대기오염물질									
		일산화탄소		탄화수소		질소산화물		입자상물질		계	
		배출량	구성비	배출량	구성비	배출량	구성비	배출량	구성비	배출량	구성비
전국	승용차	356	37	44	35	33	7	1	1	434	27
	A	100	11	12	10	15	3	0	0	127	8
	B	124	13	16	12	109	23	18	23	267	16
	C	371	39	54	43	315	67	59	76	799	49
	계	951	100	126	100	472	100	78	100	1,627	100
서울	승용차	113	48	14	43	10	11	0	0	137	36
	A	33	14	4	13	5	5	0	0	42	11
	B	27	11	4	13	24	26	4	29	59	16
	C	64	27	10	31	54	58	10	71	138	37
	계	237	100	32	100	93	100	14	100	376	100

※ 차종 : 승용차, 택시, 트럭, 버스

보기

ㄱ. 전국과 서울 모두에서 질소산화물과 입자상물질을 가장 많이 배출하는 두 차종은 버스와 트럭이다.

ㄴ. 전국에서 버스의 질소산화물 배출량은 승용차의 약 3.3배이다.

	A	B	C
①	택시	버스	트럭
②	택시	트럭	버스
③	트럭	버스	택시
④	버스	트럭	택시
⑤	트럭	택시	버스

정답 ①

정답
해설
ㄱ. 전국과 서울에서 질소산화물과 입자상물질을 가장 많이 배출하는 두 차종은 B와 C이므로 버스와 트럭은 B와 C가 된다.
ㄴ. 전국에서 승용차의 질소산화물 배출량은 33이며, 전국에서 버스 질소산화물 배출량은 승용차의 약 3.3배이므로 33×3.3=108.9이다. 따라서 질소산화물 배출량이 109인 B가 버스가 된다.
따라서 A는 택시, B는 버스, C는 트럭이다.

29 다음 [표]는 범죄의 발생 검거상황에 관한 자료이다. 검거율이 가장 높은 범죄는?

[표] 범죄의 발생 검거상황

(단위 : 건)

구분	발생건수	검거건수
재산범죄	573,445	389,937
강력범죄(흉악)	32,963	31,668
강력범죄(폭력)	251,889	239,831
위조범죄	18,569	14,078
과실범죄	7,708	6,912

※ 검거율 : 발생건수에 대한 검거건수의 백분율

① 재산범죄 ② 강력범죄(흉악) ③ 강력범죄(폭력)
④ 위조범죄 ⑤ 과실범죄

 정답 ②

 정답
해설
검거율은 발생건수에 대한 검거건수의 백분율이라고 하였으므로,

강력범죄(흉악) : $\frac{31,668}{32,963} \times 100 \doteqdot 96.1\%$

 오답
해설
① 재산범죄 : $\frac{389,937}{573,445} \times 100 \doteqdot 68\%$

③ 강력범죄(폭력) : $\frac{239,831}{251,889} \times 100 \doteqdot 95.2\%$

④ 위조범죄 : $\frac{14,078}{18,569} \times 100 \doteqdot 75.8\%$

⑤ 과실범죄 : $\frac{6,912}{7,708} \times 100 \doteqdot 89.7\%$

30 다음은 5개 국가가 어떤 국제기구에 납부한 최근 4년간의 자발적 분담금 현황을 나타낸 것이다. 〈보기〉의 설명에 비추어 볼 때, 다음 [표]의 A, B, C, D, E에 해당하는 국가를 바르게 나열한 것은?

[표1] 국가별 자발적 분담금 총액

(단위 : 백만 달러)

국명	국가별 자발적 분담금			
	2020년	2021년	2022년	2023년
A	500	512	566	664
B	422	507	527	617
C	314	401	491	566
D	379	388	381	425
E	370	374	392	412

[표2] 각국의 1인당 자발적 분담금

(단위 : 달러)

국명	국가별 자발적 분담금			
	2020년	2021년	2022년	2023년
A	119	143	158	196
B	46	55	56	78
C	251	277	282	290
D	137	150	189	205
E	35	41	43	47

보기

㉠ 스웨덴과 이탈리아는 국가별 자발적 분담금 총액의 증가액이 다른 국가들에 비해 낮다.

㉡ 노르웨이와 영국은 2020년 대비 2021년 국가별 자발적 분담금 총액의 증가율이 다른 국가들에 비해 높다.

㉢ 노르웨이와 스웨덴에 살고 있는 1인당 자발적 분담금은 다른 국가들에 비해 크다.

	A	B	C	D	E
①	스페인	영국	노르웨이	스웨덴	이탈리아
②	영국	이탈리아	노르웨이	스웨덴	스페인
③	스페인	노르웨이	영국	스웨덴	이탈리아
④	영국	스페인	노르웨이	스웨덴	이탈리아
⑤	이탈리아	노르웨이	영국	스웨덴	스페인

 정답 ①

 정답해설

㉠에서 스웨덴과 이탈리아의 국가별 자발적 분담금 총액 증가액이 다른 국가들에 비해 낮다고 했으므로, [표1]에 따라 스웨덴과 이탈리아는 D 또는 E국 중의 하나가 된다.

㉡에서 노르웨이와 영국은 2020년 대비 2021년 국가별 자발적 분담금 총액 증가율이 다른 국가들에 비해 높다고 했으므로, 노르웨이와 영국은 B 또는 C국 중의 하나가 된다.

㉢에서 노르웨이와 스웨덴의 1인당 자발적 분담금은 다른 국가들에 비해 크다고 했으므로, 노르웨이와 스웨덴은 C 또는 D국 중의 하나가 된다.

위의 결과를 종합하면, C국은 노르웨이, D국은 스웨덴, B국은 영국, E국은 이탈리아가 되며, 나머지 A국은 스페인이 되므로, ①이 적절하다.

31 | 다음은 사원 여행지 결정을 위해 60명에게 설문을 한 결과이다. 이에 따라 2023년 자원 봉사를 선택한 사람의 수는 2022년에 비해 몇 % 증가했는가?

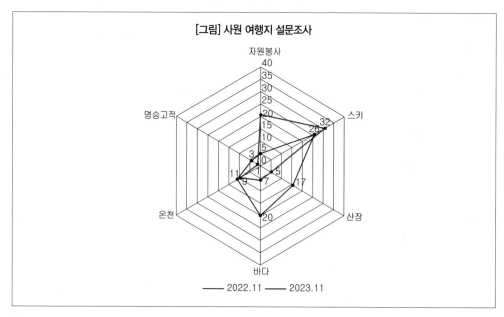

[그림] 사원 여행지 설문조사

① 100%　　　② 200%　　　③ 300%　　　④ 400%　　　④ 500%

 ③

 2022년의 설문에서 자원봉사라고 응답한 사람은 모두 5명이다. 2023년 같은 항목에 응답한 사람은 모두 20명이므로 전년 대비 15명 증가했다.

따라서 2022년 대비 2023년은 $\dfrac{15}{5} \times 100 = 300(\%)$ 증가했다.

▶핵심정리

레이더 차트(거미줄 그래프)
㉠ 비교하는 수량을 직경 또는 반경으로 나누어 원의 중심에서의 거리에 따라 각 수량의 관계를 나타내는 그래프
㉡ 다양한 요소를 비교할 때, 경과를 나타낼 때 활용

[32~33] [표1]은 자전거 대여소 A, B, C, D의 시간당 대여료를, [표2]는 K가 일주일 동안 자전거를 빌려서 탄 시간을 기록한 것이다. 제시된 자료를 바탕으로 물음에 답하시오.

[표1] 자전거 대여소별 대여료

(단위 : 시간, 원)

	0.5	1	1.5	2	2.5	3	3.5	4
A	2,000	2,500	3,000	3,500	4,000	4,500	5,000	5,500
B	2,400	2,800	3,100	3,700	4,000	4,400	4,900	5,300
C	2,500	3,000	3,400	3,700	3,900	4,300	4,700	5,000
D	2,500	2,600	2,900	3,300	3,500	4,000	4,500	5,000
E	2,300	2,700	3,200	3,600	3,800	4,100	4,200	5,100

[표2] K의 자전거 대여 이동시간

요일	월요일	화요일	수요일	목요일	금요일	토요일	일요일
시간	1.5	2.5	1	3.5	0.5	3	4

32 K가 5주 동안 수요일에 탄 자전거의 대여료는 얼마인가? (단, 매주 다른 대여소를 이용)

① 11,700원　　② 13,600원　　③ 15,600원　　④ 17,800원　　⑤ 19,200원

 정답 ②

 정답
해설

각 자전거의 대여소마다 수요일 요금을 구해서 더하면 된다.

위 표에서 수요일에 각 대여소의 요금은 A 대여소 2,500(원), B 대여소 2,800(원), C 대여소 3,000(원), D 대여소 2,600(원), E 대여소 2,700(원)이므로 모두 더하면 13,600(원)이다.

33 K가 일주일 동안 한 곳에서만 자전거를 빌려서 탔다면 총 대여료는 어느 대여소가 가장 저렴한가?

① A　　② B　　③ C　　④ D　　⑤ E

정답 ④

 정답
해설

각 자전거 대여소마다 요일별 시간당 요금을 구해서 더해야 한다. 총 대여료는 A가 26,500(원), B가 26,900(원), C가 26,800(원), D가 24,800(원), E가 25,400(원)이다. 따라서 총 대여료는 D 대여소가 가장 저렴하다.

[34~35] 다음은 지하층이 없고 건물마다 각 층의 바닥면적이 동일한 건물들에 대한 건물 정보이다. 다음 물음에 답하시오.

[표] 건물 정보

(단위 : 시간, 원)

건물명	건폐율(%)	대지면적(m^2)	연면적(m^2)
A	50	300	600
B	60	300	1,080
C	60	200	720
D	50	200	800

※ 건폐율$=\dfrac{건축면적}{대지면적}\times100$

※ 건축면적=건물 1층의 바닥면적

※ 연면적=건물의 각 층 바닥면적의 총합

34 A~D 중 건축면적이 두 번째로 넓은 건물과 세 번째로 넓은 건물을 각각 순서대로 고르면?

① A, B ② A, C ③ B, C ④ B, D ⑤ C, D

 정답 ②

 정답해설 A의 건축면적 : $\dfrac{x}{300}\times100=50$, $x=150(m^2)$

B의 건축면적 : $\dfrac{x}{300}\times100=60$, $x=180(m^2)$

C의 건축면적 : $\dfrac{x}{200}\times100=60$, $x=120(m^2)$

D의 건축면적 : $\dfrac{x}{200}\times100=50$, $x=100(m^2)$

건축면적이 두 번째로 넓은 건물은 A이고 세 번째로 넓은 건물은 C이다.

35 A~D 중 층수가 올바르게 표기된 것은?

① A−4층 ② A−6층 ③ B−4층 ④ B−8층 ⑤ C−8층

 정답 ①

정답해설 층수는 연면적을 건축면적으로 나눈 것과 같으므로, A의 층수는 $600\div150=4(층)$, B의 층수는 $1,080\div180=6(층)$, C의 층수는 $720\div120=6(층)$, D의 층수는 $800\div100=8(층)$이다.

따라서 A의 층수가 올바르게 표기 되었다.

[36~37] 아래 [표]는 통계청에서 발표한 2023년 우리나라의 해외직접투자이다. 물음에 답하시오.

[표] 우리나라의 해외직접투자

(단위 : 천 달러)

연도	아시아	북미	중동	유럽	중남미	대양주	아프리카
2023.01	229,385	122,465	558	10,477	5,004	7,510	11,223
2023.02	194,620	32,028	550	25,003	7,304	12,924	4,587
2023.03	395,140	166,670	551	110,351	29,004	21,875	4,587
2023.04	304,272	57,411	1,212	48,095	58,324	14,207	21,942
2023.05	361,807	203,022	2,406	24,225	53,815	4,918	4,879
2023.06	307,708	58,141	3,551	13,008	10,749	2,732	18,177
2023.07	275,448	89,683	6,343	64,869	10,275	6,270	9,406
2023.08	319,734	140,532	8,891	73,655	10,155	3,164	10,059
2023.09	649,559	86,250	29,424	93,930	9,472	39,608	2,429
2023.10	329,203	154,920	12,872	35,246	16,761	2,087	21,406
2023.11	344,259	64,247	13,048	93,840	66,117	15,376	4,439
2023.12	412,089	102,390	37,042	34,721	30,148	22,167	2,094

36 2023년 해외직접투자가 가장 많았던 달은 언제인가?

① 3월 　② 5월 　③ 7월 　④ 9월 　⑤ 11월

 정답 ④

 정답해설 해외직접투자가 가장 많았던 달부터 순서대로 나열하면 9월 910,672(천 달러), 3월 727,834(천 달러), 5월 655,072(천 달러), 11월 601,326(천 달러), 7월 462,294(천 달러) 순이다.

37 2023년 2월에 해외직접투자가 가장 적었던 곳은 어디인가?

① 아시아 　② 중동 　③ 유럽 　④ 중남미 　⑤ 아프리카

 정답 ②

정답해설 2023년 2월에 550(천 달러)로 우리나라가 가장 낮은 해외직접투자를 한 곳이다. 해외직접투자가 가장 낮은 곳부터 나열하면 중동 550(천 달러), 아프리카 4,587(천 달러), 중남미 7,304(천 달러), 대양주 12,924(천 달러), 유럽 25,003(천 달러), 북미 32,028(천 달러), 아시아 194,620(천 달러) 순이다.

[38~39] 아래 [표]와 [그림]은 통계청이 발표한 소비자 물가 동향에 관한 자료이다. 물음에 답하시오.

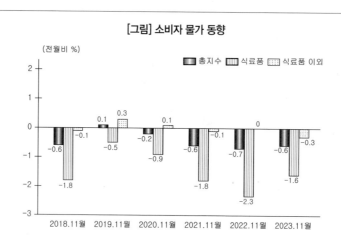

[그림] 소비자 물가 동향

[표] 2023년 11월 주요 품목 물가 등락률

	등락률		전월대비 주요 등락품목
	전월비	전년동월비	
식료품	−1.6	−1.7	부추(27.3), 오이(25.2), 감자(7.2), 양파(6.5), 배추(−53.9), 무(−39.1), 감(−32.7), 시금치(−22.3), 풋고추(−21.4), 파(−11.0), 돼지고기(−7.2)
주거비	0.1	1.6	이삿짐 운송료(0.3), 전세(0.2)
광열 · 수도	−2.9	4.7	도시가스(−6.0), 등유(−2.8), LPG(취사용 : −2.3)
가구집기 · 가사용품	0.3	2.1	산후조리원 이용료(1.6), 가루비누(1.5)
피복 및 신발	1.0	3.1	여자 코트(8.7), 남자 구두(2.8), 여자 자켓(2.4)
보건의료	−0.2	1.6	피부질환제(일반 : 0.4), 인삼(−3.7)
교육	0.0	5.0	보습학원비(0.1)
교양오락	0.0	−1.1	생화(10.4), TV(−1.5)
교통 · 통신	−0.3	0.7	기차료(9.5), 전철료(3.2), 시내버스료(일반 : 1.9), 이동전화기(−7.7), 경유(−2.0), 휘발유(−1.9)
기타 잡비	0.3	3.7	금반지(2.8)

38 2023년 11월에 돼지고기를 구워먹기 위해 부추를 3,000원에 구입했다. 전월인 10월에도 같은 양의 부추를 사서 먹었다면 그 금액은 얼마인가? (1원 단위 아래는 절삭한다.)

① 1,258원　　② 2,356원　　③ 2,524원　　④ 5,975원　　⑤ 17,894원

정답 ②

정답
해설 먼저 부추부터 계산하면 27.3%가 올랐기 때문에 부추 3,000원의 10월 가격(x)을 계산하면

$x+(x \times 0.273)=3,000$(원)이므로 $x=\dfrac{3,000}{1.273} \fallingdotseq 2,356$(원)이다.

39

2020년 10월 동안 480,000원어치의 식료품들을 구입하고 다음 달 11월에도 같은 식료품들을 구입했다면 지불한 금액은 얼마인가?

① 475,680원　　② 476,846원　　③ 477,520원　　④ 478,641원　　⑤ 479,852원

 정답 ①

 정답
해설 11월 식료품의 전월비 등락률이 −0.9%이므로 10월 식료품비 480,000원어치에서 −0.9%를 빼면 11월 식료품비가 나온다. $480,000-(480,000 \times 0.009)=480,000-4,320=475,680$(원)이다.

[40~41] 다음은 A시의 교육여건을 나타낸 자료이다. [표]를 참고하여 물음에 답하시오.

[표] A시의 교육여건

학교급＼교육여건	전체 학교 수	학교당 학급 수	학급당 주간 수업시수 (시간)	학급당 학생 수	학급당 교원 수	교원당 학생 수
초등학교	150	30	28	32	1.3	25
중학교	70	36	34	35	1.8	19
고등학교	60	33	35	32	2.1	15

40

중학교와 고등학교의 총 학생 수의 차이는?

① 24,800명　　② 24,810명　　③ 24,820명　　④ 24,830명　　⑤ 24,840명

 정답 ⑤

정답
해설 총 학생 수＝전체 학교 수×학교당 학급 수×학급당 학생 수
중학교의 총 학생 수 : $70 \times 36 \times 35 = 88,200$(명)
고등학교의 총 학생 수 : $60 \times 33 \times 32 = 63,360$(명)
∴ $88,200-63,360=24,840$(명)

41 초등학교의 주간 수업시수의 합과 중학교의 주간 수업시수의 합은?

	초등학교	중학교
①	69,300	85,680
②	85,680	69,300
③	85,680	74,820
④	126,000	69,300
⑤	126,000	85,680

 정답 ⑤

정답
해설 총 주간 수업시수＝전체 학교 수×학교당 학급 수×학급당 주간 수업시수(시간)
초등학교의 주간 수업시수 : 150×30×28＝126,000(시간)
중학교의 주간 수업시수 : 70×36×34＝85,680(시간)

[42~44] 다음은 2023년 1월부터 2023년 6월까지의 특허 심사건수 및 등록률에 대한 [표]이다. [표]를 참고하여 물음에 답하시오.

[표1] 특허 심사건수 및 등록률 추이

(단위 : 건, %)

구분	2023. 1	2023. 2	2023. 3	2023. 4	2023. 5	2023. 6
심사건수	840	860	920	945	1,000	1,225
등록률	55.0	51.5	58.0	61.0	63.0	67.5

[표2] 특허 심사건수 증감 및 등록률 증감 추이(전년 동월 대비)

(단위 : 건, %)

구분	2023. 1	2023. 2	2023. 3	2023. 4	2023. 5	2023. 6
심사건수 증감	125	100	130	145	190	325
등록률 증감	1.3	−1.2	−0.5	1.6	3.3	4.2

※ 등록률＝$\frac{등록건수}{심사건수}×100$

42 2023년 3월의 심사건수 및 등록률의 증가율은 전월대비 각각 얼마인가?

	심사건수	등록률
①	55	6.0%p
②	60	6.5%p
③	65	6.0%p
④	70	6.5%p
⑤	75	6.0%p

 정답 ②

정답해설 2023년 3월의 심사건수는 전월(2023년 2월)대비 920 − 860 = 60(건), 등록률은 58.0 − 51.5 = 6.5(%p) 증가하였다.

43 2022년 1월부터 6월까지의 기간 중 등록률이 가장 낮았던 시기를 다음에서 고르면?

① 1월   ② 2월   ③ 3월   ④ 4월   ⑤ 5월

 정답 ②

정답해설 [표2]가 전년 동월 대비 특허 심사건수 증감 및 등록률 증감 추이를 나타내므로, 이를 통해 2022년 1월부터 6월까지의 등록률을 구할 수 있다.

(단위 : 건, %)

구분	2023. 1	2023. 2	2023. 3	2023. 4	2023. 5	2023. 6
심사건수	840 − 125 = 715	860 − 100 = 760	920 − 130 = 790	945 − 145 = 800	1,000 − 190 = 810	1,225 − 325 = 900
등록률	55.0 − 1.3 = 53.7	51.5 − (−1.2) = 52.7	58.0 − (−0.5) = 58.5	61.0 − 1.6 = 59.4	63.0 − 3.3 = 59.7	67.5 − 4.2 = 63.3

44 2023년 6월의 심사건수는 전월대비 몇 % 증가하였는가?

① 20.5%   ② 21.5%   ③ 22.5%   ④ 23.5%   ⑤ 24.5%

정답 ③

정답해설 2023년 5월의 심사건수가 1,000건이므로 2021년 6월의 심사건수는 전월대비 $\frac{225}{1,000} \times 100 = 22.5$(%)가 증가하였다.

01 다음 [표]는 연령집단별 대통령 선거투표율을 나타낸 것이다. 이에 대한 설명으로 옳지 않은 것은?

[표] 대통령 선거투표율

(단위 : %)

구분	2002년	2007년	2012년	2017년
19세	—	54.2	74.0	77.7
20대	51.1	57.9	71.1	77.1
30대	64.3	51.3	67.7	74.3
40대	76.3	66.3	75.6	74.9
50대	83.7	76.6	82.0	78.6
60대 이상	78.7	76.3	80.9	84.1

※ 투표율＝(투표자수÷선거인수)×100
※ 2002년 당시에는 만 20세 이상이 선거권을 가지고 있었음

① 60대 이상 2012년 투표자는 지난 선거 대비 4.6천명 늘었다.

② 19세, 20대만 투표율이 계속해서 증가하고 있다.

③ 선거투표율은 모든 연령층에서 과반수를 넘기고 있다.

④ 20대 2007년 투표율은 지난 선거 대비 6.8% 증가하였다.

⑤ 50대 2017년 투표율은 지난 선거 대비 3.4% 감소하였다.

정답 ①

정답해설 60대 이상 2012년 투표율은 지난 선거 대비 4.6% 늘었다. 투표자는 주어진 자료에서 알 수 없다.

핵심정리

도표 해석 시 유의사항

㉠ 도표에 제시된 자료의 의미에 대한 정확한 숙지

주어진 도표를 무심코 해석하다 보면 자료가 지니고 있는 진정한 의미를 확대하여 해석할 수 있으므로 유의해야 한다.

㉡ 도표로부터 알 수 있는 것과 알 수 없는 것의 구별

주어진 도표로부터 알 수 있는 것과 알 수 없는 것을 완벽하게 구별할 필요가 있다. 도표를 토대로 자신의 주장을 충분히 추론할 수 있는 보편타당한 근거를 제시해주어야 한다.

㉢ 총량의 증가와 비율증가의 구분

비율이 같다고 하더라도 총량에 있어서는 많은 차이가 있을 수 있다. 또한 비율에 차이가 있다고 하더라도 총량이 표시되어 있지 않은 경우 비율차이를 근거로 절대적 양의 크기를 평가할 수 없기 때문에 이에 대한 세심한 검토가 요구된다.

02 다음은 중국, 인도, 파키스탄, 인도네시아에서 2009년과 2023년의 농촌 인구, 도시 인구를 나타낸 [표]이다. 이에 대한 해석으로 옳지 않은 것은?

[표] 중국, 인도, 파키스탄, 인도네시아의 농촌 · 도시 인구

(단위 : 백만 명)

인구 나라	2009년		2023년	
	도시	농촌	도시	농촌
중국	410	868	752	744
인도	288	725	633	749
파키스탄	58	99	157	124
인도네시아	87	125	180	104

① 2009년 중국 인구는 2009년 인도와 파키스탄 인구를 합한 것보다 많다.

② 2009년 인도의 도시 인구는 2023년 파키스탄 혹은 인도네시아의 전체 인구보다 많다.

③ 2009년과 2023년 모두 중국의 농촌 인구가 인도의 농촌 인구보다 많다.

④ 2009년과 2023년 모두 파키스탄의 인구보다 인도네시아 인구가 많다.

⑤ 2009년과 2023년 모두 인도네시아의 인구보다 인도의 인구가 많다.

 정답 ③

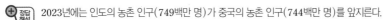 2023년에는 인도의 농촌 인구(749백만 명)가 중국의 농촌 인구(744백만 명)를 앞지른다.

 ① 2009년 중국 인구는 1,278백만 명으로 같은 해의 인도와 파키스탄 인구의 합인 1,170백만 명보다 많다.

② 2009년 인도의 도시 인구는 288백만 명으로 2023년 파키스탄 전체 인구(281백만 명) 혹은 인도네시아 전체 인구(284백만 명)보다도 많다.

03 다음은 실업자와 실업률의 추세를 나타낸 자료이다. 이 자료를 통해 확인할 수 없는 것은?

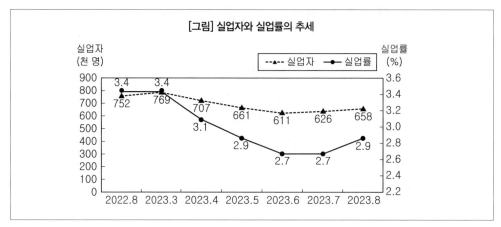

[그림] 실업자와 실업률의 추세

① 2023년 3월 이후 6월까지 실업자 수와 실업률은 지속적으로 감소하였다.

② 2022년 8월부터 2019년 3월까지 실업자 수는 증가하였다.

③ 2022년 8월부터 2019년 3월까지 실업률은 변화가 없다.

④ 실업자 수가 가장 급격히 감소한 시기는 2023년 4월부터 2023년 5월이다.

⑤ 2023년 7월부터 2023년 8월까지 실업자 수와 실업률은 증가하였다.

 정답 ④

 정답해설 2023년 3월에서 2023년 4월까지의 실업자 수는 62,000명 감소하였고, 2023년 4월에서 2023년 5월까지 실업자 수는 46,000명 감소하였다. 따라서 실업자 수가 가장 급격히 감소한 시기는 2023년 3월부터 2023년 4월이다.

 오답해설 ① 2023년 3월부터 6월까지 실업자 수는 769,000명, 707,000명, 661,000명, 611,000명으로 지속적으로 감소하여 총 158,000명이 감소했으며 같은 시기의 실업률 또한 3.4%, 3.1%, 2.9%, 2.7%로 지속적으로 감소하여 총 0.7% 감소했다.

② 2022년 8월부터 2023년 3월까지의 기간 동안 실업자 수는 17,000명 증가했다.

③ 2022년 8월부터 2023년 3월까지의 실업률은 3.4%로 동일하다.

⑤ 2022년 7월부터 2023년 8월까지 실업자 수와 실업률은 증가하였다.

04 남녀 200명의 커피 선호 여부를 조사하니 다음 [표]와 같은 결과를 얻었다. 전체 조사 대상자 중 남자의 비율은 70%이고, 커피 선호자의 비율이 60%라고 할 때, 다음 설명 중 옳은 것은? (단, 소수점 셋째 자리에서 반올림한다.)

[표] 커피 선호 여부

(단위 : 명)

성별 \ 선호	선호자 수	비선호자 수	전체
남	A	B	C
여	D	20	E
전체	F	G	200

① $\dfrac{A}{B} = 2$이다.

② 남자의 커피 선호율이 여자의 커피 선호율보다 높다.

③ 조사 대상자 중 남자가 여자보다 80명이 더 많다.

④ 커피를 선호하는 남자의 수는 커피를 선호하는 여자의 수보다 3배 많다.

⑤ 여자의 커피 선호율은 70% 이상이다.

정답 ③

정답해설 남자의 수 : $200 \times 0.7 = 140$(명)
여자의 수 : $200 - 140 = 60$(명)
∴ $140 - 60 = 80$(명)

오답해설 ① 커피 선호자 수(F) : $200 \times 0.6 = 120$(명)
커피 비선호자 수(G) : $200 - 120 = 80$(명)
커피 비선호자 중 남자의 수(B) : $80 - 20 = 60$(명)
커피 선호자 중 남자의 수(A) : $140 - 60 = 80$(명)
∴ $\dfrac{A}{B} = \dfrac{80}{60} = \dfrac{3}{4}$

② 남자의 커피 선호율 : $\dfrac{80}{140} \times 100 ≒ 57.14(\%)$

여자의 커피 선호율 : $\dfrac{40}{60} \times 100 ≒ 66.67(\%)$

여자의 커피 선호율이 남자의 커피 선호율보다 높다.

④ 커피 선호자는 120명이고, 그 중 남자는 80명이므로

커피 선호자 중 여자의 수(D) : $120 - 80 = 40$(명)

커피를 선호하는 남자의 수는 커피를 선호하는 여자의 수보다 2배 많다.

⑤ 여자의 커피 선호율 : $\dfrac{40}{60} \times 100 ≒ 66.67(\%)$

여자의 커피 선호율은 70% 미만이다.

05 다음은 A지역 전체 가구를 대상으로 원자력 발전소 사고 전과 사고 후 식수 조달원 변경 사항에 대해 설문 조사한 결과이다. 이에 대한 설명으로 옳은 것은? (단, 소수점 넷째 자리에서 반올림한다.)

[표] 원자력 발전소 사고 전·후 A지역 조달원별 가구 수

(단위 : 가구)

사고 전 조달원 \ 사고 후 조달원	수돗물	정수	약수	생수
수돗물	40	30	20	30
정수	10	50	10	30
약수	20	10	10	40
생수	10	10	10	40

※ A지역 가구의 식수 조달원은 수돗물, 정수, 약수, 생수로 구성됨(각 가구는 한 종류의 식수 조달원만 이용함)

① 사고 전에는 식수 조달원으로 정수를 이용하는 가구 수가 가장 많았다.

② 사고 전에 비해 사고 후에 이용 가구 수가 감소한 식수 조달원의 수는 3개이다.

③ 사고 전과 사고 후에 식수 조달원을 변경한 가구 수의 비율은 전체 가구 수의 60% 이하이다.

④ 각 식수 조달원 중에서 사고 전과 사고 후를 비교했을 때 이용 가구 수의 차이가 가장 큰 것은 생수이다.

⑤ 사고 전과 사고 후에 동일한 조달원을 이용하는 가구 수는 수돗물이 가장 많았다.

 정답 ④

 정답 해설 사고 전 조달원별 가구 수는

• 수돗물 : 40＋30＋20＋30＝120(가구)

• 정수 : 10＋50＋10＋30＝100(가구)

• 약수 : 20＋10＋10＋40＝80(가구)

• 생수 : 10＋10＋10＋40＝70(가구)

사고 후 조달원별 가구 수는

• 수돗물 : 40＋10＋20＋10＝80(가구)

• 정수 : 30＋50＋10＋10＝100(가구)

• 약수 : 20＋10＋10＋10＝50(가구)

• 생수 : 30＋30＋40＋40＝140(가구)

사고 전·후 이용 가구 수의 차이를 (사고 후－사고 전)으로 구하면

• 수돗물 : 80－120＝－40(가구)

• 정수 : 100－100＝0(가구)

• 약수 : 50－80＝－30(가구)

• 생수 : 140－70＝70(가구)

사고 전·후 이용 가구 수에서 가장 큰 차이를 보인 항목은 생수이다.

① 사고 전에 가장 많은 가구가 이용한 식수 조달원은 수돗물이다.

② 사고 전에 비해 사고 후 이용 가구 수가 감소한 식수 조달원은 수돗물과 약수 2개이다.

③ A지역의 전체 가구 수는 370가구이다. 이 중 사고 전·후 식수 조달원을 변경하지 않은 가구는

$$40+50+10+40=140(가구)$$

그러므로 사고 전·후 식수 조달원을 변경한 가구 수는 230가구이다.

$$\therefore \frac{230}{370} \times 100 \fallingdotseq 62.162(\%)$$

⑤ 사고 전과 사고 후에 동일한 조달원을 이용하는 가구 수는 정수가 가장 많았다.

---

06 다음 [표]는 연령별 스마트폰 1회 이용 시 평균 이용시간이다. 이에 대한 설명으로 옳지 않은 것은?

[표] 연령별 스마트폰 1회 이용 시 평균 이용시간

(단위 : %)

구분	5분 미만	5분~10분 미만	10분~20분 미만	20분~30분 미만	30분 이상
유아(만3세~9세)	29.9	10.8	32.5	10.6	16.2
청소년(만10세~19세)	30.2	17.3	29	12.2	11.3
성인(만20세~59세)	30.5	11.5	13.4	23.7	20.9
60대(만60세~69세)	34.3	19.5	24.3	19.8	2.1

① 10분~20분 미만 사용자들의 비율은 유아가 가장 많다.

② 30분 이상 사용자들의 비율은 성인이 가장 많다.

③ 60대에는 20분~30분 미만 사용자들의 비율이 가장 많다.

④ 청소년들은 30분 이상 사용자들의 비율이 가장 낮다.

⑤ 유아는 10분~20분 미만 사용자들의 비율이 가장 많다.

 ③

 60대에는 5분 미만 사용자들이 가장 많다.

07 주어진 자료들을 바탕으로 도출해 낼 수 있는 결론이 아닌 것은?

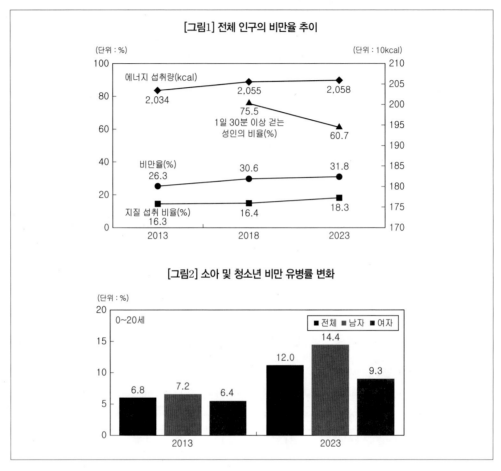

① 전체 인구의 비만율은 점차 증가하고 있는 추세이다.

② 조사기간에 에너지 섭취량과 활동량은 모두 증가했다.

③ 2023년의 지질 섭취 비율은 2018년보다 약 2% 증가했다.

④ 2023년 전체 소아 및 청소년 비만 유병률은 2013년에 비해 5% 이상 증가했다.

⑤ 2023년의 소아 및 청소년 비만은 남자가 여자에 비해 약 5% 이상 더 많다.

 정답 ②

정답
해설 에너지 섭취량은 2013년에는 2,034kcal, 2018년에는 2,055kcal, 2023년에는 2,058kcal로 24kcal 증가했으나, 활동량은 2018년 75.5%에서 2023년 60.7%로 14.8% 감소했다.

08 다음 [표]는 어느 대학의 통계학과 행정학에 대한 수강자 성적의 줄기-잎 그래프이다. 이 [표]에 대한 해석으로 옳지 않은 것은?

[표] 과목별 수강자 성적

과목 : 통계학 (줄기 간격 : 5, 잎 단위 : 1)			과목 : 행정학 (줄기 간격 : 5, 잎 단위 : 1)		
ⓐ	줄기	잎	ⓐ	줄기	잎
1	5	3	1	3	5
3	5	79	2	4	0
6	6	123	3	4	5
10	6	5678	3	5	
16	7	012344	8	5	56888
( )	7	578	9	6	2
( )	8	14	13	6	5567
( )	8	56779	17	7	0024
( )	9	134	( )	7	579
( )	9	8	( )	8	03334
			( )	8	7
			( )	9	22
			( )	9	59

※ | 줄기 | 잎 | 인 경우 55점 1명, 56점 1명, 58점 3명이라는 것을 의미함
　 | 5 | 56888 |

① 행정학 점수의 분산이 통계학 점수의 분산보다 더 크다.

② 두 과목 모두 60점대의 학생 수가 70점대의 학생 수보다 더 많다.

③ 과목당 성적이 하위 10% 이하인 학생을 과락 시키는 경우, 통계학의 과락기준점수가 행정학의 과락기준점수보다 높다.

④ ⓐ는 '누적 학생 수'를 나타낸다.

⑤ 두 과목의 수강자는 30명으로 동일하다.

정답 ②

정답해설 60점대 학생 수는 통계학에서 7명, 행정학에서 5명이고, 70점대 학생 수는 통계학에서 9명, 행정학에서 7명으로 두 과목 모두 60점대 학생 수가 70점대 학생 수보다 더 적다.

09 다음은 시설유형별 에너지 효율화 시장규모의 현황 및 전망에 대한 자료이다. 이에 대한 설명으로 옳은 것은? (단, 소수점 둘째 자리에서 반올림한다.)

[표] 시설유형별 에너지 효율화

(단위 : 억 달러)

연도 시설유형	2019	2020	2021	2022	2023(예상)
사무시설	11.3	12.8	14.6	21.7	41.0
산업시설	20.8	23.9	27.4	41.7	82.4
주거시설	5.7	6.4	7.2	10.1	18.0
공공시설	2.5	2.9	3.4	5.0	10.0
전체	40.3	46.0	52.6	78.5	151.4

① 2019~2021년 동안 '주거시설' 유형의 에너지 효율화 시장 규모는 매년 15% 이상 증가하였다.

② 2019년 전체 에너지 효율화 시장 규모에서 '사무시설' 유형이 차지하는 비중은 30% 이하이다.

③ 2020년 '산업시설' 유형의 에너지 효율화 시장 규모는 전체 에너지 효율화 시장 규모의 50% 이하이다.

④ 2019년 대비 2023년 에너지 효율화 시장 규모의 증가율이 가장 높을 것으로 전망되는 시설 유형은 '산업시설'이다.

⑤ 2021년 '주거시설' 유형의 에너지 효율화 시장 규모는 전체 에너지 효율화 시장 규모의 15% 이상이다.

정답 ②

정답해설 2019년 전체 에너지 효율화 시장 규모는 40.3억 달러이고, 사무시설 효율화 시장 규모는 11.3억 달러이다.

차지하는 비중을 구하면 $\frac{11.3}{40.3} \times 100 ≒ 28.04(\%)$이다.

오답해설 ① 2019~2020년 사이에 '주거시설' 유형의 에너지 효율화 시장 규모는 $\frac{6.4-5.7}{5.7} \times 100 ≒ 12.3(\%)$ 증가하였고,

2020~2021년 사이에는 $\frac{7.2-6.4}{6.4} \times 100 = 12.5(\%)$ 증가하였다.

③ 2020년 '산업시설' 유형의 에너지 효율화 시장 규모는 $\frac{23.9}{46.0} \times 100 ≒ 52(\%)$이다.

④ 2019년 대비 2021년 에너지 효율화 시장 규모는

사무시설은 $\frac{41.0-11.3}{11.3} \times 100 ≒ 262.8(\%)$,

산업시설은 $\frac{82.4-20.8}{20.8} \times 100 ≒ 296.2(\%)$,

주거시설은 $\frac{18.0-5.7}{5.7} \times 100 ≒ 215.8(\%)$,

공공시설은 $\frac{10.0-2.5}{2.5} \times 100 ≒ 300(\%)$ 이다.

⑤ 2021년 '주거시설' 유형의 에너지 효율화 시장 규모는 $\frac{7.2}{52.6} \times 100 ≒ 13.7(\%)$ 이다.

따라서 시장 규모의 증가율이 가장 높을 것으로 전망되는 시설 유형은 '공공시설'이다.

10 제시된 자료를 참고로 할 때, 다음 설명 중 옳지 않은 것은? (단, 소수점 둘째 자리에서 반올림한다.)

[표1] 1인당 결식횟수

(단위 : 회)

구분	2018	2019	2020	2021	2022	2023
월간	1.6	1.5	1.5	1.44	1.36	1.34
연간	19.0	17.6	17.6	17.2	16.3	16.1

[표2] 성별 · 연령별 월간 결식횟수

(단위 : 세, 회)

구분	평균	0~4	5~9	10~14	15~19	20~24	25~29	30~34	35~39	40~44	45~49	50~54	55~59	60~64	65~69	70 이상
평균	1.3	0.3	0.4	1.3	1.6	4.0	4.1	2.6	2.5	1.3	1.4	1.6	0.4	0.7	0.5	0.4
남자	1.2	0.2	0.5	1.0	1.4	2.5	3.2	2.3	2.8	1.6	1.1	1.4	0.3	0.5	0.7	0.2
여자	1.5	0.5	0.4	1.6	1.8	5.6	5.1	2.9	2.3	1.1	1.6	1.8	0.4	1.0	0.3	0.5

① 6년간 1인당 평균 결식횟수는 월간 약 1.5회이며, 연간 17.3회이다.

② 연령별 결식횟수는 20대 후반이 4.1회로 가장 많고, 대체로 연령이 어리거나 고령일수록 결식횟수가 적은 편이다.

③ 월간 결식횟수는 여자와 남자 모두 20~24세에서 가장 높으며, 이는 평균 결식횟수에서도 마찬가지이다.

④ 성별 결식횟수는 20~30대 여자가 약 4회로 20~30대 남자의 2.7회보다 많다.

⑤ 2023년 1인당 연간 결식횟수는 2018년도에 비해 약 2.9회 낮다.

정답 ③

정답해설 월간 결식횟수는 여자의 경우 20~24세에서 가장 높으나, 남자의 경우 25~29세가 가장 높다. 평균 결식횟수 또한 25~29세가 가장 높다.

11

다음 [표]는 A그룹의 4차 산업혁명에 해당하는 기술 개발 투자액이다. [표]에 대한 설명으로 옳지 않은 것은? (단, 소수점 둘째 자리에서 반올림한다.)

[표] A그룹 연간 4차 산업혁명 기술 개발 투자액

(단위 : 억 원)

구분	2020년	2021년	2022년	2023년
AI/빅데이터	19	20	22	28
미래형 자동차	45	48	60	77
바이오	55	62	70	68
AR	25	28	32	31
스마트 가전	98	125	135	130

① 2023년 AI/빅데이터 분야의 투자액은 2023년 전체 투자액 대비 약 8.4%를 차지하고 있다.

② 전체 투자액 중 가장 많은 투자액을 기록한 년도는 2023년이다.

③ 2021년 바이오 분야의 투자액은 2021년 전체 투자액 대비 약 21.9%를 차지하고 있다.

④ 2020년 전체 투자액의 평균은 48.4억 원이다.

⑤ 2023년 총 투자액은 2020년 대비 100억 이상 증가했다.

 정답 ⑤

 정답 해설 연간 총 투자액은 다음과 같다.

2020년 총 투자액 : 19＋45＋55＋25＋98＝242

2021년 총 투자액 : 20＋48＋62＋28＋125＝283

2022년 총 투자액 : 22＋60＋70＋32＋135＝319

2023년 총 투자액 : 28＋77＋68＋31＋130＝334

⑤번의 2023년 총 투자액인 334(억 원)에서 2020년 총 투자액인 242(억 원)을 빼면 92(억 원)이 나온다. 따라서 100억 이하이다.

 오답 해설 ① 2023년 전체 투자액에서 AI/빅데이터 분야의 비율은 다음과 같이 구할 수 있다.

$\frac{28}{334} \times 100 ≒ 8.4(\%)$

② 2023년의 전체 투자액은 334(억 원)으로 전체 투자액 중 가장 많은 투자액이다.

③ 2021년 전체 투자액에서 바이오가 차지하는 비율은 $\frac{62}{283} \times 100 ≒ 21.9(\%)$이다.

④ 2020년 전체 투자액은 283(억 원)이며 총 다섯 가지 항목에 투자하고 있으므로 242÷5＝48.4(억 원)

▶ 핵심정리

통계치

㉠ 빈도 : 어떤 사건이 일어나거나 증상이 나타나는 정도

㉡ 빈도 분포 : 어떤 측정값의 측정된 회수 또는 각 계급에 속하는 자료의 개수

㉢ 평균 : 모든 사례의 수치를 합한 후에 총 사례수로 나눈 값

㉣ 중앙값 : 크기에 의하여 배열하였을 때 정확하게 중간에 있는 값

㉤ 백분율 : 전체의 수량을 100으로 하여 생각하는 수량이 몇이 되는지를 가리키는 수(퍼센트)

12 아래 [표]에는 ○○반도체의 올해 3분기까지의 판매 실적이 나와 있다. ○○반도체는 [표]에 나온 4가지 제품만을 취급한다고 할 때, 다음 중 옳지 않은 것은?

[표] ○○반도체의 올해 3분기까지의 판매 실적

실적 제품	분기별 판매량(단위 : 만 개)			분기별 판매액(단위 : 억 원)		
	1분기	2분기	3분기	1분기	2분기	3분기
A	70	100	140	65	120	160
B	55	50	80	70	60	130
C	85	80	110	75	120	130
D	40	70	70	65	60	100
합계	250	300	400	275	360	520

① 1분기부터 3분기까지 판매액 합계 상위 2개 제품은 A와 C이다.

② 2분기에 전 분기 대비 판매량, 판매액 모두 증가한 제품은 A뿐이다.

③ 1분기보다 2분기, 2분기보다 3분기에 제품의 평균 판매 단가가 높았다.

④ 3분기 A제품의 판매량과 판매액 모두 전체의 1/3을 넘었다.

⑤ B 제품은 2분기에 판매량과 판매액이 일시 감소했으나 3분기에 회복되었다.

⏻ 정답 ④

➕ 정답해설 3분기 A의 판매량 $=\dfrac{140}{400}\times100=35(\%)$, 3분기 A의 판매액 $=\dfrac{160}{520}\times100=31(\%)$이므로,

3분기 A제품의 판매액은 전체의 1/3을 넘지 못했다.

➖ 오답해설 ① 1분기부터 3분기까지 판매액 합계 상위 2개 제품은 A와 C이다.

1분기부터 3분기까지의 판매액

A=65+120+160=345

B=70+60+130=260

C=75+120+130=325

D=65+60+100=225

② 2분기에 전 분기 대비 판매량, 판매액 모두 증가한 제품은 A뿐이다.

	판매량			판매액		
	1분기	2분기	증감	1분기	2분기	증감
A	70	100	+30	65	120	+55
B	55	50	−5	70	60	−10
C	85	80	−5	75	120	+45
D	40	70	+30	65	60	−5

⑤ B제품은 2분기에 판매량과 판매액이 일시 감소했으나 3분기에 회복되었다.

	판매량			판매액		
	1분기	2분기	3분기	1분기	2분기	3분기
B	55	50	80	70	60	130
		−5	+30		−10	+70

13 다음은 2019년 스마트폰 시장 상황에 대한 자료이다. 이에 대한 설명으로 옳지 않은 것은? (단, 소수점 셋째 자리에서 반올림한다.)

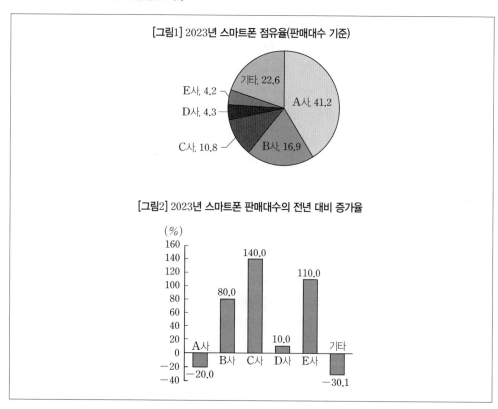

[그림1] 2023년 스마트폰 점유율(판매대수 기준)

기타, 22.6
E사, 4.2
D사, 4.3
C사, 10.8
B사, 16.9
A사, 41.2

[그림2] 2023년 스마트폰 판매대수의 전년 대비 증가율

(%)
A사 −20.0
B사 80.0
C사 140.0
D사 10.0
E사 110.0
기타 −30.1

① A~E사 중 2022년 스마트폰 판매대수가 가장 많은 회사는 A사이다.

② 2023년 C사의 스마트폰 판매대수는 2023년 E사의 스마트폰 판매대수의 두 배 이상이다.

③ 2023년 E사의 전년 대비 판매대수 증가량은 2023년 A사의 전년 대비 판매대수 감소량보다 많다.

④ A~E사 중 2023년에 전년 대비 판매대수가 가장 많이 증가한 회사는 B사이다.

⑤ 2023년 A사의 스마트폰 판매대수는 2023년 B사의 스마트폰 판매대수의 두 배 이상이다.

 정답 ③

 정답해설 A사 스마트폰의 점유율이 E사 스마트폰 점유율의 약 10배에 달하지만, E사의 전년 대비 증가율은 A사의 전년 대비 감소율의 5.5배에 지나지 않으므로 2023년 E사의 전년 대비 판매대수 증가량은 2023년 A사의 전년 대비 판매대수 감소량보다 적다.

오답해설 ① 2023년 A사의 전년 대비 판매대수는 20.0% 감소율을 보였다. 다른 네 회사들이 모두 전년 대비 증가 추세였음에도 불구하고 A사가 2023년 스마트폰 점유율이 가장 높으므로 2022년 스마트폰 판매대수가 가장 많은 회사는 A라는 것을 알 수 있다.

② 2023년 스마트폰 점유율에서 C사는 10.8%, E사는 4.2%를 기록하였으므로 $10.8 \div 4.2 ≒ 2.57$

2023년 C사의 스마트폰 판매대수는 E사의 스마트폰 판매대수의 약 2.571배이다.

④ A사는 전년 대비 판매대수가 오히려 감소하였으므로 제외하고, D사는 2023년의 점유율과 전년 대비 증가율이 모두 미비하므로 제외한다. C사와 E사의 경우, C사가 2023년 스마트폰 점유율과 전년 대비 증가율이 모두 높으므로 E사도 제외한다.

B사의 전년 대비 증가율은 80%, C사의 전년 대비 증가율은 140%이다. B사의 2022년 판매율을 x, C사의 2022년 판매율을 y로 하면

2023년 B사의 스마트폰 판매대수 : $1.8x$

2023년 C사의 스마트폰 판매대수 : $2.4y$

$1.8x : 16.9 = 2.4y : 10.8$

$19.44x = 40.56y$

$x ≒ 2.09y$

즉, x는 y의 2배 이상이다.

그런데 2023년의 전년 대비 증가율에서 C사의 증가율은 B사의 증가율의 2배에 못 미치므로 B사의 증가량이 더 크다는 것을 알 수 있다.

따라서 A~E사 중 2023년에 전년 대비 판매대수가 가장 많이 증가한 회사는 B사이다.

⑤ 2023년 스마트폰 점유율에서 A사는 41.2%, B사는 16.9%를 기록하였으므로 $41.2 \div 16.9 ≒ 2.43$

2023년 A사의 스마트폰 판매대수는 B사의 스마트폰 판매대수의 약 2.437배이다.

14 다음은 2023년 어느 금요일과 토요일 A씨 부부의 전체 양육활동유형 9가지에 대한 참여시간을 조사한 자료이다. 이에 대한 설명으로 옳지 않은 것은?

[표] 금요일과 토요일의 양육활동유형별 참여시간

(단위 : 분)

유형	금요일		토요일	
	아내	남편	아내	남편
위생	48	4	48	8
식사	199	4	234	14
가사	110	2	108	9
정서	128	25	161	73
취침	55	3	60	6
배설	18	1	21	2
외출	70	5	101	24
의료간호	11	1	10	1
교육	24	1	20	3

① 토요일에 남편의 참여시간이 가장 많았던 양육활동유형은 정서활동이다.

② 남편의 양육활동 참여시간은 금요일에는 총 46분이었고, 토요일에는 총 140분이었다.

③ 아내의 총 양육활동 참여시간은 금요일에 비해 토요일에 감소하였다.

④ 금요일에 아내는 식사, 정서, 가사, 외출활동의 순으로 양육활동 참여시간이 많았다.

⑤ 아내의 금요일의 총 양육활동 참여시간은 남편의 금요일과 토요일의 총 양육활동 참여시간을 합친 것 보다 많다.

 정답 ③

정답해설 아내의 총 양육활동 참여시간은 금요일에는 663분, 토요일에는 763분으로 금요일에 비해 토요일에 증가하였다.

15

다음은 공공기관 공사 발주현황에 대한 자료이다. 이에 대한 설명 중 옳지 않은 것은? (단, 소수점 셋째 자리에서 반올림한다.)

[표] 공공기관 공사 발주현황

(단위 : 건, 십억 원)

구분		2021년		2022년		2023년	
		건수	금액	건수	금액	건수	금액
정부기관	소계	10,320	7,669	10,530	8,175	8,475	7,384
	대형공사	92	1,886	92	2,065	91	1,773
	소형공사	10,228	5,783	10,438	6,110	8,384	5,611
지방자치	소계	22,043	10,114	22,033	9,674	29,000	11,426
	대형공사	73	1,476	53	1,107	61	1,137
	소형공사	21,970	8,638	21,980	8,567	28,939	10,289

① 공공기관 전체의 대형공사와 소형공사 발주금액은 각각 매년 증가하였다.

② 2021년 대비 2023년 공공기관 전체 대형공사 발주건수는 감소하였고, 소형공사의 발주건수는 증가한 것으로 나타났다.

③ 매년 공공기관 전체에서 대형공사가 소형공사보다 발주건수는 적지만, 건당 대형공사 발주금액이 소형공사 발주금액보다 크다는 것을 알 수 있다.

④ 2021년 정부기관 발주공사에서 대형공사가 차지하는 발주건수의 비율은 2% 미만이지만 공사금액의 비율은 20% 이상을 차지하고 있다.

⑤ 2022년 대비 2023년 정부기관 대형공사 발주건수와 소형공사의 발주건수는 감소한 것으로 나타났다.

 정답 ①

정답해설 2022년에서 2023년 사이에 공공기관 공사 중 '정부기관'의 대형공사와 소형공사의 발주금액은 감소하였다.

오답해설 ② 2021년에 공공기관 전체 대형공사 발주건수는 165건, 2021년에는 152건으로 감소하였고, 소형공사 발주건수는 2021년에 32,198건, 2021년에는 37,323건으로 증가하였다.

④ 2021년 정부기관 발주공사 중에서 대형공사가 차지하는 발주건수의 비율은 $\frac{92}{10,320} \times 100 ≒ 0.89(\%)$이지만 공사금액의 비율은 $\frac{1,886}{7,669} \times 100 ≒ 24.59(\%)$이다.

⑤ 2022년에 정부기관 대형공사 발주건수는 92건, 2023년에는 91건으로 감소하였고, 소형공사 발주건수는 2022년에 10,438건, 2023년에는 8,384건으로 감소하였다.

16 다음 [표]는 프로야구 선수 Y의 타격기록이다. 이에 대한 설명으로 옳지 않은 것은?

[표] 프로야구 선수 Y의 타격기록

연도	소속 구단	타율	출전 경기수	타수	안타수	홈런수	타점	4사구수	장타율
2009	A	0.341	106	381	130	23	90	69	0.598
2010	A	0.300	123	427	128	19	87	63	0.487
2011	A	0.313	125	438	137	20	84	83	0.532
2012	A	0.346	126	436	151	28	87	88	0.624
2013	A	0.328	126	442	145	30	98	110	0.627
2014	A	0.342	126	456	156	27	89	92	0.590
2015	B	0.323	131	496	160	21	105	87	0.567
2016	C	0.313	117	432	135	15	92	78	0.495
2017	C	0.355	124	439	156	14	92	81	0.510
2018	A	0.276	132	391	108	14	50	44	0.453
2019	A	0.329	133	490	161	33	92	55	0.614
2020	A	0.315	133	479	151	28	103	102	0.553
2021	A	0.261	124	394	103	13	50	67	0.404
2022	A	0.303	126	413	125	13	81	112	0.477
2023	A	0.337	123	442	149	22	72	98	0.563

① 2013~2018년 중 Y선수의 장타율이 높을수록 4사구수도 많았다.

② 2009~2023년 중 Y선수의 타율이 0.310 이하인 해는 4번 있었다.

③ Y선수가 C구단에 소속된 기간 동안 기록한 평균 타점은 나머지 기간 동안 기록한 평균 타점보다 많았다.

④ 2009~2015년 중 Y선수는 출전경기수가 가장 많은 해인 2015년에 가장 많은 타점을 기록했다.

⑤ Y선수는 2013년에 가장 많은 홈런수를 기록하였다.

 정답 ⑤

정답
해설 2019년 Y선수는 가장 많은 홈런수를 기록하였다.

17 다음 [표]는 2014년에서 2023년까지 주요 교통수단별 인구 10만 명 당 교통사고 사망자 수를 나타낸 자료이다. [표]에 대한 해석 중 옳지 않은 것은?

[표] 교통수단별 인구 10만 명당 교통사고 사망자 수 변화 추이

(단위 : 명)

교통수단 \ 연도	2014년	2015년	2017년	2019년	2021년	2022년	2023년
A	31.5	30.0	28.2	25.5	23.3	24.0	24.3
B	24.5	23.5	22.0	21.4	20.0	20.7	21.3
C	14.1	17.0	18.9	19.4	21.6	22.1	24.4
D	4.2	4.5	5.5	6.7	7.3	7.9	8.9
E	1.5	1.7	2.0	2.2	2.1	2.4	4.9
F	5.2	7.2	7.0	6.5	5.3	3.8	5.6
합계	81.0	83.9	83.6	81.7	79.6	80.9	89.4

① C에 의한 사고의 경우 인구 10만 명당 사망자 수는 지속적으로 증가하고 있다.

② C에 의한 사고의 경우 2023년과 2014년의 인구 10만 명당 사망자 수의 절대적인 차이는 다른 교통수단에 의한 것보다 크다.

③ 2014년에 비해서 2023년 인구 10만 명당 사망자 수가 증가한 교통사고는 C, D, E, F에 의한 것이다.

④ 2023년의 교통수단별 교통사고 사망자 중 C에 의한 사망자 수가 가장 많다.

⑤ 2021년까지 A, B에 의한 교통사고 건수는 점차 감소하는 추세를 보이고 있다.

정답 ⑤

정답해설 주어진 자료는 교통수단별 인구 10만 명당 교통사고 사망자 수 변화 추이로 교통사고 건수는 알 수 없다.

18

다음은 건강 행태 위험 요인별 질병 비용에 대한 자료이다. 이에 대한 설명으로 옳은 것은? (단, 소수점 넷째 자리에서 반올림한다.)

[표] 건강 행태 위험 요인별 질병 비용

(단위 : 억 원)

연도 위험요인	2020	2021	2022	2023
흡연	87	92	114	131
음주	73	77	98	124
과체중	65	72	90	117
운동 부족	52	56	87	111
고혈압	51	62	84	101
영양 부족	19	35	42	67
고콜레스테롤	12	25	39	64
계	359	419	554	715

※ 질병 비용이 클수록 순위가 높음

① 위험 요인별 질병 비용의 순위는 매년 변화가 없다.

② 2021~2023년의 연도별 질병 비용에서 영양 부족 위험 요인이 차지하는 비율은 전년 대비 매년 증가한다.

③ 2021~2023년의 연도별 질병 비용에서 운동 부족 위험 요인이 차지하는 비율은 전년 대비 매년 증가한다.

④ 고혈압 위험 요인의 경우 2021~2023년까지 질병 비용의 전년 대비 증가율이 가장 큰 해는 2022년이다.

⑤ 음주 위험 요인의 경우 2021~2023년까지 질병 비용의 전년 대비 증가율이 가장 큰 해는 2023년이다.

정답 ④

정답해설 고혈압 위험 요인 질병 비용의 전년 대비 증가율을 구하면

2021년 : $\frac{62-51}{51} \times 100 ≒ 21.569(\%)$

2022년 : $\frac{84-62}{62} \times 100 ≒ 35.484(\%)$

2023년 : $\frac{101-84}{84} \times 100 ≒ 20.238(\%)$

전년 대비 증가율이 가장 큰 해는 2022년이다.

① 2021년을 제외한 다른 해의 경우 흡연 – 음주 – 과체중 – 운동 부족 – 고혈압 – 영양 부족 – 고콜레스테롤 순이지만, 2021년에는 운동 부족과 고혈압의 순위가 바뀌었다.

② 연도별 질병 비용에서 영양 부족 위험 요인이 차지하는 비율을 구하면

2020년 : $\dfrac{19}{359} \times 100 ≒ 5.292(\%)$

2021년 : $\dfrac{35}{419} \times 100 ≒ 8.353(\%)$

2022년 : $\dfrac{42}{554} \times 100 ≒ 7.581(\%)$

2023년 : $\dfrac{67}{715} \times 100 ≒ 9.371(\%)$

2022년 영양 부족 위험 요인이 차지하는 비율은 전년(2021년) 대비 감소하였다.

③ 연도별 질병 비용에서 운동 부족 위험 요인이 차지하는 비율을 구하면

2020년 : $\dfrac{52}{359} \times 100 ≒ 14.485(\%)$

2021년 : $\dfrac{56}{419} \times 100 ≒ 13.365(\%)$

2022년 : $\dfrac{87}{554} \times 100 ≒ 15.704(\%)$

2023년 : $\dfrac{111}{715} \times 100 ≒ 15.524(\%)$

2021년과 2023년에는 전년 대비 감소하였다.

⑤ 음주 위험 요인 질병 비용의 전년 대비 증가율을 구하면

2021년 : $\dfrac{77-73}{73} \times 100 ≒ 5.479(\%)$

2022년 : $\dfrac{98-77}{77} \times 100 ≒ 27.27(\%)$

2023년 : $\dfrac{124-98}{98} \times 100 ≒ 26.53(\%)$

전년 대비 증가율이 가장 큰 해는 2022년이다.

19 다음은 2019~2023년 국내 건강기능식품 생산에 관한 자료이다. 이에 대한 설명 중 옳지 않은 것은?

[표1] 국내 건강기능식품 생산 현황

(단위 : 억 원, 톤)

구분 / 연도	내수용		수출용		총 생산액	총 생산량
	생산액	생산량	생산액	생산량		
2019	6,888	10,239	346	339	7,234	10,578
2020	7,516	12,990	514	697	8,030	13,687
2021	9,184	19,293	415	592	9,599	19,885
2022	10,211	24,994	460	367	10,671	25,361
2023	13,126	39,611	556	647	13,682	40,258

[표2] 국내 상위 10개 건강기능식품의 생산액

(단위 : 억 원)

순위	품목 \ 연도	2019	2020	2021	2022	2023
1	홍삼	3,284	4,184	4,995	5,817	7,191
2	비타민 및 무기질	604	531	761	991	1,561
3	밀크씨슬	249	416	800	1,129	1,435
4	알로에	797	639	648	584	691
5	오메가-3	142	266	334	348	509
6	프로바이틱스	174	190	254	317	405
7	수삼	348	413	364	341	381
8	감마리놀렌산	187	145	108	93	223
9	가르시니아 추출물	0	0	0	208	207
10	식이섬유	3	1	99	117	116

※ 순위는 2023년 생산액 기준임

① 국내 건강기능식품 상위 5개 품목은 각각 2023년의 생산액이 2019년의 생산액보다 높다.

② 국내 건강기능식품의 내수용 생산액은 매년 증가하였다.

③ 국내 건강기능식품의 총 생산액과 총 생산량은 각각 매년 증가하였다.

④ 2023년 생산액 기준 국내 건강기능식품 상위 10개 품목 중 홍삼은 매년 생산액이 가장 많았다.

⑤ 2019년 국내 건강기능식품 생산액 하위 9개 품목의 생산액을 합친 것보다 홍삼의 생산액이 높다.

정답 ①

 정답해설 2019년 알로에의 생산액은 797억 원, 2023년 알로에의 생산액은 691억 원으로 오히려 생산액이 줄었다.

20 다음은 어느 중학교 3학년 2개 반의 국어, 영어, 수학 과목 시험성적에 관한 [표]이다. 이에 대한 내용으로 옳지 않은 것은?

[표] 반별 · 과목별 시험성적

(단위 : 점)

구분	평균				전체
	1반		2반		
	남학생(20명)	여학생(10명)	남학생(15명)	여학생(15명)	
국어	6.0	6.5	A	6.0	365
영어	B	5.5	5.0	6.0	320
수학	5.0	5.0	6.0	5.0	315

※ 각 과목의 만점은 10점임

① A는 B보다 크다.

② 국어 과목의 경우 2반 학생의 평균이 1반 학생의 평균보다 높다.

③ 3개 과목 전체 평균의 경우 1반의 여학생 평균이 1반의 남학생 평균보다 높다.

④ 전체 남학생의 수학 평균은 전체 여학생의 수학 평균보다 높다.

⑤ 1반 남학생의 국어 총점은 120점이다.

 정답 ②

 정답해설 국어의 경우 2반은 남녀학생 모두 6.0점이고, 1반은 남학생 6.0점, 여학생 6.5점이므로 1반 학생의 평균이 더 높다.

$A : (6.0 \times 20) + (6.5 \times 10) + (A \times 15) + (6.0 \times 15) = 365$

$\therefore A = 6.0$

$B : (B \times 20) + (5.5 \times 10) + (5.0 \times 15) + (6.0 \times 15) = 320$

$\therefore B = 5.0$

21 다음 [표]에 대한 설명으로 옳지 않은 것은?

[표1] 성별 노인 인구 추이

(단위 : 명)

구분(년)	1990	1995	2000	2005	2010	2020	2030
전체	2,195	2,657	3,395	4,383	5,354	7,821	11,899
남자	822	987	1,300	1,760	2,213	3,403	5,333
여자	1,373	1,670	2,095	2,623	3,141	4,418	6,566

※ 노인 인구 : 65세 이상 인구
※ 성비 : 여자 100명당 남자의 수

[표2] 노년부양비와 노령화지수

(단위 : %)

구분(년)	1990	1995	2000	2005	2010	2020	2030
노년부양비	7.4	8.3	10.1	12.6	14.9	21.8	37.3
노령화지수	20.0	25.2	34.3	47.4	66.8	124.2	214.8

※ 노년부양비 : $\dfrac{65세}{15\sim64세} \times 100$

※ 노령화지수 : $\dfrac{65세}{0\sim14세} \times 100$

① 2005년에는 15~64세 인구 7.9명이 노인 1명을 부양한다.

② 2005년 노인 인구의 성비는 10년 전보다 낮아졌다.

③ 2020년에는 15~64세 인구 4.6명이 노인 1명을 부양할 것이다.

④ 2020년의 0~14세 인구 100명당 노인 인구는 1990년의 0~14세 인구 100명당 노인 인구의 6배 이상이다.

⑤ 2005년 노년 부양비는 10년 전에 비해 4.3%p 증가하였고, 2005년에 비해 2020년에는 9.2%p 증가할 것이다.

정답 ②

정답해설 2005년 노인 인구의 성비는 약 67명으로 1995년의 약 59명보다 높다.

22 다음 [표]는 A도서관에서 특정 시점에 구입한 도서 10,000권에 대한 5년간 대출현황을 조사한 자료이다. 이에 대한 설명 중 옳지 않은 것은?

[표] 도서 10,000권에 대한 5년간 대출현황

(단위 : 권)

대출횟수 ＼ 조사 대상기간	구입~1년	구입~3년	구입~5년
0	5,302	4,021	3,041
1	2,912	3,450	3,921
2	970	1,279	1,401
3	419	672	888
4	288	401	519
5	109	177	230
계	10,000	10,000	10,000

① 구입 후 1년 동안 도서의 절반 이상이 대출되었다.

② 도서의 약 40%가 구입 후 3년 동안 대출되지 않았으며, 도서의 약 30%가 구입 후 5년 동안 대출되지 않았다.

③ 구입 후 1년 동안 1회 이상 대출된 도서의 60% 이상이 단 1회 대출되었다.

④ 구입 후 1년 동안 도서의 평균 대출횟수는 약 0.78이다.

⑤ 구입 후 5년 동안 적어도 2회 이상 대출된 도서의 비율은 전체 도서의 약 30%이다.

정답 ①

정답해설 구입 후 1년 동안 5,302권이 대출되지 않았으므로 대출된 책의 비율은 50%보다 적다.

23 다음은 K대학의 학생 수와 전공 분포이다. 아래 표로부터 바르게 유추한 것은?

[표1] K대학의 학생 수

(단위 : 명)

학년	남학생(명)	여학생(명)
1	303	259
2	215	109
3	182	88
4	160	84
총	860	540

[표2] K대학의 전공분포

(단위 : %)

전공	퍼센트
인문과학	33%
사회과학	30%
자연과학	27%

가. 자연과학을 전공하는 남학생의 수가 동일 전공의 여학생 수보다 많다.

나. 전체 학생의 50% 이상이 사회과학이나 자연과학을 전공한다.

다. 인문과학을 전공하는 여학생의 수가 동일 전공의 남학생 수보다 1.5배 많다.

라. 4학년 중 여학생 대비 남학생의 비율은 2보다 작다.

① 가, 나   ② 나, 다   ③ 가, 다   ④ 나, 라   ⑤ 다, 라

 ④

 남학생과 여학생이 전공하는 과목은 위에 제시된 표로 유추할 수 없다.

24 다음은 산업체 기초 통계량을 나타낸 것이다. 이 자료에 대한 설명으로 옳은 것은? (단, 소수점 둘째 자리에서 반올림한다.)

구분	사업체(개)	종사자(명)	남자(명)	여자(명)
농업	200	400	250	150
어업	50	100	35	65
광업	300	600	500	100
제조업	900	3,300	1,500	1,800
건설업	150	350	300	50
도매업	300	1,000	650	350
숙박업	100	250	50	200
계	2,000	6,000	3,285	2,715

가. 여성고용비율이 가장 높은 산업은 숙박업이다.

나. 제조업의 남성이 차지하는 비율은 50%이다.

다. 광업에서의 여성이 차지하는 비율은 농업에서 여성의 비율보다 높다.

라. 제조업과 건설업을 합한 사업체 수는 전체 사업체의 반을 넘는다.

① 가, 다   ② 나, 다   ③ 가, 라   ④ 나, 라   ⑤ 다, 라

 정답 ③

 정답 해설

	남자비율(%)	여자비율(%)
농업	$\frac{250}{400} \times 100 = 62.5$	$\frac{250}{400} \times 100 = 37.5$
어업	35	65
광업	83.3	16.7
제조업	45.5	54.5
건설업	85.7	14.3
도매업	65	35
숙박업	20	80

제조업+건설업=900+150=1,050

$\frac{1,050}{2,000} \times 100 = 52.5(\%)$

25 다음 [표]에 대한 〈보기〉의 설명 중 옳지 않은 것을 모두 고른 것은?

[표] 자동차 변속기 경쟁력점수의 국가별 비교

부문 \ 국가	A	B	C	D	E
변속감	98	93	102	80	79
내구성	103	109	98	95	93
소음	107	96	106	97	93
경량화	106	94	105	85	95
연비	105	96	103	102	100

※ 각국의 전체 경쟁력점수는 각 부문 경쟁력점수의 총합으로 구함

보기

ㄱ. 내구성 부문에서 경쟁력점수가 가장 높은 국가는 A국이며, 경량화 부문에서 경쟁력점수가 가장 낮은 국가는 D국이다.

ㄴ. 전체 경쟁력점수는 E국이 B국보다 더 높다.

ㄷ. 경쟁력점수가 가장 높은 부문과 가장 낮은 부문의 차이가 가장 큰 국가는 C국이고, 가장 작은 국가는 D국이다.

① ㄱ   ② ㄴ   ③ ㄱ, ㄴ   ④ ㄱ, ㄷ   ⑤ ㄱ, ㄴ, ㄷ

 ⑤

 ㄱ. 내구성 부문에서 경쟁력점수가 가장 높은 국가는 B국으로 109점이며, 경량화 부문에서 경쟁력점수가 가장 낮은 국가는 D국으로 85점이다.

ㄴ. 전체 경쟁력점수를 살펴보면, A국은 519점, B국은 488점, C국은 514점, D국은 459점, E국은 460점으로 E국이 B국보다 더 낮다.

ㄷ. 경쟁력점수가 가장 높은 부문과 가장 낮은 부문의 차이가 가장 큰 국가는 D국으로 22점이고, 가장 작은 국가는 C국으로 8점이다.

26 다음은 학생 20명의 용돈과 소비액의 상관도이다. 〈보기〉의 설명 중 옳은 것을 모두 고른 것은?

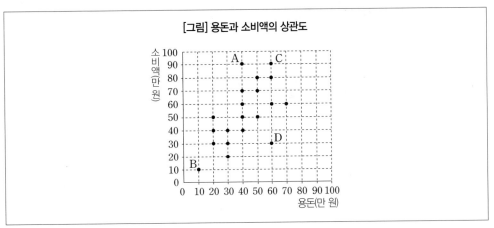

[그림] 용돈과 소비액의 상관도

보기

ㄱ. A학생의 소비액은 용돈의 2배 이상이다.

ㄴ. B학생의 용돈과 소비액이 같다.

ㄷ. C학생의 소비액은 용돈의 1.5배이다.

ㄹ. D학생의 용돈은 소비액의 2배이다.

① ㄱ   ② ㄱ, ㄴ   ③ ㄷ, ㄹ   ④ ㄴ, ㄷ, ㄹ   ⑤ ㄱ, ㄴ, ㄷ, ㄹ

정답 ⑤

정답해설 ㄱ. A학생의 용돈은 40만 원이고, 소비액은 90만 원이므로 소비액이 용돈의 2배 이상이다.

ㄴ. B학생의 용돈과 소비액은 각각 10만 원으로 같다.

ㄷ. C학생의 용돈은 60만 원이며, 소비액은 용돈의 1.5배인 90만 원이다.

ㄹ. D학생의 용돈은 60만 원으로 소비액인 30만 원의 2배이다.

27 다음 자료는 도로 교통 현안에 대한 글을 쓰기 위해 수집한 자료이다. 이를 활용하여 이끌어 낸 내용으로 적절하지 않은 것은?

(가) 보도자료의 일부

도로 교통량의 증가와 자동차 과속으로 인해 야생동물이 교통사고로 죽는 일이 지속적으로 발생하고 있다. 이를 막기 위해 생태 통로를 건설하였으나, 동물의 행동 특성에 대한 고려가 부족해 기대만큼의 성과는 거두지 못하고 있다.

(나) 도로 교통 지표 추이

구분	2021년	2022년	2023년
도로 연장(km)	2,599	2,659	2,850
차량 대수(천 대)	12,914	14,586	15,396
교통 혼잡비용(십억 원)	21,108	22,769	23,698

※ 교통 혼잡비용 : 교통 혼잡으로 인하여 추가로 발행하는 사회적 비용

(다) 자동차 배출 가스의 오염 물질 농도

[그림] 1km 주행 시 일산화탄소(CO)의 농도

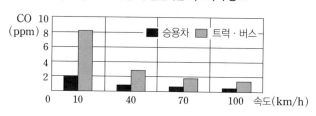

① (가)+(나) : 교통 혼잡을 개선하기 위해 도로를 신설할 때에는 동물의 행동 특성을 고려한 생태 통로를 만들 필요가 있다.

② (가)+(다) : 자동차 속도를 줄일수록 야생동물의 교통사고와 일산화탄소의 농도가 줄어든다.

③ (나)+(다) : 교통 혼잡은 사회적 비용을 증가시킬 뿐 아니라 자동차 배출 가스의 오염 물질 농도를 증가시킨다.

④ (가) : 도로 교통량의 증가와 자동차 과속은 야생 동물의 교통사고의 원인이므로 도로 교통량이 줄어들수록, 자동차의 속도를 줄일수록 사고를 줄일 수 있다.

⑤ (다) : 자동차의 배출 가스에 함유된 오염 물질의 양은 차량 종류 및 속도와 밀접하게 관련된다.

정답 ②

정답해설 (가)에서 야생 동물의 교통사고의 원인으로 자동차 과속을 들고 있으므로 속도를 줄일수록 사고를 줄일 수 있다고 해석할 수 있다. 또한 (다)에서 속도가 낮을 때 배출되는 일산화탄소의 농도가 더 높게 나타나므로 ②가 적절하지 않다.

① (나)에서는 교통 혼잡비용이 증가하는 것을 보여주고 있으므로 이를 통해 '교통 혼잡을 개선하기 위해서 도로를 신설' 해야 한다는 내용을, (가)에서는 생태 도로가 동물의 행동 특성을 고려하지 못했다고 했으므로 이를 통해 '동물의 행동 특성을 고려한 생태 도로'를 만들어야 한다는 내용을 이끌어낼 수 있다.

③ (나)를 통해 교통이 혼잡하면 사회적 비용이 증가한다는 내용을 알 수 있다. 또 교통이 혼잡하면 속도가 줄어들게 되는 데 (다)를 통해 속도가 줄면 자동차 배출 가스의 오염 물질 농도가 증가한다는 것을 알 수 있다.

④ (가)에서 야생 동물의 교통사고의 원인으로 도로교통량의 증가와 자동차 과속을 들고 있으므로 도로 교통량이 줄어들 수록, 자동차의 속도를 줄일수록 사고를 줄일 수 있다는 내용을 이끌어낼 수 있다.

⑤ (다)는 일산화탄소의 농도를 차량의 종류(승용차, 트럭 · 버스)와 속도에 따라 제시하였으므로 적절한 내용이다.

28 다음 [표]는 서울의 미세먼지 월별 대기오염도 측정도를 나타낸 것이다. 이에 대한 설명으로 옳지 않은 것은?

[표] 미세먼지 월별 대기오염도

(단위 : $\mu g/m^3$)

구분	2023년 5월	2023년 6월	2023년 7월	2023년 8월	2023년 9월
중구	54	33	31	20	31
강남구	62	43	35	22	33
영등포구	71	46	37	26	41
성동구	74	44	30	22	36
양천구	53	41	21	24	32

① 성동구는 6월 미세먼지의 대기오염도가 8월의 2배이다.

② 5월부터 7월까지는 미세먼지의 대기오염도가 감소하고 있다.

③ 모든 구에서 8월의 미세먼지의 대기오염도가 가장 낮다.

④ 모든 구에서 5월의 미세먼지의 대기오염도가 가장 높다.

⑤ 7월에는 영등포구의 미세먼지의 대기오염도가 가장 높다.

 ③

양천구는 8월(24)보다 7월(21)의 미세먼지의 대기오염도가 더 낮다.

29 사학자 A씨는 고려시대 문헌을 통하여 당시 상류층(왕족, 귀족, 승려) 남녀 각각 160명에 대한 자료를 분석하여 다음과 같은 [표]를 작성하였다. 이 [표]에 대한 진술 중 옳은 것은?

[표] 고려시대 상류층의 혼인연령, 사망연령 및 자녀 수

구분		평균 혼인연령(세)	평균 사망연령(세)	평균 자녀 수(명)
승려(80명)	남(50명)	—	69	—
	여(30명)	—	71	—
왕족(40명)	남(30명)	19	42	10
	여(10명)	15	46	3
귀족(200명)	남(80명)	15	45	5
	여(120명)	20	56	6

※ 승려를 제외한 모든 남자는 혼인하였고 이혼하거나 사별한 사례는 없음

① 귀족 남자의 평균 혼인연령은 왕족 남자의 평균 혼인연령보다 높다.

② 귀족의 평균 자녀 수는 5.5명이다.

③ 평균 사망연령의 남녀 간 차이는 승려가 귀족보다 많다.

④ 왕족 남자의 평균 사망연령은 승려 남자의 평균 사망연령보다 높다.

⑤ 귀족 여자의 평균 혼인연령은 왕족 여자의 평균 혼인연령보다 높다.

 정답 ⑤

 정답해설 귀족의 평균 혼인연령은 여자는 20세로 왕족의 여자 혼인연령 15세보다 높다.

오답해설 ① 귀족의 평균 혼인연령은 남자는 15세로 왕족의 남자 혼인연령 19세보다 낮다.

② 귀족의 평균 자녀 수는 $\frac{(80 \times 5) + (120 \times 6)}{200} = 5.6$(명)

③ 평균 사망연령의 남녀 간 차이는 승려는 2년, 귀족은 11년으로 승려가 귀족보다 적다.

④ 왕족 남자의 평균 사망연령은 42세로 승려 남자의 평균 사망연령 69세보다 낮다.

30 다음 [표]는 65세 이상 진료비 및 약품비에 대한 자료이다. 다음의 자료에 대한 설명으로 옳지 않은 것은? (단, 소수점 둘째 자리에서 반올림한다.)

[표1] 노인인구 진료비

(단위 : 억 원)

구분	2021년	2022년	2023년
총 진료비	580,170	646,623	696,271
노인인구 진료비	213,615	245,643	271,357

[표2] 노인인구 약품비

(단위 : 억 원)

구분	2021년	2022년	2023년
총 약품비	139,259	152,905	162,179
노인인구 약품비	53,864	59,850	64,966

① 2021~2023년 총 진료비는 지속적으로 증가하고 있다.

② 2021년 노인인구 진료비의 비중은 약 36.8%이다.

③ 2023년 노인인구 진료비의 비중은 전년대비 약 3% 증가하였다.

④ 2023년 노인인구 약품비의 비중은 약 40.1%이다.

⑤ 2022년 노인인구 약품비의 비중은 전년대비 약 0.4% 증가하였다.

 정답 ③

 정답해설 2022년 노인인구 진료비의 비중은 $\frac{245,643}{646,623} \times 100 ≒ 38\%$이고,

2023년 노인인구 진료비의 비중은 39%이므로 전년대비 약 1% 증가하였다.

오답해설 ① [표1]에서 2021~2023년까지의 총 진료비가 지속적으로 증가함을 알 수 있다.

② 2021년 노인인구 진료비의 비중은 $\frac{213,615}{580,170} \times 100 ≒ 36.8\%$이다.

④ 2023년 노인인구 약품비의 비중은 $\frac{64,966}{162,179} \times 100 ≒ 40.1\%$이다.

⑤ 2021년 노인인구 약품비의 비중은 $\frac{53,864}{139,259} \times 100 ≒ 38.7\%$이고,

2022년 노인인구 약품비의 비중은 $\frac{59,850}{152,905} \times 100 ≒ 39.1\%$ 전년대비 약 0.4% 증가하였다.

31 다음은 2023년 A지역의 연령별 인구 구조에 관한 자료이다. 이를 바탕으로 2038년의 인구 분포를 예측한 결과로 옳은 것은? (단, 소수점 셋째 자리에서 반올림한다.)

[표] A지역의 연령별 인구 구조

(단위 : 명)

연령대	남성	여성
0~14세	1,650	1,920
15~29세	1,500	1,600
30~44세	1,250	1,280
45~59세	990	1,040
60세 이상	800	1,050
합계	6,190	6,890

※ A지역은 전·출입자와 사망자는 없고, 출생자만 있다고 가정함

※ 2038년 15~29세 성별 인구대비 0~14세 성별 인구의 비율 $\left(\dfrac{0{\sim}14세\ 남(여)\ 인구}{15{\sim}29세\ 남(여)\ 인구}\right)$ 은 2023년과 동일하다고 가정함

① 총 인구에서 여성이 차지하는 비율은 2023년에 비해 증가할 것이다.

② 총 인구에서 차지하는 인구 비중이 가장 높은 연령대는 60세 이상일 것이다.

③ 총 인구가 2023년에 비해 약 24%가량 증가할 것이다.

④ 60세 이상 인구에서 남성이 차지하는 비율은 2023년에 비해 감소할 것이다.

⑤ 0~14세 인구는 15~29세 인구보다 2배 이상 많아질 것이다.

정답 ①

정답해설 2038년은 2023년의 15년 후이므로 2023년의 0~14세 인구는 고스란히 15~29세 인구가, 15~29세 인구는 30~44세 인구가, 30~44세 인구는 45~59세 인구가, 45~59세 인구가 60세 이상 인구가 되며, 사망자가 없으므로 60세 이상 인구는 그대로 60세 이상 인구에 포함된다.

사망자가 없으므로 2023년 인구 합계에 2038년 0~14세 인구를 더하면 된다. 2023년과 2038년의 15~29세 성별 인구 대비 0~14세 성별 인구의 비율이 동일하므로

2023년 15~29세 남성 인구 대비 0~14세 남성 인구의 비율 : $\dfrac{1,650}{1,500}=1.1$

2023년 15~29세 여성 인구 대비 0~14세 여성 인구의 비율 : $\dfrac{1,920}{1,600}=1.2$

2038년 0~14세 남성 인구 : $1,650\times1.1=1,815$(명)

2038년 0~14세 여성 인구 : $1,920\times1.2=2,304$(명)

2038년 남성 인구 : $6,190+1,815=8,005$(명)

2038년 여성 인구 : $6,890+2,304=9,194$(명)

2038년 전체 인구 : $8,005+9,194=17,199$(명)

문제에서는 인구에서 여성이 차지하는 비율의 증가 여부를 묻고 있으므로,

2023년 여성 인구의 비율 : $\dfrac{6,890}{6,190+6,890} \times 100 ≒ 52.68(\%)$

2038년 여성 인구의 비율 : $\dfrac{9,194}{17,199} \times 100 ≒ 53.46(\%)$

② 208년 연령대별 인구를 구하면

    0~14세 인구 : $1,815+2,304=4,119$(명)

    15~29세 인구 : $1,650+1,920=3,570$(명)

    30~44세 인구 : $1,500+1,600=3,100$(명)

    45~59세 인구 : $1,250+1,280=2,530$(명)

    60세 이상 인구 : $990+1,040+800+1,050=3,880$(명)

    따라서 전체 인구에서 0~14세 인구가 차지하는 비중이 가장 높다.

③ 2023년 전체 인구는 13,080명, 2038년 전체 인구는 17,199명이다.

$$\dfrac{17,199-13,080}{13,080} \times 100 ≒ 31.49(\%)$$

    따라서 2038년의 총 인구는 2023년에 비해 약 31%가량 증가한다.

④ 2038년 60세 이상 인구는 3,880명이며, 이 중 남성은 $990+800=1,790$(명)이다.

    60세 이상 인구에서 남성이 차지하는 비율은

2023년 : $\dfrac{800}{800+1,050} \times 100 ≒ 46.13(\%)$

    60세 이상 인구에서 남성이 차지하는 비율은 2023년에 비해 증가하였다.

⑤ 2038년 연령대별 인구를 구하면 0~14세 인구는 $1,815+2,304=4,119$(명), 15~29세 인구는 $1,650+1,920=3,570$(명)이다.

    따라서 0~14세 인구는 15~29세 인구보다 549명 많다.

[32~33] | 아래는 2018년과 2023년 A도시의 가구별 평균 소비지출 내역을 나타낸 [표]이다. 이를 토대로 다음 물음에 답하시오

[표] A도시의 가구별 평균 소비지출 내역

(단위 : %)

구분	2018년 지출내역	2023년 지출내역
주거비	0.42	0.35
식비	0.27	0.31
교육비	0.23	0.29
기타	0.08	0.05

32 2018년도 가구당 총 지출액이 평균 2,000만 원이었고 2023년도 가구당 총 지출액이 평균 2,500만 원이었다면, 2023년 가구당 교육비는 2018년에 비해 얼마나 증가하였는가?

① 150만 원　　② 265만 원　　③ 325만 원　　④ 500만 원　　⑤ 635만 원

  ②

2018년 가구당 총 지출액이 평균 2,000만 원이었고 이 중 교육비가 차지한 비율은 23%이므로 이 해의 가구당 교육비 지출액은 '2,000×0.23＝460(만 원)'이다. 또한 2023년 가구당 총 지출액은 2,500만 원이므로 교육비 지출액은 '2,500×0.29＝725(만 원)'이다. 따라서 2023년의 가구당 교육비는 2018년에 비해 265만 원이 증가하였다.

33 다음 설명 중 잘못된 것은? (단, 2018년도 가구당 총 지출액은 2,000만 원, 2023년도 가구당 총 지출액은 2,500만 원이라 가정한다.)

① 2018년 가구당 식비 지출액은 월 45만 원이다.

② 도시 가정에서의 교육비 비중은 증가하는 추세이다.

③ 2023년의 가구당 주거비 지출액은 2018년에 비해 줄었다.

④ 2023년 주거비·식비·교육비를 제외한 기타 지출액은 가구당 125만 원이다.

⑤ 2023년 가구당 교육비 지출액은 약 월 60만 원이다.

  ③

2018년 가구당 주거비 지출액은 '2,000×0.42＝840(만 원)'이며 2023년 가구당 주거비 지출액은 '2,500×0.35＝875(만원)'이다. 즉, 2023년 가구당 주거비 지출비율은 2018년에 비해 줄었으나 지출액은 늘었다.

[34~35] 다음은 온라인쇼핑 동향에 관한 자료이다. 자료를 참고하여 물음에 답하시오.

[표] 온라인쇼핑 거래액 동향

(단위 : 억 원)

구분	2022년		2023년	
	4월	5월	4월	5월
총 거래액	71,000	73,821	87,355	90,544
모바일 거래액	42,790	42,055	53,556	56,285

34 위의 자료에 대한 설명으로 〈보기〉 중 옳은 것을 고르면? (단, 소수점 둘째 자리에서 반올림한다.)

> 보기
>
> ㄱ. 2023년 4월 온라인쇼핑 거래액은 전년동월대비 약 20% 증가했다.
> ㄴ. 2022년 5월 온라인쇼핑 거래액은 전월대비 약 4% 증가했다.
> ㄷ. 2023년 5월 모바일 거래액은 전월대비 약 5.1% 증가했다.
> ㄹ. 2022년 5월 온라인쇼핑 거래액 중 모바일 거래액의 비율은 60%가 넘는다.

① ㄱ, ㄴ   ② ㄴ, ㄷ   ③ ㄷ, ㄹ   ④ ㄱ, ㄷ, ㄹ   ⑤ ㄴ, ㄷ, ㄹ

 정답 ②

 정답
해설
ㄴ. 2022년 5월 온라인쇼핑 거래액은 전월대비 $\frac{(73,821-71,000)}{71,000} \times 100 ≒ 4\%$ 증가했다.

ㄷ. 2023년 5월 모바일 거래액은 전월대비 $\frac{(56,285-53,556)}{53,556} \times 100 ≒ 5.1\%$ 증가했다.

오답
해설
ㄱ. 2023년 4월 온라인쇼핑 거래액은 전년동월대비 $\frac{(87,355-71,000)}{71,000} \times 100 ≒ 23\%$ 증가했다.

ㄹ. 2022년 5월 온라인쇼핑 거래액 중 모바일 거래액의 비율은 $\frac{42,055}{73,821} \times 100 ≒ 57\%$ 이다.

35 2023년 4월에서 5월까지 총 거래액 중 모바일 거래액의 비율이 늘어난 만큼 6월에도 일정하게 증가한다고 했을 때, 6월 온라인쇼핑 거래액이 100,000억 원이라면 모바일 거래액은 얼마인가? (단, 소수점 둘째 자리에서 반올림한다.)

① 62,100억 원   ② 63,100억 원   ③ 64,100억 원   ④ 65,100억 원   ⑤ 66,100억 원

정답 ②

정답해설 4월 모바일 거래액의 비율 : $\frac{53,556}{87,355} \times 100 \fallingdotseq 61.3\%$

5월 모바일 거래액의 비율 : $\frac{56,285}{90,544} \times 100 \fallingdotseq 62.2\%$

즉, $62.2-61.3=0.9\%$ 증가하므로 6월 모바일 거래액의 비율은 $62.2+0.9=63.1\%$

$\therefore 100,000 \times 0.631=63,100$(억 원)

[36~37] 다음의 [표]는 4개 국가의 산술적 인구밀도와 경지 인구밀도를 조사한 자료이다. 이를 토대로 다음에 물음에 알맞은 답을 고르시오.

[표] 4개 국가 인구밀도

국가	인구수(만 명)	산술적 인구밀도(명/km²)	경지 인구밀도(명/km²)
A	1,000	25	75
B	1,500	40	50
C	3,000	20	25
D	4,500	45	120

※ 산술적 인구밀도＝인구수÷국토 면적
※ 경지 인구밀도＝인구수÷경지 면적
※ 경지율＝경지 면적÷국토 면적×100

36 인구 1인당 경지 면적이 가장 좁은 국가와 넓은 국가를 순서대로 각각 고르면?

① A국, C국　　② B국, A국　　③ B국, C국　　④ D국, A국　　⑤ D국, C국

정답 ⑤

정답해설 인구 1인당 경지 면적은 경지 면적을 인구수로 나눈 것이다$\left(\text{인구 1인당 경지 면적}＝\dfrac{\text{경지 면적}}{\text{인구 수}}\right)$.

그런데 '경지 인구밀도＝$\dfrac{\text{인구 수}}{\text{경지 면적}}$'이라 하였으므로, 인구 1인당 경지 면적은 경지 인구밀도의 역수가 된다. 따라서 경지 인구밀도가 가장 높은 국가가 인구 1인당 경지 면적이 가장 좁은 국가가 되며, 경지 인구밀도가 가장 낮은 국가가 인구 1인당 경지 면적이 가장 넓은 국가가 된다. 따라서 D국의 인구 1인당 경지 면적이 가장 좁으며, C국의 인구 1인당 경지 면적이 가장 넓다.

37 다음 중 옳지 않은 것은?

① 국토 면적은 C국이 가장 넓다.

② 경지 면적은 B국이 가장 좁다.

③ B국의 경지율은 D국보다 높다.

④ 경지율이 가장 낮은 국가는 A국이다.

⑤ 경지 면적은 C국이 가장 넓다.

 정답 ②

 정답 해설 '경지 인구밀도＝인구수÷경지 면적'이므로 '경지 면적＝인구수÷경지 인구밀도'가 된다. 이를 통해 경지 면적을 구하면 A국의 경지 면적은 대략 13.3만(km^2), B국은 30만(km^2), C국은 120만(km^2), D국은 37.5만(km^2)이다. 따라서 A국의 경지 면적이 가장 좁다.

 오답 해설 ① '산술적 인구밀도＝인구수÷국토 면적'이므로 '국토 면적＝인구수÷산술적 인구밀도'가 된다. 이를 통해 국토 면적을 구하면, C국이 150만(km^2)로 가장 크다.

③ '경지율＝경지 면적÷국토 면적×100'이라 하였고, '경지 면적＝인구수÷경지 인구밀도'이며 '국토 면적＝인구수 ÷산술적 인구밀도'가 된다. 여기서 '경지 면적'과 '국토 면적'을 앞의 경지율 공식에 대입하면, '경지율＝산술적 인구 밀도÷경지 인구밀도×100'이 된다. 이를 이용해 경지율을 구하면 B국은 80(％), D국은 37.5(％)이므로 B국의 경지율이 D국의 경지율보다 높다.

④ A국의 경지율은 대략 33.3(％), C국의 경지율은 80(％)이다. 따라서 4개 국가 중 A국의 경지율이 가장 낮다.

⑤ A국의 경지 면적은 대략 13.3만(km^2), B국은 30만(km^2), C국은 120만(km^2), D국은 37.5만(km^2)이다. 따라서 C국의 경지 면적이 가장 넓다.

[38~39] 다음은 한국과 EU의 교육과 관련한 자료이다. 제시된 자료를 바탕으로 다음 물음에 답하시오.

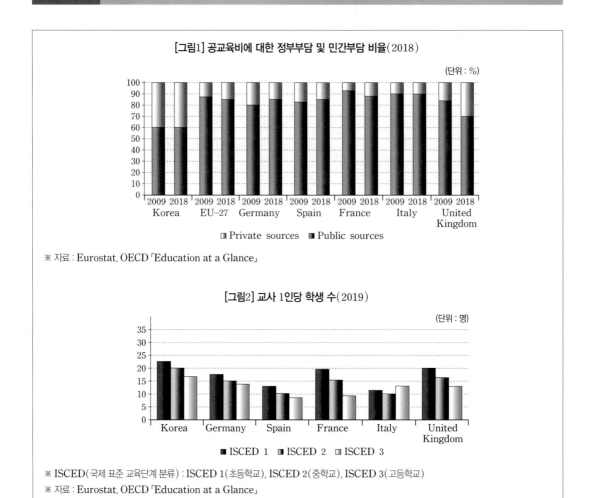

[그림1] 공교육비에 대한 정부부담 및 민간부담 비율(2018)

(단위 : %)

Private sources   Public sources

※ 자료 : Eurostat, OECD 「Education at a Glance」

[그림2] 교사 1인당 학생 수(2019)

(단위 : 명)

■ ISCED 1   ■ ISCED 2   ■ ISCED 3

※ ISCED(국제 표준 교육단계 분류) : ISCED 1(초등학교), ISCED 2(중학교), ISCED 3(고등학교)

※ 자료 : Eurostat, OECD 「Education at a Glance」

38 [그림1]에 대한 설명으로 옳은 것은?

① 공교육에 대한 정부부담이 가장 큰 국가는 2018년의 프랑스이다.

② 2009년과 2018년의 공교육비 정부부담 비율에서 가장 큰 차이를 보이는 국가는 영국이다.

③ 2009년과 2018년의 공교육비 민간부담 비율에서 가장 큰 차이를 보이는 국가는 한국이다.

④ 한 국가를 제외한 모든 나라의 2018년 공교육비 민간부담 비율이 2009년에 비해 증가하였다.

⑤ 2009년과 2018년의 정부부담 및 민간부담 비율이 동일한 국가는 스페인이다.

 정답 ②

 정답해설 2009년과 2018년의 공교육비 정부부담 비율에서 가장 큰 차이를 보이는 국가는 영국이다.

 오답해설 ① 공교육에 대한 정부부담이 가장 큰 국가는 2009년의 프랑스이며, 그 다음으로 높은 국가는 2009년과 2018년의 이탈리아이다.

③ 2009년과 2018년의 공교육비 민간부담 비율에 가장 큰 차이를 보이는 국가는 영국이다.

④ 2018년 공교육비 민간부담 비율이 2009년에 비해 증가한 국가는 EU−27, 프랑스, 영국이다.

⑤ 2009년과 2018년의 정부부담 및 민간부담 비율이 동일한 국가는 한국과 이탈리아이다.

39 [그림2]에 대한 설명으로 옳지 않은 것은?

① 한국의 교사 1인당 학생 수는 고등학교에서 가장 적다.

② 중학교 교사 1인당 학생 수는 자료에 나타난 국가 중 독일이 가장 적다.

③ 각 교육단계별로 교사 1인당 학생 수에서 가장 큰 차이를 나타내는 국가는 프랑스이다.

④ 영국의 초등학교 교사 1인당 학생 수는 한국에 이어 두 번째로 많다.

⑤ 이탈리아의 고등학교 교사 1인당 학생 수는 초등학교 교사 1인당 학생 수보다 많다.

 정답 ②

 정답해설 자료에 제시된 국가 가운데 중학교 교사 1인당 학생 수가 가장 적은 국가는 이탈리아와 스페인이다.

[40~41] 다음은 연도별 65세 이상 의료보장 적용인구 현황을 나타낸 [표]이다. 다음 물음에 알맞은 답을 고르시오.

[표] 65세 이상 의료보장 적용인구 현황

시도별	성별	2022년		2023년	
		전체 인구수(명)	65세 이상 인구수(명)	전체 인구수(명)	65세 이상 인구수(명)
서울	여성	5,144,429	693,261	5,158,922	710,991
	남성	4,973,919	546,883	4,923,643	561,150
부산	여성	1,763,972	288,297	1,771,723	300,574
	남성	1,728,585	217,783	1,733,167	228,182

40 **2023년과 2022년의 서울 전체 인구수의 차이는?**

① 31,783명   ② 32,783명   ③ 33,783명   ④ 34,783명   ⑤ 35,783명

 정답 ⑤

 정답해설 2023년 서울의 전체 인구수는 5,158,922＋4,923,643＝10,082,565
2022년 서울의 전체 인구수는 5,144,429＋4,973,919＝10,118,348
따라서 차이는 10,118,348－10,082,565＝35,783명이다.

41 **다음 자료에 대한 설명으로 적절하지 않은 것은?**

① 2022년 65세 이상 남성 인구수의 비율은 부산보다 서울이 더 높다.

② 부산의 65세 이상 여성 인구수의 비율은 점점 증가하고 있다.

③ 2023년과 2022년의 부산 전체 인구수의 차이는 12,333명이다.

④ 서울의 2023년 65세 미만 인구수는 남성보다 여성이 더 높다.

⑤ 부산의 2022년 65세 이상 인구수는 남성보다 여성이 더 높다.

 정답 ①

 정답해설 서울＝$\frac{546,883}{4,973,919} \times 100 ≒ 10.99$

부산＝$\frac{217,783}{1,728,585} \times 100 ≒ 12.59$

따라서 2022년 65세 이상 남성 인구수의 비율은 부산이 더 높다.

[42~43] 다음 제시된 통계 자료는 어느 국가의 지역별 문자해독률과 문맹률에 대한 자료이다. 이를 토대로 물음에 가장 알맞은 답을 고르시오.

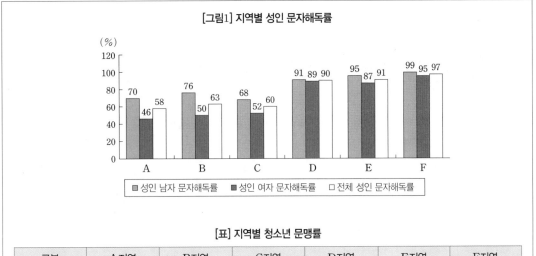

[그림1] 지역별 성인 문자해독률

■ 성인 남자 문자해독률   ■ 성인 여자 문자해독률   □ 전체 성인 문자해독률

[표] 지역별 청소년 문맹률

구분	A지역	B지역	C지역	D지역	E지역	F지역
문맹률(%)	53.7	10.2	27.1	3	5	1

42 다음 중 가장 올바르지 않은 설명은?

① 성인 남녀 간 문맹률의 차이가 가장 큰 지역은 B이다.

② C지역의 성인 여자 문맹률은 성인 남자 문맹률보다 높다.

③ 성인 남자 문맹률이 높은 지역일수록 청소년 문맹률이 높다.

④ 청소년 문맹률과 성인 남자의 문맹률이 같은 지역은 두 지역이다.

⑤ 성인 남자의 문맹률이 가장 높은 지역은 C지역이다.

 정답 ③

정답해설 성인 남자의 문맹률이 가장 높은 지역은 C지역(32%)이다. 그런데 C지역의 청소년 문맹률은 27.1%로 두 번째로 높은 것에 비해 성인 남자 문맹률이 두 번째로 높은 A지역의 청소년 문맹률은 53.7%로 가장 높으므로 ③의 내용은 옳지 않다.

43 성인 남녀 간 문맹률의 차이가 가장 큰 지역의 청소년 문맹률(%)과 청소년 문맹률이 네 번째로 높은 지역의 남녀 간 성인 문맹률의 각각 차이(%)는?

① 10.2%, 8%   ② 53.7%, 2%   ③ 10.2%, 2%   ④ 27.1%, 4%   ⑤ 53.7%, 4%

①

정답 해설 성인 남녀 간 문맹률의 차이가 가장 큰 B지역의 청소년 문맹률은 10.2%이며, 청소년 문맹률이 네 번째로 높은 E지역의 남녀 간 성인 문맹률 차이는 '95%−87%＝8%'이다.

[44~46] 제시된 자료를 바탕으로 물음에 답하시오.

[표1] 1 · 4인 가구의 점유 형태(1999 · 2023년)

(단위 : 천 가구, %)

구분		1인 가구		4인 가구	
		1999년	2023년	1999년	2023년
자가		538	1,323	2,260	2,442
		(32.8)	(31.9)	(55.0)	(62.6)
전세		510	903	1,299	915
		(31.1)	(21.8)	(31.6)	(23.5)
월세		513	1,760	453	451
		(31.3)	(42.5)	(11.0)	(11.6)
무상		80	157	98	90
		(4.9)	(3.8)	(2.4)	(2.3)
전체		1,641	4,143	4,110	3,898
		(100.0)	(100.0)	(100.0)	(100.0)

[표2] 가구의 거처 점유 − 타지 주택 소유 형태(2007 · 2021년)

(단위 : 천 가구)

구분	2009년	2023년
	가구 수	가구 수
다주택	1,047	1,443
1주택	7,781	7,946
임차거주 타지소유	747	1,239
무주택	6,312	6,711
전체	15,887	17,339

44

1인 가구의 점유 형태 중 1999년과 2023년의 증감이 가장 적은 차이를 보이는 것과 가장 큰 차이를 보이는 것을 각각 고르면?

① 자가, 전세   ② 전세, 월세   ③ 무상, 월세   ④ 무상, 전세   ⑤ 자가, 무상

 정답 ③

정답해설 자가 : $538 - 1,323 = -785$
전세 : $510 - 903 = -393$
월세 : $513 - 1,760 = -1,247$
무상 : $80 - 157 = -77$

45

4인 가구의 점유 형태 중 1999년과 2023년의 증감이 가장 적은 차이를 보이는 것과 큰 차이를 보이는 것을 각각 고르면?

① 자가, 월세   ② 전세, 자가   ③ 월세, 전세   ④ 월세, 무상   ⑤ 무상, 전세

 정답 ③

정답해설 자가 : $2,260 - 2,442 = -182$
전세 : $1,299 - 915 = 384$
월세 : $453 - 451 = 2$
무상 : $98 - 90 = 8$

46

[표2]에 대한 설명 중 옳지 않은 것은? (단, 소수 둘째 자리에서 반올림한다.)

① 2009년의 주택 소유 형태 중 가장 적은 비율을 차지하는 것은 다주택이다.

② 2023년에 1주택을 소유하고 있는 가구는 2009년에 비해 증가하였다.

③ 2009년과 2023년에 주택 소유 형태가 가장 많이 차이나는 것은 임차거주 타지소유의 형태이다.

④ 2009~2023년 임차거주 타지소유는 다주택에 비해 더 많은 비율이 증가하였다.

⑤ 2023년의 주택 소유 형태 중 가장 많은 비율을 차지하는 것은 1주택이다.

 정답 ①

정답해설 2009년의 주택 소유 형태 중 가장 적은 비율을 차지하는 것은 임차거주 타지소유이다.

다주택 : $\frac{1,047}{15,887} \times 100 ≒ 6.6(\%)$

1주택 : $\frac{7,781}{15,887} \times 100 ≒ 49(\%)$

임차거주 타지소유 : $\frac{747}{15,887} \times 100 ≒ 4.7(\%)$

무주택 : $\frac{6,312}{15,887} \times 100 ≒ 39.7(\%)$

추리

01

언어추리

GLOBAL SAMSUNG APTITUDE TEST

언어추리는 제시된 명제나 조건을 토대로 올바른 결론을 도출하거나 그 결론의 옳고 그름을 판단하는 유형으로 출제된다.

명제

[01~26] 제시된 명제가 모두 참일 때, 다음 전제를 보고 항상 참인 결론을 고르시오.

01

> • 모든 사람은 죽는다.
> • 아리스토텔레스는 사람이다.
> 따라서 _____

① 아리스토텔레스는 죽는다.

② 아리스토텔레스는 철학자이다.

③ 모든 사람이 죽는 것은 아니다.

④ 아리스토텔레스는 사람이 아니다.

⑤ 모든 죽지 않는 존재는 사람이 아니다.

 정답 ①

정답해설

전제1(대전제)	모든 사람은 죽는다.	모든 M(매개념)은 P(대개념)이다.	정언명제
전제2(소전제)	아리스토텔레스는 사람이다.	모든 S(소개념)는 M(매개념)이다.	정언명제
결 론	아리스토텔레스는 죽는다.	모든 S(소개념)는 P(대개념)이다.	정언명제

▶ **핵심정리**

삼단논법(Syllogism Syllogismus)

간접추리 가운데 연역법을 삼단논법이라고 한다. 두 개의 전제와 하나의 결론으로 이루어졌기 때문에 삼단논법이라고 하며 대체로 대전제, 소전제, 결론의 순서로 배열된다. 삼단논법은 그 전제를 구성하고 있는 판단의 종류가 정언판단인가 가언판단인가 선언판단인가에 따라, 정언적 삼단논법, 가언적 삼단논법, 선언적 삼단논법으로 구분한다.

㉠ 정언적 : 어떤 명제, 주장, 판단을 아무 제약이나 조건 없이 단정 ↔ 가언적(假言的)·선언적(選言的)

㉡ 선언판단 : 주제에 두 개 이상의 대응어 중의 하나와 일치 또는 불일치하는 판단

㉢ 가언적 : 일정한 조건을 가정하여 성립되는 또는 그런 것

02

> • 모든 여성은 초록색을 좋아한다.
> • 송이는 초록색을 좋아하지 않는다.
> 따라서 _____

① 송이는 여성이다.

② 송이는 여성이 아니다.

③ 송이는 나무를 좋아한다.

④ 어떤 여성은 초록색을 싫어한다.

⑤ 모든 사람들은 초록색을 좋아한다.

 정답 ②

정답
해설

전제1	모든 여성은 초록색을 좋아한다.	모든 P는 M이다.
전제2	송이는 초록색을 좋아하지 않는다.	모든 S는 M이 아니다.
결 론	송이는 여성이 아니다.	따라서 모든 S는 P가 아니다.

03

> • 가을이 오면 낙엽이 질 것이다.
> • 낙엽이 지지 않았다.
> 따라서 _____

① 낙엽이 질 것이다.

② 가을이 오지 않았다.

③ 가을에는 낙엽이 진다.

④ 겨울에는 낙엽이 지지 않는다.

⑤ 가을이 오지 않으면 겨울이 오지 않는다.

 정답 ②

정답
해설

전제1	가을이 오면 낙엽이 질 것이다.	만일 p이면 q이다.
전제2	낙엽이 지지 않았다.	q가 아니다.
결 론	가을이 오지 않았다.	따라서 p가 아니다.

04

> • 만약 철수가 여행을 가지 않는다면, 동창회에 참석할 것이다.
> • 철수가 동창회에 참석한다면, 영희를 만날 것이다.
> 따라서 _____

① 철수는 여행에 가지 않을 것이다.

② 철수는 동창회에 참석할 것이다.

③ 철수는 동창회에 갔다가 여행을 갈 것이다.

④ 철수가 여행을 간다면 영희를 만날 것이다.

⑤ 철수가 여행을 가지 않는다면 영희를 만날 것이다.

 정답 ⑤

정답해설

전제1	만약 철수가 여행을 가지 않는다면, 동창회에 참석할 것이다.	p라면 q이다.
전제2	철수가 동창회에 참석한다면, 영희를 만날 것이다.	만약 q라면 r이다.
결 론	철수가 여행을 가지 않는다면 영희를 만날 것이다.	따라서 p라면 r이다.

05

> • 만약 정 과장이 늦잠을 잔다면 회사에 지각하게 될 것이다.
> • 회사에 지각하면 간부회의에 참석하지 못할 것이다.
> 따라서 _____

① 정 과장은 회사에 지각하지 않을 것이다.

② 정 과장은 지각을 해도 간부회의에 참석할 것이다.

③ 정 과장이 지각한다면 간부회의는 진행되지 않을 것이다.

④ 정 과장이 늦잠을 잔다면 간부회의에 참석할 수 있을 것이다.

⑤ 정 과장이 간부회의에 참석한다면 늦잠을 잔 것이 아니다.

정답 ⑤

 정답해설

전제1	만약 정 과장이 늦잠을 잔다면 회사에 지각하게 될 것이다.	p라면 q이다.
전제2	회사에 지각하면 간부회의에 참석하지 못할 것이다.	q라면 r이다.
결론	정 과장이 간부회의에 참석한다면 늦잠을 잔 것이 아니다.	~r이라면 ~p이다. ※ '~r이라면 ~p이다.'는 'p라면 r이다.'의 대우이다.

▶ **핵심정리**

명제

명제의 참과 거짓을 판단하는 경우 '대우관계'와 '삼단논법'이 많이 활용된다.

㉠ 명제 : 판단을 언어로 표현한 것이다. 'p이면 q이다'라는 형태를 취한다.

㉡ 삼단논법 : '닭은 새이다. 새는 동물이다. 따라서 닭은 동물이다'에서처럼 'p이면 q이다'가 참이고 'q이면 r이다'가 참이면 'p이면 r이다'도 참이 성립되는 것을 말한다.

㉢ 대우 : 명제 'p이면 q이다'에 대하여 'q가 아니면 p가 아니다'를 그 명제의 '대우'라고 한다. 명제가 참인 경우 그 '대우'는 반드시 참이다. 그러나 어떤 명제가 참이라도 '역'이 반드시 참인 것은 아니다.

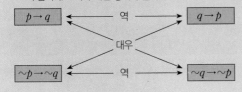

06

- 흰색 토끼는 빠르다.
- 흰색이 아닌 모든 토끼는 크다.

그러므로 _____

① 빠른 토끼는 크다.
② 흰색이 아닌 토끼는 크다.
③ 작은 토끼는 느리다.
④ 큰 토끼는 흰색이다.
⑤ 느린 토끼는 모두 크다.

 정답 ⑤

 정답해설 A : 흰색이다, B : 빠르다, C : 크다라고 하면 A → B, ~A → C가 참이므로 ~B → ~A → C가 성립한다.
즉, 빈칸에는 ~B → C 혹은 그 대우인 ~C → B가 들어가야 하므로 ⑤가 참인 문장이다.

07

- 수달은 비버보다 무겁다.
- 비버는 물개보다 가볍다.

그러므로 _____

① 수달은 물개보다 가볍다.

② 비버는 수달보다 무겁다.

③ 물개는 비버보다 무겁다.

④ 수달은 물개보다 무겁다.

⑤ 비버는 물개보다 무겁다.

 정답 ③

 정답해설 전제에 따르면, 수달은 비버보다 무겁고 비버는 물개보다 가볍다.

즉, 수달, 물개>비버 순으로 무거우므로 물개는 비버보다 무겁다는 말은 빈 칸에 들어갈 결론으로 적절하다.

오답해설 ① 수달은 물개보다 가벼운지 위 전제에서는 알 수 없다.

② 전제에 따르면, 비버는 수달보다 가볍다.

④ 수달은 물개보다 무거운지 위 전제에서는 알 수 없다.

⑤ 전제에 따르면, 비버는 물개보다 가볍다.

08

- 미영이는 토익 시험에서 연재보다 20점 더 받았다.
- 연아의 점수는 미영이 보다 10점이 적다.

그러므로 _____

① 연재의 점수가 가장 높다.

② 연아의 점수가 가장 높다.

③ 미영이와 연재의 점수는 같다.

④ 연아의 점수는 연재의 점수보다 낮다.

⑤ 연아와 연재의 점수 차는 10점이다.

정답 ⑤

 정답 해설 첫 번째 전제를 식으로 정리하면 연재점수+20점=미영점수이며,
두 번째 전제를 식으로 정리하면 연아점수+10점=미영점수이다.
미영점수=연아점수+10점=연재점수+20점이므로,
미영>연아>연재의 순으로 점수가 높으며, 각각의 점수 차는 10점이다.
그러므로 '연아와 연재의 점수 차는 10점이다.'는 참인 결론이다.

오답 해설 ① 연재의 점수가 아니라 미영의 점수가 가장 높다.
② 연아의 점수가 아닌 미영의 점수가 가장 높으며 연아는 두 번째로 점수가 높다.
③ 미영이와 연재의 점수는 20점 차이가 난다.
④ 연아의 점수는 연재의 점수보다 높다.

09

> • 급식을 먹은 학생 가운데 대부분이 식중독에 걸렸다.
> • 식중독에 걸린 학생들은 급식 메뉴 중 냉면을 먹었다.
> 그러므로 _____

① 냉면은 모든 식중독의 원인이다.
② 식중독에 걸리지 않은 학생들은 쫄면을 먹었다.
③ 급식을 먹은 학생 중 일부는 냉면을 먹지 않았다.
④ 급식의 모든 음식은 식중독균에 노출되어 있다.
⑤ 냉면을 먹지 않은 학생들은 급식을 먹지 않았다.

 정답 ③

 정답 해설 급식을 먹은 학생 가운데 대부분이 식중독에 걸렸으며 식중독에 걸린 학생들은 급식 메뉴 중 냉면을 먹었다고 하였다.
정리하면, 급식을 먹은 학생 ⊃ 식중독에 걸린 학생 ⊃ 냉면을 먹은 학생이므로,
'급식을 먹은 학생 중 일부는 냉면을 먹지 않았다.'는 빈 칸에 들어갈 결론으로 적절하다.

오답 해설 ① 식중독은 다른 음식을 먹어서 걸릴 수가 있으므로 냉면은 모든 식중독의 원인이라고 단정지을 수 없다.
② 식중독에 걸리지 않은 학생들이 쫄면을 먹었다는 말은 위 문장에서 알 수 없는 내용이다.
④ 식중독에 걸린 학생들은 급식 메뉴 중 냉면을 먹었으므로, 급식의 모든 음식이 식중독균에 노출되어 있다고 할 수 없다.
⑤ 급식을 먹은 학생 가운데 대부분이 식중독에 걸렸다는 말을 통해 급식을 먹은 학생들 모두가 식중독에 걸린 것이 아니
　며, 급식을 먹은 학생 중 냉면을 먹지 않은 학생도 있음을 알 수 있다.

10

- 문학을 이해하기 위해서는 시대정신을 이해해야 한다.
- 시대 정신을 이해하기 위해서는 시대 상황을 이해해야 한다.

그러므로 _____

① 문학은 시대적 상황과 아무런 관련이 없다.
② 문학은 시대적 상황과 관련이 없을 수도 있다.
③ 문학을 이해하기 위해서는 시대적 상황을 이해해야 한다.
④ 문학을 이해하기 위해서는 작가의 개성을 이해해야 한다.
⑤ 실제 현실은 문학 속 현실과 많이 닮아 있다.

 정답 ③

 정답
해설 '문학 → 시대 정신 → 시대 상황'이므로 문학을 이해하려면 시대 상황을 이해해야 한다.

11

- 예술은 인생보다 짧다.
- 인생은 진리보다 짧다.

그러므로 _____

① 진리는 예술보다 길다.
② 인생이 가장 길다.
③ 진리가 가장 짧다.
④ 예술은 진리보다 길다.
⑤ 인생은 예술보다 짧다.

 정답 ①

 정답
해설 첫 번째 문장을 정리하면 '예술<인생'이며, 두 번째 문장을 정리하면 '인생<진리'이다.
따라서, 진리>인생>예술의 순서로 길기 때문에 '진리는 예술보다 길다'는 말은 빈 칸에 들어갈 적절한 결론이다.

 오답
해설 ② 진리가 가장 길며, 인생은 두 번째로 길다.
③ 진리가 가장 길다.
④ 예술은 진리보다 짧다.
⑤ 인생은 예술보다 길다.

12

- A는 면접점수가 가장 높고, 필기점수는 B보다 낮다.
- B는 C보다 면접점수가 낮지만 필기점수는 높다.
따라서 세 사람 중 _____

① A는 필기점수가 가장 낮다.
② B는 필기점수가 가장 높다.
③ C는 면접점수가 가장 낮다.
④ A는 C보다 면접점수는 높지만 필기점수는 낮다.
⑤ B는 면접점수와 필기점수를 합한 총점이 2번째이다.

 정답 ②

 정답 우선 세 문장을 통해 면접점수가 높은 순서대로 보면, 'A>C>B'가 된다. 다음으로 필기점수는 'B>A'이고 'B>C'이다. 따라서 B는 세 사람 중 필기점수가 가장 높다.

오답 ① 필기점수의 경우 A와 C의 필기점수가 B보다 낮다는 것만 알 수 있다. 따라서 A와 C 중 누가 더 필기점수가 낮은지 알 수 없다.
③ C의 면접점수는 A보다 낮고, B보다 높기 때문에 C의 면접점수는 2번째로 높다.
④ 면접점수는 A가 C보다 높지만, A와 C의 필기점수는 누가 높은지 알 수 없다.
⑤ B의 면접점수는 가장 낮고 필기점수는 가장 높은데, 위에 제시된 문장만으로는 점수의 상대적 우열을 알 수 있을 뿐 구체적 점수를 산출할 수는 없으므로, 총점의 순위를 매길 수 없다.

13

- 모든 나무는 산을 좋아한다.
- 약간의 짧은 ▲는 나무이다.
그러므로 _____

① 모든 나무는 ▲이다.
② 모든 긴 ▲는 산을 싫어한다.
③ 모든 긴 ▲는 산을 좋아한다.
④ 어떤 짧은 ▲는 산을 좋아한다.
⑤ 약간의 짧은 ▲는 산을 싫어한다.

정답 ④

 정답 해설 약간의 짧은 ▲는 나무이고, 모든 나무는 산을 좋아하므로, 어떤 짧은 ▲는 산을 좋아한다.

오답 해설 ① 모든 나무는 ▲이라고 할 수 없다.
②, ③ 모든 긴 ▲가 산을 싫어하는지 좋아하는지 대한 여부는 알 수 없으며, 모든 긴 ▲에 대한 언급도 되어있지 않다.
⑤ 약간의 짧은 ▲는 나무이며 모든 나무는 산을 좋아한다고 하였기 때문에 산을 싫어한다는 결론은 적절하지 않다.

14

> • A를 구매하는 사람은 B를 구매한다.
> • C를 구매하지 않는 사람은 B도 구매하지 않는다.
> • C를 구매하는 사람은 D를 구매하지 않는다.
> 따라서 _____

① A를 구매하는 사람은 D를 구매하지 않는다.

② B를 구매하는 사람은 C를 구매하지 않는다.

③ C를 구매하는 사람은 A를 구매하지 않는다.

④ B를 구매하지 않은 사람은 C도 구매하지 않는다.

⑤ A를 구매하는 사람은 B, C, D를 모두 구매한다.

 정답 ①

 정답 해설 두 번째 문장의 대우 명제는 'B를 구매하는 사람은 C를 구매한다.'이므로
'A를 구매 → B를 구매', 'B를 구매 → C를 구매', 'C를 구매 → D를 구매하지 않음'이 성립하므로 'A를 구매하는 사람은 D를 구매하지 않는다.'는 성립한다.

오답 해설 ② B를 구매하는 사람은 C를 구매한다.
③ C를 구매하는 사람은 D를 구매하지 않는다.
④ 두 번째 문장의 '역'에 해당하므로, 항상 참이라 할 수 없다.
⑤ A를 구매하는 사람은 B와 C는 구매하지만 D는 구매하지 않는다.

15

> • A는 봄을 좋아하고, B는 여름을 좋아한다.
> • D는 특별히 좋아하거나 싫어하는 계절이 없다.
> • C는 A의 의견과 동일하다.
> 따라서 _____

① C는 봄을 좋아한다.

② D는 사계절을 모두 싫어한다.

③ B는 겨울을 싫어한다.

④ C는 여름도 좋아한다.

⑤ D는 여름을 싫어한다.

 정답 ①

 정답해설 C는 A의 의견과 동일하다고 했으므로 C도 봄을 좋아한다.

 오답해설 ② D는 특별히 좋아하거나 싫어하는 계절이 없다고 하였기 때문에 사계절을 모두 싫어한다는 말은 적절하지 않다.

③ B는 여름을 좋아한다고만 나와있고, 겨울을 싫어하는지는 알 수 없다.

④ C가 여름도 좋아하는지는 알 수 없다.

⑤ D는 특별히 좋아하거나 싫어하는 계절이 없다고 하였기 때문에 여름을 싫어한다는 말은 적절하지 않다.

16

> • 은의 열전도율이 금의 열전도율보다 높다.
>
> • 금의 열전도율은 구리보다 낮다.
>
> • 알루미늄의 열전도율은 금보다 낮다.
>
> 따라서 _____

① 은의 경우 구리보다 열전도율이 낮다.

② 은의 열전도율은 알루미늄보다 낮다.

③ 구리의 열전도율은 알루미늄보다 높다.

④ 금의 열전도율이 가장 낮다.

⑤ 은의 열전도율이 가장 낮다.

 정답 ③

 정답해설 제시된 조건에 따른 열전도율을 부등호로 나타내면, '은, 구리(둘 중 우선순위는 알 수 없음)>금>알루미늄'이다. 따라서 구리의 열전도율은 알루미늄보다 높다.

오답해설 ① 은과 구리는 금보다 열전도율이 높다는 것을 알 수 있으나, 제시된 조건만으로 은의 열전도율이 구리보다 낮은지는 알 수 없다.

② 은의 열전도율은 금보다 높고 금은 알루미늄보다 열전도율이 높으므로, 은의 열전도율이 알루미늄보다 높다.

④, ⑤ 제시된 네 가지 물질 중 알루미늄의 열전도율이 상대적으로 가장 낮다.

17

- 경호는 영업부에 근무한다.
- 상훈이는 병규와 같은 부서에 근무한다.
- 기술부에 근무하는 우영이는 병규의 직속 상사이다.

따라서 _____

① 병규는 영업부에 근무한다.

② 우영이는 상훈이의 상사이다.

③ 상훈이는 기술부에 근무한다.

④ 경호와 우영이는 같은 부서에 근무한다.

⑤ 상훈이는 경호와 같은 부서이다.

 정답 ③

 정답해설 상훈이는 병규와 같은 부서에 근무하는데, 우영이와 병규는 기술부에 근무하므로 상훈이도 기술부에 근무한다는 것을 알 수 있다.

 오답해설 ①, ④ 영업부에 근무하는 것은 경호이며, 병규와 상훈, 우영이는 모두 기술부에 근무한다.
② 우영이는 병규의 상사이나, 우영이와 상훈이의 경우 누가 상사인지 알 수 없다.

18

- A씨는 B보다 먼저 약속장소에 도착했다.
- B씨는 약속 때마다 가장 늦게 도착한다.
- 오늘 C씨는 A씨보다 일찍 약속장소에 도착했다.

따라서 _____

① C씨는 B씨보다 약속장소에 먼저 도착했다.

② C씨는 항상 가장 일찍 약속장소에 도착한다.

③ B씨는 오늘 가장 일찍 약속장소에 도착했다.

④ A씨는 항상 약속장소에 먼저 도착한다.

⑤ A씨는 오늘 가장 일찍 약속장소에 도착했다.

 정답 ①

 정답해설 B씨는 약속 때마다 가장 늦게 도착한다고 했고, 약속장소에 A씨는 B씨보다 먼저, C씨는 A씨보다 일찍 도착하였으므로 C - A - B순으로 도착했다. 따라서 C씨는 B씨보다 먼저 약속장소에 도착했음을 알 수 있다.

19

> • 오늘 별똥별이 떨어지면 내일 비가 올 것이다.
> • 바다가 기분이 좋으면 별똥별이 떨어진다.
> • 바다는 아름답다.
> 따라서 _____

① 오늘 별똥별이 떨어지지 않으면 내일 비가 오지 않는다.

② 바다가 아니면 아름답지 않다.

③ 오늘 바다가 기분이 좋으면 내일 비가 올 것이다.

④ 바다가 아름다우면 오늘 별똥별이 떨어질 것이다.

⑤ 내일 비가 오지 않으면 바다는 아름답다.

 정답 ③

 정답해설 바다가 기분이 좋으면 별똥별이 떨어지고, 별똥별이 떨어지면 다음날 비가 올 것이라고 했으므로 오늘 바다가 기분이 좋으면 내일 비가 올 것이다는 명제는 참이다.

오답해설 ①, ② 항상 참인 것은 아니다.

20

> • 이번 수학 시험에서 민정이가 가장 높은 점수를 받았다.
> • 정연이는 수학 시험에서 86점을 받아 2등을 했다.
> • 가아는 지난 수학 시험보다 10점 높은 점수를 받았다.
> 따라서 _____

① 가아는 민정이와 같은 수학 점수를 받았다.

② 가아는 정연이보다 높은 수학 점수를 받았다.

③ 민정이의 수학 점수는 86점보다 높다.

④ 가아는 정연이보다 10점 낮은 점수를 받았다.

⑤ 가아는 지난 수학 시험에서 76점을 받았다.

 정답 ③

정답해설 수학 시험에서 민정이는 가장 높은 점수를 받았고, 2등을 한 정연이가 86점을 받았으므로 민정이의 수학 점수는 86점보다 높다.

21

> • 주영이는 민정이보다 수학을 잘한다.
> • 민정이는 은주보다 영어를 못한다.
> • 원철이는 주영이보다 수학을 잘한다.
> 따라서 _____

① 은주보다 민정이가 영어를 잘한다.

② 원철이는 수학, 영어 모두 제일 잘한다.

③ 원철이가 영어를 제일 잘한다.

④ 원철이는 민정이보다 수학을 잘한다.

⑤ 원철이는 은주보다 영어를 잘한다.

 정답 ④

 정답해설 수학은 원철>주영>민정 순으로 잘한다.

 오답해설 ① 영어는 은주>민정 순으로 잘한다.
②, ③ 원철이는 수학을 주영이와 민정이보다 잘하지만, 나머지 사실은 알 수 없다.

22

> • 과학을 좋아하는 A는 수학도 좋아한다.
> • B는 수학도 잘하지만 영어는 더 잘한다.
> • C는 수학은 A보다 잘하지만 영어는 B보다 못한다.
> 그러므로 _____

① C는 A보다 영어를 더 좋아한다.

② B는 A보다 영어를 더 잘한다.

③ C는 A보다 수학을 못한다.

④ A는 C보다 수학을 못한다.

⑤ A는 B보다 과학을 더 잘한다.

 정답 ④

 정답해설 제시된 문장에는 '좋아한다'와 '잘한다'의 서술어가 모두 나타난다. 이때, 좋아한다는 서술이 잘한다는 의미는 아니다.
세 번째 문장을 통해 수학 능력은 C>A이고, 영어 능력은 B>C임을 알 수 있다. 따라서 A는 C보다 수학을 못한다.

23

> • 노란색을 좋아하는 사람은 클래식을 좋아한다.
> • 클래식을 좋아하는 사람은 마음이 따뜻하다.
> • 노란색을 좋아하지 않는 사람은 우유를 좋아하지 않는다.
> 그러므로 _____

① 우유를 좋아하는 사람은 클래식을 싫어한다.

② 노란색을 싫어하는 사람은 클래식을 좋아한다.

③ 우유를 좋아하는 사람은 마음이 따뜻하다.

④ 클래식을 좋아하는 사람은 노란색을 좋아한다.

⑤ 마음이 따뜻한 사람은 우유를 좋아하지 않는다.

 정답 ③

정답
해설
첫 번째와 두 번째 문장에서 '노란색을 좋아하는 사람 → 클래식을 좋아함 → 마음이 따뜻한 사람'이 성립한다. 그리고 세 번째 문장의 대우명제(우유를 좋아하는 사람은 노란색을 좋아하는 사람)가 참이므로, '우유를 좋아하는 사람 → 노란색을 좋아함'이 성립한다. 따라서 '우유를 좋아하는 사람 → 마음이 따뜻함'이 성립한다.

24

> • 진달래를 싫어하지 않는 사람은 알로에를 싫어한다.
> • 국화를 좋아하는 사람은 해바라기도 좋아한다.
> • 알로에를 좋아하는 사람은 선인장을 싫어하지 않는다.
> • 해바라기를 좋아하는 사람은 진달래를 싫어한다.
> 그러므로 _____

① 진달래를 싫어하는 사람은 해바라기를 좋아한다.

② 선인장을 좋아하는 사람은 알로에를 싫어한다.

③ 국화를 좋아하는 사람은 진달래를 싫어한다.

④ 알로에를 좋아하지 않는 사람은 해바라기를 좋아하지 않는다.

⑤ 해바라기를 좋아하는 사람은 국화를 싫어한다.

정답 ③

 정답
해설 국화를 좋아하는 사람 → 해바라기를 좋아하는 사람 → 진달래를 싫어하는 사람

오답
해설 ① '진달래를 싫어하는 사람은 해바라기를 좋아한다.'는 명제가 참일 때 역도 반드시 참인 것은 아니다.
② '선인장을 좋아하는 사람은 알로에를 싫어한다.'에서 '싫어하지 않는다.'의 반대말은 '싫어한다.'이고, '좋아한다.'의 반대
말은 '좋아하지 않는다.'이다. 그러므로 틀린 명제이다.
④ '알로에를 좋아하지 않는 사람은 해바라기를 좋아하지 않는다.'는 위의 전제만으로는 알 수 없다.
⑤ '해바라기를 좋아하는 사람은 국화를 싫어한다.'는 위의 전제만으로는 알 수 없다.

25

- 세 아이는 임의의 순서로 각각 빨간 우산, 노란 우산, 파란 우산을 쓰고 있다.
- 맨 왼쪽 아이는 노란 우산을 쓰고 있다.
- 철수는 영희의 바로 오른쪽에 있다.
- 민지는 빨간 우산을 쓰고 있다.
따라서 _____

① 영희는 파란 우산을 쓰고 있다.
② 영희는 민지의 바로 오른쪽에 있다.
③ 철수는 노란 우산을 쓰고 있다.
④ 민지는 철수의 바로 오른쪽에 있다.
⑤ 민지의 바로 왼쪽 아이는 노란 우산을 쓰고 있다.

 정답 ④

정답
해설 • 맨 왼쪽 아이는 노란 우산을 쓰고 있다.

노란 우산		

• 철수는 영희의 바로 오른쪽에 있다.

영희	철수	
노란 우산		

또는

	영희	철수
노란 우산		

• 민지는 빨간 우산을 쓰고 있다.

영희	철수	민지
노란 우산	파란 우산	빨간 우산

26

> • 당근을 좋아하는 사람은 라디오를 갖고 있다.
> • 모든 거짓말쟁이는 긴 코를 가지고 있다.
> • 우유를 마시지 않는 사람은 모두 키가 작다.
> • 키가 작은 사람 중 일부는 당근을 싫어한다.
> • 긴 코를 가진 모든 거짓말쟁이는 모든 텔레비전을 갖고 있다.
> • 당근을 싫어하는 모든 사람은 코가 빨갛다.
> • 텔레비전을 가진 사람 중에는 우유를 마시지 않는 사람도 있다.
> 그러므로 _____

① 긴 코를 가진 거짓말쟁이 중에는 키가 작은 사람이 있다.

② 모든 거짓말쟁이는 당근을 좋아한다.

③ 라디오를 갖고 있지 않은 사람은 키가 크다.

④ 코가 빨갛지 않으면 거짓말쟁이가 아니다.

⑤ 우유를 마시는 사람은 모두 당근을 싫어한다.

 정답 ①

정답 해설 모든 거짓말쟁이는 긴 코와 텔레비전을 갖고 있다. 이들 중에는 우유를 마시지 않는 사람이 있는데 우유를 마시지 않는 모든 사람은 키가 작으므로, 긴 코를 가진 거짓말쟁이 중에는 키가 작은 사람이 있다.

[27~31] 제시된 명제가 모두 참일 때, 다음 결론이 항상 참이 되게 하는 전제를 고르시오.

27

> • 모든 전구는 밝다.
> • _____
> 그러므로 모든 형광등이 백열등보다 밝은 것은 아니다.

① 모든 전구는 백열등이다.

② 어떤 형광등은 백열등보다 밝다.

③ 모든 전구는 형광등이다.

④ 모든 형광등은 백열등보다 밝다.

⑤ 어떤 백열등은 모든 형광등보다 밝다.

정답 ②

 정답 해설 결론에 모든 형광등이 백열등보다 밝은 것은 아니라고 하였으므로 빈 칸에 들어갈 전제는 '어떤 형광등은 백열등보다 밝다.'이다.

오답 해설 ①, ③ 모든 전구는 밝다고만 하였을 뿐 모든 전구가 백열등 혹은 형광등이라는 말은 나와 있지 않다.

④ 결론에 모든 형광등이 백열등보다 밝은 것은 아니라고 하였으므로 모든 형광등이 백열등보다 밝다고 할 수 없다.

⑤ 모든 형광등이 백열등보다 밝은 것은 아니다. → 어떤 형광등은 백열등보다 밝다.

그러므로 어떤 백열등은 모든 형광등보다 밝다고 할 수 없다.

> ▶ **핵심정리**
>
> **문장추리 문제 풀이 시 유의점**
> ㉠ 모든 A는 모든 B이다.
> 　모든 B는 모든 C이다.
> 　→ 그러므로 모든 A는 모든 C이다.
> ㉡ A는 B이다.
> 　A는 C이다.
> 　→ 그러므로 모든 B는 모든 C라고 할 수는 없다.

28

> • _____
> • 어떤 학생은 춤을 잘 춘다.
> 그러므로 어떤 선생님은 노래를 잘한다.

① 모든 선생님은 노래를 잘한다.

② 어떤 학생은 노래를 잘한다.

③ 모든 학생은 춤을 잘 춘다.

④ 모든 선생님은 춤을 잘 춘다.

⑤ 어떤 선생님이 노래를 잘하는지는 알 수 없다.

 정답 ①

 정답 해설 결론에 '어떤 선생님은 노래를 잘한다.'라고 하였기 때문에 빈 칸의 전제에 들어갈 말은 '모든 선생님은 노래를 잘한다.'라는 말이 옳다.

오답 해설 ②, ③ 한 가지 전제에는 어떤 학생에 대해 언급하고 있고 결론에는 어떤 선생님에 대해 언급하고 있기 때문에 나머지 전제에는 선생님에 대한 전제가 나와야 한다.

④ 전제에는 춤에 대해 언급하고 있고 결론에는 노래에 대해 언급하고 있으므로 노래에 대한 전제가 나와야 한다.

⑤ 결론에 '어떤 선생님은 노래를 잘한다.'라고 하였으므로, 어떤 선생님이 노래를 잘하는지는 알 수 없다는 말은 틀린 말이다.

29

> • 모든 갈매기는 과자를 좋아한다.
>
> • _____
>
> 그러므로 안경을 쓴 ★은 과자를 좋아한다.

① 어떤 갈매기는 과자를 좋아한다.

② 모든 ★은 과자를 좋아한다.

③ 모든 갈매기는 모두 안경을 썼다.

④ 어떤 ★은 과자를 싫어한다.

⑤ 안경을 쓴 ★은 모두 갈매기이다.

 정답 ⑤

 정답해설 안경을 쓴 ★은 모두 갈매기이고 모든 갈매기는 과자를 좋아하기 때문에 안경을 쓴 ★은 과자를 좋아한다는 결론이 나오게 된다. 그러므로 빈 칸에 들어갈 알맞은 전제는 '안경을 쓴 ★은 모두 갈매기이다.'라고 할 수 있다.

오답해설 ① 어떤 갈매기가 과자를 좋아한다고 해서 안경을 쓴 ★가 과자를 좋아한다는 결론이 도출되지는 않는다.
② 결론에는 모든 ★가 아니라 안경을 쓴 ★에 대해 언급하고 있으며, 이 전제에서는 갈매기와의 연관성도 찾을 수 없기에 안경을 쓴 ★가 과자를 좋아한다는 결론을 도출할 수 없다.
③ 모든 갈매기는 모두 안경을 썼다고 해서 안경을 쓴 ★가 될 수 없으므로 옳지 않은 전제이다.
④ 어떤 ★가 과자를 싫어한다는 말은 나와 있지 않다.

30

> • 모든 사과는 빨갛다.
>
> • _____
>
> 그러므로 물렁한 🍎는 빨간색이다.

① 어떤 사과는 물렁하다.

② 모든 🍎는 물렁하다.

③ 모든 사과는 물렁하다.

④ 물렁한 🍎는 사과이다.

⑤ 물렁하지 않은 사과는 빨갛지 않다.

④

 모든 사과가 빨갛다고 하였고, 물렁한 숯도 빨간색이라고 하였으므로, 빈 칸의 전제에는 사과와 물렁한 숯에 대한 언급이 되어야 하며 둘의 연관성이 있어야 한다. 그러므로 '물렁한 숯는 사과이다.'는 내용이 알맞다.

①, ③, ⑤ 전제와 결론을 통해 알 수 없는 내용이며 물렁한 숯에 대해 언급되어 있지 않다.
② 모든 숯는 물렁하다고만 나와 있을 뿐, 사과하고의 연관성을 찾아볼 수 없기 때문에 물렁한 숯가 빨갛다는 결론을 도출할 수 없다.

31

> • 어떤 침팬지는 천재이다.
> • _____
> • 현민이는 천재이다.
> 그러므로 현민이는 바나나를 좋아한다.

① 어떤 침팬지는 바나나를 좋아하지 않는다.
② 현민이는 침팬지이다.
③ 모든 천재는 바나나를 좋아한다.
④ 어떤 천재는 바나나를 좋아하지 않는다.
⑤ 모든 침팬지는 바나나를 좋아한다.

 ③

 전제에 어떤 침팬지와 현민이는 천재라고 하였고, 결론에는 현민이가 바나나를 좋아한다고 하였다. 현민이가 천재이고 바나나를 좋아하므로 '모든 천재는 바나나를 좋아한다.'는 내용이 빈 칸에 들어갈 올바른 전제이다.

①, ④ 결론에 현민이가 바나나를 좋아한다는 내용만 나와 있기 때문에 어떤 천재 혹은 어떤 침팬지가 바나나를 좋아하지 않는다는 내용은 알 수 없으므로 옳지 않은 전제이다.
② 결론에 나와 있는 현민이와 바나나의 관계가 나와 있지 않기 때문에 '현민이는 침팬지이다.'는 말은 틀린 전제이다.
⑤ 모든 침팬지가 바나나를 좋아한다고 해서 현민이가 바나나를 좋아한다는 결론이 도출되지는 않으므로 빈 칸에 들어갈 전제로 옳지 않다.

[32~50] 다음 문장으로부터 추론할 수 있는 것을 고르시오.

32

• 민기는 영어를 유창하게 할 것이다.
• 역사에 관심이 많은 사람은 모두 영어를 유창하게 잘한다.

① 민기는 역사에 관심이 많다.
② 민기는 영어를 좋아한다.
③ 역사에 관심이 많은 사람은 영어를 좋아한다.
④ 영어를 잘하는 사람은 역사에 관심이 많다.
⑤ 영어를 잘하려면 역사를 공부해야 한다.

 정답 ①

정답
해설
민기는 영어를 유창하게 할 것이고 역사에 관심이 많은 사람은 모두 영어를 유창하게 할 것이므로, 민기가 영어를 잘하기 위해서는 역사에 관심이 많아야 한다.
그러므로 민기는 역사에 관심이 많다는 말은 참이다.

▶ 핵심정리

추론(Inference)
주어진 몇 개의 명제(전제)들로부터 새로운 하나의 명제(결론)를 유도하는 것을 추론이라고 한다. 전제를 구성하는 모든 명제들이 참일 때 결론도 참이면 이 추론은 타당하다고 한다. 반면 전제를 구성하는 모든 명제들이 참임에도 불구하고 결론이 거짓일 때 이 추론은 타당하지 않다고 한다.

33

• A방송을 시청하는 사람은 B방송을 시청하지 않는다.
• C방송을 시청하는 사람은 모두 B방송도 시청한다.

① A방송과 C방송을 동시에 시청하는 사람도 있다.
② A방송을 시청하지 않는 사람은 C방송도 시청하지 않는다.
③ A방송을 시청하는 사람들 중 C방송을 시청하는 사람은 없다.
④ C방송을 시청하는 사람들 중 일부는 A방송을 시청한다.
⑤ 어떤 방송도 시청하지 않는 사람이 있다.

정답 ③

정답해설 A방송을 시청하는 사람은 B방송을 시청하지 않고, C방송을 시청하는 사람은 모두 B방송도 시청한다. 따라서 A방송을 시청하는 사람들 중 C방송을 시청하는 사람은 없다.

34

- 25세인 주영은 3년씩 터울이 지는 동생 두 명이 있다.
- 28세인 우경은 2년씩 터울이 지는 동생 세 명이 있다.

① 우경의 막내 동생이 제일 어리다.

② 주영의 둘째 동생은 우경의 막내 동생보다 나이가 많다.

③ 주영의 첫째 동생과 우경의 막내 동생은 나이가 같다.

④ 우경의 첫째 동생이 주영의 첫째 동생보다 어리다.

⑤ 주영의 첫째 동생이 우경의 둘째 동생과 나이가 같다.

정답 ③

정답해설 주영의 첫째 동생은 22세, 둘째 동생은 19세이며, 우경의 첫째 동생은 26세, 둘째 동생은 24세, 막내 동생은 22세이다. 그러므로 주영의 첫째 동생과 우경의 막내 동생은 동갑이다.

35

- A는 B의 큰형이다.
- B와 C는 동갑이다.
- C는 D의 둘째동생이다.

① A는 C와 동갑이다.

② C는 A보다 나이가 적다.

③ A는 D보다 나이가 적다.

④ D는 A보다 나이가 많다.

⑤ B는 D보다 나이가 많다.

정답 ②

정답해설 A의 나이＞B의 나이＝C의 나이
C의 나이＜D의 나이
따라서 C는 A보다 나이가 적다.

36

> • 사장이 외근을 하면 업무처리가 지연된다.
> • 거래처에서 컴플레인이 발생하면 승진 평가에서 불리하다.
> • 업무처리가 늦어지면 거래처의 컴플레인이 발생한다.

① 업무처리가 지연되면 사장이 외근을 한 것이다.

② 거래처에서 컴플레인이 발생하지 않으면 승진 평가에서 불리하지 않다.

③ 거래처에서 컴플레인이 발생하면 업무처리가 지연되지 않는다.

④ 승진 평가에서 불리하지 않으면 사장이 외근을 하지 않는다.

⑤ 사장이 외근을 하면 거래처에서 컴플레인이 발생하지 않는다.

 정답 ④

 정답해설 제시된 문장을 모두 종합하면, '사장이 외근을 함 → 업무처리가 지연됨 → 거래처의 컴플레인이 발생함 → 승진 평가에서 불리함'이 성립한다. 따라서 '사장이 외근을 함 → 승진평가에서 불리함'이 성립하므로, 이 명제의 대우명제인 '승진 평가에서 불리하지 않음 → 사장이 외근을 하지 않음'도 성립한다. 따라서 ④는 항상 참이 된다.

오답해설 ① 첫 번째 문장의 역에 해당하므로, 반드시 참이라고 할 수는 없다.
② 두 번째 문장의 이에 해당하므로, 반드시 참이 되는 것은 아니다.
③ 세 번째 문장의 대우명제는 '거래처에서 컴플레인이 발생하지 않으면 업무처리가 늦어지지 않는다.'이다.
　　따라서 ③은 반드시 참이라고 할 수 없다.
⑤ 사장이 외근을 하면 업무처리가 지연되어 거래처에서 컴플레인이 발생한다.

▶ **핵심정리**

'모든 x' 또는 '어떤 x'의 참·거짓!

㉠ 모든 x에 대하여
　• 한 개의 예외도 없이 성립하면 참
　• 성립하지 않는 예가 있으면 거짓

㉡ 어떤 x에 대하여
　• 한 개라도 성립하면 참
　• 모든 x에 대하여 성립하지 않으면 거짓

37

> • 정희는 직업이 교사이고, 은혜는 회사원이다.
> • 현우는 소설가이다.
> • 창영이는 현우의 동생과 같은 직업으로 회사원이다.

① 현우의 동생은 회사원이다.
② 은혜는 현우의 동생이다.
③ 창명이와 은혜는 같은 회사에 다니고 있다.
④ 은혜와 현우의 동생은 같은 직업이지만 다른 회사에 다니고 있다.
⑤ 창명이와 현우 동생은 같은 부서에서 일한다.

 정답 ①

정답
해설 창명이는 현우의 동생과 같은 직업으로 회사원이라고 했으므로 현우의 동생은 회사원이다.

38

> • 주원은 은희의 선배이다.
> • 은희와 주미는 동기이다.
> • 주미는 민지의 후배이다.

① 은희는 민지의 선배이다.
② 주미는 주원의 후배이다.
③ 주원은 민지의 후배이다.
④ 주원과 주미는 동기이다.
⑤ 민지는 주원보다 선배이다.

 정답 ②

 정답
해설 주원은 은희의 선배이고, 은희는 주미와 동기이다. 주미는 민지의 후배이다. 부등식으로 표현하면 다음과 같다.
주원>은희=주미, 민지>주미

39

- 수아의 앞에는 2명 이상의 사람이 서있고 주미보다는 앞에 서있다.
- 민지의 바로 앞에는 은희가 서있다.
- 주원의 뒤에는 2명이 서있다.

① 주원은 수아와 주미 사이에 서있다.

② 민지는 은희와 주원 사이에 서있다.

③ 수아는 다섯 명 중에 한 가운데에 서있다.

④ 주미가 제일 앞에 서있다.

⑤ 민지는 은희 다음에 서있고, 뒤에는 수아가 서있다.

 정답 ②

정답
해설 주원 뒤에는 2명이 서있으므로 주원은 한 가운데에 서있다. 수아 앞에 2명 이상이 서있으므로 주원의 뒤에 위치하고 주미보다 앞에 서있다. 민지 바로 앞에는 은희가 서있으므로 서있는 순서대로 도식화하면 '은희－민지－주원－수아－주미'순이다.

40

- 빨간 상자는 초록 상자에 들어간다.
- 파란 상자는 검정 상자에 들어간다.
- 검정 상자와 빨간 상자는 같은 크기이다.

① 빨간 상자는 검정 상자에 들어간다.

② 초록 상자는 검정 상자에 들어간다.

③ 초록 상자는 파란 상자에 들어가지 않는다.

④ 파란 상자는 빨간 상자에 들어가지 않는다.

⑤ 검정 상자는 초록 상자에 들어가지 않는다.

 정답 ③

 정답
해설 초록 상자>빨간 상자＝검정 상자>파란 상자
따라서 초록 상자는 파란 상자에 들어가지 않는다.

41

> • 사과보다 배가 달다.
>
> • 포도는 사과보다 달다.
>
> • 홍시는 포도보다 달다.

① 배가 제일 달다.

② 사과가 제일 달지 않다.

③ 포도와 홍시는 당도가 같다.

④ 포도가 배보다 달다.

⑤ 포도가 세 번째로 달다.

 정답 ②

 정답
해설 당도가 높은 순서로 나타내면, '배>사과'이고 '홍시>포도>사과' 라는 것을 알 수 있다. 따라서 사과가 다른 과일에 비해 가장 달지 않다.

 오답
해설 ① 배가 제일 단 지는 알 수 없다.
③ 홍시가 포도보다 달다.
④, ⑤ 포도가 배보다 단 지, 세 번째로 단 지 알 수 없다.

42

> • 정직한 사람은 거짓말을 하지 않는다.
>
> • 명랑한 사람은 모두가 좋아한다.
>
> • 거짓말을 하지 않는 사람은 모두가 좋아한다.

① 정직한 사람은 모두가 좋아한다.

② 명랑한 사람은 정직한 사람이다.

③ 모두가 좋아하는 사람은 정직한 사람이다.

④ 거짓말을 하지 않는 사람은 명랑한 사람이다.

⑤ 거짓말 하는 것을 좋아하지 않는 사람은 명랑한 사람이다.

 정답 ①

정답
해설 정직한 사람은 거짓말을 하지 않으며, 거짓말을 하지 않는 사람은 모두가 좋아하므로 정직한 사람은 모두가 좋아한다.

43

> • 미래가 중요하다.
> • 미래보다 더 중요한 것은 현재이다.
> • 과거없이 미래가 없다.

① 과거가 가장 중요하다.

② 미래가 가장 중요하다.

③ 현재가 미래보다 중요하다.

④ 미래가 과거보다 중요하다.

⑤ 과거, 현재, 미래 똑같이 중요하다.

 정답 ③

 정답 해설 현재의 중요성>미래의 중요성
따라서 현재가 미래보다 중요하다.

44

> • 그림을 잘 그리는 사람은 감정이 풍부하다.
> • 노래를 잘 부르는 사람은 모두가 좋아한다.
> • 감정이 풍부한 사람은 모두가 좋아한다.

① 감정이 풍부한 사람은 그림을 잘 그리는 사람이다.

② 노래를 잘 부르는 사람은 그림을 잘 그리는 사람이다.

③ 모두가 좋아하는 사람은 그림을 잘 그리는 사람이다.

④ 노래를 잘 부르는 사람은 감정이 풍부하다.

⑤ 그림을 잘 그리는 사람은 모두가 좋아한다.

 정답 ⑤

정답 해설 그림을 잘 그리는 사람은 감정이 풍부한 사람이고, 감정이 풍부한 사람은 모두가 좋아하므로 그림을 잘 그리는 사람은 모두가 좋아한다.

45

> • 마라톤을 좋아하는 사람은 체력이 좋고, 인내심도 있다.
> • 몸무게가 무거운 사람은 체력이 좋다.
> • 명랑한 사람은 마라톤을 좋아한다.

① 체력이 좋은 사람은 인내심이 없다.

② 인내심이 없는 사람은 명랑하지 않다.

③ 마라톤을 좋아하는 사람은 몸무게가 가볍다.

④ 몸무게가 무겁지 않은 사람은 인내심이 있다.

⑤ 인내심이 있는 사람은 마라톤을 좋아하지 않는다.

 정답 ②

정답해설 '명랑한 사람 → 마라톤을 좋아함 → 체력이 좋고, 인내심도 있음'이므로 명랑한 사람은 인내심이 있다. 이것의 대우 명제는 '인내심이 없는 사람은 명랑하지 않다.'이다.

46

> • 녹차를 좋아하는 사람은 커피를 좋아한다.
> • 커피를 좋아하는 사람은 우유를 좋아한다.
> • 우유를 좋아하는 사람은 홍차를 좋아하지 않는다.

① 녹차를 좋아하는 사람은 홍차를 좋아하지 않는다.

② 커피를 좋아하는 사람은 녹차를 좋아한다.

③ 우유를 좋아하지 않는 사람은 홍차를 좋아하지 않는다.

④ 홍차를 좋아하는 사람은 커피를 좋아한다.

⑤ 녹차를 좋아하지 않는 사람은 우유를 좋아한다.

 정답 ①

정답해설 제시된 문장을 통해 '녹차를 좋아함 → 커피를 좋아함 → 우유를 좋아함 → 홍차를 좋아하지 않음'을 알 수 있다. 따라서 삼단논법에 따라 '녹차를 좋아하는 사람은 홍차를 좋아하지 않는다.'는 문장은 옳다.

 오답해설 ② '녹차를 좋아하는 사람은 커피를 좋아한다.'가 성립하므로, 그 역인 '커피를 좋아하는 사람은 녹차를 좋아한다.'는 일반적으로 성립한다고 할 수 없다.

③ 우유를 좋아하는 사람은 홍차를 좋아하지 않는다.

④ 제시된 문장에서 '커피를 좋아하는 사람은 홍차를 좋아하지 않는다.'가 성립하므로, 그 대우명제인 '홍차를 좋아하는 사람은 커피를 좋아하지 않는다.'가 성립한다. 따라서 ④도 옳지 않다.

⑤ 녹차를 좋아하는 사람은 우유를 좋아한다.

47

> - A는 같은 부서 직원 중 항상 가장 먼저 출근한다.
> - A와 같은 부서에 근무하는 B는 매일 8시 30분에 출근한다.
> - B와 같은 부서에 근무하는 C는 가끔 7시 30분에 출근한다.

① B는 C보다 늦게 출근한다.

② A는 항상 8시 30분 이전에 출근한다.

③ C는 가끔 A보다 먼저 출근한다.

④ D는 A보다 늦게 출근한다.

⑤ B는 A보다 항상 먼저 출근한다.

 정답 ②

 정답해설 첫 번째 문장에서 A가 같은 부서 직원 중 항상 가장 먼저 출근한다고 하였고, 두 번째 문장에서는 같은 부서의 B는 항상 8시 30분에 출근한다고 하였다. 따라서 A는 항상 8시 30분 이전에 출근한다는 것을 알 수 있다.

오답해설 ① 세 번째 문장에서 C는 가끔 7시 30분에 출근한다고 하였고, 두 번째 문장에서 B는 매일 8시 30분에 출근한다고 하였다. 따라서 C가 7시 30분에 출근하는 날은 B보다 먼저 출근하지만, 8시 30분보다 늦은 시간에 출근하는 날에는 B보다 늦게 출근하게 된다. 따라서 ①은 항상 옳지 않다.
③ 첫 번째 문장에서 A는 항상 가장 먼저 출근한다고 하였으므로, A가 C보다 항상 먼저 출근한다.
④ D에 관한 자료는 제시되지 않았으며 A와 같은 부서의 직원인지도 알 수 없으므로, 출근시간을 비교할 수 없다.
⑤ 첫 번째 문장에서 A는 항상 가장 먼저 출근한다고 하였으므로, A가 B보다 항상 먼저 출근한다.

48

> - A와 B는 같은 반이다.
> - C는 A의 옆 반이다.
> - D와 B는 같은 반이다.

① A와 C는 같은 반이다.

② B는 C의 옆 반이다.

③ A와 D는 다른 반이다.

④ B와 C는 같은 반이다.

⑤ B와 D는 다른 반이다.

정답 ②

정답해설 A, B, D는 같은 반이고, C는 A의 옆 반이므로 B도 C의 옆 반이다.

49

> • 모든 긴수염고래는 가장 큰 범고래보다 크다.
> • 일부 밍크고래는 가장 큰 범고래보다 작다.
> • 모든 범고래는 가장 큰 돌고래보다 크다.

① 어떤 범고래는 가장 큰 돌고래보다 작다.
② 어떤 긴수염고래는 가장 큰 밍크고래보다 작다.
③ 가장 작은 밍크고래만한 돌고래가 있다.
④ 가장 작은 밍크고래는 가장 큰 범고래보다 크다.
⑤ 어떤 밍크고래는 가장 작은 긴수염고래보다 작다.

 정답 ⑤

 정답해설 가장 작은 긴수염고래도 가장 큰 범고래보다는 크다. 그러나 일부 밍크고래는 가장 큰 범고래보다 작다고 하였으므로, 어떤 밍크고래는 가장 작은 긴수염고래보다 작다. 따라서 ⑤번은 반드시 참이다.

오답해설
① 모든 범고래는 가장 큰 돌고래보다 크다고 하였으므로 거짓이다.
② 어떤 밍크고래는 가장 큰 범고래보다 작으므로, 모든 긴수염고래보다 작다. 하지만, 나머지 밍크고래들이 긴수염고래보다 크다고 언급되어 있지 않다.
③ 일부의 밍크고래가 가장 큰 범고래보다 작다고 했으나, 돌고래만큼 작다고 하지는 않았다.
④ 일부 밍크고래는 가장 큰 범고래보다 작다고 하였으므로, 가장 작은 밍크고래는 가장 큰 범고래보다 작다.

50

> • 초콜릿을 좋아하는 사람은 모두 우유도 좋아한다.
> • 우유를 좋아하는 사람은 모두 두유를 싫어한다.
> • 연수는 초콜릿을 좋아한다.

① 연수는 두유를 좋아한다.
② 연수는 단 것을 싫어한다.
③ 연수는 두유를 싫어한다.
④ 초콜릿을 좋아하는 사람은 두유를 좋아한다.
⑤ 두유를 싫어하는 사람은 모두 우유를 좋아한다.

 정답 ③

정답해설 초콜릿을 좋아하는 사람은 모두 우유를 좋아하고, 우유를 좋아하는 사람은 모두 두유를 싫어한다. 따라서 초콜릿을 좋아하는 연수는 두유를 싫어한다.

[51~68] 제시된 조건을 바탕으로 A, B에 대해 바르게 설명한 것을 고르시오.

51

[조건]
• 모든 주부는 요리하는 것을 좋아한다.
• 미란이는 요리하는 것을 좋아하지 않는다.

[결론]
A : 미란이는 선생님이다.
B : 미란이는 회사원이다.

① A만 옳다.　　　② B만 옳다.　　　③ A, B 모두 옳다.
④ A, B 모두 틀렸다.　　　⑤ A, B 모두 알 수 없다.

 정답 ⑤

정답
해설 주어진 조건으로 알 수 있는 것은 미란이가 주부가 아니라는 사실뿐이며, 미란이의 직업을 알 수 없다.
따라서 A와 B의 말은 옳은지 그른지 판단할 수 없다.

▶ 핵심정리

논지 전개 방식

㉠ 연역법 : 일반적 사실이나 원리를 전제로 하여 개별적인 특수한 사실이나 원리를 결론으로 이끌어 내는 추리 방법을 이른다. 경험에 의하지 않고 논리상 필연적인 결론을 내게 하는 것으로 삼단논법이 그 대표적인 형식이다.

   예 모든 사람은 잘못을 저지르는 수가 있다. 모든 지도자도 사람이다. 그러므로 지도자도 잘못을 저지르는 수가 있다.

㉡ 귀납법 : 개별적인 특수한 사실이나 원리를 전제로 하여 일반적인 사실이나 원리로 결론을 이끌어 내는 연구 방법을 이른다. 특히 인과관계를 확정하는 데에 사용된다.

• 일반화 : 사례들을 제시한 후 그를 통해 다른 사례들도 모두 마찬가지라는 결론을 도출한다.

   예 국어는 소리, 의미, 어법의 3요소로 이루어져 있다. 영어도 마찬가지이다. 중국어도 마찬가지이다. 그러므로 모든 언어는 소리, 의미, 어법의 3요소로 이루어져 있다.

• 유추 : 서로 다른 범주에 속하는 두 대상 간에 존재하는 유사성을 근거로 구체적 속성도 일치할 것이라는 결론을 도출한다.

   예 지구에는 생물이 산다. 화성에는 지구와 마찬가지로 공기, 육지, 물이 있다. 따라서 화성에도 생물이 살 것이다.

52

[조건]

• 악어는 뱀보다 예쁘다.

• 악어는 물개보다 예쁘지 않다.

[결론]

A : 물개는 뱀보다 예쁘다.

B : 악어, 뱀, 물개 가운데 누가 더 예쁜지 알 수 없다.

① A만 옳다.   ② B만 옳다.   ③ A, B 모두 옳다.

④ A, B 모두 틀렸다.   ⑤ A, B 모두 알 수 없다.

 정답 ①

 정답해설 주어진 조건에 따르면 '물개, 악어, 뱀' 순서로 예쁘다는 것을 알 수 있다.
따라서 A의 말만 옳다.

53

[조건]

• 사랑이는 가족 중에서 가장 늦게 일어난다.

• 사랑이의 아버지는 언제나 오전 6시에 일어난다.

[결론]

A : 사랑이는 매일 오전 7시에 일어난다.

B : 사랑이는 가족 중에서 가장 늦게 잠자리에 든다.

① A만 옳다.   ② B만 옳다.   ③ A, B 모두 옳다.

④ A, B 모두 틀렸다.   ⑤ A, B 모두 알 수 없다.

 정답 ⑤

 정답해설 주어진 조건만으로는 사랑이가 일어나는 시간과 가족 중 사랑이가 잠자리에 드는 순서를 알 수 없다.
따라서 A와 B의 말은 옳은지 그른지 판단할 수 없다.

54

[조건]
- 나정이의 아버지는 야구 코치이다.
- 나정이의 어머니는 야구 코치이다.

[결론]
A : 나정이는 야구 코치이다.
B : 나정이는 회사원이다.

① A만 옳다.　　　　　② B만 옳다.　　　　　③ A, B 모두 옳다.

④ A, B 모두 틀렸다.　　　⑤ A, B 모두 알 수 없다.

 정답 ⑤

정답해설 나정이의 아버지와 어머니가 야구 코치라는 조건만으로는 나정이의 직업을 파악할 수 없다.
따라서 A와 B의 말은 옳은지 그른지 판단할 수 없다.

55

[조건]
- 두꺼비는 개구리보다 무겁다.
- 개구리와 독수리의 무게는 같다.

[결론]
A : 두꺼비는 독수리보다 가볍다.
B : 두꺼비는 독수리보다 무겁다.

① A만 옳다.　　　　　② B만 옳다.　　　　　③ A, B 모두 옳다.

④ A, B 모두 틀렸다.　　　⑤ A, B 모두 알 수 없다.

 정답 ②

정답해설 'A가 B보다 무겁다.'를 A>B로 표시할 때,
두꺼비, 개구리, 독수리의 무게를 정리하면 다음과 같다.
두꺼비>개구리
개구리=독수리
따라서 '두꺼비는 독수리보다 무겁다.'라는 B의 말만 옳다.

56

[조건]

• 성모는 영수보다 어리다.

• 영수는 길수보다 어리다.

[결론]

A : 성모는 길수보다 어리다.

B : 성모, 영수, 길수 중 길수의 나이가 가장 많다.

① A만 옳다.　　　　　② B만 옳다.　　　　　③ A, B 모두 옳다.

④ A, B 모두 틀렸다.　　⑤ A, B 모두 알 수 없다.

  정답 ③

정답해설 제시된 조건을 통해 길수, 영수, 성모 순으로 나이가 많음을 알 수 있다.
따라서 A와 B의 말은 모두 옳다.

57

[조건]

• 철수가 기혼자이며, 자녀가 두 명이다.

• 영희는 자녀가 한 명이다.

[결론]

A : 철수와 영희는 부부이다.

B : 철수와 영희는 부부가 아니다.

① A만 옳다.　　　　　② B만 옳다.　　　　　③ A, B 모두 옳다.

④ A, B 모두 틀렸다.　　⑤ A, B 모두 알 수 없다.

  정답 ②

정답해설 조건에 따르면 철수가 기혼자이며, 자녀가 두 명이라고 했는데, 영희는 자녀가 한 명이라고 했으므로 철수와 영희는 부부
사이가 아니다.

58

[조건]
- 물개를 좋아하는 사람은 하마도 좋아한다.
- 하마를 좋아하지 않는 사람은 악어도 좋아하지 않는다.
- 악어를 좋아하지 않는 사람은 물소도 좋아하지 않는다.

[결론]
A : 하마를 좋아하지 않는 사람은 물소도 좋아하지 않는다.
B : 악어를 좋아하는 사람은 하마를 좋아한다.

① A만 옳다.   ② B만 옳다.   ③ A, B 모두 옳다.
④ A, B 모두 틀렸다.   ⑤ A, B 모두 알 수 없다.

 정답 ③

정답
해설 조건들을 정리하면 다음과 같다.
하마를 좋아하지 않음 → 악어를 좋아하지 않음 → 물소를 좋아하지 않음
'하마를 좋아하지 않음(p) → 악어를 좋아하지 않음(q)'이 참이므로 그 대우인 '악어를 좋아함(~q) → 하마를 좋아함(~p)'
역시 참이 된다.
따라서 A와 B의 말은 모두 옳다.

59

[조건]
- C사의 모든 근로자들은 반드시 사내식당에서 아침을 먹는다.
- 사내식당의 아침 메뉴는 된장찌개 아니면 김치찌개이다.
- 사내식당의 오늘 아침 메뉴는 된장찌개가 아니다.

[결론]
A : C사의 인턴인 도희는 오늘 아침 김치찌개를 먹었다.
B : C사의 대리인 성균이는 오늘 아침 된장찌개를 먹었다.

① A만 옳다.   ② B만 옳다.   ③ A, B 모두 옳다.
④ A, B 모두 틀렸다.   ⑤ A, B 모두 알 수 없다.

 정답 ①

정답
해설 사내식당의 아침메뉴는 된장찌개이거나 김치찌개인데 오늘의 아침 메뉴는 된장찌개가 아니므로 C사 사내식당의 아침 메
뉴는 김치찌개임을 알 수 있다.
따라서 오늘 아침 성균이 된장찌개를 먹었다는 B의 말은 옳지 않다.

60

[조건]

- 어린이를 좋아하는 사람은 동물을 좋아한다.
- 산을 좋아하는 사람은 나무를 좋아하며 꽃을 좋아한다.
- 꽃을 좋아하는 사람은 어린이를 좋아한다.

[결론]

A : 나무를 좋아하는 사람은 산을 좋아한다.

B : 꽃을 좋아하는 사람은 나비를 좋아한다.

① A만 옳다.　　　　　　② B만 옳다.　　　　　　③ A, B 모두 옳다.

④ A, B 모두 틀렸다.　　　⑤ A, B 모두 알 수 없다.

 정답 ⑤

 정답해설 제시된 조건들을 정리하면 다음과 같다.

산을 좋아함 → 나무를 좋아함

산을 좋아함 → 꽃을 좋아함 → 어린이를 좋아함 → 동물을 좋아함

제시된 조건만으로는 나무를 좋아하는 사람이 산을 좋아하는지, 꽃을 좋아하는 사람이 나비를 좋아하는지 알 수 없다.

따라서 A와 B의 말은 모두 알 수 없다.

61

[조건]

- 농구선수가 야구선수보다 손이 크다.
- 배구선수는 농구선수보다 손이 크다.
- 역도선수는 야구선수보다 손이 작다.

[결론]

A : 농구선수의 손이 가장 크다.

B : 야구선수의 손이 가장 작다.

① A만 옳다.　　　　　　② B만 옳다.　　　　　　③ A, B 모두 옳다.

④ A, B 모두 틀렸다.　　　⑤ A, B 모두 알 수 없다.

 정답 ④

 정답해설 주어진 조건에 따라 정리하면 '배구선수, 농구선수, 야구선수, 역도선수' 순으로 손이 크다. 따라서 손이 가장 큰 것은 배구선수이며, 손이 가장 작은 것은 역도선수이다.

따라서 A와 B의 말은 모두 옳지 않다.

62

[조건]
- A, B, C, D가 벤치에 일렬로 앉는다고 할 때, A의 왼쪽에는 B가 앉는다.
- B의 왼쪽에는 D가 앉아 있다.
- C의 오른쪽에는 D가 앉아 있다.

[결론]
A : 벤치의 오른쪽 끝에 앉은 사람은 A이다.
B : C와 A 사이에는 두 사람이 앉는다.

① A만 옳다.   ② B만 옳다.   ③ A, B 모두 옳다.
④ A, B 모두 틀렸다.   ⑤ A, B 모두 알 수 없다.

 정답 ③

정답 해설 A~D가 벤치에 앉는 순서는 다음과 같다.

앞

왼쪽   C – D – B – A   오른쪽

뒤

따라서 A와 B의 말은 모두 옳다.

63

[조건]
- 갑은 생일날 7개의 선물을 받았다.
- 을은 생일날 11개의 선물을 받았다.
- 병이 생일날 받은 선물 수는 갑과 을이 받은 선물의 평균 개수와 같다.

[결론]
A : 병은 생일 때 8개의 선물을 받았다.
B : 병은 생일 때 10개 미만의 선물을 받았다.

① A만 옳다.   ② B만 옳다.   ③ A, B 모두 옳다.
④ A, B 모두 틀렸다.   ⑤ A, B 모두 알 수 없다.

 정답 ②

정답 해설 병이 생일날 받은 선물의 수 : $\dfrac{7(\text{갑이 받은 선물 수})+11(\text{을이 받은 선물 수})}{2}=9(\text{개})$

병이 생일날 받은 선물의 수는 9개로 10개 미만이므로 B의 말만 옳다.

64

[조건]
- 책을 많이 읽는 사람은 감수성이 풍부하다.
- 감수성이 풍부한 사람은 발라드는 즐겨 듣는다.
- 20대 여성들은 모두 발라드를 즐겨 듣는다.

[결론]
A : 책을 가장 많이 읽는 독자층은 20대 여성이다.
B : 10대 여성들은 댄스 음악을 즐겨 듣는다.

① A만 옳다.　　　　② B만 옳다.　　　　③ A, B 모두 옳다.
④ A, B 모두 틀렸다.　　⑤ A, B 모두 알 수 없다.

 정답 ⑤

 정답해설　제시된 조건을 정리하면 다음과 같다.
ⓐ 책을 많이 읽는 사람 → 감수성이 풍부한 사람 → 발라드를 즐겨 듣는 사람
ⓑ 20대 여성들 → 발라드를 즐겨 들음
따라서 A와 B의 말은 주어진 조건만으로는 판단할 수 없다.

65

[조건]
- 송이가 승진하였다면 민준도 같이 승진하였다.
- 세미와 휘경 중에서 한 사람만 승진하였다.
- 송이, 세미, 민준, 휘경 중 적어도 두 명은 승진하였다.

[결론]
A : 송이는 승진하였다.
B : 민준은 승진하였다.

① A만 옳다.　　　　② B만 옳다.　　　　③ A, B 모두 옳다.
④ A, B 모두 틀렸다.　　⑤ A, B 모두 알 수 없다.

 정답 ③

정답해설　두 번째 조건에서 세미와 휘경 중 한 사람만 승진하였다고 했고, 세 번째 조건에서 적어도 두 명이 승진하였다고 했으므로 송이와 민준 중 한 사람 이상이 승진해야 한다. 그런데 첫 번째 조건에서 송이와 민준은 함께 승진한다고 했으므로 송이와 민준은 모두 승진하였다.

66

[조건]
- P씨는 생일날 9개의 선물을 받았다.
- L씨는 생일날 15개의 선물을 받았다.
- K씨가 생일날 받은 선물 수는 P씨와 L씨가 받은 선물의 평균 개수에서 2개 적다.

[결론]

A : K씨는 생일 때 홀수개의 선물을 받았다.

B : K씨는 셋 중 가장 적은 수의 선물을 받았다.

① A만 옳다.　　　　　　② B만 옳다.　　　　　　③ A, B 모두 옳다.

④ A, B 모두 틀렸다.　　　⑤ A, B 모두 알 수 없다.

 정답 ④

정답
해설　먼저 K씨가 생일날 받은 선물의 개수를 구해보면

$$\frac{9(P씨가 받은 선물 수)+15(L씨가 받은 선물 수)}{2}-2, \frac{24}{2}-2=10개$$

따라서 K씨는 생일날 짝수 개(10개)의 선물을 받았고, 셋 중 P씨(9개)가 가장 적은 수의 선물을 받았다.

67

[조건]
- K씨의 인사고과 점수는 L씨의 인사고과 점수보다 15점이 낮다.
- P씨의 인사고과 점수는 K씨의 인사고과 점수보다 5점 높다.

[결론]

A : 세 사람 중 L씨의 인사고과 점수가 가장 높다.

B : 세 사람 중 P씨의 인사고과 점수가 가장 낮다.

① A만 옳다.　　　　　　② B만 옳다.　　　　　　③ A, B 모두 옳다.

④ A, B 모두 틀렸다.　　　⑤ A, B 모두 알 수 없다.

 정답 ①

정답
해설　세 사람의 인사고과 점수를 정리하면

K씨의 점수+15(점)=L씨의 점수

K씨의 점수+5(점)=P씨의 점수

이를 통해서 L씨, P씨, K씨 순서로 인사고과 점수가 높음을 알 수 있다.

따라서 A의 말만 옳다.

68

[조건]
- 기획 운영팀에 지원한 사람은 경영팀에도 지원했다.
- 경영팀에 지원하지 않은 사람은 인사팀에도 지원하지 않았다.
- 인사팀에 지원하지 않은 사람은 기획 운영팀에도 지원하지 않았다.

[결론]

A : 경영지원팀에 지원하지 않은 사람은 기획 운영팀에도 지원하지 않았다.

B : 인사팀에 지원한 사람은 경영팀에 지원하였다.

① A만 옳다.　　　　② B만 옳다.　　　　③ A, B 모두 옳다.

④ A, B 모두 틀렸다.　　⑤ A, B 모두 알 수 없다.

 정답 ③

정답
해설 조건들을 정리해보면

경영팀에 지원하지 않음 → 인사팀에 지원하지 않음 → 기획 운영팀에 지원하지 않음

'경영팀에 지원하지 않음(p) → 인사팀에 지원하지 않음(q)'이 참이므로 그 대우인 '인사팀에 지원(~q) → 경영팀에 지원(~p)' 역시 참이 된다.

따라서 A와 B의 말은 모두 옳다.

69 다음 ㉠~㉢ 중 제시된 글의 전제가 될 수 있는 것은?

　　십대들을 위한 마약 및 성에 관한 교육의 필요성이 지나치게 과장되어 있다. 그러한 교육에 투자되는 돈을 차라리 가정의 화목을 유지하는 데 도움이 되는 가정상담을 활성화하는 데 이용하는 것이 더 바람직하다. 가정의 불화가 감소하면 십대들의 약물남용과 성문란은 자연히 줄어들게 된다.

㉠ 가정상담은 가정의 화목을 유지하는 데 효과적이다.
㉡ 가정불화에 의해 십대들의 약물남용과 성문란이 촉발된다.
㉢ 십대들을 위한 선도교육에 현재 종사하는 사람들을 가정상담요원으로 재고용할 수 있다.

① ㉠　　　　② ㉡　　　　③ ㉠, ㉡　　　　④ ㉠, ㉢　　　　⑤ ㉡, ㉢

정답 ③

정답 해설
ⓐ 가정의 화목을 유지하는 데 도움이 되는 가정상담을 활성화하는 데 이용하는 것이 더 바람직하다. → 가정상담은 가정의 화목을 유지하는 데 효과적이다.
ⓑ 가정의 불화가 감소하면 십대들의 약물남용과 성문란은 자연히 줄어들게 된다. → 가정불화에 의해 십대들의 약물남용과 성문란이 촉발된다.

70 다음 ㉠~㉢ 중 제시된 글의 전제가 될 수 있는 것은?

일본의 자동판매기는 상품을 맛있게 보이도록 하기 위해서 메타크릴레이트 수지로 만든 투명 커버를 쇼윈도처럼 덮어둔다. 그런데 이 아름다운 수지가 자동판매기에 그대로 사용되고 있는 것은 일본뿐이며, 다른 나라에서는 사용하지 않는다. 왜냐하면 메타크릴레이트 수지는 아름답지만, 망치로 내리치면 쉽게 부서지기 때문이다.

㉠ 내용물을 도둑맞을 수 있는 자동판매기는 사용하지 않는다.
㉡ 다른 나라에서는 망치로 쉽게 부술 수 있는 자동판매기를 사람들이 부숴서 내용물을 훔쳐가는 경우가 많이 있다.
㉢ 메타크릴레이트 수지 이외의 다른 재질은 자동판매기에 사용되기에는 아름답지 못하다.

① ㉠   ② ㉠, ㉡   ③ ㉠, ㉢   ④ ㉡, ㉢   ⑤ ㉠, ㉡, ㉢

 정답 ②

정답 해설
㉠ 메타크릴레이트 수지는 아름답지만, 망치로 내려치면 쉽게 부서지기 때문이다. → 내용물을 도둑맞을 수 있는 자동판매기는 사용하지 않는다.
㉡ 이 아름다운 수지가 자동판매기에 그대로 사용되고 있는 것은 일본뿐이며, 다른 나라에서는 사용하지 않는다. → 다른 나라에서는 망치로 쉽게 부술 수 있는 자동판매기를 사람들이 부숴서 내용물을 훔쳐가는 경우가 많이 있다.

조건추리

01 다음 중 "A는 결혼을 하지 않았다."는 진술과 모순되는 진술을 이끌어 내기 위해 필요한 전제를 모두 맞게 고른 것은?

> ㉠ A는 야구를 좋아한다.
> ㉡ A가 결혼을 하지 않았다면 A는 서울 출신이다.
> ㉢ A가 야구를 좋아했다면, A는 서울 출신이 아니다.
> ㉣ A가 염색을 했다면, A는 서울 출신이다.
> ㉤ A는 야구를 좋아하거나 염색을 했다.

① ㉠, ㉡, ㉢   ② ㉠, ㉡, ㉣   ③ ㉡, ㉢, ㉣   ④ ㉡, ㉢, ㉤   ⑤ ㉡, ㉣, ㉤

 정답 ①

 정답해설 "A는 결혼을 했다."라는 진술이 제시된 진술과 모순이다. 결혼과 관련된 전제인 ㉡을 명제로 볼 때, 그 대우인 "A가 서울 출신이 아니라면 A는 결혼을 했다."는 참이 된다. 이 때, "A는 서울 출신이 아니다."라는 전제가 포함된 ㉠과 ㉢이 필요하므로 ㉠, ㉡, ㉢이 모두 필요하다는 것을 알 수 있다.

02 아래 그림과 같이 분식점, 피부과, PC방, 고깃집, 미용실, 카페가 골목길 하나를 사이에 두고 위쪽과 아래쪽에 각 3개씩 위치해 있다. 가게 위치에 관한 기술은 다음 조건을 만족시킨다고 할 때, 옳은 것은?

> [조건]
> ㉠ 피부과는 A이다.
> ㉡ 분식점, 고깃집, 미용실 중 그 어떤 가게도 서로 옆에 붙어 있지도, 마주 보지도 않는다.
> ㉢ 분식점은 고깃집과 같은 쪽에 있지만 피부과와 같은 쪽에 있지는 않다.
> ㉣ 미용실과 PC방은 같은 쪽에 위치한다.

A	B	C
D	E	F

① 카페와 분식점은 마주 본다.

② 미용실과 고깃집은 마주 본다.

③ 미용실과 분식점은 서로 붙어 있다.

④ 카페와 고깃집은 서로 붙어 있다.

⑤ 카페와 분식점은 서로 붙어 있지 않다.

 정답 ④

정답해설 ㉠에 따르면 피부과는 A이다. ㉢에 따르면 분식점은 D, E, F 중 하나이고 고깃집도 D, E, F 중 하나이다. ㉣에 따르면 분식점은 D, F 중 하나이고 고깃집도 D, F 중 하나이다. ㉠, ㉢, ㉣에 따라 미용실은 B임을 알 수 있다. ㉤에 따르면 PC방은 C이다. 그러므로 마지막으로 남은 카페는 E이다.

03 '갑'은 다음 조건을 모두 따라야 한다. 여기서 E에 가입하는 것이 의무화될 때, '갑'의 선택 내용 중 옳은 것은?

[조건]
㉠ A에 가입하면 B에 가입한다.
㉡ C와 D 중 하나만 가입한다.
㉢ E에 가입하면 B에는 가입하지 않는다.
㉣ D에 가입하면 F에 가입하지 않는다.
㉤ A, F, G 중 최소한 두 가지는 반드시 가입한다.

① 갑은 B에 가입한다.

② 갑은 C에 가입한다.

③ 갑은 A에 가입한다.

④ 갑은 G에 가입하지 않는다.

⑤ 갑은 F에 가입하지 않는다.

 정답 ②

 정답해설 갑은 E에 가입해야 하므로 ㉢에 따라 B에는 가입하지 않는다. ㉠의 대우인 'B에 가입하지 않으면 A에 가입하지 않는다.'도 참이 되므로, A에도 가입하지 않는다. A에 가입하지 않으므로, ㉤에 따라 F에는 가입해야 한다. ㉣의 대우 'F에 가입하면 D에는 가입하지 않는다.'도 참이 되므로, 갑은 D에 가입하지 않게 된다. 따라서 ㉡에 따라 갑은 C에 가입해야 한다. 따라서 ②가 옳다.

04 다음 진술이 모두 참이라고 할 때, 꼬리가 없는 포유동물 A에 관한 설명 중 반드시 참인 것은?

> ㉠ 모든 포유동물은 물과 육지 중 한 곳에서만 산다.
> ㉡ 물에 살면서 육식을 하지 않는 포유동물은 다리가 없다.
> ㉢ 육지에 살면서 육식을 하는 포유동물은 모두 다리가 있다.
> ㉣ 육지에 살면서 육식을 하지 않는 포유동물은 모두 털이 없다.
> ㉤ 육식동물은 모두 꼬리가 있다.

① A는 털이 있다.

② A는 다리가 없다.

③ A는 육식을 한다.

④ 만약 A가 물에 산다면, A는 다리가 없다.

⑤ 만약 A가 포유동물이 아니라면, 육지에 살 수 없다.

 정답 ④

정답해설 포유동물 A는 꼬리가 없다고 하였으므로, ㉤에 따라 포유동물 A는 육식동물은 아니라는 것을 알 수 있다. ㉣에서 "육지에 살면서 육식을 하지 않는 포유동물은 모두 털이 없다"라고 하였으므로, 만약 A가 털이 있다면 A는 물에 산다는 것을 알 수 있으며, A가 물에 산다면 ㉡에 의해 다리가 없다는 것을 알 수 있다. 따라서 ④는 반드시 참이 된다.

05 아래의 명제들이 참일 때 오늘 문을 연 식당은 어디인가?

> • A가 문을 열었다면 B는 문을 열지 않았다.
> • A와 C는 동시에 문을 열었다.
> • A가 문을 열지 않았다면, B가 문을 열었거나 C가 문을 열었다.
> • C는 오늘 문을 열지 않는다.
> • B와 D는 동시에 문을 열지 않는다.
> • D가 문을 열지 않았다면, E도 문을 열지 않았다.

① A   ② B   ③ C, D   ④ B, E   ⑤ D, E

 정답 ②

 정답해설 위의 명제들을 정리해보면
　　• A와 C는 동시에 문을 열었다. ＝A가 문을 열었다면 C도 문을 열었다.
　　　→ C가 문을 열지 않았다면 A도 문을 열지 않았다.

- A가 문을 열지 않았다면, B가 문을 열었거나 C가 문을 열었다.
  → C는 문을 열지 않았기 때문에 B가 열었다.
- B와 D는 동시에 문을 열지 않는다. =D가 문을 열었다면, B가 문을 열지 않았다.
  → B가 문을 열었다면 D가 문을 열지 않았다.
  → E도 문을 열지 않았다.
따라서 오늘 문을 연 식당은 B이다.

06 어느 회사의 퇴사 요인을 정밀 분석한 결과 퇴사 요인에는 A, B, C가 있다고 한다. 다음의 내용을 참고로 할 때, 반드시 참이라 할 수 없는 진술은 무엇인가?

> - 퇴사한 철수는 A, B, C요인을 모두 가지고 있다.
> - 재직 중인 영희는 A, B요인만 있다고 한다.
> - 퇴사한 미희는 A, C요인만 있다고 한다.
> - 재직 중인 만수는 B요인만 있고 A, C요인은 없다고 한다.

① 퇴사한 사람은 A요인이 가장 큰 영향을 미친다.

② 재직 중인 사람은 C요인을 가지고 있지 않다.

③ 재직 중인 사람은 모두 B요인을 가지고 있다.

④ 퇴사한 사람만 놓고 보면 A와 C요인이 큰 영향을 미친다.

⑤ 미희를 제외한 사람들은 퇴사여부와 상관없이 B요인을 가지고 있다.

 정답 ①

 정답해설 퇴사한 사람은 철수와 미희인데, 철수는 A, B, C요인을 모두 가지고 있고 미희는 A, C요인을 가지고 있으므로, A와 C가 퇴사에 영향을 미치는 요인이라 할 수 있다. 그런데 A요인과 C요인 중 어떤 것이 퇴사에 더 큰 영향을 미치는지는 제시된 내용만으로 알 수 없다. 따라서 ①은 반드시 참이라 할 수는 없다.

오답해설 ②, ③ 재직 중인 사람은 영희와 만수인데, 영희는 A요인과 B요인이 있으며, 만수는 B요인만 가지고 있다. 따라서 재직 중인 사람은 모두 B요인을 가지고 있으며, C요인은 가지고 있지 않다. 따라서 모두 참인 진술이다.

④ 철수는 A, B, C요인이 모두 영향을 미치며, 미희는 A와 C요인이 영향을 미쳤다. 따라서 퇴사한 사람만 놓고 보면 A와 C요인이 큰 영향을 미친다고 할 수 있다.

⑤ 미희는 A, C요인이 영향을 미쳤다. 그러나 미희를 제외한 사람들은 퇴사여부와 상관없이 B요인을 가지고 있다. 따라서 참인 진술이다.

07 A~E는 체육대회 다음날에 마지막 행사였던 이어달리기의 결과에 대해 말하는 시간을 갖고 있었다. 조건에 따라 참을 말하는 학생은?

> • A는 D보다 앞서 들어왔으나 E보다 늦게 들어왔다.
> • B는 D보다 앞서 들어왔으나 C보다 늦게 들어왔다.
> • C는 A보다 늦게 들어왔다.

① 주원 : A는 B보다 빨리 들어왔지만 C 바로 다음으로 들어와서 아쉬웠지.
② 은희 : B는 D보다 빨리 들어왔는데 간발의 차로 A 바로 다음으로 들어왔어.
③ 주미 : E는 내 친구인데 A 다음으로 들어와서 대회 끝나고 위로해줬어.
④ 민지 : E가 가장 먼저 들어왔고, D가 제일 마지막에 들어왔어.
⑤ 수아 : C가 다섯 명 중 두 번째로 들어와서 시상식 때 은메달을 받았어.

 정답 ④

정답해설 조건에 따라 순서를 정리하면 'E – A – D'와 'C – B – D'순이 된다. 여기서 C가 A보다 늦게 들어왔다고 했으므로 'E – A – C – B – D'순으로 들어왔다.

08 동일한 거리를 5대의 자동차가 최고 속도로 운행한 결과가 다음과 같다고 할 때, 이를 통해 추론한 것으로 올바른 것을 고르면?

> • 자동차 A는 C보다 앞서 들어왔으나 D보다는 늦게 들어왔다.
> • 자동차 B는 C보다 앞서 들어왔으나 E보다는 늦게 들어왔다.
> • 자동차 E는 A와 D 사이에 들어왔다.

① 최고 속도는 D가 두 번째로 빠르고 C가 가장 느리다.
② 최고 속도는 'D – E – B – A – C'순으로 빠르다.
③ C는 A와 B 사이에 들어왔다.
④ E의 최고 속도는 A와 B보다 빠르다.
⑤ B의 최고 속도는 A와 C보다 느리다.

 정답 ④

정답해설 제시된 문장을 통해 빠른 순서대로 보면, 첫 번째 문장에서 'D – A – C', 두 번째 문장에서 'E – B – C'의 순서임을 알 수 있다. 그런데 세 번째 내용에서 E는 A와 D사이에 들어왔다고 했으므로 'D – E – B – A – C' 또는 'D – E – A – B – C'의 순서가 된다. 여기서 A와 B는 어떤 것이 빠른지 알 수 없다. 따라서 어느 경우든 E의 최고 속도가 A와 B의 속도보다 빠르다는 것을 알 수 있다.

 ① D가 가장 빠르다.

② 'D − E − A − B − C'의 순서도 가능하므로, ②와 같이 단정할 수 없다.

③ C는 가장 느리므로 A와 B 뒤에 들어왔다.

⑤ B의 최고 속도는 어느 경우든 C의 속도보다 빠르다. 또한 'D − E − B − A − C'인 경우, B의 최고 속도는 A의 속도보다 빠르지만 'D − E − A − B − C'의 경우, B의 최고 속도는 A의 속도보다 느리다.

09 결혼식에 초대된 세 사람이 나란히 정장을 입었다. 세 사람은 임의의 순서로 각각 회색 정장, 검은 정장, 파란 정장을 입었으며, 맞은편에서 이들을 볼 때 다음과 같다. 이에 맞추어 사실을 말하고 있는 것은?

• 맨 왼쪽 사람은 검은 정장을 입었다.
• 철수는 소미의 바로 오른쪽에 있다.
• 민철이는 회색 정장을 입었다.

① 소미는 파란 정장을 입었다.

② 소미는 민철이의 바로 오른쪽에 있다.

③ 철수는 검은 정장을 입었다.

④ 민철이는 철수의 바로 오른쪽에 있다.

⑤ 민철이의 바로 왼쪽 사람은 검은 정장을 입었다.

 정답 ④

정답해설 • 맨 왼쪽 사람은 검은 정장을 입었다.

검은 정장		

• 철수는 소미의 바로 오른쪽에 있다.

소미	철수	
검은 정장		

또는

	소미	철수
검은 정장		

• 민철이는 회색 정장을 입었다.

소미	철수	민철
검은 정장	파란 정장	회색 정장

10 일렬로 있는 여섯 개의 의자에 여섯 명의 학생들이 나란히 앉아 있다. 이에 대한 다음의 진술 중 하나의 진술은 거짓일 때, 정수의 바로 왼쪽에 앉은 사람은?

> • A : 현숙이는 경철이의 바로 오른쪽에 앉아 있다.
> • B : 정수는 현숙이와 민서의 사이에 있다.
> • C : 영민이는 현숙이의 바로 오른쪽에 앉아 있다.
> • D : 병국이는 영민이와 민서의 사이에 있다.

① 경철   ② 현숙   ③ 민서   ④ 병국   ⑤ 영민

 정답 ②

 정답해설 여섯 명의 학생들은 왼쪽에서부터 경철, 현숙, 정수, 민서, 병국, 영민이의 순으로 앉아 있으며, 진술 C는 거짓이다. 따라서 정수의 바로 왼쪽에 앉은 사람은 현숙이다.

11 다음 주어진 진술만을 가지고 판단할 때 항상 옳은 것은?

> • A는 B의 장모이다.
> • B와 C는 부부이다.
> • C는 D의 어머니이다.
> • E는 A의 외손녀이다.
> • C에게는 형제, 자매가 없다.

① D와 E는 남매이다.

② B는 E의 아버지이다.

③ C는 A의 사위이다.

④ A는 D의 친할아버지이다.

⑤ E는 C의 어머니이다.

 정답 ②

정답해설 주어진 조건으로 확인할 수 있는 것은 B와 C는 부부이며 A는 C의 어머니, D와 E는 B와 C의 자녀라는 것이다. 또한 B는 남자, A, C, E는 여자이며, D의 성별은 판단할 수 없다.

오답해설
① 주어진 조건만으로는 D의 성별을 판단할 수 없다.
③ C는 A의 외동딸이다.
④ A는 E와 D의 외할머니이다.
⑤ E는 C의 자녀이다.

12

5층짜리 건물에 A, B, C, D, E의 5개의 상가가 들어서려고 한다. 다음 조건에 따라 한 층에 하나의 상가만이 들어설 수 있다. 주어진 조건을 만족시켰을 때 다음 중 반드시 참인 것은?

[조건]
• B는 A의 바로 위층에 있다.
• C는 4층에 있다.
• D, E는 서로 인접한 층에 자리할 수 없다.

① C가 4층이면 E는 A보다 위층에 있다.
② C가 4층이면 A는 5층에 있다.
③ C가 4층이면 D는 1층에 올 수 없다.
④ C가 4층이면 E는 2층에 있다.
⑤ C가 4층이면 B는 2층 혹은 3층에 있다.

 정답 ⑤

정답해설 조건에 따르면 다음의 표처럼 되므로 C가 4층에 있을 때 A는 1층 혹은 2층, B는 2층에 있거나 3층에 자리하게 된다.

5층	E	D	E	D
4층	C	C	C	C
3층	D	E	B	B
2층	B	B	A	A
1층	A	A	D	E

13 S전자에는 신입사원인 주원, 은희, 주미, 민지, 수아가 회사 입구에서 자리 배치를 기다리고 있다. 이들이 각각 A, B, C, D, E자리까지 각 구역에 한 명씩 배치를 받아 근무한다고 했을 때, 주어진 조건과 다른 것은? (단, A~E자리는 왼쪽부터 오른쪽까지 위치해 있다.)

[조건]
- 주원은 C자리에서 근무한다.
- 수아는 주원의 옆 자리에서 근무한다.
- 은희는 끝에 위치한 자리에서 근무하게 된다.

① 수아는 A자리에서 근무할 수 없다.

② 은희는 B자리에서 근무할 수 없다.

③ 주미가 B자리에서 근무하면 민지는 A 또는 E자리에서 근무한다.

④ 은희가 E자리에서 근무하면 주미는 반드시 A자리에서 근무한다.

⑤ A자리를 은희가, B자리를 수아가 근무한다면 주미는 민지의 옆 자리에서 근무한다.

 정답 ④

 정답해설 조건을 적용해 주원은 C자리에서 근무하며 수아는 B또는 D자리에서 근무하고, 은희는 A또는 E자리에서 근무하게 된다. 결론은 은희가 E자리에서 근무하게 되면 주미는 A, B, D자리에서 근무할 수 있게 되므로 반드시 A자리에서만 근무할 수 있는 것이 아니다.

 오답해설 ① 조건에서 수아는 주원의 옆 자리에서 근무하게 되어있으므로 B자리 또는 D자리에서 근무한다.
② 은희는 양 끝에 있는 자리, A자리 또는 E자리에서 근무할 것이다.
③ 주미가 B자리에서 근무하면 D자리에는 수아가 근무하게 되고, 민지는 은희가 근무하는 자리에서 남은 자리에서 근무하게 되므로 A 또는 E자리에서 근무한다.
⑤ A자리를 은희가, B자리를 수아가 근무하면 남은 자리는 D자리와 E자리가 되므로 주미는 민지의 옆 자리에서 근무할 것이다.

14 주원, 은희, 주미, 민지, 수아, 정원은 각각 동아리인 배드민턴부, 야구부, 배구부에 들어가려 한다. 한 동아리에 2명까지 들어갈 수 있고, 다음 조건에 따라 항상 참이 아닌 것을 고르면?

[조건]
- 주원과 은희는 같은 동아리에 들어간다.
- 정원은 야구부에 들어간다.
- 수아는 배구부에 들어간다.

① 주원과 은희는 반드시 배드민턴부에 들어간다.

② 정원은 반드시 민지와 같은 동아리에 들어간다.

③ 주미와 민지는 같은 동아리에 들어갈 수 없다.

④ 주미가 배구부에 들어가면 민지는 야구부에 들어가게 된다.

⑤ 야구부에 민지가 들어가면 주미는 수아와 같은 동아리에 들어간다.

 정답 ②

 정답 해설 조건 세 가지를 적용하면 배드민턴부에는 주원과 은희가 들어가고, 야구부에는 정원이, 수아는 배구부에 들어간다. 따라서 야구부에는 정원과 민지 또는 정원과 주미가 들어갈 수 있고, 배구부에는 수아와 민지 또는 수아와 주미가 들어갈 수 있다. 결국 정원은 민지와 반드시 같은 동아리에 들어가는 것은 아니다.

오답 해설 ① 동아리마다 최대 두 명이 들어갈 수 있으며 주원과 은희는 같은 동아리에 들어가야 한다. 다른 동아리에는 이미 한 명씩 들어가 있기 때문에 들어갈 수 있는 동아리는 배드민턴부 밖에 없다.

③ 정원과 수아가 각각 한 명씩 들어가있는 상태인데, 동아리에 들어갈 수 있는 최대 정원은 두 명이기 때문에 주미와 민지는 같은 동아리에 들어갈 수 없다.

④ 수아가 있는 배구부에 들어가면 남은 민지는 정원이 있는 야구부에 들어가게 된다.

⑤ 정원이 있는 야구부에 민지가 들어가면 남은 주미는 수아가 있는 배구부에 들어가게 된다.

15 다음의 조건에 따를 때 S회사에 지원한 K씨가 가지고 있는 자격증의 개수는?

> [조건]
> • S회사에 지원하기 위해서는 A자격증을 가지고 있어야 한다.
> • C자격증을 취득하기 위해서는 B자격증을 가지고 있어야 한다.
> • A자격증 시험에 지원하기 위해서는 D자격증을 가지고 있어야 한다.
> • D자격증 시험에 지원하기 위해서는 E자격증을 취득하고 1년 이상의 기간이 경과하여야 한다.
> • B자격증을 가지고 있는 사람은 E자격증 시험에 지원할 수 없고, E자격증을 취득하면 B자격증 시험에 지원할 수 없다.

① 2개   ② 3개   ③ 4개   ④ 5개   ⑤ 6개

 정답 ②

정답 해설 첫 번째 조건에 따라 K씨는 A자격증을 가지고 있다.
세 번째 조건에서 A자격증을 취득하기 위해서는 D자격증이 있어야 한다고 했으므로 K씨는 D자격증도 가지고 있다.
네 번째 조건에 따라 K씨는 E자격증도 가지고 있어야 한다.
다섯 번째 조건에 따라 K씨는 B자격증은 취득하지 못했음을 알 수 있다.
두 번째 조건에 따라 K씨는 C자격증도 취득할 수 없다.
따라서 K씨는 A, D, E자격증 3개를 갖고 있다.

16 다음 문장으로부터 올바르게 추론한 것은?

> • ○○○○공사의 회의는 다음 주에 개최한다.
> • 월요일에는 회의를 개최하지 않는다.
> • 화요일과 목요일에 회의를 개최하거나 월요일에 회의를 개최한다.
> • 금요일에 회의를 개최하지 않으면, 화요일에도 회의를 개최하지 않고 수요일에도 개최하지 않는다.

① 회의를 반드시 개최해야 하는 날의 수는 5일이다.

② 회의를 반드시 개최해야 하는 날의 수는 4일이다.

③ 회의를 반드시 개최해야 하는 날의 수는 3일이다.

④ 회의를 반드시 개최해야 하는 날의 수는 2일이다.

⑤ 회의를 반드시 개최해야 하는 날의 수는 1일이다.

 정답 ③

 정답해설 월요일에는 회의를 개최하지 않는다고 했으므로, 화요일과 목요일에 회의가 개최한다는 것을 알 수 있다. 마지막 명제의 대우는 '화요일에 회의를 개최하거나 수요일에 개최하면, 금요일에도 회의를 개최한다.'가 된다. 이것도 참이 되는데, 화요일에 회의를 개최하므로 금요일에도 개최하게 된다. 따라서 ○○○○공사가 회의를 개최해야 하는 날은 '화요일, 목요일, 금요일'의 3일이 된다.

17 사건 A, B, C, D, E가 어떤 순서로 일어났는지에 대해 알아보기 위해 다음의 갑, 을, 병, 정 네 사람에게 조언을 구했다. 이 조언이 참이라면, 네 번째로 일어난 사건으로 가장 알맞은 것은?

> 갑 : "A는 B와 E(또는 E와 B) 사이에 일어났다."
> 을 : "C는 A와 D(또는 D와 A) 사이에 일어났다."
> 병 : "D가 가장 먼저 일어났다."
> 정 : "A와 C는 연이어 일어나지 않았다."

① A   ② B   ③ C   ④ D   ⑤ E

  정답 ①

 정답해설 병의 조언을 통해 D가 가장 먼저 일어났다는 사실을 알 수 있다. 다음으로 갑의 조언에서 'B – A – E' 또는 'E – A – B'의 순서가 되며, 을의 조언에서 'A – C – D' 또는 'D – C – A'의 순서가 된다는 것을 알 수 있다. 그런데 D가 가장 먼저 일어났다는 것은 참이므로, 을의 조언에서 'D – C – A'의 순서(㉠)만 참이 된다. 정의 조언에 따라 A와 C는 연이어 일어나지 않았으므로, ㉠에 갑의 조언을 연결시키면 'D – C – B – A – E' 또는 'D – C – E – A – B'가 참이 된다는 것을 알 수 있다. 따라서 어떤 경우이든 네 번째로 일어난 사건은 'A'가 된다.

18 어제까지 한국 나이로 18세이고 만 나이로 17세인 한 학생이, 어제부터 366일 후에는 한국 나이로 20세가 되기 때문에 자격증을 취득할 수 있다고 한다. 이 조건이 충족되기 위해서 전제되는 조건으로 모두 옳은 것은?

> ㉠ 그 해는 윤년이어야 한다.
> ㉡ 어제는 12월 31일이어야 한다.
> ㉢ 양력으로 계산하여야 한다.
> ㉣ 어제부터 366일 후에는 1월 2일이 되어야 한다.

① ㉠, ㉡   ② ㉡, ㉢   ③ ㉠, ㉢   ④ ㉡, ㉣   ⑤ ㉠, ㉡, ㉢

 정답 ②

 정답 해설
㉡ 1년은 365일이므로, 어제까지 한국 나이로 18세인 학생이 366일 후에 한국 나이로 20세가 되기 위해서는 어제는 12월 31일이 되어야 한다.
㉢ 1년을 365일로 계산한 것이므로 양력으로 계산한 것이다.

 오답 해설
㉠ 윤년이 되는 경우 1년이 366일이므로, 어제(12월 31일)부터 366일 후는 한국 나이로 19세가 된다. 따라서 윤년이어서는 안 된다.
㉣ 어제(12월 31일)부터 366일 후에는 1월 1일이 된다.

19 3개의 방에 아래와 같은 안내문에 붙어 있다. 그중 2개의 방에는 각각 보물과 괴물이 들어있고, 나머지 방은 비어있다. 3개의 안내문 중 하나만 참이라고 할 때, 가장 올바른 결론은?

> ㉠ 방 A의 안내문 : 방 B에는 괴물이 들어있다.
> ㉡ 방 B의 안내문 : 이 방은 비어있다.
> ㉢ 방 C의 안내문 : 이 방에는 보물이 들어있다.

① 방 A에는 반드시 보물이 들어있다.
② 방 B에는 보물이 들어 있을 수 있다.
③ 괴물을 피하려면 방 B를 택하면 된다.
④ 방 C에는 반드시 괴물이 들어있다.
⑤ 보물을 찾으려면 방 C에 들어간다.

①

 ㉠ 방 A의 안내문이 참일 경우 방 B에는 괴물이 들어있다. 또한 방 C는 비어 있는 것이 되므로 보물이 있는 곳은 방 A가 된다.

㉡ 방 B의 안내문이 참일 경우 방 C에는 보물이 없다. 그러므로 보물이 들어있는 곳은 방 A가 된다.

㉢ 방 C의 안내문이 참일 경우 방 A와 방 B중 하나는 비어있고 다른 하나는 괴물이 있어야 한다. 그러나 이때 방 A가 거짓이어야 하는데 이를 충족시키기 위해서는 방 B에는 괴물이 없어야 한다. 그러나 이는 다시 방 B가 비어있어서는 안된다는 점에서 모순된다.

따라서 반드시 참이 되는 것은 방 A 또는 방 B의 안내문이다.

방 A나 방 B의 안내문이 참인 두 경우 모두 방 A에는 보물이 들어 있다는 결론을 얻을 수 있으므로 ①은 올바른 결론이다.

 ② 방 A의 안내문이 참일 경우 방 B에는 괴물이 들어있고, 방 B의 안내문이 참일 경우 방 B는 비어 있어야 한다. 따라서 올바른 결론으로 보기 어렵다.

③ 방 A의 안내문이 참일 경우 방 B에는 괴물이 있게 된다.

④ 방 A의 안내문이 참일 경우 방 C는 비어 있어야 한다. 따라서 올바른 결론이 될 수 없다.

⑤ 방 C의 안내문이 참일 경우 방 B에는 괴물이 없어야 한다. 그러나 이는 다시 방 B가 비어있어서는 안된다는 점에서 모순된다. 따라서 올바른 결론으로 보기 어렵다.

20

먼 은하계에 X, 알파, 베타, 감마, 델타 다섯 행성이 있다. X 행성은 매우 호전적이어서 기회만 있으면 다른 행성을 식민지화하고자 한다. 다음 조건이 모두 참이라고 할 때, X 행성이 침공할 행성을 모두 고르면?

> ㉠ X 행성은 델타 행성을 침공하지 않는다.
> ㉡ X 행성은 베타 행성을 침공하거나 델타 행성을 침공한다.
> ㉢ X 행성이 감마 행성을 침공하지 않는다면 알파 행성을 침공한다.
> ㉣ X 행성이 베타 행성을 침공한다면 감마 행성을 침공하지 않는다.

① 베타 행성   ② 감마 행성   ③ 알파와 베타 행성

④ 알파와 감마 행성   ⑤ 알파와 베타와 감마 행성

  ③

 ㉠ 델타 행성은 X 행성의 침공 대상에서 제외된다.

㉡ X 행성은 베타 행성 혹은 델타 행성을 침공할 것이라고 하였다. 그런데 ㉠에 따르면 X 행성은 델타 행성을 침공하지 않을 것이므로 베타 행성이 X 행성의 침공 대상이 된다.

㉢ X 행성이 감마 행성을 침공하지 않는다면 알파 행성을 침공할 것이라고 하였으므로 감마 행성과 알파 행성 중 한 행성은 X 행성의 침공 대상이 될 것이다.

㉣ X 행성이 베타 행성을 침공한다면 감마 행성을 침공하지 않을 것이라고 하였는데, ㉠, ㉡에 따르면 베타 행성은 이미 침공 대상이므로 감마 행성은 침공 대상이 되지 않는다. ㉢에 따르면 감마 행성과 알파 행성 중 한 행성은 X 행성의 침공 대상이 되므로 감마 행성을 제외한 알파 행성이 X 행성의 침공 대상이 된다.

따라서 X 행성은 알파 행성과 베타 행성을 침공할 것이다.

21

20장의 카드가 바닥에 겹치지 않게 놓여 있다. A는 20장의 카드 모두 앞면에는 '음' 또는 '양' 중 하나가, 뒷면에는 '해' 또는 '달' 중 하나가 쓰여 있음을 알고 있다. 이 중 12장이 앞면을 보이는데, 그 가운데 10장에 '음'이, 2장에 '양'이 쓰여 있고 나머지 8장 가운데 3장에 '해'가, 5장에 '달'이 쓰여 있다. B가 "이 20장의 카드 중 앞면에 '음'이 쓰인 카드의 뒷면에는 반드시 '달'이 쓰여 있다."라고 말했다. A는 이 말의 진위를 확인하기 위해 카드를 뒤집어 보려 한다. 하지만 A가 카드 한 장을 뒤집을 때마다 B에게 1만 원씩 내야 한다. 이러한 내용을 바탕으로 추리한 내용이 옳은 것을 모두 고르면?

ㄱ B의 말이 사실이 아니면, A가 B에게 1만 원을 내고 그 말의 진위를 확인하게 되는 경우가 있을 수 있다.

ㄴ B의 말이 사실이든 아니든, A가 B에게 내는 돈이 12만 원을 초과하기 전에 그 말의 진위를 반드시 확인하게 해주는 방법이 있다.

ㄷ B의 말이 사실이면, A가 B에게 15만 원 이상을 내지 않고는 그 말의 진위를 확인할 수 없다.

---

① ㄱ　　　　② ㄴ　　　　③ ㄱ, ㄴ　　　　④ ㄱ, ㄷ　　　　⑤ ㄱ, ㄴ, ㄷ

 정답 ①

정답해설 ㄱ B의 말이 거짓이 되기 위해서는 (앞면-음), (뒷면-해)인 카드를 찾아야 한다. 앞면으로 음이 쓰여 있는 10장의 카드와 뒷면으로 해가 쓰여 있는 3장의 카드를 모두 뒤집어 보아야 이를 알 수 있지만 A가 1만 원을 내고 처음 확인했을 때 (앞면-음), (뒷면-해)인 카드를 찾을 가능성도 있다.

오답해설 ㄴ ㄱ에서의 경우와 같이 1장씩만 뒤집어 (앞면-음), (뒷면-해)인 카드를 찾는다면 B의 말이 거짓임을 알 수 있지만 10장의 카드를 모두 뒤집어도 B의 말이 참이라고 확신할 수는 없다. 따라서 뒷면이 해인 3장의 카드를 모두 뒤집어 앞면이 음이 아님을 확인해야 하므로 12만원을 초과하기 전에 진위를 반드시 확인할 수 있는 것은 아니다.

ㄷ B의 말이 사실이라면 (앞면-음), (뒷면-달)이거나 (앞면-양), (뒷면-달)인 카드를 찾아야 한다. 그렇기 때문에 A가 확인해야 할 카드는 13장뿐이므로 A는 최대 13만 원이면 진위를 판단할 수 있다. 진위를 확인하기 위해서는 앞면으로 음이 쓰여 있는 10장의 카드와 뒷면으로 해가 쓰여 있는 3장의 카드를 모두 뒤집어 보아야 한다. 나머지 양이 쓰여 있는 앞면 카드 2장과 달이 쓰여 있는 5장의 카드는 B의 말에 대한 진위를 판단하는 데 있어서 고려할 필요가 없다.

22 회사원 재준은 자녀가 있고 이직 경력이 있는 사원이다. 주어진 조건을 읽고 옳은 것을 고르면?

> • 재준이 속한 회사의 사원 평가 결과 모든 사원은 'A+, A, B' 중 한 등급으로 분류되었다.
> • 'A+'에 속한 사원은 모두 45세 이상이다.
> • 35세 이상의 사원은 'A'에 속하거나 자녀를 두고 있지 않다.
> • 'A'에 속한 사원은 아무도 이직 경력이 없다.
> • 'B'에 속한 사원은 모두 대출을 받고 있으며, 무주택자인 사원 중에는 대출을 받고 있는 사람이 없다.

① 재준은 35세 미만이고 무주택자이다.

② 재준은 35세 이상이고 무주택자이다.

③ 재준은 35세 미만이고 주택을 소유하고 있다.

④ 재준은 35세 이상이고 주택을 소유하고 있다.

⑤ 재준은 45세 미만이고 무주택자이다.

 정답 ③

 정답해설 제시문의 내용을 정리해보면 다음과 같은 결론을 얻을 수 있다.
• 결론1 : 재준은 A+, A, B 중 한 등급
• 결론2 : A+면 45세 이상 → 45세 이상 아니면 A+ 아님(∵대우)
• 결론3 : 35세 이상이면 A 또는 자녀 없음 → A가 아니고 자녀가 있으면 35세 미만(∵대우)
• 결론4 : A면 이직 경력 없음 → 이직 경력 있으면 A 아님(∵대우)
• 결론5 : B면 대출 받았음 → 대출 받지 않았으면 B 아님(∵대우)
• 결론6 : 무주택 사원은 대출 안 받음 → 대출 받았으면 무주택 사원 아님(∵대우)
결론을 종합하여 재준의 상황을 추론하면,
• 재준은 35세 미만(∵ 결론3)
• 재준은 A+, A 평가 아님(∵ 결론 2, 4) → 갑은 B등급을 받음
• 재준은 주택을 소유(∵ 결론 5, 6)
∴ 재준은 35세 미만이고, 주택을 소유하고 있다.

오답해설 ① 35세 미만이면 B등급을 받았으므로 대출을 받았고, 대출을 받았다면 무주택 사원이 아니다.
②, ④ 재준은 A가 아니고 자녀가 있으므로 35세 미만이다.
⑤ 45세 이상이 아니라면 A 또는 B등급을 받는데 갑은 이직 경력이 있으므로 B등급을 받고 B등급일 경우 대출을 받았으므로 무주택 사원이 아니다.

23 다음 제시된 정보를 바탕으로 추론했을 때 참인지 거짓인지 알 수 없는 것은?

- 현대빌라의 주민들은 모두 A의 친척이다.
- B는 자식이 없다.
- C는 A의 오빠이다.
- D는 현대빌라의 주민이다.
- A의 아들은 미국에 산다.

① A의 아들은 C와 친척이다.　② A는 여자이다.　③ B는 현대빌라의 주민이다.
④ A와 D는 둘 다 남자이다.　⑤ D는 A와 친척 간이다.

 정답　③

 정답해설　B가 현대빌라의 주민인지 주어진 명제만으로는 판단할 수 없다.

 오답해설　①, ②, ⑤ 참인 명제이다.
④ A는 여자이므로 거짓인 명제이다.

24 버스 정류장에 세 학생이 나란히 서 있다. 세 학생은 임의의 순서로 각각 단색, 체크무늬, 줄무늬 티셔츠를 입고 있으며, 각기 다른 종류의 신발을 신고 있다. 맞은편에서 학생들을 바라본 상황이 다음과 같을 때 이에 맞추어 사실을 말하고 있는 것은?

- 미영은 양준의 바로 왼쪽에 서 있다.
- 미영은 운동화를 신고 있다.
- 샌들을 신은 학생은 슬리퍼를 신은 학생의 바로 오른쪽에 서 있다.
- 현민이 입고 있는 티셔츠는 줄무늬가 아니다.
- 줄무늬 티셔츠를 입은 학생과 단색 티셔츠를 입은 학생은 서로 떨어져 있다.

① 양준은 단색 티셔츠를 입고 있다.
② 현민은 슬리퍼를 신고 있다.
③ 현민은 체크무늬 티셔츠를 입고 있다.
④ 양준은 샌들을 신고 있다.
⑤ 미영은 줄무늬 티셔츠를 입고 있다.

정답
해설
- 미영은 양준의 바로 왼쪽에 서 있다.
- 미영은 운동화를 신고 있다.

미영	양준	
운동화		

또는

	미영	양준
	운동화	

- 샌들을 신은 학생은 슬리퍼를 신은 학생의 바로 오른쪽에 서 있다.

미영	양준	
운동화	슬리퍼	샌들

- 현민이 입고 있는 티셔츠는 줄무늬가 아니다.
- 줄무늬 티셔츠를 입은 학생과 단색 티셔츠를 입은 학생은 서로 떨어져 있다.

미영	양준	현민
운동화	슬리퍼	샌들
줄무늬	체크무늬	단색

25 어떤 교수가 수요일~금요일에 걸쳐 시험을 본다고 한 경우, 다음 조건을 만족시킨다면 경수는 무슨 요일에 누구와 시험을 보게 되는가? (단, 시험은 하루에 두 명씩 볼 수 있다.)

[조건]
- 민희는 목요일에 시험을 본다.
- 수경은 수요일에 시험을 보지 않는다.
- 정민은 민희와 시험을 보지 않는다.
- 영철은 수경과 시험을 본다.
- 경수는 정민과 시험을 보지 않는다.

① 수요일, 정민　② 목요일, 민희　③ 금요일, 수경　④ 수요일, 영철　⑤ 금요일, 영철

정답 ②

 정답
해설

구분	수요일	목요일	금요일
민희		○	
수경			○
정민	○		
영철			○
경수		○	

조건에 따르면 위 표처럼 구분이 된다.

시험은 하루에 두 명씩 볼 수 있으므로 수요일에는 정민이만 시험을 보게 되고, 목요일에는 민희와 경수가 시험을 보게 되며, 금요일에는 수경이와 영철이가 시험을 보게 된다.

따라서 경수는 민희와 같이 목요일에 시험을 본다.

26 **김 교수는 월요일부터 토요일 중 하루나 이틀에 걸쳐서 학생들이 시험을 치르게 할 예정이다. 이에 대한 학생들의 다음 진술을 통해 추론할 수 있는 시험 날짜의 요일은?**

- 형규 : 목요일에 시험을 본다면 월요일에도 시험을 본다고 들었다.
- 미영 : 월요일에 시험을 본다면 수요일에는 시험을 보지 않는다고 들었다.
- 영희 : 월요일에 시험을 보지 않는다면 화요일이나 수요일에 시험을 본다고 들었다.
- 광명 : 금요일과 토요일에는 시험을 보지 않는다고 들었다.
- 치수 : 화요일에 시험을 본다면 금요일에도 시험을 본다고 들었다.

① 화요일 　　　　② 월요일과 목요일 　　　　③ 수요일

④ 화요일과 수요일 　　　　⑤ 수요일과 목요일

 정답 ②

 정답
해설 광명이의 진술에 의하면 금요일과 토요일에는 시험을 보지 않으며, 치수의 진술에 의하면 화요일에도 시험을 보지 않는다. 또한 형규와 미영, 영희의 진술을 종합해 볼 때 시험은 월요일과 목요일에 보며, 수요일에는 시험을 보지 않는다는 것을 추론할 수 있다.

27 게임을 하기 위해 A, B, C, D, E, F, G, H, I씨는 세 명씩 세 팀으로 팀을 나누려고 한다. 다음 조건을 만족시키는 경우, 같은 팀을 바르게 연결한 것을 고르면?

[조건]
- A씨와 B씨는 같은 팀이 될 수 없다.
- E씨는 G씨와 같은 팀이 될 수 없다.
- F씨와 G씨는 같은 팀이어야 하며, B씨와 같은 팀이 될 수 없다.
- D씨와 H씨는 같은 팀이어야 한다.
- C씨는 I씨와 같은 팀이어야 하며, B씨와 같은 팀이 될 수 없다.

① A, B, C   ② A, D, H   ③ A, F, G   ④ B, C, D   ⑤ B, E, I

 정답 ③

정답 첫 번째 조건에 의해 (A, ○, ○), (B, ○, ○), (○, ○, ○)으로 나누어지는데, 세 번째와 네 번째, 다섯 번째 조건에 따라 (A, ○, ○), (B, D, H), (○, ○, ○)로 나누어진다는 것을 알 수 있다.
여기서 C씨와 I씨가 같은 팀이 되고, F씨와 G씨가 같은 팀이 되면서, 두 번째 조건을 만족시키려면 각각 (A, F, G), (B, D, H), (C, I, E)로 나누어질 수밖에 없다.

28 S사 연구원 9명(A, B, C, D, E, F, G, H, I)을 3명씩 3개 T/F팀으로 편성하여, 3개의 신규 프로젝트(P1, P2, P3)를 추진하고자 한다. T/F팀당 1개의 프로젝트만을 추진하고, 연구원 9명은 반드시 1개의 T/F팀에 배정된다. 다음 중 같은 팀을 구성할 수 있는 연구원끼리 올바르게 짝지어진 것은?

- C와 H는 같은 팀이다.
- E와 F는 같은 팀이다.
- D와 I는 다른 팀이다.
- G는 P2를 추진해야 한다.
- B는 D와 G 중 적어도 한 명과 같은 프로젝트를 추진해야 한다.

① A, D, G   ② A, F, I   ③ B, D, E   ④ C, E, G   ⑤ C, D, H

 정답 ⑤

정답 다섯 번째 조건에서
- B와 D가 같은 팀일 때,

| B, D, A | C, H, G 또는 I | E, F, G/I |
| B, D, G | C, H, A 또는 I | E, F, A/I |

• B와 G가 같은 팀일 때,

B, G, A	C, H, D 또는 I	E, F, D/I
B, G, D	C, H, A 또는 I	E, F, A/I
B, G, I	C, H, A 또는 D	E, F, A/D

따라서 보기에서 같은 팀을 구성할 수 있는 연구원은 C, D, H의 경우뿐이다.

29 세 슈퍼마켓 E, F, G는 직선도로를 따라서 서로 이웃하고 있다. 이들 슈퍼마켓의 간판은 초록색, 파란색, 빨간색이며 슈퍼마켓 앞에서 슈퍼마켓을 바라볼 때 다음과 같이 되어 있다. 아래와 같은 조건을 만족시킬 때 가운데 위치하는 슈퍼마켓과 간판의 색이 바르게 연결된 것을 고르면?

> [조건]
> • 파란색 간판은 왼쪽 끝에 있는 슈퍼마켓의 것이다.
> • F슈퍼마켓은 E슈퍼마켓의 오른쪽에 있다.
> • G슈퍼마켓의 간판은 빨간색이다.

① E슈퍼마켓 – 초록색　　② E슈퍼마켓 – 빨간색　　③ F슈퍼마켓 – 초록색

④ F슈퍼마켓 – 빨간색　　⑤ G슈퍼마켓 – 빨간색

 ③

 파란색 간판은 왼쪽 끝에 있는 슈퍼마켓의 것이다.

파란색		

F슈퍼마켓은 E슈퍼마켓의 오른쪽에 있다.

파란색		
E슈퍼마켓	F슈퍼마켓	

혹은

파란색		
	E슈퍼마켓	F슈퍼마켓

G슈퍼마켓의 간판은 빨간색이다.

파란색	초록색	빨간색
E슈퍼마켓	F슈퍼마켓	G슈퍼마켓

따라서 가운데 위치하는 슈퍼마켓과 간판의 색은 F슈퍼마켓 – 초록색이다.

30 세 음식점 A, B, C는 직선도로를 따라 서로 이웃하고 있다. 이들 음식점 간판의 색깔은 빨강, 파랑, 분홍이며 직선도로에 서서 음식점을 바라볼 때 다음과 같이 되어 있다. 다음 중 옳은 것은?

> • 분홍색 간판은 오른쪽 끝에 있는 음식점의 것이다.
> • B 음식점은 A 음식점의 왼쪽에 있다.
> • C 음식점의 간판은 빨간색이다.

① A 음식점의 간판은 파랑색이다.

② B 음식점의 간판은 분홍색이다.

③ C 음식점은 맨 왼쪽에 위치한다.

④ A 음식점은 가운데에 위치한다.

⑤ 음식점 간판의 색깔 순서는 왼쪽에서부터 파랑, 분홍, 빨강 순이다.

 정답 ③

정답 해설 • 분홍색 간판은 오른쪽 끝에 있는 음식점의 것이다.

		분홍

• B 음식점은 A 음식점의 왼쪽에 있다.

		분홍
B 음식점	A 음식점	

또는

		분홍
	B 음식점	A 음식점

• C 음식점의 간판은 빨간색이다.

빨강	파랑	분홍
C 음식점	B 음식점	A 음식점

31 '갑'이 집에서 회사로 가는 길에는 A, B, C, D 4개의 약국이 있다. 다음 조건을 고려할 때, 집에서 가까운 약국을 순서대로 알맞게 나열한 것은? (집과 회사는 일직선이며, 약국은 각각 떨어져 있다.)

> [조건]
> • A는 C보다 회사에서 가깝고, B보다는 회사에서 멀다.
> • D는 C보다 회사에서 가깝고 B보다 멀다.
> • A는 회사에서 두 번째로 가깝다.

① C − A − B − D   ② C − D − A − B   ③ D − A − B − C

④ D − B − A − C   ⑤ D − C − A − B

정답 ②

정답해설 첫 번째 문장에서 A는 C보다 회사에서 가깝고 B보다는 멀다고 했으므로, 집에서 가까운 약국을 순서대로 나열하면 '집 −
C − A − B − 회사'가 된다.

두 번째 문장에서 D는 C보다 집에서 멀고 B보다 집에서 가깝다는 것이므로, '집 − C − D − A − B − 회사' 또는 '집 − C
− A − D − B − 회사'의 순서가 된다. 그런데, 세 번째 문장에서 A는 회사에서 두 번째로 가깝다(집에서 세 번째로 멀다)고
했으므로, 집에서 가까운 순서대로 나열하면 '집 − C − D − A − B − 회사'가 된다.

32 A, B, C, D, E 다섯 사람이 다음과 같이 원탁에 둘러 앉아 있다. E와 인접하여 앉아 있는 사람은?

- A로부터 한 사람 건너 B가 앉아 있다.
- B로부터 한 사람 건너 C가 앉아 있다.
- C와 D는 인접하여 앉아 있지 않다.

① A, B   ② A, D   ③ B, C   ④ B, D   ⑤ C, D

정답 ③

정답해설 조건에 의해 원탁에는 다음과 같이 앉아 있다.

따라서 E와 인접하여 앉아 있는 사람은 B, C이다.

33 A, B, C, D, E, F 6명이 다음과 같이 원탁에 앉아 토론을 하고 있다. A의 맞은편에 앉아 있는 사람은?

- A의 오른쪽으로 한 사람 걸러 B가 앉아 있다.
- C의 맞은편에 F가 앉아 있다.
- E의 오른쪽 한 사람 걸러 D가 앉아 있다.

① B   ② C   ③ D   ④ E   ⑤ 알 수 없음

정답 ④

정답
해설 주어진 조건으로 6명의 위치를 살펴보면

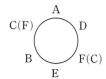

따라서 A의 맞은편에 앉아 있는 사람은 E이다.

34

네 개의 의자에 지훈, 재한, 윤훈, 선예가 일렬로 앉으려고 한다. 다음과 같은 조건이 있다면 윤훈이는 왼쪽에서 몇 번째 의자에 앉아야 하는가?

[조건]
• 선예가 오른쪽에서 두 번째 의자에 앉아야 한다.
• 지훈이는 재한이의 바로 오른쪽, 선예의 바로 왼쪽에 앉아야 한다.

① 첫 번째   ② 두 번째   ③ 세 번째   ④ 네 번째   ⑤ 알 수 없다.

 정답 ④

정답
해설 이들이 앉아 있는 순서는 왼쪽부터 재한, 지훈, 선예, 윤훈의 순이다.

35

다섯 개의 의자에 일렬로 한 사람씩 앉아야 한다. 왼쪽에서 세 번째 의자에 앉아 있는 사람은?

• 민정은 왼쪽에서 두 번째 의자에 앉아 있다.
• 영민이는 혜진의 오른쪽, 선영의 왼쪽에 앉아 있다.
• 수영은 민정의 왼쪽에 앉아 있다.

① 선영   ② 혜진   ③ 영민   ④ 수영   ⑤ 민정

정답 ②

정답
해설 주어진 조건에 따라 추론하면 수영, 민정, 혜진, 영민, 선영 순으로 앉아 있음을 알 수 있다. 그러므로 왼쪽에서 세 번째 의자에 앉아 있는 사람은 혜진이다.

36 영진, 연주, 민경, 준성, 선경은 다섯 개의 의자에 일렬로 한 사람씩 앉아 있다. 맨 왼쪽 의자에는 연주가 앉아 있고, 왼쪽에서 세 번째 의자에 준성이가 앉아 있다. 영진의 오른쪽 옆에 선경이 앉아 있다면 왼쪽에서 두 번째 의자에는 누가 앉아 있는가?

① 영진　　　　② 연주　　　　③ 민경　　　　④ 준성　　　　⑤ 선경

 정답 ③

정답 해설　주어진 조건에 따라 추론하면 연주, 민경, 준성, 영진, 선경 순으로 앉아 있으므로 왼쪽에서 두 번째 의자에는 민경이 앉아 있다.

37 다음과 같이 다섯 개의 기호 ♠, ◇, ♣, ☆, ◆를 일렬로 배치했을 때 항상 옳은 것은?

- ◇는 ♠보다 오른쪽에 있다.
- ♠는 왼쪽에서 두 번째에 위치한다.
- ♣와 ☆는 이웃해 있다.

---

① ◇는 정중앙에 있다.
② ◆는 가장 왼쪽에 있다.
③ ☆은 가장 오른쪽에 있다.
④ ♣와 ☆은 각각 3, 4번째에 있다.
⑤ ☆은 반드시 ◇의 오른쪽에 위치한다.

 정답 ②

정답 해설

첫 번째	두 번째	세 번째	네 번째	다섯 번째
◆	♠	◇	♣ 혹은 ☆	☆ 혹은 ♣
◆	♠	♣ 혹은 ☆	☆ 혹은 ♣	◇

38 A, B, C, D, E 5명이 키를 비교한 후 큰 순서로 나란히 섰더니 다음과 같은 사항을 알게 되었다. 키 순서로 두 번째 서 있는 사람은 누구인가?

- E의 앞에는 2명 이상의 사람이 있고 C보다는 앞이었다.
- D의 바로 앞에는 B가 있다.
- A의 뒤에는 2명이 있다.

① A   ② B   ③ C   ④ D   ⑤ E

정답 ④

정답해설 제일 먼저 A 뒤에는 2명이 있으므로 A는 가운데 위치한다.
E 앞에서 2명 이상이 있으므로 A의 뒤에 위치하고 C보다는 앞에 위치한다.
또한 D 바로 앞에 B가 있으므로
키 큰 순서대로 배열하면 B – D – A – E – C

39 7층 건물에 설치된 엘리베이터 안에는 A, B, C, D, E, F가 타고 있다. 엘리베이터가 1층에서 올라가기 시작하였는데, F는 A보다 늦게 내렸지만 D보다 빨리 내렸다. E는 B보다 한 층 더 가서 내렸고 D보다는 세 층 전에 내렸다. D가 마지막 7층에서 내린 것이 아니라고 할 때, 다음 중 홀수층에서 내린 사람을 맞게 연결한 것은? (모두 다른 층에 살고 있으며, 1층에서 내린 사람은 없다.)

	3층	5층	7층
①	A	D	C
②	B	D	C
③	B	F	C
④	E	A	C
⑤	E	F	C

정답 ⑤

정답해설 F는 A보다 늦게 내렸고 D보다는 빨리 내렸으므로, 내린 순서는 'A – F – D'이다.
E는 B보다 한 층 더 가서 내렸고 D보다는 세 층 전에 내렸으므로, 'B – E – ( ) – ( ) – D'가 된다.
D가 마지막 7층에서 내린 것이 아니므로, C가 7층에 내린 것이 된다.
이를 종합하면, 2층부터 내린 순서는 'B(2층) – E(3층) – A(4층) – F(5층) – D(6층) – C(7층)'이 된다.
따라서 홀수 층에서 내린 사람은 'E(3층), F(5층), C(7층)'가 된다.

40 다음 조건을 읽고 옳은 것을 고르면?

[조건]

• A, B, C, D, E는 5층인 아파트에 함께 살고 있다.

• A는 5층에 살고 있다.

• A, B, D는 순서대로 서로 같은 간격을 유지하고 있다.

• C는 E보다 위층에 살고 있다.

① B는 D보다 아래층에 산다.

② E는 3층에 산다.

③ B는 제일 아래층에 산다.

④ B는 C보다 아래층에 산다.

⑤ D는 짝수층에 산다.

 정답 ④

정답 해설 A, B, C, D, E는 5층인 아파트에 함께 살고 있다. A와 B는 같은 간격을 유지하고 있고, B와 D도 같은 간격을 유지하고 있다. A, B, D는 이 순서를 유지한다.

• A는 5층에 살고 있다.

5	A
4	
3	B
2	
1	D

또는

5	A
4	B
3	D
2	
1	

• C는 E보다 위층에 살고 있다.

5	A
4	C
3	B
2	E
1	D

또는

5	A
4	B
3	D
2	C
1	E

④의 경우 언제나 옳은 것은 아니지만, 경우에 따라 가능하다.

41 다음 문장으로부터 올바르게 추론한 것은?

> A씨는 각각의 파란색, 빨간색, 노란색, 초록색, 보라색 사각기둥을 가지고 놀고 있다. 파란색, 노란색, 보라색 기둥의 순으로 나란히 세워 놓은 다음, 빨간색 기둥을 노란색 기둥보다 앞에, 초록색 기둥을 빨간색 기둥보다 뒤에 세워 놓았다.

① 파란색 기둥이 맨 뒤에 있다.

② 노란색 기둥이 맨 뒤에 있다.

③ 초록색 기둥이 맨 뒤에 있다.

④ 보라색 기둥이 맨 뒤에 있다.

⑤ 어떤 기둥이 맨 뒤에 있는지 알 수 없다.

 정답 ⑤

 정답해설 빨간색 기둥의 위치는 노란색 기둥 앞일 수도 있고, 파란색 기둥 앞일 수도 있다. 초록색 기둥의 위치는 빨간색 기둥 뒷일 수도 있고, 파란색 기둥 뒷일 수도 있고, 노란색 기둥 뒷일 수도 있고, 보라색 기둥 뒷일 수도 있다. 따라서 어느 기둥이 맨 뒤에 있는지 알 수 없다.

42 왼쪽부터 순서대로 빨간색, 갈색, 검정색, 노란색, 파란색 5개의 컵들이 놓여 있다. 그 중 4개의 컵에는 각각 물, 주스, 맥주, 포도주가 들어있으며, 하나의 컵은 비어 있다. 이에 맞추어 사실을 말하고 있는 것은?

> • 물은 항상 포도주가 들어있는 컵의 오른쪽 방향의 컵에 들어있다.
> • 주스는 비어 있는 컵의 왼쪽 컵에 들어있다.
> • 맥주는 빨간색 또는 검정색 컵에 들어있다.
> • 맥주가 빨간색 컵에 들어있으면 파란색 컵에는 물이 들어있다.
> • 포도주는 빨간색, 검정색, 파란색 컵 중에 들어있다.

① 빨간색 컵에는 물이 들어있다.

② 갈색 컵에는 맥주가 들어있다.

③ 검정색 컵에는 주스가 들어있다.

④ 노란색 컵에는 주스가 들어있다.

⑤ 파란색 컵에는 포도주가 들어있다.

정답 ④

 정답
해설 위 조건에 따르면, 노란색 컵에는 주스가 들어있다.

컵	빨간색	갈색	검정색	노란색	파란색
내용물	포도주	물	맥주	주스	비어 있음

오답
해설 ① 빨간색 컵에는 포도주가 들어있다.
② 갈색 컵에는 물이 들어있다.
③ 검정색 컵에는 맥주가 들어있다.
⑤ 파란색 컵은 비어 있다.

43 어느 종합병원은 월요일에서 금요일까지 5일 동안 진료한다. 내과는 월요일과 수요일에 진료한다. 평일에 이틀 진료하는 외과는 내과가 진료하는 날에는 진료하지 않으며, 이틀을 연속해서 진료하지 않는다. 안과는 외과가 진료하는 날에는 진료하지 않으며, 내과와는 하루가 겹치는데 이틀을 연속해서 진료하지 않는다. 그렇다면 안과가 진료할 수 없는 요일은?

① 월요일 　② 화요일 　③ 수요일 　④ 목요일 　⑤ 금요일

 정답 ②

 정답
해설 외과는 내과가 진료하는 날에는 진료하지 않으므로 화요일, 목요일, 금요일에 진료할 수 있으나, 이틀을 연속해서 진료하지 않으므로 화요일과 목요일, 화요일과 금요일에 진료할 수 있다. 안과는 외과가 진료할 수 있는 날에는 진료하지 않으므로 외과가 반드시 진료하는 화요일에는 진료할 수 없다.
○ : 진료함, × : 진료하지 않음, ? : 알 수 없음

구분	월	화	수	목	금
내과	○		○		
외과		○		?	?
안과	?	×	?	?	?

44 고등학교 선후배 사이인 정호, 진수, 영진은 모두 성(김씨, 이씨, 박씨)이 다르며 변호사, 교사, 공무원으로 각자 하는 일도 다르다. 이들 중 두 명의 나이는 27세, 나머지 한 사람의 나이는 28세일 때 이들의 성씨, 나이, 이름, 직업이 올바르게 연결된 것을 고르면?

> • 정호는 교사인 사람과 나이가 같다.
> • 이씨는 박씨보다 나이가 어리며 정호와 동갑이다.
> • 변호사는 영진에게 형이라고 한다.

① 김씨 – 27세 – 정호 – 공무원

② 이씨 – 27세 – 진수 – 교사

③ 이씨 – 28세 – 진수 – 변호사

④ 박씨 – 27세 – 영진 – 공무원

⑤ 김씨 – 28세 – 영진 – 교사

 정답 ②

정답해설 문제와 제시된 조건에 따라 살펴보면 다음과 같다.

세 번째 조건에 따라 영진은 28세이며, 직업은 교사 또는 공무원이라는 것을 알 수 있다. 정호와 진수는 27세이며, 한 사람은 변호사이다.

첫 번째 조건에 의해 정호는 변호사이며, 진수는 교사, 영진이는 공무원이라는 것을 알 수 있다.

두 번째 조건에 의해 영진이는 박씨이며, 진수는 이씨, 정호는 김씨라는 것을 알 수 있다.

따라서 이를 정리하면 '김정호 – 27세 – 변호사', '이진수 – 27세 – 교사', '박영진 – 28세 – 공무원'이 된다.

45 영희, 은희, 세찬, 찬영, 윤하의 직업은 가수, 공무원, 교사, 의사, 회사원 중 하나이다. 다음 조건에 따를 때, 은희의 직업은? (단, 각자의 직업은 모두 다르다.)

> [조건]
> • 영희는 가수도 의사도 아니다.
> • 은희는 공무원이 아니다.
> • 세찬이는 회사원이다.
> • 찬영이는 가수도 공무원도 아니다.
> • 윤하는 교사이다.

① 가수   ② 교사   ③ 의사   ④ 회사원   ⑤ 공무원

정답 ①

정답 해설

먼저, 세 번째와 다섯 번째 조건에서 세찬이는 회사원이고 윤하는 교사라는 것을 알 수 있다. 그런데, 첫 번째 조건에서 영희는 가수도 의사도 아니라고 했으므로, 영희는 공무원이 된다는 것을 알 수 있다.

다음으로, 영희와 세찬, 윤하가 각각 공무원, 회사원, 교사이므로 찬영이의 직업은 가수나 의사 중 하나이다. 그런데 네 번째 조건에서 찬영이는 가수가 아니라고 했으므로 찬영이의 직업은 의사가 된다. 따라서 은희의 직업은 가수가 된다.

구분	가수	공무원	교사	의사	회사원
영희	×	○		×	
은희	○	×			
세찬					○
찬영	×	×		○	
윤하			○		

46 나란히 이웃하여 살고 있는 수덕, 원태, 광수는 서로 다른 애완동물(개, 고양이, 원숭이)을 기르고 있으며, 서로 다른 직업을 가지고 있다. 이에 맞추어 사실을 말하고 있는 것은?

> • 광수는 광부이다.
> • 가운데 집에 사는 사람은 개를 키우지 않는다.
> • 농부와 의사의 집은 서로 이웃해 있지 않다.
> • 노란 지붕 집은 의사의 집과 이웃해 있다.
> • 파란 지붕 집에 사는 사람은 고양이를 키운다.
> • 원태는 빨간 지붕 집에 산다.

① 수덕은 빨간 지붕 집에 살지 않고, 원태는 개를 키우지 않는다.

② 노란 지붕 집에 사는 사람은 원숭이를 키우지 않는다.

③ 수덕은 파란 지붕 집에 살고, 원태는 개를 키운다.

④ 수덕은 고양이를 키우지 않는다.

⑤ 원태는 농부다.

 정답 ③

정답 해설

광수는 광부이며, 농부와 의사의 집은 서로 이웃해 있지 않으므로 광부인 광수는 가운데 위치한 집에 살며, 그는 개를 키우지 않는다. 노란 지붕 집은 의사의 집과 이웃해 있으므로 광수의 집 지붕은 노란색이다. 원태는 빨간 지붕 집에서 살고 있으므로 파란 지붕 집에 사는 사람은 수덕이고 그는 고양이를 키운다. 한편 광수는 개를 키우지 않으므로 개를 키우는 사람은 원태, 원숭이를 키우는 사람은 광수이다.

파란 지붕 집에 사는 사람이 고양이를 키우고, 원태는 개를 키우고 있으므로 ③은 사실을 말하고 있다.

① 수덕은 파란 지붕 집에서 살고, 원태는 개를 키우고 있다.
② 노란 지붕 집에 사는 사람은 광수이며 그는 원숭이를 키운다.
④ 수덕은 고양이를 키운다.
⑤ 광수는 광부이고, 나머지 두 사람의 직업은 농부와 의사이다. 그러나 수덕과 원태의 직업에 대한 정보가 없으므로, 원태의 직업이 농부인지 아닌지 확실하게 알 수 없다.

47 갑, 을, 병, 정, 무는 흰색, 분홍색, 노란색, 파란색, 검정색의 옷을 입고 있다. 다섯 명의 상의 색과 하의 색은 겹치지 않는다. 또한 각자가 입고 있는 상의와 하의의 색도 겹치지 않는다면 정이 입고 있는 하의 색은 무엇인가?

- 병은 분홍색 상의와 흰색 하의를 입고 있다.
- 갑의 상의 색과 병의 하의 색은 같다.
- 정은 파란색 상의를 입고 있으며, 병의 옷 색과 겹치지 않는다.
- 무는 검정색 하의를 입고 있으며, 갑의 옷 색과 겹치지 않는다.
- 을은 검정색 상의를 입고 있으며, 정의 옷 색과 겹치지 않는다.

① 흰색   ② 분홍색   ③ 파란색   ④ 검정색   ⑤ 노란색

 ⑤

구분	상의	하의
갑	흰색	파란색
을	검정색	분홍색
병	분홍색	흰색
정	파란색	노란색
무	노란색	검정색

48 주희, 세진, 정운, 희아는 저녁에 피자, 치킨, 보쌈, 탕수육을 먹고 싶어 한다. 다음과 같이 각자 선호하는 음식으로 주문을 할 때 사실을 말하고 있는 것은? (단, 모두 다른 음식을 주문한다.)

- 주희는 피자와 치킨을 좋아하지 않는다.
- 세진은 탕수육을 좋아하지 않는다.
- 정운은 피자를 좋아하지 않는다.
- 희아는 보쌈을 좋아한다.

① 정운은 치킨을 주문할 것이다.

② 주희는 피자를 주문할 것이다.

③ 희아는 탕수육을 주문할 것이다.

④ 세진은 보쌈을 주문할 것이다.

⑤ 주어진 내용만으로는 누가 어떤 음식을 주문할 것인지 알 수 없다.

정답 ①

정답해설 네 명이 각자 선호하거나 싫어하는 음식을 정리해 보면 다음과 같다.

	피자	치킨	보쌈	탕수육
주희	×	×	△	△
세진	△	△	△	×
정운	×	△	△	△
희아	△	△	○	△

희아는 보쌈을 주문할 것이다. 주희는 피자와 치킨을 싫어하는데 희아가 보쌈을 주문하였으므로 탕수육을 주문하게 될 것이다. 세진은 피자와 치킨을 주문할 수 있는데, 정운이 피자를 싫어하므로 정운이 치킨을 주문하고 세진이 피자를 주문하게 될 것이다.

49 해찬, 영호, 진수, 민규 네 명은 휴가 때 각각 부산, 대구, 강릉, 제주도를 가고 싶어 한다. 다음 조건을 보고, 각자 갈 지역으로 짝지어진 것 중 옳은 것은?

- 해찬이는 부산과 대구를 가고 싶지 않아 한다.
- 영호는 자주 가는 제주도보다 다른 지역으로 가고 싶어 한다.
- 진수는 부산을 가고 싶어 한다.
- 민규는 강릉을 가고 싶어 한다.

① 해찬 – 강릉　　　　② 영호 – 대구　　　　③ 영호 – 제주도

④ 진수 – 제주도　　　⑤ 민규 – 부산

정답 ②

정답해설

구분	부산	대구	강릉	제주도
해찬	×	×	×	○
영호	×	○	×	×
진수	○	×	×	×
민규	×	×	○	×

50

민애, 장우, 호정, 도현은 신제품의 반응을 조사하기 위해 통행인이 많은 네 지역으로 외근을 나갔다. 각자의 선호도에 따라 외근 지역을 정한다고 할 때, 각자의 외근 지역을 바르게 짝지은 것은?

- 민애는 코엑스를 좋아하지 않지만 종로는 좋아한다.
- 장우는 홍대 앞을 좋아한다.
- 호정은 명동을 별로 싫어하지 않지만 종로는 싫어한다.
- 도현은 명동을 싫어한다.

① 민애 : 홍대 앞　② 장우 : 명동　③ 호정 : 종로　④ 도현 : 코엑스　⑤ 민애 : 명동

 정답　④

	민애	장우	호정	도현
코엑스	×			
홍대 앞		○		
종로	○		×	
명동			△	×

51

색깔이 다른 5개의 선물 상자가 있다. 선물을 준비한 사람이 남긴 쪽지에 따라 자신이 원하는 선물을 받고자 한다. 다음 중 상자와 그 안에 들어 있는 선물을 바르게 짝지은 것은?

- 모자는 노란색 상자나 파란색 상자에 들어 있다.
- 책은 초록색 상자나 빨간색 상자에 들어 있다.
- 옷은 흰색 상자나 노란색 상자에 들어 있다.
- 구두는 파란색 상자나 빨간색 상자에 들어 있다.
- 화장품은 흰색 상자에 들어 있다.

① 빨간색 상자 : 책　　② 빨간색 상자 : 옷　　③ 파란색 상자 : 모자

④ 노란색 상자 : 모자　　⑤ 파란색 상자 : 구두

 정답　③

초록색	빨간색	파란색	노란색	흰색
책	구두	모자	옷	화장품

52 세 문구점이 학교 앞 골목을 따라 서로 이웃하고 있다. 세 문구점 A, B, C는 규모에 따라 임의의 순서로 각각 소형, 중형, 대형으로 구분되며, 골목에서 세 집을 바라볼 때 다음과 같다. 이에 맞추어 사실을 말하고 있는 것은?

• A 문구점은 맨 왼쪽에 있다.
• 대형 문구점은 A 문구점과 접해 있지 않다.
• 팩스를 보낼 수 있는 문구점은 중형 문구점의 바로 오른쪽에 있다.
• 소형 문구점에서는 코팅을 할 수 있다.
• C 문구점에서는 복사를 할 수 있다.

---

① C 문구점은 중형이다.
② B 문구점에서 코팅을 할 수 있다.
③ 중형 문구점의 바로 오른쪽에 C 문구점이 있다.
④ A 문구점의 바로 오른쪽 문구점에서 팩스를 보낼 수 있다.
⑤ A 문구점과 B 문구점은 서로 접해 있다.

 정답 ①

 정답해설
• A 문구점은 맨 왼쪽에 있다.
• 대형 문구점은 A 문구점과 접해 있지 않다.
• 팩스를 보낼 수 있는 문구점은 중형 문구점의 바로 오른쪽에 있다.

A 문구점		
중형		대형
	팩스	

또는

A 문구점		
	중형	대형
		팩스

• 소형 문구점에서는 코팅을 할 수 있다.
• C 문구점에서는 복사를 할 수 있다.

A 문구점	C 문구점	B 문구점
소형	중형	대형
코팅	복사	팩스

53 나란히 접해 있는 네 개의 우리에 애완동물이 각각 한 마리씩 들어 있다. 네 애완동물은 임의의 순서로 각각 빨간 리본, 노란 리본, 파란 리본, 초록 리본을 달고 있으며, 네 개의 우리 앞에서 애완동물을 바라볼 때 다음과 같다. 이에 맞추어 사실을 말하고 있는 것은?

- 맨 오른쪽 우리의 애완동물은 빨간 리본을 달고 있다.
- 페럿은 기니피그의 바로 오른쪽에 있다.
- 미니 토끼는 파란 리본을 달고 있다.
- 미니 돼지는 초록 리본을 달고 있다.
- 파란 리본을 단 애완동물은 노란 리본을 단 애완동물의 바로 왼쪽에 있다.

① 기니피그는 빨간 리본을 달고 있다.

② 기니피그는 미니 돼지의 바로 오른쪽에 있다.

③ 미니 돼지의 바로 왼쪽에는 미니 토끼가 있다.

④ 미니 토끼는 맨 왼쪽의 우리에 있다.

⑤ 미니 토끼의 바로 오른쪽 애완동물은 노란 리본을 달고 있다.

  정답 ⑤

정답해설 • 맨 오른쪽 우리의 애완동물은 빨간 리본을 달고 있다.

			빨간 리본

- 페럿은 기니피그의 바로 오른쪽에 있다.
- 미니 토끼는 파란 리본을 달고 있다.
- 미니 돼지는 초록 리본을 달고 있다.

미니 토끼	미니 돼지	기니피그	페럿
파란 리본	초록 리본		빨간 리본

또는

미니 돼지	미니 토끼	기니피그	페럿
초록 리본	파란 리본		빨간 리본

- 파란 리본을 단 애완동물은 노란 리본을 단 애완동물의 바로 왼쪽에 있다.

미니 돼지	미니 토끼	기니피그	페럿
초록 리본	파란 리본	노란 리본	빨간 리본

54 명절 선물세트 코너에 각기 다른 종류의 선물세트가 나란히 놓여 있다. 선물세트 A, B, C, D, E에는 임의의 순서로 각각 한우, 홍삼, 굴비, 곶감, 한과가 들어 있으며, 선물세트 코너의 앞에서 선물세트를 바라볼 때 다음과 같다. 이에 맞추어 사실을 말하고 있는 것은?

> • B 선물세트는 맨 가운데에 놓여 있다.
> • 굴비가 들어 있는 선물세트는 맨 왼쪽에 놓여 있다.
> • D 선물세트의 바로 왼쪽에는 E 선물세트가 놓여 있다.
> • E 선물세트에는 홍삼이 들어 있다.
> • C 선물세트에 굴비는 들어 있지 않다.
> • 한우가 들어 있는 선물세트의 바로 오른쪽 선물세트에는 한과가 들어 있다.

① B 선물세트에는 한우가 들어 있다.
② D 선물세트의 바로 왼쪽 선물세트에는 곶감이 들어 있다.
③ B 선물세트의 바로 왼쪽에는 D 선물세트가 놓여 있다.
④ C 선물세트의 바로 오른쪽 선물세트에는 한과가 들어 있다.
⑤ A 선물세트에는 곶감이 들어 있다.

정답 ④

정답 해설 • B 선물세트는 맨 가운데에 굴비가 들어 있는 선물세트는 맨 왼쪽에 놓여 있다.

		B 선물세트		
굴비				

• D 선물세트의 바로 왼쪽에는 E 선물세트가 놓여 있다.

E 선물세트	D 선물세트	B 선물세트		
굴비				

		B 선물세트	E 선물세트	D 선물세트
굴비				

• E 선물세트에는 홍삼이 들어 있다.
• C 선물세트에 굴비는 들어 있지 않다.

A 선물세트	C 선물세트	B 선물세트	E 선물세트	D 선물세트
굴비			홍삼	

• 한우가 들어 있는 선물세트의 바로 오른쪽 선물세트에는 한과가 들어 있다.

A 선물세트	C 선물세트	B 선물세트	E 선물세트	D 선물세트
굴비	한우	한과	홍삼	곶감

55 빨간색, 파란색, 노란색, 녹색, 검정색의 우산이 있다. 이 다섯 개의 우산이 각각 다른 사람의 것
이라면 노란색 우산의 주인은 누구인가?

> • 정운이는 검정색의 우산을 가지고 있다.
> • 수경이는 녹색의 물건을 싫어하고 빨간색의 물건을 좋아한다.
> • 경종이는 검정색과 노란색의 물건을 싫어한다.
> • 미진이는 파란색과 빨간색의 물건을 싫어한다.
> • 현우는 녹색을 좋아해서 녹색 우산이 있다.

① 정운   ② 수경   ③ 경종   ④ 미진   ⑤ 현우

 정답 ④

정답
해설 다섯 명이 각자 이미 우산을 가지고 있거나, 선호하는 색을 정리해보면 다음과 같다.
○ – 우산이 있음, △ – 좋아함, × – 싫어함

	빨간색	파란색	노란색	녹색	검정색
정운					○
수경	△			×	
경종			×		×
미진	×	×			
현우				○	

56 순규, 진우, 지현, 준수 네 사람은 오늘 세미나실, 회의실, 연구실, 강연실을 각각 한 부분씩 맡
아서 청소해야 한다. 그런데 순규는 세미나실과 회의실 청소를 싫어하고, 진우는 강연실 청소를
싫어하며, 지현은 세미나실 청소를 좋아하고, 준수는 연구실 청소를 원한다. 각자의 선호에 따
라 청소를 할 때, 거짓을 말하고 있는 것은?

① 순규는 강연실을 청소하게 될 것이다.
② 진우는 세미나실을 청소하게 될 것이다.
③ 지현은 세미나실을 청소하게 될 것이다.
④ 준수는 연구실을 청소하게 될 것이다.
⑤ 네 사람은 각각 한 부분씩 충돌없이 청소구역을 배정할 수 있다.

정답 ②

정답해설 네 명이 각자 선호하거나 혹은 싫어하는 구역을 정리해 보면 다음과 같다.

	세미나실	회의실	연구실	강연실
순규	×	×	△	△
진우	△	△	△	×
지현	○	△	△	△
준수	△	△	○	△

진우와 순규는 회의실과 강연실 중 한 곳을 각각 청소하게 된다. 그런데 진우가 강연실 청소를 싫어하므로 순규는 강연실을, 진우는 회의실을 청소하게 될 것이다.

57

5남매인 명희, 영희, 선희, 현희, 명수는 주말을 맞아 집안 대청소를 하려 한다. 다음과 같은 조건에서 각자의 선호에 따라 청소 담당을 정할 경우, 물걸레질을 맡는 사람은?

- 명희는 청소기 돌리기와 물걸레질을 싫어한다.
- 선희는 청소기 돌리기를 싫어한다.
- 명수는 베란다 청소를 원한다.
- 영희는 쓰레기 처리를 싫어한다.
- 현희는 욕실청소를 원한다.

① 명희   ② 영희   ③ 선희   ④ 현희   ⑤ 명수

정답 ③

정답해설

구분	명희	영희	선희	현희	명수
청소기 돌리기	×	△	×	△	△
물걸레질	×	△	△	△	△
쓰레기 처리	△	×	△	△	△
욕실청소	△	△	△	○	△
베란다청소	△	△	△	△	○

58 민우는 수희, 철규, 정화, 영민과 나누어 먹으려고 다섯 가지의 과일 주스를 사 왔다. 다음과 같은 조건에서 각자의 선호에 따라 주스를 하나씩 먹을 때, 각각의 사람과 선호하는 주스가 올바르게 짝지어진 것을 고르면?

> • 수희는 포도맛을 싫어한다.
> • 정화는 오렌지맛을 좋아한다.
> • 민우는 포도맛과 체리맛을 싫어한다.
> • 철규는 딸기맛을 좋아한다.
> • 영민은 블루베리맛을 싫어한다.

① 민우 – 오렌지맛 주스   ② 수희 – 체리맛 주스   ③ 영민 – 오렌지맛 주스
④ 수희 – 오렌지맛 주스   ⑤ 철규 – 포도맛 주스

정답 ②

정답해설

구분	수희	철규	정화	영민	민우
포도맛	×	△	△	△	×
딸기맛	△	○	△	△	△
오렌지맛	△	△	○	△	△
블루베리맛	△	△	△	×	△
체리맛	△	△	△	△	×

59 A, B, C, D씨 4명 중 한 명이 지갑을 잃어버렸다. 그런데 이들 중 오직 한 명만이 진실을 말하고, 3명은 거짓말을 하고 있다. 이들의 말을 듣고 지갑을 잃어버린 사람과 진실을 말한 사람을 차례대로 고르면?

> • A씨 "B씨가 지갑을 잃어버렸어."
> • B씨 "A씨는 지금 거짓말을 하고 있어."
> • C씨 "나는 지갑을 잃어버리지 않았어."
> • D씨 "지갑을 잃어버린 사람은 B씨야."

① A씨, C씨   ② B씨, A씨   ③ B씨, D씨   ④ C씨, B씨   ⑤ C씨, D씨

정답 ④

정답해설 위의 문제는 한 명이 지갑을 잃어버렸을 때의 경우를 각각 정리해봐야 한다.
- A씨가 지갑을 잃어버린 경우
  진실을 말한 사람 : B씨, C씨
- B씨가 지갑을 잃어버린 경우
  진실을 말한 사람 : A씨, C씨, D씨
- C씨가 지갑을 잃어버린 경우
  진실을 말한 사람 : B씨
- D씨가 지갑을 잃어버린 경우
  진실을 말한 사람 : B씨, C씨
  이들 중 오직 한 명만이 진실을 말하고 3명은 거짓말을 하고 있다고 하였으므로 답은 C씨가 지갑을 잃어버리고 B씨가
  진실을 말한 ④번이다.

60

학생들 일곱 명의 몸무게에 대한 다음의 진술 중에서 하나의 진술은 거짓일 때 효진이보다 무거운 학생은?

> A : 성민이는 효진이와는 몸무게가 같고 승하보다는 무겁다.
> B : 성민이는 영희와는 몸무게가 같고 선영이보다는 가볍다.
> C : 진욱이와 윤아는 선영이보다 무겁다.
> D : 윤아는 승하보다 가볍다.
> E : 진욱이는 영희보다는 가볍고 성민이보다는 무겁다.

① 승하 　　　② 윤아 　　　③ 선영 　　　④ 성민 　　　⑤ 영희

 정답 ⑤

정답해설 제시된 A~E의 진술 중 B가 거짓일 때 모순이 생기지 않는다. B를 제외한 나머지가 참이라고 할 때 학생 일곱 명의 몸무게를 모두 비교하면 '영희>진욱>효진=성민>승하>윤아>선영'이다. 따라서 효진이보다 무거운 학생은 영희, 진욱이다.

61 금은방에 도둑 한 명이 보석을 훔쳐 수사 끝에 용의선상에 오른 A, B, C, D, E가 형사 앞에서 진술했다. 이들 중 한 사람의 진술이 거짓이며, 나머지는 진실을 말하고 있다. 다음 중 보석을 훔친 범인은?

> A : B는 보석을 훔치지 않았다.
> B : C가 보석을 훔쳤다.
> C : B의 말은 거짓 진술이다.
> D : 나는 보석을 훔친 적이 없다.
> E : 다른 사람은 훔친 적이 없다. 내가 훔쳤다.

① A   ② B   ③ C   ④ D   ⑤ E

 정답 ⑤

정답해설 B와 C가 서로 상반된 진술을 하고 있어 어느 한쪽이 참이면 다른 한쪽은 거짓이 된다. 모든 진술을 종합하면 결국 C와 E가 용의자가 되는데, 범인은 한 명이므로 B의 진술이 참인 조건은 성립할 수 없다. 그러므로 C의 진술은 참이 되며 B가 한 진술은 거짓 진술이 되기 때문에 범인은 스스로 훔쳤다고 진술한 E가 된다.

62 어제 생산부서에 근무하고 있는 A∼E사원 중 두 사람이 야근을 하기로 한 날, 야근을 하지 않고 집으로 가 다섯 명이 부장에게 불려가 보고하게 되었다. 두 사람은 거짓을 보고하고 나머지는 진실을 보고한다 했을 때, 야근을 하지 않은 두 사람을 짝지은 것은?

> A : B와 C가 야근하지 않고 집으로 갔습니다.
> B : 전 아닙니다. A가 집으로 가는 걸 제 두 눈으로 똑똑히 봤습니다.
> C : 저랑 E는 현장에서 야근하고 있었습니다.
> D : C가 야근하지 않고 집으로 간 게 확실합니다.
> E : B와 저는 같이 야근했습니다.

① B, C   ② C, D   ③ A, B   ④ A, D   ⑤ D, E

 정답 ④

정답해설 A는 B, C를 야근을 하지 않고 집으로 간 사람이라 보고했고, D는 C가 야근을 하지 않고 집으로 갔다고 보고했다. A의 보고가 사실이면 D의 보고는 거짓일 수 없기 때문에 A와 D의 보고가 모두 사실일 경우와 A와 D의 보고가 모두 거짓인 경우로 나뉜다. A, D의 보고가 사실이면 B, C의 보고가 거짓이 되며 나머지는 사실을 말해야 하지만 E의 보고가 거짓이 되기 때문에 조건을 충족하지 못한다. A, D의 보고가 거짓일 경우에는 A, D가 야근을 하지 않은 사원이 되며 나머지 사원은 사실을 보고한 것이 된다.

63

주원, 은희, 주미, 민지, 수아는 캐릭터가 그려진 한정판 기계식 키보드를 사려고 줄을 서다가 새치기 문제로 다툼이 일어났다. 다섯 명 중 한 명이 거짓말을 한다고 했을 때, 거짓말을 하는 사람은?

> 주원 : 은희 다음에 수아가 바로 뒤에 섰다.
> 은희 : 민지는 바로 내 뒤에 섰지만 맨 끝에 서 있지 않았다.
> 주미 : 스마트폰을 보고 있어 모르겠는데, 내 앞엔 한 명만 서 있었다.
> 민지 : 내 뒤엔 두 사람이 줄서서 기다리고 있었다.
> 수아 : 주원이 가장 앞에 서있었다.

① 주원   ② 은희   ③ 주미   ④ 민지   ⑤ 수아

 정답 ②

 정답해설 한 명만 거짓말을 하고 있으므로 네 명은 사실을 말할 수밖에 없다. 즉, 거짓말을 하는 사람이 한 명인 경우를 찾으면 된다. 주미, 민지, 수아 등 순서가 명확한 조건을 먼저 대입하면 '주원 → 주미 → 민지'순이다. 남은 주원이 한 말을 대입하면 '주원 → 주미 → 민지 → 은희 → 수아'가 되지만, 은희가 한 말을 대입하면 '주원 → 주미 → 은희 → 민지 → 수아'가 되어 주원 및 민지가 한 말과 모순이 생기게 된다. 그러므로 거짓말을 한 사람은 은희가 된다.

64

민혁, 은희, 수현, 민지, 수아는 올해 여름에 간 수학여행에서 거짓말 탐지기에 손을 대고 말하면 벌칙을 받는 게임을 했다. 다섯 명 중에서 거짓말을 하는 두 사람이 손에 약한 전기 충격을 받는 벌칙을 수행한다고 했을 때, 벌칙을 받는 두 사람을 바르게 짝지은 것은?

> 민혁 : 수현하고 민지 둘이서 도서관에 안 가고 코인 노래방으로 가는 걸 봤어.
> 은희 : 나랑 수아는 학교 끝나면 도서관에 가서 공부했어.
> 수현 : 난 그런 적 없고, 민혁이 도서관에 안 가고 코인 노래방 가는 걸 봤어.
> 민지 : 은희랑 난 학교 끝나면 도서관에서 공부했어.
> 수아 : 은희가 도서관에서 공부한 모습을 본 적이 없어.

① 민혁, 수현   ② 민혁, 수아   ③ 은희, 수현   ④ 민혁, 민지   ⑤ 민지, 수아

 정답 ②

 정답해설 민혁이 수현하고 민지를 지목해 두 사람이 같이 코인 노래방으로 가는 걸 봤다고 말했고, 수아는 은희가 도서관에서 공부하는 모습을 본 적이 없다고 말했다. 이는 민혁, 수아의 말이 사실일 경우와 민혁의 말이 거짓말이고 수아의 말이 사실일 경우, 민혁의 말이 사실이고 수아의 말이 거짓일 경우, 민혁, 수아의 말이 모두 거짓말일 경우 총 네 가지로 나눌 수 있다.
> ㉠ 민혁, 수아의 말이 모두 사실일 경우 : 민혁과 수아의 말이 사실이라면 은희와 수현의 말이 거짓이 되지만 민지의 말도 거짓말이 되기 때문에 두 사람이 받는 벌칙이 성립할 수 없다.

ⓒ 민혁이 한 말이 거짓말, 수아가 한 말이 사실일 경우 : 수현이 한 말이 사실이 되고 은희가 하는 말은 거짓말이 되고 민지, 민혁의 말도 거짓이 되어 두 사람이 받는 벌칙이 성립할 수 없다.

ⓒ 민혁이 한 말이 사실, 수아가 한 말이 거짓일 경우 : 은희가 한 말이 사실이 되고, 수현, 민지가 하는 말은 거짓이 되지만 수아의 말도 거짓이기 때문에 두 사람이 받는 법칙이 성립할 수 없다.

ⓔ 민혁, 수아의 말이 모두 거짓말일 경우 : 민혁, 수아는 거짓말을 했고, 나머지는 진실을 말한 것이기 때문에 민혁, 수아가 벌칙을 수행하게 된다.

65

2019년 2월 23일 밤 11시 한강 둔치에서 살인 사건이 발생했다. 범인은 한 명이며, 현장에서 피해자를 살해한 것이 확인되었다. 하지만 현장에 범인 외에 몇 명의 사람이 있었는지는 확인되지 않았다. 이 사건의 용의자 A, B, C, D, E의 진술 중 두 사람의 진술이 거짓이며, 거짓말을 한 사람 중에 범인이 있다. 사건의 범인은?

> ㉠ A의 진술 : 나는 살인 사건이 일어난 밤 11시에 서울역에 있었어.
>
> ㉡ B의 진술 : 그날 밤 11시에 나는 A, C와 함께 있었어.
>
> ㉢ C의 진술 : B는 그날 밤 11시에 A와 함께 춘천에 있었어.
>
> ㉣ D의 진술 : B의 진술은 참이야.
>
> ㉤ E의 진술 : C는 그날 밤 11시에 나와 단 둘이 함께 있었어.

① A   ② B   ③ C   ④ D   ⑤ E

  정답 ⑤

정답해설

㉠, ㉢ A와 C의 진술이 모두 참이라고 한다면, A가 범행 시간인 11시에 있었다고 주장하는 장소가 각각 다르다는 모순이 발생한다. 그러므로 A와 C 두 사람 중 적어도 한 사람은 거짓말을 하고 있다.

㉡, ㉤ B와 E의 진술이 모두 참이라고 한다면, C가 범행 시간인 11시에 함께 있었다고 주장하는 사람이 각각 다르다는 모순이 발생한다. 그러므로 B와 E 중 적어도 한 사람은 거짓말을 하고 있다.

㉣ 거짓말을 하는 사람의 수는 총 두 사람인데 A와 C 중 적어도 한 사람, B와 E 중 적어도 한 사람이 거짓말을 하고 있으므로 D의 진술은 참이다.

㉤ D의 진술이 참이므로 B의 진술 역시 참이 된다. B의 진술이 참이므로 A와 C는 범행 시간에 B와 함께 서울역에 있었다. 그러므로 A와 C는 범인이 될 수 없으며 E는 거짓말을 하고 있다.

따라서 거짓말을 한 사람은 C와 E이며, 범인은 E이다.

66 다음은 형사가 혐의자 P, Q, R, S, T를 심문한 뒤 보고한 내용이다. 다음 중 유죄인 사람은?

- 유죄는 반드시 두 명이다.
- Q와 R은 함께 유죄이거나 무죄일 것이다.
- P가 무죄라면 Q와 T도 무죄이다.
- S가 유죄라면 T도 유죄이다.
- S가 무죄라면 R도 무죄이다.

① P, T   ② Q, R   ③ S, T   ④ P, S   ⑤ S, R

 정답 ①

 정답
해설
먼저 Q, R이 유죄라고 가정하면 P, S, T가 무죄가 되어야 한다. 하지만 S가 무죄일 때, R이 무죄라는 조건이 성립하지 않아 오류가 발생한다. Q, R이 무죄라고 가정하고 P가 무죄라면 Q, T도 무죄여야 하기 때문에 P, R, Q, T가 무죄라는 오류가 발생한다.
따라서 Q, R이 무죄이고 P가 유죄, S 무죄일 때 모든 조건을 만족하기 때문에 P, T가 유죄, Q, R, S가 무죄임을 알 수 있다.

67 J사의 임원단은 A, B, C, D, E, F 총 6명이다. 이번 달 실시된 임원회의에 E는 병가중이라 참석하지 못했고, 4명의 임원만이 참석했다. 아래 제시된 조건에 따를 때 임원회의에 참석한 사람을 모두 고른 것은?

[조건]
- A와 B 중에서 한 명이 참석하였다.
- D와 E 중에서 한 명이 참석하였다.
- 만일 C가 참석하지 않았다면 D도 참석하지 않았다.
- 만일 B가 참석하지 않았다면 F도 참석하지 않았다.

① A, B, C, D   ② A, B, C, F   ③ A, C, D, F   ④ B, C, D, E   ⑤ B, C, D, F

 정답 ⑤

정답
해설
- E가 병가로 참석하지 못했으므로 두 번째 조건에 따라 D는 참석하였음을 알 수 있다.
- 세 번째 조건의 대우(D가 참석하였다면 C도 참석하였다.)도 성립하므로 C도 참석하였다.
- 네 번째 조건에 따라 B가 참석하지 않은 경우 F도 참석하지 않는데 이 경우 최대 참석자는 3명(A, C, D)이 되어 문제의 조건에 맞지 않는다. → B가 참석했고, F도 참석했음을 알 수 있다.
- B가 참석했으므로 첫 번째 조건에 따라 A는 참석하지 않았음을 알 수 있다.
따라서 B, C, D, F가 임원회의에 참석하였다.

68 지아는 금고의 비밀번호 네 자리를 기억해 내려고 한다. 비밀번호에 대한 단서가 다음과 같을 때, 사실이 아닌 것은?

> • 비밀번호를 구성하고 있는 어떤 숫자도 소수(素數)가 아니다.
> • 6과 8 중 한 숫자만 비밀번호에 해당한다.
> • 비밀번호는 짝수로 시작한다.
> • 비밀번호는 큰 수부터 작은 수 순서로 나열되어 있다.
> • 같은 숫자는 두 번 이상 포함되지 않는다.

① 비밀번호는 짝수이다.

② 비밀번호의 앞에서 두 번째 숫자는 4이다.

③ 비밀번호는 1을 포함하지만 9는 포함하지 않는다.

④ 제시된 모든 단서를 만족시키는 비밀번호는 세 가지이다.

⑤ 제시된 모든 단서를 만족시키는 비밀번호에는 0이 반드시 포함된다.

정답 ④

정답해설 단서를 정리해보면 다음과 같다.
• 첫 번째 조건에 따라 비밀번호에 소수(2, 3, 5, 7)는 포함되지 않으므로 비밀번호를 구성하는 숫자는 0, 1, 4, 6, 8, 9이다.
• 세 번째 조건과 네 번째 조건에서 비밀번호를 구성하는 숫자에서 9가 제외된다는 것을 알 수 있다. 따라서 0, 1, 4, 6, 8 이 비밀번호를 구성하는 숫자가 된다.
• 다섯 번째 조건에 따라 모든 숫자가 한 번씩만 사용된다는 것을 알 수 있다.
• 두 번째 조건에서 6이나 8은 하나만 들어간다고 했으므로 가능한 비밀번호는 '8410' 또는 '6410' 두 가지이다.

69 항상 거짓말만 해야 하는 거짓말 동아리에서 남학생(철수, 영수, 준호, 광훈)과 여학생(영희, 진숙, 혜진, 명숙)이 일대일로 짝을 정해 앉았다. 이들이 모두 거짓을 말할 때 남녀의 짝으로 옳은 것은?

> • 철수 : 나는 영희와 짝이다.
> • 광훈 : 나는 영희와 짝이다.
> • 진숙 : 나는 준호와 짝이다.
> • 준호 : 나는 혜진과 짝이다.
> • 영희 : 나는 준호와 짝이다.
> • 혜진 : 나는 철수와 짝이다.

① 철수 – 진숙   ② 영수 – 혜진   ③ 영수 – 명숙   ④ 광훈 – 진숙   ⑤ 광훈 – 영희

정답 ①

정답
해설 주어진 조건대로 학생들의 짝을 배치하면 다음과 같다.

철수	준호	광훈	영수
진숙	명숙	혜진	영희

그러므로 짝의 배치가 알맞은 것은 ①의 철수 – 진숙이다.

70 **새해가 되어 종국이는 친척들을 방문하려 한다. 다음과 같은 조건이 있을 때 종국이가 함께 방문할 수 있는 친척은?**

[조건]
- 큰아버지와 형수는 함께 방문할 수 없다.
- 고모와 형수는 함께 방문할 수 없다.
- 큰어머니와 삼촌은 반드시 함께 방문해야 한다.
- 큰어머니와 사촌 동생은 반드시 함께 방문해야 한다.
- 할머니와 조카는 함께 방문할 수 없다.
- 형수와 할아버지는 반드시 함께 방문해야 한다.
- 조카와 삼촌은 반드시 함께 방문해야 한다.
- 사촌 동생과 고모는 반드시 함께 방문해야 한다.
- 작은아버지와 고모는 함께 방문할 수 없다.

① 큰아버지와 할아버지　　② 큰어머니와 고모　　③ 큰어머니와 할머니
④ 큰어머니와 형수　　⑤ 형수와 사촌 동생

 정답 ②

 정답
해설 큰어머니와 사촌 동생은 반드시 함께 방문해야 한다. → 사촌 동생과 고모는 반드시 함께 방문해야 한다. → 큰어머니와 고모는 함께 방문할 수 있다.

오답
해설 ① 큰아버지와 형수는 함께 방문할 수 없다. → 형수와 할아버지는 반드시 함께 방문해야 한다. → 큰아버지와 할아버지는 함께 방문할 수 없다.
③ 큰어머니와 삼촌은 반드시 함께 방문해야 한다. → 조카와 삼촌은 반드시 함께 방문해야 한다. → 할머니와 조카는 함께 방문할 수 없다. → 큰어머니와 할머니는 함께 방문할 수 없다.
④ 큰어머니와 사촌 동생은 반드시 함께 방문해야 한다. → 사촌 동생과 고모는 반드시 함께 방문해야 한다. → 고모와 형수는 함께 방문할 수 없다. → 큰어머니와 형수는 함께 방문할 수 없다.
⑤ 고모와 형수는 함께 방문할 수 없다. → 사촌 동생과 고모는 반드시 함께 방문해야 한다. → 형수와 사촌 동생은 함께 방문할 수 없다.

[71~72] 다음 주어진 조건을 충족한다고 할 때 질문에 알맞은 답을 고르시오.

[조건]
- A회사에선 일주일에 3일은 업무, 2일은 휴식, 2일은 여행을 한다.
- 비오기 전 날은 여행하지 않는다.
- 비오는 날은 업무를 보지 않는다.
- 이번 주 화요일, 목요일, 토요일에 비가 왔다.
- 일요일은 항상 휴식을 취한다.

71 업무를 보는 날은 무슨 요일인가?

① 월요일, 수요일, 금요일

② 월요일, 금요일, 토요일

③ 화요일, 목요일, 토요일

④ 화요일, 목요일, 금요일

⑤ 화요일, 수요일, 금요일

정답 ①

정답해설 요일별로 비오는 날과 업무일, 휴식, 여행을 정리해 보면 다음과 같다.

	월	화	수	목	금	토	일
비							
업무	○	×	○	×	○	×	×
휴식	×		×		×		○
여행	×		×		×		×

그러므로 업무를 보는 날은 월요일, 수요일, 금요일이다.

72 어느 요일에 휴식을 취하면 목요일과 토요일에 여행을 갈 수 있게 되는가?

① 월요일   ② 화요일   ③ 수요일   ④ 금요일   ⑤ 알 수 없다.

정답 ②

정답해설 '3일은 업무, 2일은 휴식, 2일은 여행을 해야 한다'에서 일요일에 휴식을 취하므로 월요일, 수요일, 금요일엔 업무를 보게 되고, 화요일에도 휴식을 취한다면 목요일과 토요일에 여행을 갈 수 있게 된다.

[73~74] 영수, 철수, 만수가 세 개의 각기 다른 공을 손에 들고 나란히 앉아있다고 할 때 다음 조건에 맞추어 질문에 알맞은 답을 고르시오.

[조건]

- 영수, 철수, 만수는 축구공, 야구공, 농구공 중 하나를 반드시 손에 들고 있다.
- 세 명은 각각, 안경, 마스크, 모자 중 하나를 착용하고 있다.
- 영수는 맨 오른쪽에 앉아 있다.
- 철수는 농구공을 손에 들고 있으며 안경은 쓰고 있지 않다.
- 안경을 쓴 학생의 바로 오른쪽에는 마스크를 쓴 학생이 앉아 있다.
- 야구공을 든 학생은 마스크를 쓰고 있고 만수는 모자를 쓰지 않았다.

73 모자를 쓰고 있는 사람은 누구인가?

① 영수   ② 철수   ③ 만수   ④ 영수, 만수   ⑤ 알 수 없다.

정답 ②

정답해설 • 영수는 맨 오른쪽에 앉아 있다.

		영수

• 철수는 농구공을 손에 들고 있으며 안경은 쓰고 있지 않다.
• 안경을 쓴 학생의 바로 오른쪽에는 마스크를 쓴 학생이 앉아 있다.

철수		영수
농구공		
	안경	마스크

또는

	철수	영수
	농구공	
안경	마스크	

• 야구공을 든 학생은 마스크를 쓰고 있고 만수는 모자를 쓰지 않았다.

철수	만수	영수
농구공	축구공	야구공
모자	안경	마스크

74 영수의 옆에 앉아 있는 사람이 들고 있는 공은?

① 축구공   ② 야구공   ③ 농구공   ④ 축구공, 야구공 ⑤ 알 수 없다.

 ①

 영수의 옆에 앉아 있는 사람은 만수이며 안경을 쓰고 있고 축구공을 들고 있다.

[75~76] 다음에 주어진 조건에 맞추어 알맞은 답을 구하시오.

[조건]

- 주차장에 각각 다른 차종의 자동차 다섯 대(A~E)가 나란히 주차되어 있다.
- 각 차의 주인들은 연령층이 모두 다르며, 각각 다른 도시에 산다.
- 각 차의 주인들은 각각 다른 종류의 직업과 취미를 갖고 있다.
- 한가운데에 주차된 차의 주인은 인천에 산다.
- 맨 왼쪽에 주차된 차의 주인은 연령층이 20대이다.
- C의 주인은 연령층이 60대이다.
- E의 주인은 볼링이 취미이다.
- B의 주인은 부산에 산다.
- D는 E의 바로 왼쪽에 주차되어 있다.
- 연령층이 20대인 사람은 사무직에 종사한다.
- 연령층이 50대인 사람은 광주에 산다.
- 직업이 자영업인 사람은 등산이 취미이다.
- 건설업에 종사하는 사람의 차는 영화 감상이 취미인 사람의 차 바로 오른쪽에 주차되어 있다.
- 골프가 취미인 사람의 차는 사무직에 종사하는 사람의 차 바로 옆에 주차되어 있다.
- IT업에 종사하는 사람은 대전에 산다.
- D의 주인은 교직에 종사한다.
- A는 연령층이 40대인 사람의 차 바로 왼쪽에 주차되어 있다.
- 건설업에 종사하는 사람의 차는 대구에 사는 사람의 차 바로 오른쪽에 주차되어 있다.
- B는 대구에 사는 사람의 차와 인천에 사는 사람의 차 사이에 주차되어 있다.
- 음악 감상이 취미인 사람의 차 바로 옆에는 연령층이 30대인 사람의 차가 주차되어 있다.

75 차종이 C인 사람의 직업은?

① 사무직   ② 건설업   ③ 자영업   ④ 교직   ⑤ IT업

 정답 ③

정답
해설 차종별로 연령층, 도시, 직업, 취미를 정리해 보면 다음과 같다.

차종	A	B	C	D	E
연령층	20대	40대	60대	50대	30대
도시	대구	부산	인천	광주	대전
직업	사무직	건설업	자영업	교직	IT업
취미	영화 감상	골프	등산	음악 감상	볼링

그러므로 차종이 C인 사람의 직업은 자영업이다.

76 건설업에 종사하는 사람의 연령층은?

① 20대   ② 30대   ③ 40대   ④ 50대   ⑤ 60대

정답 ③

정답
해설 건설업에 종사하는 사람의 연령층은 40대이다.

[77~80]

5층 건물에 각 층마다 다른 국적을 가진 사람이 살고 있다. 그들은 서로 다른 취미를 가지며 각각 다른 음료수를 좋아한다고 할 때 다음 조건에 맞추어 물음에 알맞은 답을 고르시오.

[조건]

- 미국인은 맥주를 좋아하고 영국인과 이웃하지 않는다.
- 취미가 뜨개질인 사람과 영화감상인 사람은 맥주를 좋아하는 사람과 이웃한다.
- 한국인은 커피와 뜨개질을 즐기는 사람과 이웃한다.
- 영국인은 1층에 살고 있으며 취미가 독서이다.
- 독일인은 콜라를 좋아하며, 운동이 취미인 사람과 이웃한다.
- 녹차를 좋아하는 한국인은 독서가 취미인 사람과 이웃한다.
- 프랑스인은 건물의 가운데 층에 살며, 독일인과 이웃하지 않는다.
- 독서를 좋아하는 사람은 주스를 좋아하며, 여행이 취미인 사람과 이웃한다.

77 4층에 살고 있는 사람은 누구인가?

① 미국인　　② 한국인　　③ 독일인　　④ 영국인　　⑤ 프랑스인

 정답 ①

 정답해설 각 층마다 국적과 취미와 좋아하는 음료수를 정리해 보면 다음과 같다.

구분 층수	국적	음료수	취미
1	영국	주스	독서
2	한국	녹차	여행
3	프랑스	커피	뜨개질
4	미국	맥주	운동
5	독일	콜라	영화감상

4층에는 미국인이 살며, 맥주와 운동을 좋아한다.

78 뜨개질이 취미인 사람은 누구인가?

① 미국인　　② 독일인　　③ 프랑스인　　④ 영국인　　⑤ 한국인

 정답 ③

 정답해설 뜨개질이 취미인 사람은 프랑스인이며, 3층에 살고 커피를 좋아한다.

79　여행을 좋아하는 사람이 좋아하는 음료수는 무엇인가?

① 주스　　　　② 녹차　　　　③ 커피　　　　④ 맥주　　　　⑤ 콜라

 정답　②

 정답
해설　여행을 좋아하는 사람은 2층에 사는 한국인이며, 녹차를 좋아한다.

80　프랑스 사람이 이웃하는 사람의 특징으로 알맞지 않은 것은?

① 한국인은 프랑스 사람의 아래층에 산다.

② 운동을 좋아하는 사람이다.

③ 5층에 살고있는 사람이다.

④ 여행을 좋아하는 사람이다.

⑤ 맥주를 좋아하는 사람이다.

 정답　③

 정답
해설　프랑스 사람은 한국인과 미국인과 이웃하고 있다.
　　　한국인은 녹차와 여행을 좋아하며, 프랑스 사람의 아래층에 산다.
　　　미국인은 맥주와 운동을 좋아하며, 프랑스 사람의 윗층에 산다.
　　　그러므로 이웃하는 사람의 특징으로 알맞지 않은 것은 ③번이다.

단어유추

GLOBAL SAMSUNG APTITUDE TEST

단어유추는 제시된 두 쌍의 단어와 동일한 관계의 단어를 만드는 문제와 제시된 단어 쌍과 다른 관계인 단어 쌍을 고르는 문제의 유형이다.

단어 쌍 추론(같은 관계)

[01~25] 양쪽이 서로 동일한 관계가 성립하도록 빈칸에 들어갈 가장 적절한 단어를 고르시오.

01

봄 : 청명 = 가을 : (   )

① 곡우   ② 소만   ③ 망종   ④ 우수   ⑤ 상강

정답 ⑤

정답해설 한 해를 스물넷으로 나눈 절기(節氣) 중 '청명(淸明)'은 4월 5일 무렵의 봄의 절기이다. 따라서 빈칸에는 가을의 절기에 해당하는 '상강(霜降)'이 들어가야 한다.

봄	여름	가을	겨울
입춘(立春), 우수(雨水), 경칩(驚蟄), 춘분(春分), 청명(淸明), 곡우(穀雨)	입하(立夏), 소만(小滿), 망종(芒種), 하지(夏至), 소서(小暑), 대서(大暑)	입추(立秋), 처서(處暑), 백로(白露), 추분(秋分), 한로(寒露), 상강(霜降)	입동(立冬), 소설(小雪), 대설(大雪), 동지(冬至), 소한(小寒), 대한(大寒)

▶ 핵심정리

단어추리 출제 유형

출제 유형으로 동등관계 속에서 빈칸에 들어갈 단어를 찾는 문제, 단어의 관계가 다른 것을 찾는 문제 등이 있으며 관계는 동의어와 반의어를 중심으로 출제된다.

㉠ 동의어 : 형태는 다르지만 동일한 의미를 가지는 두 개 이상의 단어로 둘 이상의 단어가 많은 부분이 서로 일치하며 대치할 수 있는 단어이다.

㉡ 반의어 : 서로 상반되는 의미를 가지는 두 개 이상의 단어이다. 상호관련이 있는지, 중간 요소 및 존재가 있는가에 따라 나뉜다.
- 상관개념 : 개념 사이에 상호의존도가 큰 것을 말한다. 예를 들어 '스승과 제자', '남편과 아내' 등 한 쪽이 없으면 존재할 수 없는 개념이다.
- 모순개념 : 중간적 존재나 요소가 없는 것을 의미한다. 즉, '있음과 없음', '삶과 죽음' 등이 있다.
- 반대개념 : 중간적 존재나 요소가 있는 것을 의미한다. '크다와 적다', '길다와 짧다' 등이 있다.

02

| 땅 : (　　　) = 비행기 : 대 |

① 대지　　　② 필지　　　③ 요지　　　④ 공터　　　⑤ 부지

정답 ②

정답해설 물건을 세는 단위를 묻는 문제이다.
필지(筆地) : 논, 밭, 대지 등을 세는 단위

오답해설 ① 대지(大地) : 대자연의 넓고 큰 땅
③ 요지(要地) : 중요한 역할을 하는 곳. 또는 핵심이 되는 곳
④ 공터 : 빈 땅, 빈 터, 공처(空處), 공한지
⑤ 부지(敷地) : 건물을 세우거나 도로를 만들기 위하여 마련한 땅

03

| 호젓하다 : (　　　) = 보조개 : 볼우물 |

① 대꾼하다　　② 대살지다　　③ 후미지다　　④ 담숙하다　　⑤ 번거롭다

정답 ③

정답해설 • 보조개 : 말하거나 웃을 때에 두 볼에 움푹 들어가는 자국. '볼우물'이라고도 함
• 호젓하다 : 후미져서 무서움을 느낄 만큼 고요하다. '후미지다'와 유사한 의미

오답해설 ① 대꾼하다 : 생기가 없이 파리하다.
② 대살지다 : 몸이 야위고 파리하다.
④ 담숙하다 : 포근하고 폭신하다.
⑤ 번거롭다 : 어수선하고 복잡한 데가 있다.

04

| 화백회의 : 신라 = 제가회의 : (　　　) |

① 부여　　　② 고구려　　　③ 발해　　　④ 백제　　　⑤ 고려

정답 ②

정답해설 • 화백회의 : 신라의 귀족 대표자 회의
• 제가회의 : 고구려 때 국가의 정책을 심의하고 의결하던 귀족회의

05

한니발 : 카르타고 = 알렉산더 : (   )

① 로마 　　　② 이집트 　　　③ 페르시아 　　　④ 마케도니아 　　　⑤ 그리스

 정답 ④

정답해설 한니발은 카르타고의 장군이고, 알렉산더는 마케도니아의 왕이다.

06

맥수지탄(麥秀之嘆) : 풍수지탄(風樹之嘆) = 국가 : (   )

① 고향 　　　② 친구 　　　③ 어버이 　　　④ 임금 　　　⑤ 자연

 정답 ③

 정답해설
• 맥수지탄(麥秀之嘆) : 멸망한 고국에 대한 한탄을 이르는 말
• 풍수지탄(風樹之嘆) : 어버이를 잃은 슬픔을 이르는 말

07

소나기 : 가랑비 = (   ) : 머줍다

① 설피다 　　　② 들차다 　　　③ 빠르다 　　　④ 켕기다 　　　⑤ 풍기다

정답 ③

 정답해설 '소나기'는 갑자기 세차게 쏟아지다가 곧 그치는 비를, '가랑비'는 가늘게 내리는 비를 의미하므로 반의어 관계이다. '머줍다'는 동작이 둔하고 느린 것을 의미하므로 '빠르다'가 적절하다.

 오답해설 ① 설피다 : 찌거나 엮은 것이 거칠고 성기다.
② 들차다 : 뜻이 굳세고 몸이 튼튼하다.
④ 켕기다 : 단단하고 팽팽하게 되다.
⑤ 풍기다 : 냄새가 나다. 또는 냄새를 퍼뜨리다.

08

한비자 : 법가 = 공자 : (   )

① 유가   ② 음양가   ③ 도가   ④ 명가   ⑤ 종횡가

정답 ①

정답해설 유가는 중국의 춘추 시대의 사상가 공자의 사상을 바탕으로 발전한 학파로 당시 시대를 무도(無道)한 세계로 규정하고 도가 있는 세상으로 만드는 것을 이상으로 삼고 이를 해결할 수 있는 실마리를 주(周) 나라의 문물을 되살리는 데에서 찾으려 했다.

오답해설
② 천문, 역수 풍수지리 등을 연구하는 학파
③ 노자, 장자의 허무 · 무위의 설을 받드는 학파
④ 제자백가 중 하나인 학파로, 명목(名目)과 실제(實際)가 일치해야 함을 주장했다.
⑤ 중국 전국시대에 여러 국가를 합쳐야 한다는 합종책과 연횡책을 논한 학파

09

산산하다 : (   ) = 신선하다 : 새롭다

① 푸르다   ② 생생하다   ③ 쌀쌀하다   ④ 시원하다   ⑤ 성성하다

정답 ④

정답해설
• 시원하다 : 덥지나 춥지 아니하고 알맞게 서늘하다.
• 산산하다 : 시원한 느낌이 들 정도로 사늘하다.
• 신선하다, 새롭다 : 새롭고 산뜻하다.

오답해설
① 푸르다 : 맑은 가을 하늘이나 깊은 바다, 풀의 빛깔과 같이 밝고 선명하다.
② 생생하다 : 시들거나 상하지 아니하고 생기가 있다.
③ 쌀쌀하다 : 날씨나 바람 따위가 음산하고 상당히 차갑다.
⑤ 성성하다 : 머리털 따위가 희끗희끗하게 세다.

10

눈 : (   ) = 카메라 : 렌즈

① 망막   ② 홍채   ③ 동공   ④ 수정체   ⑤ 모양체

정답 ④

정답해설 우리 신체 기관인 '눈'에서 카메라의 렌즈와 같이 빛을 모아주는 역할을 하는 것은 '수정체'이다.

오답해설
① '망막'은 필름과 같이 영상이 맺힌다.
② '홍채'는 카메라의 조리개와 같이 빛의 양을 조절하는 역할을 한다.

11

닭 : 병아리 = ( ) : 꺼병이

① 메추라기   ② 꿩   ③ 딱따구리   ④ 부엉이   ⑤ 매

정답 ②

정답해설 닭과 병아리의 관계는 성체(成體)인 닭과 새끼 닭인 병아리이다. 꺼병이는 꿩의 어린 새끼를 의미한다.

12

농어 : 껄떼기 = 고등어 : ( )

① 능소니   ② 마래미   ③ 고도리   ④ 개호주   ⑤ 굼벵이

정답 ③

정답해설 농어의 새끼를 '껄떼기'라고 하고 고등어의 새끼를 '고도리'라고 한다.

오답해설 ① 능소니 : 곰의 새끼
② 마래미 : 방어의 새끼
④ 개호주 : 범의 새끼
⑤ 굼벵이 : 딱정벌레목의 애벌레

▶ 핵심정리

동물의 새끼를 이르는 고유어

㉠ 간자미 : 가오리의 새끼   ㉡ 개호주 : 범의 새끼
㉢ 고도리 : 고등어의 새끼   ㉣ 굼벵이 : 딱정벌레목의 애벌레
㉤ 꺼병이 : 꿩의 어린 새끼   ㉥ 노가리 : 명태의 새끼
㉦ 능소니 : 곰의 새끼   ㉧ 동어 : 숭어의 새끼
㉨ 발강이 : 잉어의 새끼   ㉩ 전어사리 : 전어의 새끼
㉪ 풀치 : 갈치의 새끼

13

도로(道路) : 국도(國道) = (　　　) : 사각형

① 정삼각형　　② 다각형　　③ 직사각형　　④ 정사각형　　⑤ 마름모

정답 ②

 정답해설 도로와 국도는 상하관계이므로 빈칸은 다각형이 들어가는 것이 적절하다.

14

삼강 : 군위신강 = 오륜 : (　　　)

① 입신양명　　② 군신유의　　③ 치양지설　　④ 부위부강　　⑤ 거경궁리

정답 ②

정답해설
• 삼강(三綱) : 군위신강(君爲臣綱), 부위자강(父爲子綱), 부위부강(夫爲婦綱)
• 오륜(五倫) : 부자유친(父子有親), 군신유의(君臣有義), 부부유별(夫婦有別), 장유유서(長幼有序), 붕우유신(朋友有信)

오답해설 ① 입신양명(立身揚名) : 출세하여 이름을 세상에 떨침을 이르는 말이다.

15

인색 : 인석 = (　　　) : 표준

① 전거　　② 정렬　　③ 정도　　④ 형식　　⑤ 형성

정답 ①

 정답해설
• 전거(典據) : 규칙이나 법칙으로 삼는 근거
• 표준(標準) : 사물의 정도나 성격 따위를 알기 위한 기준
• 인석(吝惜), 인색(吝嗇) : 재물을 아끼는 태도가 몹시 지나침

오답해설 ② 정렬(整列) : 가지런하게 줄지어 늘어섬
③ 정도(程度) : 사물의 성질이나 가치를 우열 따위에서 봄
④ 형식(形式) : 사물이 외부로 나타나 보이는 모양
⑤ 형성(形成) : 어떤 형상을 이룸

16

정산 : 개산 = (　　　) : 소원

① 연화　　　　② 미결　　　　③ 해람　　　　④ 용이　　　　⑤ 긴밀

 정답 ⑤

정답해설 정산(精算)은 정밀하게 계산하는 것을 의미하며, 개산(槪算)은 대강 하는 계산을 의미하기 때문에 반의어 관계이다.
- 긴밀(緊密) : 서로의 관계가 매우 가까워 빈틈이 없다.
- 소원(疏遠) : 지내는 사이가 두텁지 않고 거리가 있어 서먹서먹하다.

오답해설
① 연화(軟化) : 단단한 것이 부드럽고 무르게 됨
② 미결(未決) : 아직 결정하거나 해결하지 아니함
③ 해람(解纜) : 배가 항구를 떠남
④ 용이(容易) : 어렵지 아니하고 매우 쉽다.

17

지록위마 : (　　　) = 토사구팽 : 토끼

① 뱀　　　　② 범　　　　③ 사슴　　　　④ 자라　　　　⑤ 지렁이

 정답 ③

정답해설 지록위마는 사슴, 토사구팽은 토끼와 관련 있는 사자성어로 구성되어 있다.
- 지록위마(指鹿爲馬) : '사슴을 가리켜 말이라고 한다.'라는 뜻으로 사실이 아닌 것을 사실로 만들어 강압으로 인정하게 만든다는 의미이다.
- 토사구팽(兎死狗烹) : '사냥하러 가서 토끼를 잡으면, 사냥하던 개는 쓸모없게 되어 삶아 먹는다.'는 의미로 필요할 때 요긴하게 써먹다가 필요 없으면 버린다는 의미이다.

18

시계 : 시침 = 단어 : (　　　)

① 구　　　　② 절　　　　③ 문장　　　　④ 형태소　　　　⑤ 띄어쓰기

정답 ④

정답해설 시침은 시계의 구성요소이다. 따라서 빈칸에는 단어의 구성요소인 형태소가 들어가야 한다.
언어 형식 아래의 단위로 이루어져 있다.
문장(文章)＞절(節)＞구(句)＞단어(單語)＞형태소(形態素)＞음운(音韻)

19

거만 : 겸손 = 거시 : (   )

① 관조   ② 착시   ③ 안목   ④ 관망   ⑤ 미시

 정답 ⑤

정답
해설
- 거만 : 잘난 체하며 남을 업신여기는 데가 있음
- 겸손 : 남을 높이고 자신을 낮추는 태도가 있음
- 거시 : 어떤 대상을 전체적으로 크게 봄
- 미시 : 작게 보임. 또는 작게 봄

20

온도계 : 측정 = 전보 : (   )

① 전출   ② 통지   ③ 전기   ④ 전선   ⑤ 책정

 정답 ②

정답
해설
- 측정 : 어떤 양의 크기를 기계나 장치로 잼
- 전보 : 전신(電信)으로 단시간에 보내는 통신
- 통지 : 기별하여 알림

오답
해설
① 전출 : 딴 곳으로 이주하여 감
④ 전선 : 전류가 흐르도록 하는 도체로서 쓰는 선
⑤ 책정 : 계획이나 방책을 세워 결정함

21

앤디 워홀 : (   ) = 백남준 : 비디오아트

① 팝아트   ② 옵아트   ③ 그래피티   ④ 미니멀리즘   ⑤ 키네틱 아트

 정답 ①

정답
해설
백남준은 비디오아트(video art)의 선구자이며, 앤디 워홀(Andy Warhol)은 미국 팝아트(pop art)의 선구자이다.
팝아트(pop art) : 일상에서 자주 쓰이는 대중적인 상품의 이미지에서 제재를 찾았던 미술이다.

오답
해설
② 옵아트(optical art) : 추상적 무늬와 색상을 반복하여 표현함으로써 실제로 화면이 움직이는 듯한 착각을 일으키게 하는 미술이다.
③ 그래피티(graffiti) : 건축물의 벽면, 교각 등에 스프레이 페인트로 거대한 그림 등을 그리는 미술이다.
④ 미니멀리즘(minimalism) : 되도록 소수의 단순한 요소로 최대 효과를 이루려는 사고방식이다.
⑤ 키네틱 아트(kinetic art) : 어떠한 수단이나 방법에 의하여 움직임을 나타내는 작품의 총칭이다.

22

몽구리 : 중대가리 = 고리눈 : (　　　)

① 갈무리　　　　② 환안　　　　③ 품　　　　④ 짜깁기　　　　⑤ 가탈

 정답 ②

 정답
해설
몽구리와 중대가리는 바싹 깎은 머리를 의미하며 고리눈은 동물의 눈동자 둘레에 흰 테가 둘린 눈이다. 빈칸에 들어갈 환안(環眼)은 고리눈과 유의어이기 때문에 빈칸에 들어갈 적절한 단어가 된다.

오답
해설
① 갈무리 : 일을 처리하여 마무리함
③ 품 : 어떤 일에 드는 힘이나 수고, 삯을 받고 하는 일
④ 짜깁기 : 직물의 찢어진 곳을 그 감의 올을 살려 본디대로 흠집 없이 짜서 깁는 일
⑤ 가탈 : 일이 순조롭게 나아가는 것을 방해하는 조건

23

심야 : (　　　) = 역경 : 순경

① 여광　　　　② 여단　　　　③ 백주　　　　④ 청천　　　　⑤ 중후

 정답 ③

정답
해설
역경(逆境)과 순경(順境)은 서로 반의어 관계로 빈칸에 들어갈 단어는 백주(白晝)이다.
• 역경(逆境) : 일이 순조롭지 않아 매우 어렵게 된 처지나 환경
• 순경(順境) : 일이 마음먹은 대로 잘되어 가는 경우

오답
해설
① 여광(餘光) : 해나 달이 진 뒤에 남은 은은한 빛
② 여단(黎旦) : 희미하게 날이 밝아 오는 빛 또는 그런 무렵
④ 청천(靑天) : 푸른 하늘
⑤ 중후(重厚) : 태도 따위가 정중하고 무게가 있다.

24

지천명 : 50세 = (　　　) : 60세

① 고희　　　　② 이순　　　　③ 방년　　　　④ 불혹　　　　⑤ 지천명

 정답 ②

정답
해설
'지천명(知天命)'은 쉰 살(50세)을 달리 이르는 말이다. 따라서 빈칸에는 예순 살(60세)을 달리 이르는 말인 '이순(耳順)'이 들어가야 한다.

핵심정리

연령을 나타내는 한자어

ㄱ 15세 : 지학(志學), 성동(成童) ㄴ 20세 : 약관(弱冠), 약년(弱年)

ㄷ 30세 : 이립(而立) ㄹ 40세 : 불혹(不惑)

ㅁ 50세 : 지천명(知天命) ㅂ 60세 : 이순(耳順)

ㅅ 61세 : 화갑(華甲), 환갑(還甲), 주갑(周甲), 환력(還曆), 회갑(回甲)

ㅇ 70세 : 고희(古稀), 종심(從心), 희수(稀壽)

ㅈ 80세 : 팔순(八旬), 산수(傘壽) ㅊ 90세 : 졸수(卒壽)

ㅋ 99세 : 백수(白壽) ㅌ 100세 : 상수(上壽)

25

| 새벽 : (　　　) = 저녁 : (　　　) |

① 석양, 땅거미 ② 갓밝이, 해거름 ③ 땅거미, 달구리 ④ 해름, 갓밝이 ⑤ 해넘이, 땅거미

정답 ②

정답해설 '갓밝이'는 날이 막 밝을 무렵 즉, 새벽을 이르는 말이다. 또한 '해거름(해름)'은 해가 서쪽으로 넘어가는 때인 저녁을 이르는 말이다.

• 땅거미 : 해가 진 뒤 어스레한 상태. 또는 그런 때를 이르는 말이다.

• 달구리 : 이른 새벽의 닭이 울 때를 이르는 말이다.

• 해넘이 : 해가 막 넘어가는 때. 또는 그런 현상을 이르는 말이다.

단어 쌍 추론(다른 관계)

[01~25] 다음 중 그 관계가 다른 하나를 고르시오.

01

① 부상 – 함지 ② 범상 – 심상 ③ 시정 – 여염

④ 은닉 – 은폐 ⑤ 최고 – 지상

정답 ①

 정답해설 유의어와 반의어에 대해 물어보는 문제이다. 부상 – 함지는 반의어이고 나머지는 유의어이다.

• 부상(扶桑) : 해가 뜨는 동쪽 바다

• 함지(咸池) : 해가 지는 서쪽의 큰 못

② 중요하지 않고 흔한 것 – 대수롭지 않고 흔한
③ 시장에서 장사하는 무리 – 백성의 집이 모여 있는 곳
④ 남의 물건 또는 범인을 감춤 – 덮어 감춤
⑤ 가장 높음 – 가장 높은 위

02

① 죽살이 – 생사 ② 지청구 – 꾸중 ③ 해찰하다 – 해치다
④ 옴살 – 단짝 ⑤ 마수걸이 – 떨이

정답 ⑤

정답해설 • 마수걸이 : 맨 처음으로 물건을 파는 일 또는 맨 처음으로 부딪는 일
• 떨이 : 팔다 조금 남은 물건을 다 떨어서 싸게 파는 일

오답해설 ① 죽살이, 생사 : 죽음과 삶을 아울러 이르는 말
② 지청구, 꾸중 : 아랫사람의 잘못을 꾸짖는 말
③ 해찰하다, 해치다 : 마음에 썩 내키지 않아 이것저것 집적대 해침
④ 옴살, 단짝 : 매우 친밀하고 가까운 사이

03

① 다문다문 – 가끔 ② 사부자기 – 중히 ③ 언뜻언뜻 – 얼핏얼핏
④ 아름아름 – 우물쭈물 ⑤ 토실토실 – 통통

정답 ②

정답해설 사부자기의 의미는 별로 힘들이지 않고 가볍게라는 의미이며 중히는 책임이나 임무 따위가 무겁게라는 의미이므로 사부자기와 중히는 반의어 관계이다. 나머지는 모두 유의어 관계이다.

오답해설 ① 다문다문, 가끔 : 시간적으로 잦지 않고 좀 드문 모양
③ 언뜻언뜻, 얼핏얼핏 : 지나는 결에 잇따라 잠깐씩 나타나는 모양
④ 아름아름, 우물쭈물 : 말이나 행동을 분명히 하지 못하고 우물쭈물하는 모양
⑤ 토실토실, 통통 : 보기 좋을 정도로 살이 통통하게 찐 모양

04

① 겉잠 – 귀잠 ② 가멸다 – 가난하다 ③ 미명 – 황혼
④ 가달 – 야수 ⑤ 허울 – 내실

정답 ④

정답해설 가달, 야수 : 몹시 사나운 사람을 이르는 말이다.

① 겉잠은 깊이 들지 않은 잠, 귀잠은 아주 깊이 든 잠이다.
② 가멸다는 재산 따위가 넉넉하고 많은 것, 가난하다는 살림살이가 넉넉하지 못한 것이다.
③ 미명(未明)은 아직 날이 밝지 않음을, 황혼(黃昏)은 해가 지고 어스름해지는 것이다.
⑤ 허울은 실속이 없는 겉모양을 뜻하며 내실은 내적인 가치나 충실성을 뜻한다.

05
① 능멸 – 추앙　　② 긴장 – 해이　　③ 힐난 – 지탄
④ 내포 – 외연　　⑤ 고상 – 저속

 정답 ③

 힐난과 지탄은 유의어 관계이고, 다른 나머지는 반의어 관계이다. 힐난의 의미는 트집을 잡아 거북할 만큼 따지고 드는 것이며 지탄의 의미는 잘못을 지적하여 비난하는 것이다.

① 능멸(凌蔑)은 업신여기어 깔본다는 의미이고, 추앙(推仰)은 높이 받들어 우러러본다는 의미이다.
② 긴장(緊張)은 마음을 조이고 정신을 바짝 차린다는 의미를, 해이(解弛)는 긴장이나 규율 따위가 풀려 마음이 느슨해진 것을 의미한다.
④ 내포(内包)는 어떤 성질이나 뜻 따위를 속에 품는 것을, 외연(外延)은 일정한 개념이 적용되는 사물의 전 범위를 의미한다.
⑤ 고상(高尚)은 품위나 몸가짐의 수준을 의미하고, 저속(低俗)은 품위가 낮고 속됨을 의미한다.

핵심정리
전문 용어 문제 풀이
문제에 잘 모르는 단어나 전문용어가 나왔을 때, 일단 연상, 분석, 유추 등을 통해 추론할 수 있도록 한다. 한국어의 대부분은 한 자어이기 때문에 상식적으로 알고 있던 단어와 연관 짓거나 분석, 유추하면 정답을 찾는데 도움이 된다.

06
① 필부필부 – 갑남을녀　　② 일호지천 – 무릉도원　　③ 일석이조 – 이심전심
④ 일벌백계 – 읍참마속　　⑤ 마부위침 – 마부작침

 정답 ③

 일석이조(一石二鳥)는 한 개의 돌을 던져 두 마리의 새를 떨어뜨린다는 의미로, 한 가지 일로 두 가지 이익을 얻는 것을 의미한다. 이심전심(以心傳心)은 마음과 마음이 통한다는 의미로 말을 하지 않아도 의미가 전달된다는 뜻이다.

① 필부필부(匹夫匹婦), 갑남을녀(甲男乙女) : 보통 평범한 사람을 이르는 말이다.
② 일호지천(一壺之天), 무릉도원(武陵桃源) : 현세와 다른 또 다른 세계를 이르는 말이다.
④ 일벌백계(一罰百戒), 읍참마속(泣斬馬謖) : 법대로 처단하여 질서를 바로잡는 것을 이르는 말이다.
⑤ 마부위침(磨斧爲針), 마부작침(磨斧作鍼) : 도끼를 갈아 바늘을 만든다는 뜻으로 아무리 어려운 일이라도 끈기 있게 노력하면 이룰 수 있음을 비유하는 말이다.

07
① 망각 – 기억　　　② 계합 – 일치　　　③ 미담 – 추문

④ 친근 – 소원　　　⑤ 구심 – 원심

 정답 ②

 정답해설　계합과 일치는 사물이나 현상이 서로 꼭 들어맞음을 뜻하는 유의 관계이다. 나머지는 모두 반의 관계이다.

오답해설　① 어떤 사실을 잊음 – 어떤 사실을 의식 속에 간직함
③ 사람을 감동시킬 만큼 아름다운 이야기 – 추하고 좋지 못한 소문
④ 사이가 가까움 – 사이가 멀어 서먹함
⑤ 중심이 되는 것 – 중심에서 멀어지는 것

08
① 견문발검 – 문어　　　② 당랑거철 – 사마귀　　　③ 삼인성호 – 호랑이

④ 새옹지마 – 말　　　⑤ 오비이락 – 까마귀

 정답 ①

정답해설　한자성어와 상징하는 동물끼리 관계 지은 것이다. 견문발검(見蚊拔劍)은 '모기를 보고 칼을 뺀다.'는 뜻으로 보잘 것 없는 작은 일에 지나치게 큰 대책을 세움을 뜻한다.

오답해설　② 당랑거철(螳螂拒轍) : 사마귀가 수레바퀴를 막는다는 의미로 제 분수를 모르고 강적에게 대항함을 의미한다.
③ 삼인성호(三人成虎) : 세 사람이면 없던 호랑이도 만들어 낸다는 의미로 여러 사람이 거짓을 말하면 곧 진실이 됨을 의미한다.
④ 새옹지마(塞翁之馬) : 옛 중국에서 노인의 도망갔던 말이 몇 달 후에 준마(駿馬)를 데리고 돌아왔던 일화에서 세상만사의 변화가 많음을 의미한다.
⑤ 오비이락(烏飛梨落) : 까마귀 날자 배 떨어진다는 의미로 아무런 관계없이 한 일이 공교롭게 혐의를 받게 됨을 의미한다.

09
① 일촉즉발 – 누란지위　　　② 망양보뢰 – 망우보뢰　　　③ 일낙천금 – 금의환향

④ 인익기익 – 인기기기　　　⑤ 각주구검 – 수주대토

정답 ③

정답해설　• 일낙천금(一諾千金) : 한 번 승낙하면 그것이 천금과 같다는 뜻으로 약속을 반드시 지킴을 이르는 말이다.
• 금의환향(錦衣還鄕) : 비단옷을 입고 고향에 돌아온다는 의미로 출세하여 고향에 돌아옴을 이르는 말이다.

오답해설　① 일촉즉발(一觸卽發), 누란지위(累卵之危) : 조그만 자극에도 큰일이 벌어질 것 같은 아슬아슬한 상태를 이르는 말이다.
② 망양보뢰(亡羊補牢), 망우보뢰(亡牛補牢) : 이미 어떤 일을 실패한 뒤에 뉘우쳐도 소용이 없음을 이르는 말이다.
④ 인익기익(人溺己溺), 인기기기(人飢己飢) : 다른 사람의 고통을 자기의 고통으로 여겨 그들의 고통을 덜어주기 위해 최선을 다함을 이르는 말이다.
⑤ 각주구검(刻舟求劍), 수주대토(守株待兎) : 판단력이 둔하여 융통성이 없고 세상일에 어두움을 이르는 말이다.

10
① 강원도 포수 – 지리산 포수
② 거지가 말 얻은 격 – 비렁뱅이 비단 얻은 격
③ 겉 다르고 속 다르다 – 겨 묻은 개가 똥 묻은 개를 나무란다
④ 광에서 인심 난다 – 쌀독에서 인심 난다
⑤ 구복이 원수라 – 목구멍이 포도청이라

 정답 ③

 정답해설 유사한 의미를 가진 속담을 관계 지었다. '겉 다르고 속 다르다'와 '겨 묻은 개가 똥 묻은 개를 나무란다'는 유의어 관계에 속하지 않는다.
- 겉 다르고 속 다르다 : 겉으로 드러나는 행동과 마음속으로 품고 있는 생각이 서로 달라서 사람의 됨됨이가 바르지 못함
- 겨 묻은 개가 똥 묻은 개를 나무란다 : 결점이 있기는 마찬가지이면서, 조금 덜한 사람이 더한 사람을 흉볼 때에 변변하지 못하다고 지적하는 말

 오답해설 ① 강원도 포수, 지리산 포수 : 산이 험한 강원도에서 사냥을 떠나면 돌아오지 못하는 수가 많았으므로 간 후에 다시 돌아오지 않거나, 매우 늦게 돌아오는 사람을 비유하는 말
② 거지가 말 얻은 격, 비렁뱅이 비단 얻은 격 : 자기 분수에 넘치는 것을 얻어 가지고 자랑함을 비웃는 말
④ 광에서 인심 난다, 쌀독에서 인심 난다 : 자신이 넉넉해야 다른 사람도 도울 수 있음을 비유하는 말
⑤ 구복이 원수라, 목구멍이 포도청이라 : 먹고살기 위하여 어쩔 수 없이 잘못을 저질렀음을 이르는 말

11
① 매진 – 맥진　　② 위엄 – 위신　　③ 귀감 – 모범
④ 고답 – 세속　　⑤ 풍정 – 정취

 정답 ④

 정답해설 고답(高踏)은 현실과 동떨어져 고상하게 여기는 것을 의미하며 세속(世俗)은 세상의 일반적인 풍속을 의미하는 반의어 관계이다.

오답해설 ① 매진(邁進), 맥진(驀進) : 어떤 일을 돌아볼 겨를 없이 힘차게 나아감
② 위엄(威嚴), 위신(威信) : 존경할 만한 위세가 있어 점잖고 엄숙한 태도
③ 귀감(龜鑑), 모범(模範) : 거울로 삼아 본받을 만한 모범
⑤ 풍정(風情), 정취(情趣) : 정서와 회포를 자아내는 풍치나 경치

12

① 거리 – 벼 100섬
② 쌈 – 바늘24개
③ 제 – 탕약 스무 첩
④ 매 – 젓가락 한 쌍
⑤ 되지기 – 논밭 한 마지기의 10분의 1

정답 ①

정답해설 거리는 오이나 가지 따위를 묶어 세는 단위로, 한 거리는 오이 또는 가지 50개를 의미한다.

13

① 어린이 – 아이　　② 애인 – 애기　　③ 감주 – 박주
④ 결빙 – 해빙　　⑤ 이기 – 이타

정답 ①

정답해설 어린이와 아이는 유의어 관계로 어린이는 아이를 격식 있게 갖추어 이르는 말이다. 나머지는 반의어 관계이다.

오답해설 ② 애인(愛人)은 남을 사랑한다는 뜻이며 애기(愛己)는 내 자신을 사랑한다는 뜻이다.
③ 감주(甘酒)는 맛이 좋은 술을 뜻하고, 박주(薄酒)는 맛이 좋지 못한 술을 뜻한다.
④ 결빙(結氷)은 물이 어는 것을 뜻하며 해빙(解氷)은 물이 녹음을 뜻한다.
⑤ 이기(利己)는 자기 자신의 이익만을 꾀하는 것을, 이타(利他)는 다른 이의 이익을 더 꾀하는 것을 뜻한다.

14

① 길조 – 흉조　　② 노회 – 순진　　③ 천지 – 건곤
④ 객체 – 주체　　⑤ 낙천 – 염세

정답 ③

정답해설 천지(天地)와 건곤(乾坤)은 하늘과 땅을 아울러 이르는 유의어 관계로 나머지는 모두 반의어 관계이다.

오답해설 ① 길조(吉兆)는 좋은 일이 있을 조짐, 흉조(凶兆)는 불길한 징조를 뜻한다.
② 노회(老獪)는 경험이 많고 교활함을, 순진(純眞)은 세상 물정에 어두워 어수룩함을 뜻한다.
④ 객체(客體)는 의사나 행위가 미치는 대상을 의미하며 주체(主體)는 사물의 작용이나 어떤 행동의 주가 된다는 의미이다.
⑤ 낙천(樂天)은 세상과 인생을 즐겁고 좋은 것으로 여기는 것이고, 염세(厭世)는 세상을 괴롭고 귀찮은 것으로 여겨 비관하는 것을 뜻한다.

15

① 조합 – 단체　　　② 정면 – 후면　　　③ 정수 – 우물물
④ 개울 – 내　　　　⑤ 시전 – 시사

 정답 ②

정답해설 정면은 똑바로 마주 보이는 면을 뜻하고, 후면은 향하고 있는 방향의 반대쪽 면을 뜻한다. 반의어 관계이며 나머지는 유의어 관계이다.

오답해설 ① 조합, 단체는 여럿을 한데 모아 한 덩어리로 짜는 것을 의미한다.
③ 정수(井水), 우물물은 우물에서 나오는 물로 유의어이다.
④ 개울, 내는 골짜기나 들에 흐르는 작은 물줄기로 유의어 관계이다.
⑤ 시전(市廛), 시사(市肆)는 시장 거리의 가게를 의미한다.

16

① 아버지 – 부친　　　② 채소 – 야채　　　③ 길 – 도로
④ 달걀 – 계란　　　　⑤ 동아리 – 단체

 정답 ②

정답해설 ②를 제외하고 모두 '고유어 – 한자어'의 관계를 가진 단어들이다.
채소(菜蔬)와 야채(野菜)는 모두 한자어이다.

17

① 가뿐하다 – 묵직하다　　　② 촘촘하다 – 성기다　　　③ 박식하다 – 해박하다
④ 굳다 – 녹다　　　　　　　⑤ 변하다 – 불변하다

 정답 ③

정답해설 박식하다와 해박하다는 지식이 넓고 아는 것이 많다는 의미이며 나머지는 반의어 관계이다.

 오답해설 ① 가뿐하다는 들기 좋을 정도로 가볍다는 의미이며 묵직하다는 다소 큰 물건이 보기보다 제법 무거운 것을 의미한다.
② 촘촘하다는 틈이나 간격이 매우 좁거나 작은 것을, 성기다는 물건의 사이가 뜬 것을 뜻한다.
④ 굳다는 무른 물질이 단단해지는 것을 의미하며 녹다는 굳은 물질이 녹거나 풀리는 것을 의미한다.
⑤ 변하다는 무엇이 다른 것이 되거나 혹은 다른 성질로 달라진다는 의미이고, 불변하다는 사물의 모양이나 성질이 변하지 않는 것을 의미한다.

18 ① 식물 – 꽃 – 장미　　② 예술 – 문학 – 시　　③ 도형 – 다각형 – 원

④ 필기구 – 연필 – HB연필　　⑤ 과일 – 사과 – 홍옥

정답 ③

정답해설 ③을 제외하고 모두 순서대로 상위어와 하위어의 관계를 이루고 있다.
도형⊃다각형⊅원

오답해설 ① 식물⊃꽃⊃장미
② 예술⊃문학⊃시
④ 필기구⊃연필⊃HB연필
⑤ 과일⊃사과⊃홍옥

▶ 핵심정리

상위어와 하위어

한 단어의 의미 영역이 다른 단어의 의미 영역의 한 부분일 때 작은 영역의 의미 관계를 '하의관계'라 하고 그러한 의미를 가진
단어를 '하위어' 또는 '하의어'라 한다. 그리고 이때 그 하의어를 안고 있는 상위의 단어를 '상위어'라 한다.

19 ① 솔개 – 토끼 – 풀　　② 뱀 – 개구리 – 파리　　③ 연못 – 잉어 – 연꽃

④ 고래 – 오징어 – 새우　　⑤ 여우 – 꿩 – 나무열매

정답 ③

정답해설 ③을 제외하고 먹이사슬의 관계를 가진 단어들이다.

20 ① 숟가락 – 음식 – 섭취　　② 삽 – 모래 – 운반　　③ 공 – 운동장 – 축구

④ 피아노 – 음악 – 연주　　⑤ 펜 – 글자 – 필기

정답 ③

정답해설 ③을 제외하고 모두 '도구 – 대상 – 행위'의 관계를 가진 단어들이다.

21

① 후보자 – 선거 – 당선　　② 수험생 – 응시 – 합격　　③ 선수 – 시합 – 패배

④ 작가 – 집필 – 탈고　　⑤ 화가 – 데생 – 채색

 정답　⑤

정답
해설　⑤를 제외하고 모두 '행위자 – 행위 – 결과'의 관계를 가진 단어들이다.

　　• 데생(dessin) : 주로 선에 의하여 어떤 이미지를 그려내는 기술 또는 그런 작품

　　• 채색(彩色) : 그림 따위에 색을 칠함

22

① 보유 – 소유 – 소지　　② 나태 – 태만 – 태업　　③ 견책 – 질책 – 질타

④ 근본 – 근원 – 근간　　⑤ 경멸 – 소멸 – 자멸

 정답　⑤

정답
해설　⑤를 제외하고 유의어로 이루어진 단어들이다.

23

① 새 – 닭 – 오골계

② 포유동물 – 개 – 치와와

③ 자연과학 – 물리학 – 양자역학

④ 자연수 – 정수 – 유리수

⑤ 소설 – 중편소설 – 구운몽

 정답　④

정답
해설　④를 제외하고 '상위개념 → 하위개념'의 관계를 가진 단어들이다.

　　자연수는 정수의, 정수는 유리수의 하위개념이다. 즉, '하위개념 → 상위개념'의 관계이다.

24
① 콩 – 된장 – 두부

② 배추 – 김치 – 김장

③ 유산균 – 요구르트 – 아이스크림

④ 포도 – 포도잼 – 포도주스

⑤ 나무 – 책상 – 침대

 정답 ②

 정답해설 ②를 제외하고 재료(원료)와 제품(완성품, 물건)의 관계를 가진 단어들이다.

25
① 영화 – 감독 – 배우 ② 연극 – 무대 – 소품 ③ 학교 – 학생 – 교사

④ 소설 – 주제 – 인물 ⑤ 트럭 – 승용차 – 핸들

정답 ⑤

정답해설 ⑤를 제외하고 모두 '전체 – 부분(구성 요소) – 부분(구성 요소)'의 관계를 가진 단어들이다.

에 시계 : 시침

에 어절(語節) : 형태소(形態素)

03

도형추리

GLOBAL SAMSUNG APTITUDE TEST

도형추리는 제시된 도식의 규칙을 파악하여 답을 유추하는 유형의 문제들로 출제된다.

[01~20] 다음 주어진 도형들을 보고 '?'에 들어갈 도형을 보기에서 고르시오.

01

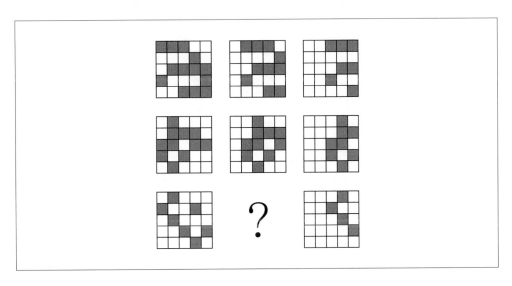

①   ②   ③

④   ⑤

 ②

 규칙은 가로로 적용되었다. 오른쪽으로 이동할 때마다 도형의 회색 칸이 오른쪽으로 한 칸씩 이동한다.

02

(도형 문제)

① ↑

② →

③ ↓

④ ←

⑤ ↑

 정답 ①

정답 해설 첫 번째 열과 행에서 화살표는 시계 방향으로 90° 회전하고 있으며, 화살표 꼬리부분의 선은 하나씩 줄어들고 있다. 그러므로 물음표에는 ①과 같은 도형이 알맞다.

03

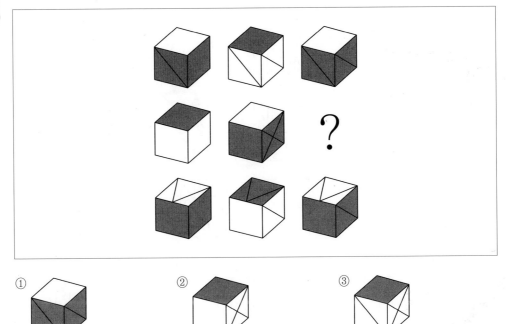

 정답 ②

정답
해설 도형의 윗면은 회색과 흰색을 반복하며 문양은 항상 같다. 옆면의 문양은 두 번째 열과 세 번째 열에서 서로 같다. 앞면 문양은 세 칸이 서로 같으며 회색과 흰색을 반복한다.

04

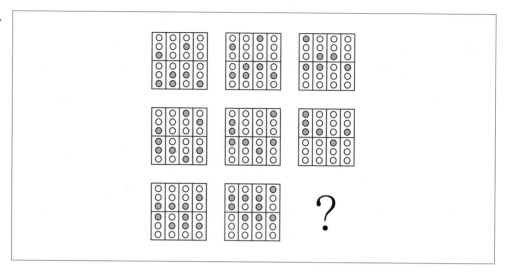

① ② ③

④ ⑤

 정답 ④

정답
해설 각 도형은 8칸으로 나뉘고 각 칸마다 3개의 원이 들어간다. 3개의 원이 들어간 각 칸은 세로로 두 칸을 하나의 틀로 간주한다. 오른쪽 열로 이동할 때마다 한 계단씩 위로 회색 원이 이동한다.

05

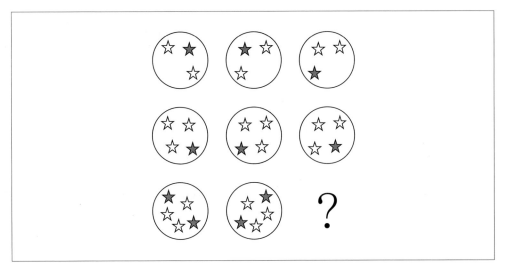

①

②

③

④

⑤

 정답 ③

정답
해설 규칙은 가로로 적용되고 있으며 두 번째 도형은 첫 번째 도형에서 좌우로 반전한 것이다. 세 번째 도형은 두 번째 도형에 색칠된 별이 시계 반대 방향으로 움직이고 있다.

06

①   ②   ③

④   ⑤

정답 ②

정답해설 두 번째 열과 세 번째 열의 도형들을 서로 포개거나 붙이면 첫 번째 열의 도형이 된다.

07

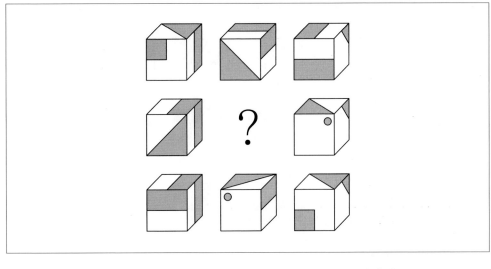

 정답 ①

정답
해설 맨 윗열을 기준으로 앞면은 왼쪽 방향 대각선으로 배열된 도형을 따라 시계 반대 방향으로 90° 씩 회전한다. 윗면은 왼쪽 방향 대각선으로 배열된 도형을 따라 시계 방향으로 90° 씩 회전한다. 옆면은 수직으로 배열된 도형을 따라 같은 문양을 반복한다.

08

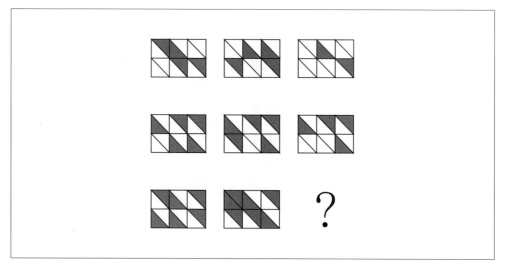

①   ②   ③

④   ⑤

 ①

 규칙은 가로로 적용되며 첫 번째 도형과 두 번째 도형의 색칠된 부분이 겹친 부분만 남은 것이 세 번째 도형이다.

09

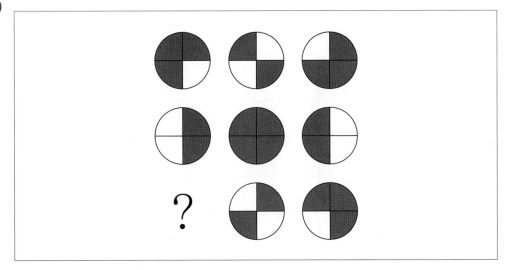

 ① ② ③

 ④ ⑤

 정답 ⑤

 정답
해설 규칙은 가로로 적용된다. 첫 번째와 두 번째 도형의 흰 부분만을 합친 다음 색을 반전하면 세 번째 도형이 된다. 그러므로 물음표에는 ⑤ 도형이 된다.

10

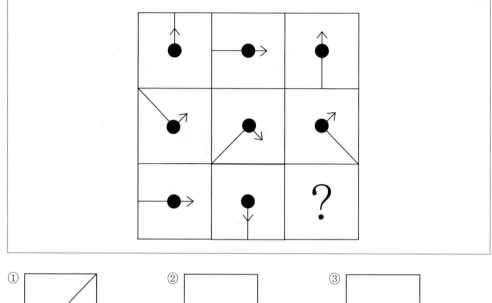

①

②

③

④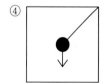

⑤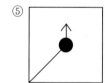

정답 ②

정답
해설 검은 점을 사이에 두고 긴 바늘과 짧은 화살표 바늘로 구분했을 때, 긴 바늘은 시계 반대 방향으로 90° 회전하며, 짧은 바늘은 첫 번째 열과 세 번째 열이 같은 모양을 반복한다. 그러므로 물음표에는 ②와 같은 도형이 알맞다.

11

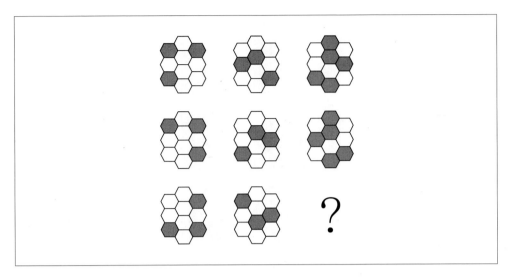

 ①

 ②

 ③

 ④

 ⑤

 정답 ⑤

 정답
해설 규칙은 세로로 적용되고 있다. 두 번째 도형은 첫 번째 도형에서 좌우 반전시킨 도형이며 세 번째 도형은 두 번째 도형을 상하 반전시킨 도형이다.

12

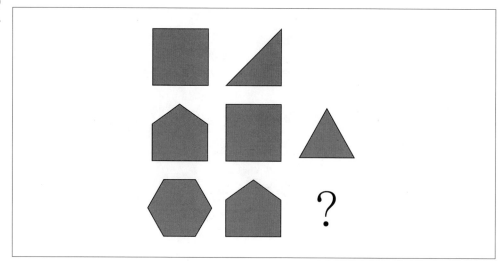

①

②

③

④

⑤

 ④

 첫 번째 행 : 사각형 → 삼각형 → 없음,

두 번째 행 : 오각형 → 사각형 → 삼각형,

세 번째 행 : 육각형 → 오각형 → ?

13

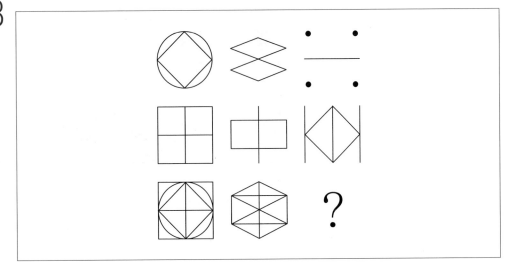

①

②

③

④

⑤

정답 ①

정답
해설 첫 번째 행의 도형과 두 번째 행의 도형을 합하면 세 번째 행의 도형이 되는 규칙이다.

14

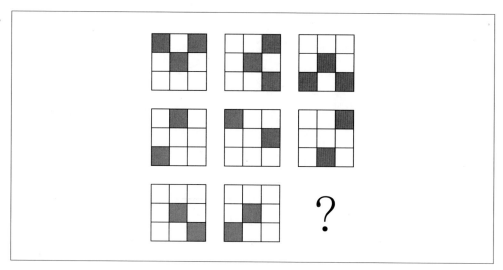

①

②

③

④

⑤

정답 ③

정답해설 규칙은 가로방향으로 적용되며 오른쪽으로 90° 회전하고 있다.

15

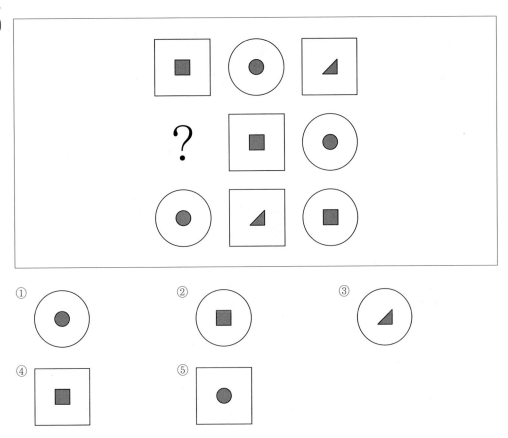

① ② ③

④ ⑤

정답 ③

정답
해설 행마다 큰 도형 안에 있는 작은 삼각형, 사각형, 원은 칸마다 하나씩 들어간다. 첫 번째 열 바깥쪽 큰 도형과 세 번째 열 바깥 쪽 큰 도형은 서로 같다.

16

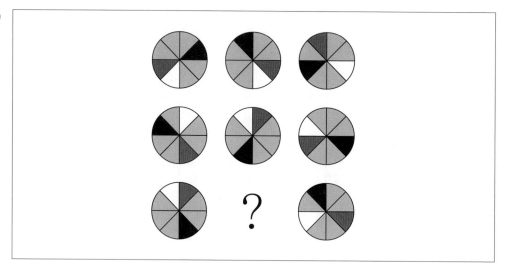

①

②

③

④

⑤

 정답 ③

정답
해설 수평으로 배열된 도형을 따라 시계 반대 방향으로 검은색 영역은 2칸씩, 진한 회색 영역은 3칸씩, 흰색 영역은 1칸씩 이동한다.

17

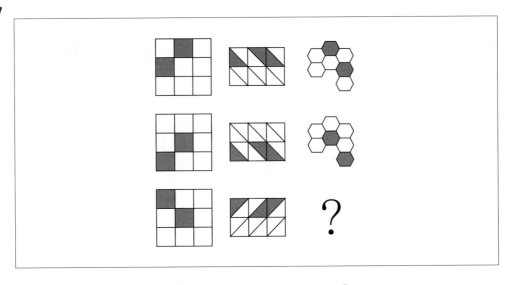

①

②

③

④

⑤

 ④

 규칙은 세로로 적용된다. 두 번째 도형은 첫 번째 도형에서 색칠되었던 부분이 아래로 한 칸 움직인 것이고, 세 번째 도형
은 두 번째 도형에서 상하로 반전하고 있다.

18

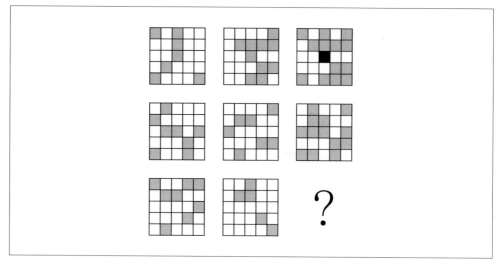

①

②

③

④

⑤

⏻ **정답** ④

➕ **정답
해설** 8개의 도형은 각각 25개의 조각으로 이루어져 있다. 이 각각의 도형은 다시 가로 방향으로 홀수 줄과 짝수 줄로 나누어 생각해야 한다. 첫 번째 도형의 홀수 줄과 수평으로 놓여 있는 두 번째 도형의 홀수 줄을 합친 모양은 세 번째 도형의 홀수 줄의 모양이 된다. 단, 홀수 줄의 회색 칸이 겹친다면 그 부분은 검정색으로 칠한다. 짝수 줄의 경우 역시 첫 번째 도형의 짝수 줄과 수평으로 놓여 있는 두 번째 도형의 짝수 줄을 합친 모양이 세 번째 도형의 짝수 줄의 모양이 되는데, 이 경우에는 첫 번째 도형과 두 번째 도형의 짝수 줄 중 칠해진 회색 칸이 많은 쪽의 모양으로 정해진다.

19

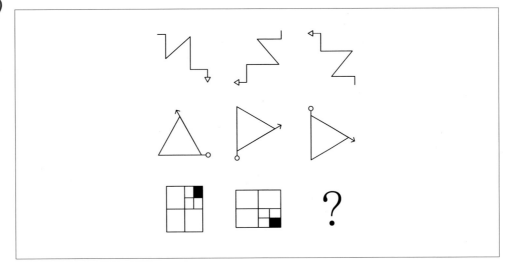

①

②

③

④

⑤

 ①

정답해설 규칙은 가로로 적용되었다. 두 번째 그림은 첫 번째 그림에서 시계방향으로 90° 회전했다. 세 번째 그림은 두 번째 그림에서 상하로 반전한 것이다.

20

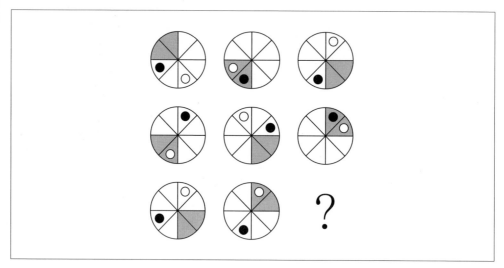

① 　　② 　　③

④ 　　⑤

  ⑤

맨 윗열을 기준으로 검은색 점과 흰색 점은 오른쪽 대각선으로 배열된 도형을 따라 대칭되는 영역으로 이동한다. 회색 영역은 수평으로 배열된 도형을 따라 시계 반대 방향으로 90° 씩 회전한다.

CHAPTER

04

도식추리

도식추리는 제시된 도식의 규칙을 파악하여 답을 유추하는 유형의 문제이다.

[01~03] 아래 도식의 기호들은 정해진 규칙에 따라 문자나 숫자를 변화시킨다. '?'에 들어갈 알맞은 것을 고르시오. (단, 규칙은 가로 또는 세로 중 한 방향으로만 적용할 수 있다.)

```
                    250              TCP
                     ↓                ↓
  7294      →        ☆      →         ○      →      47297
                     ↓                ↓
  RPQ       →        □      →         △      →      ☆      →      PPQ
                     ↓                ↓
                     ○               PC
                     ↓
                    2502
```

01

JMA → □ → ○ → ?

① JA   ② JAM   ③ MJA   ④ AMJ   ⑤ AM

정답 ②

 정답
해설

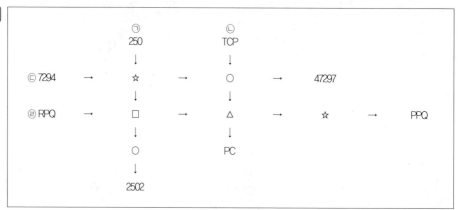

먼저 과정 ㉠과 ㉢을 비교하면 규칙 ☆이 공통으로 적용되어 있고, 각 결과 값에서 앞자리 문자가 하나씩 더 만들어져 있음을 알 수 있다. 여기서 ☆이 앞자리 문자를 하나씩 더 만드는 규칙이라고 한다면 과정 ㉢에서 77294 → ○ → 472970이므로 ○는 앞자리와 끝자리 문자를 바꾸는 규칙이 된다. 또한 과정 ㉡에서 ○규칙을 적용하면 TCP → PCT → △ → PC이므로 △는 끝자리 문자를 버리는 규칙이며, 과정 ㉣에서 △ · ☆규칙을 적용하면 RPQ → □ → PQR이므로 □는 앞자리 문자를 끝으로 보내는 규칙이다.

그러므로, JMA →⌐□ MAJ →⌐○ JAM 이 성립된다.

- □ : 앞자리 문자를 끝으로 보내는 규칙이다.
- ○ : 앞자리와 끝자리 문자를 바꾸는 규칙이다.

▶ 핵심정리

도식추리 개요

㉠ 도식추리는 가로와 세로 중에서 한 방향으로만 적용된다.
㉡ 출제 유형으로 크게 위치도식과 연산도식을 중심으로 출제된다. 출제되는 규칙의 유형으로는 다음과 같다.
- 위치도식
  - 1234 → 1432
  - 1234 → 2134
  - 1234 → 4321
- 연산
  - 기본 연산 : 1, 2, 3, 4 → (+1, +1, +1, +1) → 2, 3, 4, 5
  - 선택 연산 : 1, 2, 3, 4 → (+1, -1, 0, 0) → 2, 1, 3, 4

02

$$SPYL \rightarrow ☆ \rightarrow △ \rightarrow ?$$

① PPYL   ② PYLS   ③ SPY   ④ SYPS   ⑤ SSPY

 정답 ⑤

 정답해설   01번 문제 해설의 규칙에 따라, SPYL → SSPYL → SSPY이 성립한다.

   • ☆ : 앞자리 문자를 하나씩 더 만드는 규칙이다.

   • △ : 끝자리 문자를 버리는 규칙이다.

03

$$ONKEY \rightarrow ☆ \rightarrow □ \rightarrow ○ \rightarrow ?$$

① NKEY   ② EYONK   ③ NNKEY   ④ KYONN   ⑤ ONKEYO

 정답 ⑤

 정답해설   01번 문제 해설의 규칙에 따라, ONKEY → OONKEY → ONKEYO → ONKEYO이 성립한다.

   • ☆ : 앞자리 문자를 하나씩 더 만드는 규칙이다.

   • □ : 앞자리 문자를 끝으로 보내는 규칙이다.

   • ○ : 앞자리와 끝자리 문자를 바꾸는 규칙이다.

[04~06] 아래 도식의 기호들은 정해진 규칙에 따라 문자나 숫자를 변화시킨다. '?'에 들어갈 알맞은 것을 고르시오. (단, 규칙은 가로 또는 세로 중 한 방향으로만 적용할 수 있다.)

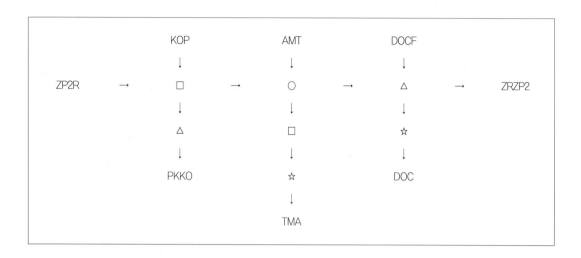

04

$$GZW \rightarrow \square \rightarrow \star \rightarrow ?$$

① ZZW   ② WGZ   ③ WGG   ④ GZW   ⑤ GGZ

정답 ④

정답해설

과정 ⓒ와 ㉣를 살피면, 과정 ⓒ에서는 문자가 하나 증가하였으며, 과정 ㉣에서는 문자가 하나 줄어들었다. △는 공통으로 들어가므로 뒷자리 문자를 맨 앞으로 보내는 규칙이다. 이에 따라 □는 앞자리 문자를 하나 더 만드는 규칙이고 ☆은 앞자리 문자를 버리는 규칙이다. 이를 과정 ㉠에 적용시키면, ZP2R → ZZP2R → ○ → RZP2Z → ZRZP2이므로 ○는 앞자리 문자와 끝자리 문자를 바꾸는 규칙이다.

GZW → GGZW → GZW

- □ : 앞자리 문자를 하나 더 만드는 규칙이다.
- ☆ : 앞자리 문자를 버리는 규칙이다.

05

$$9345 → △ → ○ → ?$$

① 9455   ② 9435   ③ 9345   ④ 4935   ⑤ 493

정답 ④

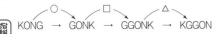

9345 → 5934 → 4935

- △ : 뒷자리 문자를 맨 앞으로 보내는 규칙이다.
- ○ : 앞자리 문자와 끝자리 문자를 바꾸는 규칙이다.

06

$$KONG → ○ → □ → △ → ?$$

① KGG   ② KGGON   ③ NGO   ④ NKGO   ⑤ OKNG

정답 ②

KONG → GONK → GGONK → KGGON

- ○ : 앞자리 문자와 끝자리 문자를 바꾸는 규칙이다.
- □ : 앞자리 문자를 하나 더 만드는 규칙이다.
- △ : 뒷자리 문자를 맨 앞으로 보내는 규칙이다.

[07~09] 아래 도식의 기호들은 정해진 규칙에 따라 문자나 숫자를 변화시킨다. '?'에 들어갈 알맞은 것을 고르시오. (단, 규칙은 가로 또는 세로 중 한 방향으로만 적용할 수 있다.)

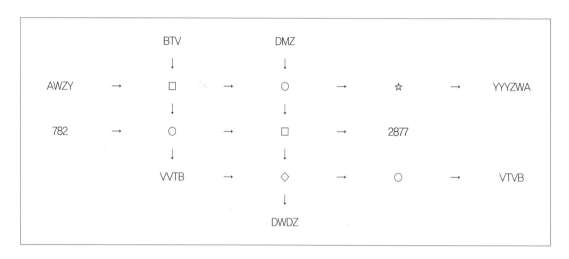

07

489 → ☆ → ○ → ?

① 489　　　② 4489　　　③ 4899　　　④ 9844　　　⑤ 9984

 정답　④

정답해설

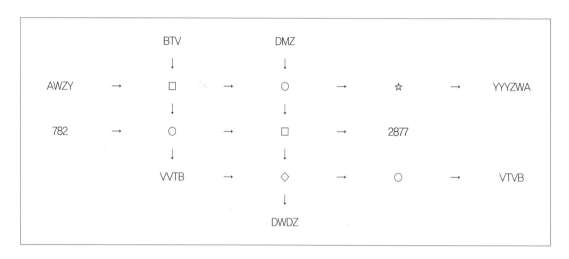

먼저 과정 ㉠과 ㉣을 통해 □가 문자를 하나 증가시키는 규칙이라는 것을 알 수 있다. 과정 ㉠에서 문자 V가 증가했으므로 □는 끝자리 문자를 하나 증가시키는 규칙이고, 따라서 ○는 문자를 역순으로 배열하는 규칙이다. 이를 과정 ㉢에 대입하면, ◇는 앞자리와 끝자리 문자의 위치를 서로 바꾸는 규칙임을 알 수 있다. 이 결과를 과정 ㉢에 대입하면 ☆이 앞자리 문자를 하나 증가시키는 규칙이라는 결과를 얻을 수 있다.

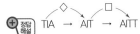

489 → 4489 → 9844

- ☆ : 앞자리 문자를 하나 더 만드는 규칙이다.
- ○ : 문자를 역순으로 배열하는 규칙이다.

08

TIA → ◇ → □ → ?

① AITT　　② AIT　　③ ATIA　　④ IAT　　⑤ IIAT

 정답 ①

정답
해설

TIA → AIT → AITT
　　◇　　　□

- ◇ : 앞자리와 끝자리 문자를 바꾸는 규칙이다.
- □ : 끝자리 문자를 하나 더 만드는 규칙이다.

09

6071 → ○ → ☆ → ?

① 6071　　② 11706　　③ 16077　　④ 17066　　⑤ 60711

정답 ②

정답
해설

6071 → 1706 → 11706
　　○　　　☆

- ○ : 문자를 역순으로 배열하는 규칙이다.
- ☆ : 앞자리 문자를 하나 더 만드는 규칙이다.

[10~12] 아래 도식의 기호들은 정해진 규칙에 따라 문자나 숫자를 변화시킨다. '?'에 들어갈 알맞은 것을 고르시오. (단, 규칙은 가로 또는 세로 중 한 방향으로만 적용할 수 있다.)

```
MENU   →   △   →   □   →   EENUM   →   ☆   →   ○   →   EMUNE
                            ↓                                ↓
        ESC   →   ○   →   ☆   →   SEC                      □
                            ↓                                ↓
                           ◇                                △
                            ↓                                ↓
                          MUNE                            EMUNEE
```

10

MAX → □ → ☆ → ?

① MMA   ② AXX   ③ AXMM   ④ MMAX   ⑤ XAMM

정답 ⑤

정답해설

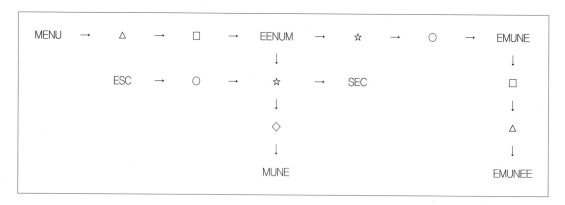

먼저 MENU → △ → □ → EENUM으로 변하는 과정 ㉠과 EMUNE → □ → △ → EMUNEE로 변하는 과정 ㉡을 비교한다. 두 과정 모두 문자가 하나 더 만들어지는데 ㉡에서는 앞이나 뒤에서 변할 수 있지만 ㉠에서는 끝자리 문자가 하나 더 만들어진 것이 아니라 E가 하나 더 만들어졌으므로 앞자리 문자를 하나 더 만든다는 것을 알 수 있다. 그리고 순서상 ㉠에서 □가 이 규칙을 가지고 있다. 그렇다면 △는 앞자리 문자를 뒤로 보내는 규칙이 된다. 두 번째로 EENUM → ☆ → ○ → EMUNE로 변하는 과정 ㉢과 EENUM → ☆ → ◇ → MUNE로 변하는 과정 ㉣를 비교했을 때, ㉣에서만 문자가 하나 줄어든다. ESC → ○ → ☆ → SEC로 변하는 과정 ㉤에서도 문자를 더 만드는 변화가 없으므로 ◇은 끝자리 문자를 버리는 법칙이라는 것을 알 수 있다. 이것을 ㉣에 적용하면 ☆이 문자를 역순으로 배열하고 ◇이 끝자리 문자를 버려야 MUNE가 나온다. ☆의 규칙이 나왔으므로 ㉢에 이것을 적용하면 EENUM → MUNEE → ○ → EMUNE이므로 ○는 끝자리 문자를 앞으로 보내는 규칙이다.

그러므로, MAX → MMAX → XAMM이 성립된다.

- □ : 앞자리 문자를 하나 더 만드는 규칙이다.
- ☆ : 문자를 역순으로 배열하는 규칙이다.

11

$$IAN → ○ → △ → ?$$

① AIN ② IAN ③ ANNI ④ AANI ⑤ NNAI

 정답 ②

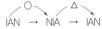 정답해설

IAN → NIA → IAN

- ○ : 끝자리 문자를 앞으로 보내는 규칙이다.
- △ : 앞자리 문자를 뒤로 보내는 규칙이 된다.

12

$$MODE → ○ → ☆ → ◇ → ?$$

① OD ② DEN ③ DOM ④ DOMM ⑤ ODEM

 정답 ③

정답해설

MODE → EMOD → DOME → DOM

- ○ : 끝자리 문자를 앞으로 보내는 규칙이다.
- ☆ : 문자를 역순으로 배열하는 규칙이다.
- ◇ : 끝자리 문자를 버리는 법칙이다.

[13~15] 아래 도식의 기호들은 정해진 규칙에 따라 문자나 숫자를 변화시킨다. '?'에 들어갈 알맞은 것을 고르시오. (단, 규칙은 가로 또는 세로 중 한 방향으로만 적용할 수 있다.)

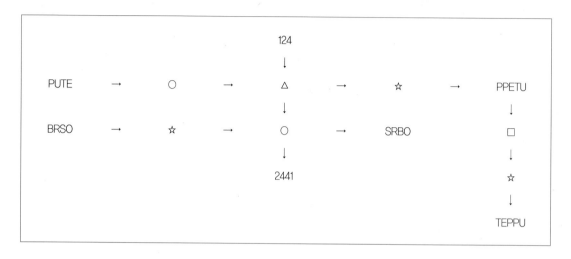

13

$$BVFO → ☆ → △ → ?$$

① VVF   ② FOVO   ③ VBFV   ④ OFVBB   ⑤ BVFOB

정답 ④

정답해설

먼저 BRSO → ☆ → ○ → SRBO로 변하는 과정 ⓒ과 124 → △ → ○ → 2441로 변하는 과정 ⓒ을 비교한다. ⓒ에서는 문자가 하나 더 만들어지지만 ⓒ에서는 그렇지 않다. 이것을 통해 ○는 문자를 하나 더 만드는 규칙이 아니므로 ⓒ에서 △는 끝자리 문자를 하나 더 만드는 규칙이다. 그렇다면 ○는 앞자리 문자를 끝으로 보내는 규칙이다. ○규칙을 ⓒ에 사용하면 BRSO → ☆ → OSRB이므로 ☆은 문자를 역순으로 배열하는 규칙이다. ☆규칙을 PPETU → □ → ☆ → TEPPU

로 변하는 과정 ⓓ에 사용하면 PPETU → □ → UPPET로 변하므로 □는 끝자리 문자를 앞으로 보내는 규칙이다.

- ☆ : 문자를 역순으로 배열하는 규칙이다.
- △ : 끝자리 문자를 하나 더 만드는 규칙이다.

14

CLUE → ○ → □ → ?

① CEL   ② CLUE   ③ UCEL   ④ ELUC   ⑤ LLUEC

정답 ②

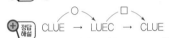

정답해설 CLUE → LUEC → CLUE

- ○ : 앞자리 문자를 끝으로 보내는 규칙이다.
- □ : 끝자리 문자를 앞으로 보내는 규칙이다.

15

369 → □ → ☆ → ○ → ?

① 63   ② 396   ③ 366   ④ 699   ⑤ 6933

정답 ②

정답해설 369 → 936 → 639 → 396

- □ : 끝자리 문자를 앞으로 보내는 규칙이다.
- ☆ : 문자를 역순으로 배열하는 규칙이다.
- ○ : 앞자리 문자를 끝으로 보내는 규칙이다.

[16~18] 아래 도식의 기호들은 정해진 규칙에 따라 문자나 숫자를 변화시킨다. '?'에 들어갈 알맞은 것을 고르시오. (단, 규칙은 가로 또는 세로 중 한 방향으로만 적용할 수 있다.)

```
                    difz                    picn
                     ↓                       ↓
    fasn      →       ☆       →       ○       →      nqaf
     ↓                ↓                       ↓
    ★               didz                     ☆
     ↓                ↓                       ↓
    nfas              ●                      ncgp
                      ↓
                    fidz
```

16

ㅅㅇㅈㄴ → ○ → ☆ → ?

① ㄴㅇㄹㅂ   ② ㄴㅈㅂㅅ   ③ ㄴㅇㅈㅅ   ④ ㄴㅇㅂㅈ   ⑤ ㄴㅈㅇㅅ

정답 ②

정답 해설

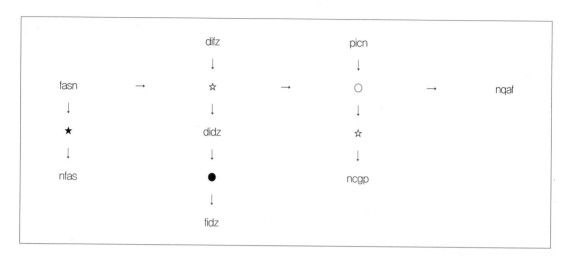

먼저 ㉠의 difz가 ☆를 거쳐 didz가 된다. 세 번째 자릿수만 변화하였으므로 ☆는 각 번호순마다 0, 0, -2, 0이 되었다는 점을 알 수 있다. didz가 ●를 거쳐 fidz가 되었다. 첫 번째 자리만 변화하였으므로 연산기호임을 알 수 있다. 즉, ●는 각 자릿수에 +2, 0, 0, 0을 하는 것임을 유추할 수 있다. ㉢의 fasn가 ★를 거쳐 nfas가 되었으므로 ★는 1234 → 4123으로 순서를 바꾸는 기호임을 알 수 있다. 마지막으로 ㉡은 결과로 나온 ncgp에서 세 번째 자릿수인 g가 바뀌었고, 순서가 변화하였음을 유추할 수 있으므로 ○는 1234 → 4321임을 알 수 있다.

- ○ : 1234 → 4321
- ☆ : 각 자릿수 0, 0, −2, 0

따라서 ㅅㅇㅈㄴ → ㄴㅈㅇㅅ → ㄴㅈㅂㅅ

17

yfbt → ★ → ○ → ?

① bfty　　　　② bzyf　　　　③ bytf　　　　④ bfyt　　　　⑤ bfyz

 ④

 yfbt → tyfb → bfyt

- ★ : 1234 → 4123
- ○ : 1234 → 4321

18

? → ★ → ● → ㄷㅎㅋㅇ

① ㄱㅎㅌㅇ　　② ㅍㄱㅇㅅ　　③ ㅎㅋㅇㄱ　　④ ㅅㅇㄷㄴ　　⑤ ㄴㅎㅇㅌ

 ③

ㄷㅎㅋㅇ에서 ●를 역으로 거치면 −2, 0, 0, 0이 되어 ㄱㅎㅋㅇ이 된다. ㄱㅎㅋㅇ이 된 문자가 ★를 거치면 1234 → 4123
이 반대로 1234 → 2341 이 되므로 ㅎㅋㅇㄱ이 된다.

ㅎㅋㅇㄱ → ㄱㅎㅋㅇ → ㄷㅎㅋㅇ

- ★ : 1234 → 4123
- ● : 각 자릿수 +2, 0, 0, 0

[19~20] 아래 도식의 기호들은 정해진 규칙에 따라 문자나 숫자를 변화시킨다. '?'에 들어갈 알맞은 것을 고르시오. (단, 규칙은 가로 또는 세로 중 한 방향으로만 적용할 수 있다.)

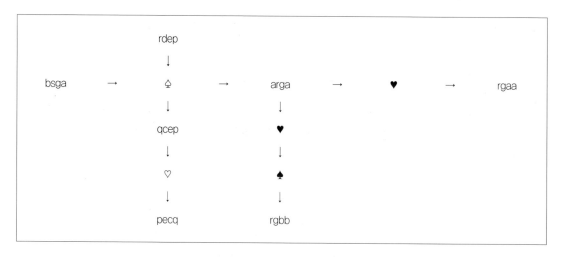

19

$$cnrb \rightarrow ♧ \rightarrow ♥ \rightarrow ?$$

① mrbb ② mbrs ③ bbmr ④ rbmb ⑤ sbmr

정답 ①

정답해설 bsga가 ♧기호를 거쳐 arga가 되었을 때, 문자 순서에는 변화가 없었으며, 알파벳 앞 두 자리의 순서에 변화가 있었다. 따라서 ♧기호는 첫 번째와 두 번째 알파벳 순서를 한 단계 아래로 내리는 기호임을 알 수 있다. arga가 ♥를 거쳐 rgaa가 되었을 때, 문자 순서가 변화했음을 유추할 수 있으며 왼쪽부터 1234 순서라 한다면 2341 순으로 바꾸는 기호이다.

따라서, cnrb → bmrb → mrbb가 된다.
♧ : 각 자릿수 (−1, −1, 0, 0)
♥ : 1234 → 2341

20

$$? \rightarrow ♡ \rightarrow ♤ \rightarrow ㅇㅅㄷㄱ$$

① ㄱㄷㄹㅇ ② ㄷㄱㅇㄹ ③ ㄴㄷㄹㅇ ④ ㄱㄷㅇㅈ ⑤ ㅇㄱㄷㅅ

 정답 ④

 정답해설 19번 문제를 통해 ♤기호가 문자의 첫 번째와 두 번째를 각각 한 단계씩 낮추는 기호인 것을 알 수 있으므로 역으로 첫 번째와 두 번째를 각각 한 단계씩 더해주면 'ㅈㅇㄷㄱ'이 된다. ♡기호는 도식의 rdep가 ♤를 거쳐 qcep로 변화한 것을 통해 추리할 수 있다. qcep가 ♡기호를 거쳐 pecq가 되면 ♡기호는 문자 순서가 역순으로 변화하는 기호임을 알 수 있다. 'ㅈㅇㄷㄱ'를 임의로 왼쪽부터 '1234'로 지정한 순서를 '1234 → 4321'로 바꾸면 'ㄱㄷㅇㅈ'이 되므로 ④번이 정답이다.

♡ : 1234 → 4321

♤ : 각 자릿수 (−1, −1, 0, 0)

▶ 핵심정리

기호의 중요도

도식추리를 풀 때, 문제에 나오는 기호를 먼저 추리하는 것이 무엇보다 중요하다. 문제를 비롯해 문제에서 물어보지 않거나 다른 기호를 추리하는데 거쳐 가야하는 기호가 아닌 것을 찾아내 시간을 낭비할 필요는 없다. 즉, 19~20번 문제의 도식에 있는 ♠기호처럼 문제에 나오지 않은 기호를 추리할 필요가 없다는 것이다.

논리추론

GLOBAL SAMSUNG APTITUDE TEST

논리추론은 제시된 글을 바탕으로 내용에 대한 진술이나 주장의 타당성을 파악하여 논리적인 추론을 하는 유형의 문제들로 출제된다.

01 다음 글이 참일 때 거짓인 것을 고르면?

목조 건축물에서 골조 구조의 가장 기본적인 양식은 기둥과 보가 결합된 것으로서 두 개의 기둥 사이에 보를 연결한 구조이다. 두 기둥 사이에 보를 연결하여 건물의 한 단면이 형성되고 이를 반복하여 공간을 만든다. 이런 구조는 기둥에 대해 수직으로 작용하는 하중에는 강하지만 수평으로 가해지는 하중에는 취약하다. 이때 기둥과 보 사이에 가새를 넣어주어야 하며, 이를 통해 견고한 구조를 실현한다.

가새는 보와 기둥 사이에 대각선을 이루며 연결하는 부재이다. 기둥과 보, 그리고 가새가 서로 연결되어 삼각형 형태가 되면 골조는 더 안정된 구조를 이룰 수 있다. 이러한 삼각형 형태 때문에 보에 가해지는 수평하중은 가새를 통해 기둥으로 전달된다. 대부분의 가새는 하나의 보와 이 보의 양 끝에 수직으로 연결된 두 기둥에 설치되므로 마주보는 짝으로 구성된다. 가새는 보에 가해지는 수직 하중의 일부도 기둥으로 전달하는 역할을 하지만, 가새의 크기와 위치를 설계할 때에는 수평 하중의 영향만을 고려한다.

① 가새는 수직 하중에 약한 구조를 보완한다.
② 가새는 수직 하중의 일부를 기둥으로 보낸다.
③ 가새는 목조 골조 구조의 안정성을 향상시킨다.
④ 가새를 얼마나 크게 할지, 어디에 설치할지를 설계할 경우에 수평 하중의 영향만을 생각한다.
⑤ 가새는 대부분 하나의 보를 받치는 두 개의 기둥 각각에 설치되므로 한 쌍으로 이루어진다.

정답 ①

정답해설 두 기둥 사이에 보를 연결하는 골조 구조는 수직 하중에는 강하지만 수평 하중에는 약하며, 이를 보완하기 위해 가새가 사용된다. 즉, 가새는 수직 하중이 아닌 수평 하중에 약한 구조를 보완한다.

▶ **핵심정리**

논리추론
단순히 내용을 파악하는 문제보다는 유추 · 추론 과정을 거쳐야 하는 문제가 출제된다. 핵심어를 찾아 각 문단의 중심 문장을 파악한 뒤 주제문을 찾고, 제시문을 빠르게 이해해야 한다.

02 다음 글이 참일 때 거짓인 것을 고르면?

> 조선 시대의 궁궐은 남쪽에서 북쪽에 걸쳐 외전, 내전, 후원의 순서로 구성되었다. 공간배치상 가장 앞쪽에 배치된 외전은 왕이 의례, 외교, 연회 등 정치 행사를 공식적으로 치르는 공간이며, 그 중심은 정전 혹은 법전으로 부르는 건물이었다. 정전은 회랑으로 둘러싸여 있는데, 그 회랑으로 둘러싸인 넓은 마당이 엄격한 의미에서 조정이 된다.
>
> 내전은 왕과 왕비의 공식 활동과 일상적인 생활이 이루어지는 공간으로서 위치상으로 궁궐의 중앙부를 차지할 뿐만 아니라 그 기능에서도 궁궐의 핵을 이루는 곳이다. 그 가운데서도 연거지소는 왕이 일상적으로 기거하며 가장 많은 시간을 보내는 곳이자 주요 인물들을 만나 정치 현안에 대해 의견을 나누는 곳으로, 실질적인 궁궐의 핵심이라 할 수 있다. 왕비의 기거 활동 공간인 중궁전은 중전 또는 중궁이라고도 불렸는데, 궁궐 중앙부의 가장 깊숙한 곳에 위치한다. 동궁은 차기 왕위 계승자인 세자의 활동 공간으로 내전의 동편에 위치한다. 세자는 동궁이라 불리기도 했는데, 다음 왕위를 이을 사람인 그에게 '떠오르는 해'라는 의미를 부여했기 때문이다. 내전과 동궁 일대는 왕, 왕비, 세자 등 주요 인물의 공간이다. 그들을 시중드는 사람들의 기거 활동 공간은 내전의 뒤편에 배치되었다. 이 공간은 내전의 연장으로 볼 수 있는데 뚜렷한 명칭이 따로 있지는 않았다.
>
> 후원은 궁궐의 북쪽 산자락에 있는 원유를 가리킨다. 위치 때문에 북원으로 부르거나, 아무나 들어갈 수 없는 금단의 구역이기에 금원이라고도 불렸다. 후원은 1차적으로는 휴식 공간이었으며, 부차적으로는 내농포라는 소규모 논을 두고 왕이 직접 농사를 체험하며 권농의 모범을 보이는 실습장의 기능을 가지고 있었다.

① 내농포는 금원에 배치되었다.

② 내전에서는 국왕의 일상생활과 정치가 병행되었다.

③ 궁궐 남쪽에서 공간적으로 가장 멀리 위치한 곳은 중궁전이다.

④ 외국 사신을 응대하는 국가의 공식 의식은 외전에서 거행되었다.

⑤ 동궁은 세자가 활동하는 공간의 이름이기도 하고 세자를 가리키는 별칭이기도 하였다.

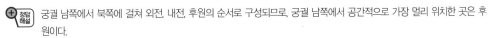

(정답) ③

(정답해설) 궁궐 남쪽에서 북쪽에 걸쳐 외전, 내전, 후원의 순서로 구성되므로, 궁궐 남쪽에서 공간적으로 가장 멀리 위치한 곳은 후원이다.

(오답해설) ② 내전은 왕과 왕비의 공식 활동과 일상생활이 이루어지는 공간인데, 왕은 내전의 연거지소에서 주요 인물들을 만나 정치 현안에 대한 의견을 나누었다.
④ 왕이 의례, 외교, 연회 등 정치 행사를 공식적으로 치르던 공간은 외전이다.

03 다음 글을 바탕으로 한 추론으로 옳지 않은 것은?

런던 패션쇼에서 삐쩍 마른 남자 모델들이 런웨이(Runway)를 활보했다. 뉴욕, 밀라노, 파리의 전체적인 패션 경향을 보여주는 런던 패션쇼는 최근 마른 남자들을 위한 옷이 유행하고 있는 것을 보여준다. 한때는 단단한 복근과 건장한 가슴을 가진 남자 모델들이 유행했지만 지금 모델들은 보디빌더의 허벅지보다 작은 허리를 가지고 있다. 물론 폭식을 즐기는 아이들에게 이 모델들은 통탄할 만한 대상일 것이다. 젊은 여성들에게 선망의 대상이 되는 제로－사이즈 여자 모델을 반대하는 시민 단체의 우려에도 불구하고 최근 젊은 남자들에게도 이러한 마른 남자 모델들의 패션이 유행하기 시작했다. 마른 여자 모델을 바라보는 시선과 마른 남자 모델을 바라보는 시선은 분명히 서로 다르다. 일부에서는 크고 건장한 모델들이 항상 좋아 보인다는 편견을 버려야 한다고 주장한다.

① 예전에는 근육질의 남자 모델들이 인기가 있었다.
② 마른 사람들을 위한 옷이 유행하고 있다.
③ 시민 단체들은 극단적으로 마른 남자 모델을 반대한다.
④ 최근 패션쇼에서는 마른 남자 모델들을 선호하고 있다.
⑤ 최근 패션계는 제로－사이즈 모델을 선호하고 있다.

 정답 ③

정답 해설 | 시민 단체는 마른 여자 모델을 반대하고 있지만, 마른 남자 모델을 반대하고 있는지는 제시문만으로 알 수 없다.

04 다음 글을 바탕으로 한 추론으로 적절한 것은?

역사는 어느 시대, 어떤 상황에 있어서도 삶과 동떨어진 가치란 존재하기 어렵다는 사실을 우리에게 일깨워 주고 있다. 문학은 그 시대적 상황을 수렴한다. 따라서 작가는 현실에 대한 바른 안목으로 그 안에 용해되어 있는 삶의 모습들을 예술적으로 형상화하는 데 부단한 노력이 동반되어야 한다. 현실적 상황이 제시하고 만들어내는 여러 요소들을 깊이 있게 통찰하고, 이를 진지한 안목에서 분석하여 의미를 부여할 때, 문학은 그 존재 가치가 더욱 빛나는 것이다. 그뿐만 아니라 문학의 궁극적인 목적이 인간성을 구현하는 데 있는 것이라면 이를 효과적으로 드러낼 수 있는 현실의 가능성을 찾아내고, 거기에 사람의 옷을 입혀 살아 숨 쉬게 하는 작업이 필요하다. 그런 면에서 문학은 삶을 새롭게 하고, 의미를 부여하며, 그 삶의 현실을 재창조하는 작업이라 할 수 있다.

① 작가는 바른 안목으로 현실을 대해야 하며 그 안에 녹아든 삶의 모습을 많은 사람들이 향유할 수 있도록 바꾸어야 한다.

② 현대 사회에서는 진지한 안목으로 시대를 분석하여 의미를 부여하는 작업은 문학의 예술적 형상화와 거리가 멀다.

③ 현실적 상황이 만들어내는 여러 요소들을 재미있게 재구성, 재창조하는 것이 문학이라 할 수 있다.

④ 작가가 현실에 대한 바른 안목으로 인간성을 구현하여 삶의 현실을 다시 창조하는 작업이 문학이다.

⑤ 문학은 시대적 상황을 수렴하지 않고 작가의 안목과 의식을 바탕으로 현실의 가능성을 찾아내는 작업이다.

 정답 ④

 정답 해설 문학은 작가가 현실에 대한 바른 안목으로 삶의 모습들을 예술적으로 형상화 하는 것이다. 문학이 추구하는 궁극적인 목적은 인간성을 구현하는 데 있다. 즉, 현실의 가능성을 찾아내고 거기에 사람의 옷을 입혀 살아 숨 쉬게 하는 작업이며 삶을 새롭게 하고 현실을 재창조하는 것이다.

오답 해설 ① 작가는 현실에 대해 바른 안목으로 현실을 대하는 것은 맞지만 많은 사람들이 향유할 수 있도록 바꾸어야 한다는 것은 글에 나와 있지 않다.

② 현실적 상황이 만들어내는 여러 요소들을 진지한 안목에서 분석하여 의미를 부여하여 예술적으로 형상화하는 것이다.

③ 문학이 삶의 현실을 재창조하는 작업은 맞지만, 이를 재미있게 재구성하는 것과는 거리가 멀다.

⑤ 문학은 시대적 상황을 수렴하며, 작가는 현실에 대한 바른 안목으로 삶의 모습을 예술적으로 형상화 하는데 부단한 노력을 해야 한다.

05 다음 글을 바탕으로 한 추론으로 옳지 않은 것은?

앞으로 개인이 소유할 수 있는 노비의 수를 제한하도록 한다. 종친과 부마로서 1품인 사람은 150명, 2품 이하는 130명, 문무관으로서 1품 이하 2품 이상은 130명, 3품 이하 6품 이상은 100명, 7품 이하 9품 이상은 80명으로 하며, 양반 자손도 이와 같이 한다. 아내는 남편의 관직에 따라 노비를 소유하고, 양인인 첩은 남편의 관직에 따르되 5분의 2를 삭감하며, 천인인 첩은 남편의 관직에 따르되 5분의 4를 삭감한다. 백성은 노비를 10명으로 제한하고, 공·사 천인은 5명, 승려의 경우 판사 이하 선사 이상의 승려는 15명, 중덕 이하 대선 이상의 승려는 10명, 직책이 없는 승려는 5명으로 제한한다.

① 노비 신분에서 해방되는 노비가 늘어나 신분 질서가 무너질 수 있다.

② 1인당 노비 소유에 있어 백성과 천인의 격차보다는 양반과 백성 사이의 격차가 훨씬 클 것이다.

③ 양반 내 노비 소유의 차등이 발생할 것이다.

④ 천인도 노비를 소유할 수 있었다.

⑤ 기본적으로 노비 제도의 존속을 지지하고 있다.

 정답 ①

 정답 해설 제시문은 신분·관직 등에 따라 개인이 소유할 수 있는 노비 수에 대한 내용으로, 1인당 노비 소유 상한선을 초과하여 소유할 수 없게 된 노비가 어떻게 되는지 제시되지 않았으므로 노비 신분에서 해방되는 노비가 있는지, 또 그로 인한 파급 효과가 어떠한지 알 수 없다.

오답 해설 ② 1인당 노비 소유 상한선을 보면, 양반은 최하 80명, 백성은 10명, 천인은 5명이므로 백성과 천인의 격차보다는 양반과 백성 사이의 격차가 훨씬 크다.

③ 품계에 따라 1인당 노비 소유 상한선이 다르므로 차등이 발생할 것이다.

④ 공·사 천인은 각각 5명까지의 노비를 소유할 수 있다.

⑤ 제시문에서는 품계에 따른 1인당 노비 소유 상한선을 언급하고 있다. 즉, 노비 제도에 대한 긍정적인 입장을 배경으로 한다.

06 다음 글이 참일 때 거짓인 것을 고르면?

어떤 시점에서 당신만이 느끼는 어떤 감각에 대하여 W라는 용어의 의미로 삼는다고 해 보자. 이후 다시 그 감각을 느끼는 경우 당신은 "W라고 불리는 그 감각이 나타났다."라고 말할 것이다. 그렇지만 그 용어가 바르게 사용되었는지 아닌지 어떻게 결정할 수 있을까? 만에 하나 첫 번째 감각을 잘못 기억할 수도 있는 것이고, 혹은 밀접하다고 생각했던 유사성이 사실은 착각일 뿐, 어렴풋하고 희미한 것일 수도 있다. 무엇보다도 그것이 착각인지 아닌지를 판단한 근거가 없다. 만약 W라는 용어의 의미가 당신만이 느끼는 그 감각에만 해당된다면, W라는 용어가 바르게 사용되었는지를 구분할 방법은 어디에도 없기 때문이다. 바른 적용에 관해 결정을 내릴 수 없는 용어는 아무런 의미도 갖지 않는다.

① 본인만이 느끼는 감각을 지시하는 용어는 아무 의미도 없다.

② 우리는 감각을 잘못 기억하거나 착각할 수 있다.

③ 감각을 지시하는 용어를 적용할 때에는 그 사용이 옳은지 그른지 판단할 필요가 있다.

④ 감각을 지시하는 용어의 의미는 그것이 지시하는 대상과는 아무 상관이 없다.

⑤ 용어의 적용이 옳게 되었는지 아닌지 판단할 수 있는 경우, 그것은 용어로서 의미를 가질 수 있다.

정답 ④

 정답해설 감각을 지시하는 용어가 바르게 사용되었는지에 대한 판단이 필요한 이유는 첫 번째 감각을 잘못 기억했을 수 있기 때문이며, 또는 밀접한 유사성이 있는지 아닌지 알기 위해서이다. 그러므로 감각을 지시하는 용어의 의미는 그 지시 대상과 밀접하게 관계된다.

오답해설 ①, ⑤ 바른 적용에 관해 결정을 내릴 수 없는 용어는 아무런 의미도 갖지 않는다. 그런데 자신만이 느끼는 감각에만 해당되는 용어의 경우 바르게 사용되었는지 구분할 방법이 없으므로, 아무런 의미를 갖지 못한다. 마찬가지로 용어의 적용이 옳은지 그른지 판단할 수 있다면 그것은 용어로서 의미를 가진다고 말할 수 있다.

07 다음 글을 바탕으로 한 추론으로 옳지 않은 것은?

> 고대 그리스의 어떤 철학자는 눈, 우박, 얼음의 생성에 대해 다음과 같이 주장했다. 특정한 구름이 바람에 의해 강력하고 지속적으로 압축될 때 그 구름에 구멍이 있다면, 작은 물 입자들이 구멍을 통해 구름 밖으로 배출된다. 그리고 배출된 물은 하강하며 더 낮은 지역에 있는 구름 내부의 극심한 추위 때문에 동결되어 눈이 된다. 또는 습기를 포함하고 있는 구름들이 나란히 놓여서 서로를 압박할 때, 이를 통해 압축된 구름 속에서 물이 동결되어 배출되면서 눈이 된다. 우박은 구름이 물을 응고시키면서 만들어지는데, 이런 현상은 특히 봄에 빈번하게 발생한다.
>
> 얼음은 물에 있던 둥근 모양의 입자가 밀려나가고 이미 물 안에 있던 삼각형 모양의 입자들이 함께 결합하여 만들어진다. 또는 밖으로부터 들어온 삼각형 모양의 물 입자가 함께 결합하여 둥근 모양의 물입자를 몰아내고 물을 응고시킬 수도 있다.

① 구름의 압축은 바람에 의해 발생하는 경우도 있고, 구름들의 압박에 의해 발생하는 경우도 있다.

② 날씨가 추워지면 둥근 모양의 물 입자가 삼각형 모양의 물 입자로 변화한다.

③ 물에는 둥근 모양의 입자뿐만 아니라 삼각형 모양의 입자도 있다.

④ 봄에는 구름이 물을 응고시키는 경우가 자주 발생한다.

⑤ 얼음에는 삼각형 모양의 물 입자들이 결합되어 있다.

 정답 ②

정답해설 삼각형 모양의 입자들이 결합하여 얼음이 생성된다는 내용은 있으나, 삼각형 모양의 입자들이 어떻게 생성되는지에 대해서는 언급되어 있지 않다. 얼음의 생성을 추운 날씨와 연관시킨다 해도, 물 안에 있던 둥근 모양의 입자는 밀려나가게 되므로 둥근 모양의 입자가 삼각형 모양의 입자로 변화한다는 내용을 추론할 수는 없다.

08 다음 글을 바탕으로 한 추론으로 옳지 않은 것은?

한글의 제자 원리는 얼마나 우수한가? 훈민정음 연구로 학위를 받은 미국 컬럼비아 대학의 교수 게리 레드야드(Gari Ledyard)는 그의 학위 논문에서 다음과 같이 밝혔다. "글자 모양과 기능을 관련시킨다는 착상과 그 착상을 실현한 방식에 정녕 경탄을 금할 수 없다. 유구하고 다양한 문자의 역사에서 그런 일은 있어 본 적이 없다. 소리 종류에 따라 글자 모양을 체계화한 것만 해도 엄청난 일이다. 그런데 그 글자 모양 자체가 그 소리와 관련된 조음 기관을 본뜬 것이라니, 이것은 견줄 데 없는 언어학적 호사다."

레드야드가 지적했듯, 한글의 닿소리(자음) 글자들은 조음 기관을 본떴다. 예컨대 'ㄱ'과 'ㄴ'은 각각 이 글자들에 해당하는 소리를 낼 때 작용하는 혀의 모양을 본뜬 것이다. 그리고 'ㅁ'은 입모양을, 'ㅅ'은 이[齒]모양을, 'ㅇ'은 목구멍을 본뜬 것이다. 조음 기관의 생김새를 본떠 글자를 만든다는 착상은 참으로 놀랍다. 그런데 '소리 종류에 따라 글자 모양을 체계화'했다는 레드야드의 말은 무슨 뜻인가?

조음 기관을 본뜬 기본 다섯글자(ㄱ, ㄴ, ㅁ, ㅅ, ㅇ)에다 획을 더함으로써 소리 나는 곳은 같되 소리의 세기가 다른 글자들을 만들어 냈다는 뜻이다. 예를 들어 양순음(입술소리) 글자의 경우 'ㅁ'에 획을 차례로 더해 같은 양순음으로서 이보다 소리가 센 'ㅂ'과 'ㅍ'을 만들어 냈다는 것이다. 이를 로마 문자와 비교해 보면 한글에 함축된 음운학 지식이 얼마나 깊고 정교한지 금방 드러난다. 예컨대 이나 잇몸에 혀를 댔다 떼면서 내는 소리들을 로마 문자로는 N, D, T로 표시하는데, 이 글자들 사이에는 형태적 유사성이 전혀 없다. 그러나 한글은 이와 비슷한 소리를 내는 글자를 'ㄴ, ㄷ, ㅌ'처럼 형태를 비슷하게 만듦으로써, 이 소리들이 비록 다른 자질에서는 차이가 있지만 소리 나는 곳이 같다는 것을 한눈에 보여 준다.

이러한 한글의 특성에 대해 영국의 언어학자 제프리 샘슨(Geoffrey Sampson)은 한글을 로마 문자 같은 음소 문자보다 더 나아간 '자질 문자'라고 불렀다. 즉, 훈민정음 창제자들은 음소 단위의 분석에서 더 나아가 현대 언어학자들처럼 음소를 다시 자질로 나눌 줄 알았던 것이다.

① 한글 자음의 기본자는 소리와 관련된 조음 기관을 본떠 만들었다.

② 영어 글자의 형태는 조음 기관과의 유사성과 관련이 없다.

③ 한글 자음은 같은 종류의 소리를 나타내는 것끼리 그 모양이 비슷하다.

④ 한글 자음은 소리의 자질에 따라 글자에 획을 더하는 방식이 사용되었다.

⑤ 한글 자음은 모양이 간단하고 나타낼 수 있는 소리의 종류가 매우 다양하다.

 정답 ⑤

제시문에서 언급한 한글 자음(닿소리)의 제자 원리와 체계에 대한 내용 중 나타낼 수 있는 소리의 종류가 다양하다는 내용은 제시되어 있지 않다.

09 다음 글에 대한 논리적인 반박으로 적절한 것은?

> 탁월성의 획득은 기예의 습득과 유사하다. 무엇을 만드는 법을 배우고자 하는 사람이 그것을 직접 만들어 봄으로써 익히듯이, 우리는 용감한 일을 행함으로써 용감한 사람이 된다.
>
> 또한 탁월성을 파괴하는 기원·원인들에 대해서도 탁월성이 생기는 기원·원인들과 같은 방식으로 말할 수 있다. 집을 잘 지음으로써 좋은 건축가가, 잘못 지음으로써 나쁜 건축가가 된다. 성격적 탁월성의 경우도 이와 마찬가지이다. 다른 사람과 관련된 일들을 행하면서 어떤 사람은 정의로운 사람이 되고 어떤 사람은 정의롭지 않은 사람이 된다.
>
> 욕망이나 분노에 관련된 것에 대해서도 사정은 유사하다. 어떤 사람은 절제 있는 사람이나 온화한 사람이 되지만, 어떤 사람은 무절제한 사람이나 성마른 사람이 된다. 양쪽 모두 자신이 처한 상황 속에서 어떤 방식으로 행동함으로써 그러한 사람이 된다.

① 절제 있고 온화한 사람은 그러한 행동을 취하지 않더라도 절제 있고 온화하다고 할 수 있다.

② 오랜 시간 작업을 하고서도 일을 해결하지 못하는 경우, 탁월성을 드러낼 수 없다.

③ 노예와 같이 탁월성을 발휘할 수 있는 자유가 없는 경우, 탁월성을 드러낼 수 없기 때문에 성격적 탁월성을 정의하기 어렵다.

④ 사람들은 모두 저마다 다른 탁월성을 지니고 있다.

⑤ 한 번 좋은 행동을 실천하면 성격적 탁월성을 갖게 되어 그 행동을 더 이상 지속할 필요가 없다.

 정답 ③

탁월성을 발휘하는 데는 자유라는 조건이 필요하다. 탁월성을 가려내려는 경쟁이 자유의 조건에서 진행되지 않는다면 탁월성의 발휘는 가능하지 않다. 노예는 경쟁을 통해 탁월성을 발휘할 자유가 없기 때문에 제 아무리 탁월해도 자기 탁월성을 드러낼 수 없다. 그러므로 성격적 탁월성 또한 정의하기 어렵다.

따라서 ③ '노예와 같이 탁월성을 발휘할 수 있는 자유가 없는 경우, 탁월성을 드러낼 수 없기 때문에 성격적 탁월성을 정의하기 어렵다'는 말은 글에 대한 반박으로 적절하다.

10 다음 글이 참일 때 거짓인 것을 고르면?

> 모든 예술 작품에 공통되고 그것들에만 특수한 속성은 무엇인가? 그 속성이 무엇이건 그것이 다른 속성들과 함께 발견된다는 점은 분명하다. 그러나 다른 속성들이 우연적인 반면 그 속성은 본질적이다. 그것을 갖고 있지 않으면 그 어떤 것도 예술작품이 아니고, 최소한이라도 그것을 소유하면 그 어떤 작품도 완전히 무가치할 수 없는 그러한 하나의 속성이 존재함에 틀림없다. 이 속성은 무엇일까? 어떤 속성이 우리의 미적 정서를 유발하는 모든 대상들에 의해 공유되는 것일까? 소피아 사원과 샤르트르 성당의 스테인드글라스, 멕시코의 조각품, 파도바에 있는 지오토의 프레스코 벽화들, 그리고 푸생, 피에로델라 프란체스카와 세잔의 걸작들에 공통된 속성은 무엇일까?
>
> 오직 하나의 대답만이 가능해 보인다. 바로 '의미 있는 형식'이다. 방금 말한 대상들 각각에서 특수한 방식으로 연관된 선과 색들, 특정 형식과 형식들의 관계가 우리의 미적 정서를 불러일으킨다. 선과 색의 이러한 관계와 연합체들, 미적으로 감동을 주는 이 형식을 나는 의미 있는 형식이라고 부르며 이것이 모든 예술작품에 공통적인 하나의 속성이다.

① 특수한 방식으로 연관된 선과 색들, 특정 형식들의 관계가 미적 감동을 주는 형식을 의미 있는 형식이라고 부른다.

② 조각품이나 회화 등의 예술작품은 미적 정서를 유발한다.

③ 미적 정서를 일으키는 성질과 의미 있는 형식 사이에는 괴리가 있을 수 있다.

④ 의미 있는 형식의 속성은 본질적이다.

⑤ 본질적인 속성을 갖고 있지 않으면 예술작품이 될 수 없다.

 정답 ③

정답해설 미적 정서를 유발하는 모든 대상이 가진 공통되고 그것에만 특수한 속성이 바로 '의미 있는 형식'이다. 그러므로 둘 사이에는 괴리가 있을 수 없다.

11 다음 글을 바탕으로 한 추론으로 옳지 않은 것은?

> 앞서가는 기업들이 시장에서 자신들이 지닌 선도적 지위를 잃어버리게 되는 과정에 대한 연구는 클레튼 크리텐슨의 연구에서 비롯되었다. 그는 혁신적 기술을 몇 가지 유형으로 분류하였는데, 우선 기존의 제품에 실현된 성능을 이전보다 향상시키는 존속성 기술이 있다. 초기 단계에서 기존 제품의 성능을 향상시킨 존속성 기술은 혁신적 기술보다 우위에 있게 된다. 그러나 일정 시간이 지나면 존속성 기술은 시장에서 급격하게 외면을 당하게 되는데 이때의 혁신 기술을 크리텐슨은 와해성 기술이라고 불렀다. 그런데 문제는 선도적 기업들이 존속성 기술에 치중하여 와해성 기술에 대해서는 평가절하하게 된다는 점인데 이는 기존 제품의 성능을 향상시켜야 한다는 시장의 요구에 대

해서 외면할 수 없기 때문이다.

기술은 소비자의 기술에 대한 수용 능력보다 빠르게 발전한다. 시장에서는 많은 기술들이 경쟁을 하고 소비자 역시 기존 기술에 대한 충성도가 낮아지면서 최초의 기술은 점차 이익률이 하락하기 때문에 이전보다 높은 수준의 시장으로 진출하지 않으면 안 된다는 시장의 압력을 받기 때문이다. 하지만 소비자들은 기업의 기술 수준에 대해 익숙해질 시간이 필요하다. 즉 기업이 제시한 기술 수준을 수용하여 일상에서 무리 없이 활용하는 데까지 시간이 소요되는 것이다.

와해성 기술은 존속성 기술에 비해 그 성능이 미흡하지만 색다른 가치의 측면을 높이 평가받는 특징이 있다. 이 기술을 응용한 제품은 일반적으로 더 싸고, 작고, 단순하고, 편리하다. 이러한 와해성 기술 역시 자체적으로 성능이 향상되어 당초의 존속성 기술 시장이 요구하던 수준에 도달하면, 그때부터 소비자를 급속히 흡수함으로써 존속성 기술이 가졌던 시장을 '와해'시키게 된다. 예컨대 개인용 컴퓨터가 처음 소개되었을 때 당시의 중형 컴퓨터에 비해 그 성능은 장난감 수준이었지만 가격은 '더' 쌌으며, 무엇보다도 '개인'이 소유하면서 마음대로 사용할 수 있다는 '색다른 가치' 때문에 급속히 보급되기 시작했던 것이다.

기업들은 고객이 원하기 시작할 때 와해성 기술에 자원을 투자할 수 있으며, 그 이전에 투자하기에는 어려움이 크다는 것을 잘 알고 있다. 그러나 불행하게도 그러한 고객의 신호가 전달된 후에 비로소 와해성 기술에 관심을 갖는다면 이미 실기(失機)한 것이다. 선도 기업들이 와해성 기술에서 성공을 거두고 선도적 지위를 유지하기 위한 유일한 방안은 와해성 기술을 중심으로 새로운 사업 단위를 설정하여 기존 고객의 압력으로부터 자유로운 조직을 갖는 것이다.

① 소비자는 시간이 지날수록 기존 기술에 대해 충성도가 낮아질 수밖에 없기 때문에 기업은 좀 더 높은 수준의 기술로 시장에 진출해야 하는 압박을 받는다.

② 와해성 기술이란 존속성 기술이 일정한 시간이 지나면 시장에서 급격하게 외면당하는데 이때 나오는 혁신적 기술을 의미한다.

③ 혁신적인 기술을 선도하는 기업 입장에서 존속성 기술에 치중할 수밖에 없는 이유는 기존 제품의 성능을 향상시켜야 하는 시장의 요구를 외면할 수 없기 때문이다.

④ 소비자는 기업이 보여주는 기술수준에 대해 일상에서 무리 없이 사용하는 데까지 익숙해질 시간이 필요하다.

⑤ 개인용 컴퓨터가 처음 나왔을 때, 당시 중형 컴퓨터에 비해 축소된 크기였기 때문에 가격이 더 비쌌고 그 이유 때문에 전문직에서 많이 사용했다.

 정답 ⑤

정답 해설 제시한 글의 두 번째 단락에서 개인용 컴퓨터가 당시 중형 컴퓨터에 비해 성능은 장난감 수준이었지만 가격은 더 저렴했다고 나와 있으며 전문직에서 많이 사용했다는 내용은 나오지 않았다.

12 다음 글을 읽고 〈보기〉를 바르게 해석한 것은?

앤디 워홀(A. Wahol)이 비누의 포장 상자와 유사하게 제작한 나무 상자를 작품으로 전시하자 이에 대한 찬사와 혹평이 엇갈렸다. 하지만 아서 단토(A. Danto)는 이러한 현상에 대해 예술에 대한 새로운 인식이 필요함을 느꼈다. 단토는 상점의 비누 포장 상자와 <브릴로 상자> 사이에는 외관적 차이가 없음에도 불구하고 <브릴로 상자>에 대해서는 예술 작품이라고 말할 수 있는가에 대한 의문에서 예술 비평을 시작하였다.

단토는 예술 작품과 일상의 대상 간에 분명한 차이는 그 외관이 아니라 단지 지각으로만 파악할 수 없는 것이 있다고 생각했고 그러한 차이는 대상이 자체적으로 지니고 있는 속성 때문이 아니라 대상에 대한 감상자들의 인식 혹은 해석 때문이라고 생각했다. 즉, 예술 작품이 되기 위해서는 예술가가 자신의 작품에 대해 '이것은 예술이다.'라고 선언한다고 해서 바로 예술 작품이 되는 것은 아니다. 거기에는 감상자가 그것을 나름대로 감상하고 인식하여 해석에 이를 수 있는 어떤 의미가 부여되어야 하기 때문이다. 이 경우 예술가는 아무렇게나 표현하면 되는 것이 아니라 그가 속한 예술의 유파나 집단에서 통용되고 있는 이론이나 규칙 등을 따르게 되거나 제한을 받기 마련이다. 한편 감상자는 예술가가 감상자에게 전달하고자 했던 의미를 작품을 통해 해독해야 하는데 이 과정에서 무엇보다 중요한 역할을 담당하는 것은 작품의 제목이다. 제목은 감상자에게 이 작품이 무엇에 관한 것이며 무엇을 전달하려고 했는지에 대한 중요한 단서를 포함하고 있기 때문이다.

예술 작품이 어떤 메시지를 전달하게 되는 것은 결국 대상의 해석 과정을 거친다는 것이며 그렇게 함으로써 예술작품이 갖는 일반적인 정체성을 획득하게 된다. 따라서 해석은 예술작품에 대한 이해와 감상의 태도를 바꿔 놓기 마련이다. 이는 일종의 번역과정이기도 한데 이러한 번역과정에 오류가 발생하면 결국 예술가와 감상자 사이의 소통은 실패하게 된다. 물론 해석이 달라지면 예술 작품도 달라지는데 그때마다 예술 작품은 새로운 작품으로 재탄생하게 되는 것이다. 하지만 해석의 다양성을 인정한다고 해서 어떠한 해석이든 모두 가능하다는 것은 아니다. 다양한 해석은 기존의 예술 이론이나 체계에 의해 규정되어야 하며 그 과정에서 해석의 타당성도 인정을 받아야 하기 때문이다.

단토의 입장에서 미적 대상을 단지 실체로 지각하는 것에 그쳤던 예술의 역사는 워홀의 작품으로 인해 끝이 났다. 그에 따르면 이제 더 이상 예술은 표현 자체가 목적이 아니라 예술 자신의 정체성을 발견하기 위한 성찰의 수단이 되고 그에 따라 예술은 다양한 양상으로 변모하며 그것 자체가 예술의 정체성이 된다. 그러므로 단토는 워홀의 작품 발표 이후 더 근원적인 예술은 존재하지 않으며 예술이 반드시 어떠해야 한다는 존재방식에 대한 엄격한 규정 역시 존재하지 않게 되었다고 믿었다.

> **보기**
>
> 마르셀 뒤샹(M. Duchamp)은 1917년, 뉴욕의 '독립미술가전'에서 '샘(Fountain)'이라는 남성용 소변기를 어떠한 예술적 표현을 거치지 않고 그대로 출품하였다. 그러나 당시에는 비윤리적이며 경박하다는 이유로 전시되지 못했다.

① 뒤샹이 작품을 만들 때 예술작품이 갖추어야 할 정체성을 빠뜨리고 '이것은 예술이다.'라고 선언했기 때문에 감상자는 뒤샹의 작품을 해석하지 못했다.

② 뒤샹의 작품이 전시되지 못한 이유는 예술가와 감상자간의 예술 작품에 대한 일종의 번역과정에서 오류가 발생해 예술가와 감상자 사이에 소통이 실패했기 때문이다.

③ 뒤샹의 작품은 이후 해석의 다양성을 인정받는 계기가 될 것이며, 이때부터 어떠한 해석이든 다양성을 갖추게 되어 예술의 역사를 크게 뒤흔들 것이다.

④ 감상자가 기존 예술 이론이나 체계를 신봉하고 있었기 때문에 뒤샹의 작품에 대한 인식과 해석에 있어 제한을 두게 되었다.

⑤ 단토는 뒤샹의 작품에 대해 해석에 어떤 의미가 없는 작품은 외관으로만 파악할 수 있어야 하며 자체적인 속성에서 감상자들의 인식과 해석이 나온다고 주장했다.

 정답 ②

 정답 해설 〈보기〉에서 뒤샹의 작품이 당시의 시대상으로 비윤리적이며 경박하다는 이유로 전시되지 못했다고 나왔다. 당시에 뒤샹이 남성용 소변기를 어떤 예술적 표현을 거치지 않고 그대로 출품하였기 때문에 감상자가 뒤샹의 작품의도를 해석하지 못하여 예술자와 감상자 사이의 소통에 실패했다고 해석할 수 있다.

오답 해설
① 〈보기〉와 제시문에서 뒤샹이 작품을 두고 '이것은 예술이다.'라고 선언한 적이 없으며 그래서 감상자가 뒤샹의 작품을 해석하지 못했다는 내용도 제시되지 않았다.
③ 전시된 이후의 내용은 제시되지 않았으며 세 번째 단락에서 '해석의 다양성을 인정한다고 해서 어떠한 해석이든 모두 가능하다는 것은 아니다.'라고 제시했다.
④, ⑤ 제시문과 〈보기〉에는 관련된 내용이 제시되지 않았다.

13 다음 글이 참일 때 거짓인 것을 고르면?

> 다음은 페인트의 납(Pb) 성분이 기준치를 넘어간 장난감의 리콜 방법이다. 먼저 소비자들은 그들의 장난감이 리콜 대상인지 알아보아야 한다. 회사 홈페이지를 방문해서 리콜 대상에 포함되는 장난감의 모델 번호와 출고일, 색깔 등을 확인한다. 컴퓨터가 없는 사람들은 고객센터로 전화를 걸어서 이것들을 확인할 수 있다. 소비자의 장난감이 리콜 대상이라면 온라인이나 전화를 사용하여 회사에 소비자의 주소를 알려주어야 한다. 회사에서는 소비자의 주소로 선불우편 라벨을 보내주고, 소비자가 보낸 리콜 대상 장난감을 받으면 새 장난감을 다시 보내준다. 회사는 리콜한 장난감들을 모두 환경적인 방법으로 폐기할 예정이다.

① 모델 번호와 출고일, 색깔 등이 일치해야 리콜 대상이 된다.
② 고객센터를 통해서도 장난감 리콜 대상 여부를 확인할 수 있다.
③ 리콜을 하려면 장난감의 모델 번호를 홈페이지에 등록해야 한다.
④ 리콜한 장난감들은 환경을 해치지 않는 방식으로 폐기될 예정이다.
⑤ 리콜 대상 장난감을 회사로 보내면 새로운 장난감으로 교환받을 수 있다.

 정답 ③

정답
해설 리콜을 하기 위해서는 리콜하려는 장난감이 해당 대상인지를 확인한 후 회사에 주소를 알려주면 된다.
그러나 별도로 홈페이지 모델 번호를 입력할 필요는 없다.
리콜(recall)제는 어떤 상품에 결함이 있을 때 생산 기업에서 그 상품을 회수하여 점검·교환·수리하여 주는 제도이다.

14 다음 글이 참일 때 거짓인 것을 고르면?

> 관리자의 역할 중에 가장 중요한 덕목은 공과 사를 구분하는 것이다. 일반 직원과 개인적으로 어울릴 때는 격의 없이 친하게 지내야 하지만, 직원이 실수를 한 경우에는 나무라거나 충고를 할 줄도 알아야 한다. 직원에게 주의를 줄 때에는 진심을 담아 말하는 것과 사실을 중심으로 얘기하는 것이 중요하다. 사실을 얘기할 때 자료를 제시하는 것도 좋은 방법이다. 야단을 치게 된 경위를 알기 쉽게 설명하면서 '왜' 그렇게 되었는지를 생각하게 한다. 그러나 그 직원의 성격을 개입시킨다면 굉장히 난감해할 뿐만 아니라 반발이 생길수도 있다. 또한 일방적인 얘기보다 상대방에게 질문을 하면서 당사자에게 설명할 기회를 주는 것도 좋다. 질문할 때 과도하게 몰아세우거나 다른 직원과 비교하는 것은 옳은 방법이 아니다. 이 모든 것을 가능한 짧은 시간에 끝내고 마지막에 직원에게 용기가 될 수 있는 한마디를 하는 것도 잊지 말아야 한다.

① 직원을 나무랄 때 끝에 가서는 용기를 북돋워주는 말을 해주는 것이 좋다.

② 관리자는 사적인 인간관계와 공적인 업무를 구분하여 처리할 수 있어야 한다.

③ 관리자로서 잘못을 지적할 때는 사실에 입각해서 정확한 의사를 전달해야 한다.

④ 직원을 나무랄 때 그가 변명이나 앞으로의 계획을 말할 수 있는 기회를 주는 것이 좋다.

⑤ 직원을 꾸짖을 때 그의 성격 때문에 일이 그릇될 수 있음을 반드시 알려주는 것이 좋다.

정답 ⑤

정답해설 지문에서는 관리자가 직원에게 충고를 할 때, 당사자가 난감해하거나 반발이 생길 수 있으므로 성격을 개입시키는 것은 옳지 않은 방법이라고 말하고 있다.

15 다음 글을 바탕으로 한 추론으로 옳지 않은 것은?

우리의 사대주의는 하나의 '정책'일 뿐, 그 이상의 것은 아니었다. 특히 고려 시대에 있어서는 사대 일변도라는 것은 없었다. 고려 성종 때 거란군 10만이 침입해 들어왔을 때 그들은 제한된 목적을 지니고 있었다. 즉, 거란과 송의 대립 시 고려가 송나라의 동맹국으로서 움직이는 것을 방지함으로써 배후의 위협이 되지 않게 하기 위한 것이었다. 이에 서희는 혼미 분란한 상황 속에서 거란군의 목적을 통찰하고 중립을 약속함으로써 한 방울의 피도 흘리지 않고 10만 거란군을 물러가게 하였을 뿐 아니라, 종래 소속이 분명치 않던 압록강·청천강 사이의 완충 지대를 확실한 고려영토로 인정받는 등 그야말로 대성공을 거두었다.

17세기 초 광해군 때의 북방정세도 서희가 있던 시기의 그것을 방불케 하는 것이었다. 즉, 신흥 만주족은 조선이 명나라의 동맹국으로서 움직일 것을 우려하고 있었다. 광해군은 '우리의 힘이 이들을 대적할 수 없다면 헛되이 고지식한 주장을 내세워 나라를 위망의 경지로 몰 것이 아니라 안으로 자강, 밖으로 유화의 책을 써서 만주족과 같이하는 것이 보국의 길'이라고 하였으나, 정부의 반대에 부딪혀 인조반정을 맞이하게 되었다. 인조 정권은 광해군의 불충한 사대를 반정의 명분으로 내세웠던 만큼 대명 일변도적인 사대를 나라를 세우는 근본으로 삼았다. 그것은 명분주의로 전환을 의미하는 것이었다.

복잡다단한 정세에서 그러한 비현실적이고 융통성 없는 정책이 전쟁을 자초·유발하리라는 것은 충분히 예견할 수 있는 일이었다. 두 차례의 호란과 삼전도에서의 굴욕적인 항복은 이러한 사태의 결산이었으며, 그것은 정책으로서의 사대주의가 이성과 주체성을 잃고 국가 이익보다 사대의 명분을 중시하는 자아상실의 사대주의 중독증에 걸린 탓이었다. 사대주의의 중독적 단계를 모화(慕華)라고 부른다.

① 사대주의는 우리나라를 중국에 예속되게 만들었다.

② 사대주의는 민족의 정체성을 지키는 효과가 있었다.

③ 사대주의는 중국을 교란시키기 위한 외교 정책이었다.

④ 사대주의는 중국 문화에 대한 선망 의식에서 비롯된 것이었다.

⑤ 사대주의는 이성과 주체성을 상실하여 중독적 관계를 수반하게 되었다.

 정답 ③

정답해설 글에서 고려시대의 서희와 조선시대의 광해군을 예로 들어 사대주의를 부정적인 측면이 아닌 우리 스스로를 지키기 위한 현실적인 외교정책이라는 입장에서 보고 있다. 따라서 '사대주의는 민족 정체성을 보존하기 위한 수단이었다.'가 적절하다.

16 다음 글이 참일 때 거짓인 것을 고르면?

> 우리는 흔히 수학에서 말하는 집합을 사물들이 모여 하나의 전체를 구성하는 모임과 혼동하곤 한다. 하지만 사물의 모임과 집합 사이에는 중요한 차이가 있다. 첫째, 전체로서 사물의 모임은 특정한 관계들에 의해 유지되며 그런 관계가 없으면 전체 모임도 존재하지 않는다. 그렇지만 집합의 경우 어떤 집합의 원소인 대상들이 서로 어떤 관계를 가지든 그 집합에 대해서는 아무런 차이가 없다. 둘째, 전체로서 어떤 사물의 모임이 있을 때 우리는 그 모임의 부분이 무엇인지를 미리 결정할 수 없다. 반면에 집합이 주어져 있을 때에는 원소가 무엇인지가 이미 결정되어 있다. 셋째, 전체로서 어떤 사물의 모임 B에 대해서는 B의 부분의 부분은 언제나 B 자신의 부분이라는 원리가 성립한다. 그렇지만 집합과 원소 사이에는 그런 식의 원리가 성립하지 않는다.

① 짝수들만으로 이루어진 집합들의 집합은 짝수를 원소로 갖지 않는다.

② 대대를 하나의 모임으로 볼 때, 이 모임의 부분은 중대일 수도 중대에 속하는 군인일 수도 있다.

③ 대학교를 하나의 모임으로 볼 때, 대학교의 부분으로서 학과의 부분들인 학생들은 대학교의 부분이라고 할 수 없다.

④ 집합 A가 홀수들의 집합이라면 임의의 대상들이 A의 원소냐 아니냐는 그 대상이 홀수냐 아니냐에 따라 이미 결정되어 있다.

⑤ 군인들 각각은 살아남더라도 군대라는 모임을 유지시켜 주는 군인들 사이의 관계가 사라진다면 더 이상 군대라고 할 수 없다.

정답 ③

 정답
해설
지문은 '집합'과 '모임'의 차이를 설명하고 있다.

전체로서 어떤 사물의 모임 X에 대해서 X의 부분의 부분은 언제나 X 자신의 부분이라는 원리가 성립하므로 대학교의 부분인 학과의 부분이 되는 학생 역시 대학교의 부분에 해당한다.

오답
해설
① 짝수들만으로 이루어진 집합들의 집합은 짝수들의 집합을 그 원소로 갖는다. 집합은 짝수가 아니기 때문에 짝수들만으로 이루어진 집합들의 집합은 짝수를 원소로 갖지 않는다.

17 다음 글이 참일 때 거짓인 것을 고르면?

> 1910년대를 거쳐 1920년대에 이르러, 추상회화는 유럽인들 사이에 나타난 유토피아를 향한 희망을 반영하는 조형적 형태언어가 되었다. 이러한 경향의 대표적 미술가로는 몬드리안 (1872~1944)이 있다. 몬드리안은 양과 음, 형태와 공간, 수직과 수평으로 대변되는 이원론적 원리에 근거한 기호들이 자연에 내재되어 있는 정신성을 충분히 규명할 수 있다고 믿었다. 몬드리안 회화에서 이원론적인 사유 작용은 신지학에서 유래된 것으로 몬드리안의 신조형주의 회화의 절대적 형태 요소가 된다. 여기서 신지학(Theosophy)이란 그리스어의 테오스(Theos ; 神)와 소피아 (Sophia ; 智)의 결합으로 만들어진 용어이다. 이 용어가 시사하듯 신지학은 종교와 철학이 융합된 세계관으로 신플라톤주의의 이원론이 그 초석이 된다. 이것은 몬드리안 이론의 밑바탕이 되었다. 결국, 몬드리안은 점점 자연을 단순화하는 단계에서 수평과 수직의 대비로 우주와 자연의 모든 법칙을 요약하였다. 그는 변덕스러운 자연의 외형이 아니라 자연의 본질, 핵심을 구조적으로 질서 있게 파악하여 자연이 내포하고 있는 진실을 드러내고자 하였다.

① 몬드리안은 자연의 본질을 파악하고자 하였다.

② 몬드리안의 추상화는 인간의 변덕스러운 욕망을 반영하였다.

③ 신지학은 어원상 종교와 철학이 융합된 학문임을 알 수 있다.

④ 1920년대 유럽의 추상회화는 유토피아를 향한 희망을 반영하고 있다.

⑤ 몬드리안의 추상회화에는 신지학의 영향이 반영되어 있다.

 정답 ②

정답
해설
'그는 변덕스러운 자연의 외형이 아니라 자연의 본질, 핵심을 구조적으로 질서 있게 파악하여 자연이 내포하고 있는 진실을 드러내고자 하였다.'라는 마지막 문장을 고려할 때 잘못된 내용임을 알 수 있다.

18 다음 글을 바탕으로 한 추론으로 옳지 않은 것은?

> 자동차 시대의 시작은 다양한 관련 산업의 발달을 촉발함으로써 미국 경제를 이끌어가는 견인차 역할을 하였다. 그러나 자동차의 폭발적인 증가가 긍정적인 효과만을 낳은 것은 아니다. 교통사고가 빈발하여 이에 따른 인적, 물적 피해가 엄청나게 불어났으며 환경 문제도 심각해졌다. 자동차들은 엄청난 에너지를 소비했으며 그 에너지는 대기 중에 분산되었다. 오늘날 미국 도시들에서 발생하는 대기오염의 60%는 자동차 배기가스에 의한 것이다. 자동차가 끼친 가장 심각한 문제는 연료 소비가 대폭 늘어남으로 인해 에너지 고갈 위기가 다가왔다는 것이다. 석유 자원은 수십 년 안에 고갈될 것으로 예견되고 있으며 이동시간을 단축시키려던 애초의 소박한 자동차 발명 동기와는 달리 자동차 때문에 인류는 파멸의 위기에 빠질 수도 있다.

① 자동차 사용의 증가는 대체에너지 개발을 촉진하였다.
② 자동차 산업은 다양한 관련 산업의 발달을 촉진하였다.
③ 자동차 사용의 증가로 대기 오염은 심각한 상황에 이르렀다.
④ 자동차 산업은 미국 경제를 이끌어가는 데 중요한 역할을 담당했다.
⑤ 자동차의 증가와 함께 교통사고로 인한 인적·물적 피해 역시 증가했다.

 정답 ①

 정답해설 자동차가 발명되어 연료 소비가 늘어나 에너지 고갈 위기가 다가왔다는 내용은 일치하지만 대체에너지 개발을 촉진하였다는 내용은 제시되지 않았다.

19 다음 글이 참일 때 거짓인 것을 고르면?

화이트는 19세기 역사 관련 저작들에서 역사가 어떤 방식으로 서술되어 있는지를 연구했다. 그는 특히 '이야기식 서술'에 주목했는데, 이것은 역사적 사건의 경과 과정이 의미를 지닐 수 있도록 서술하는 양식이다. 그는 역사적 서술의 타당성이 문학적 장르 내지는 예술적인 문체에 의해 결정된다고 보았다. 이러한 주장에 따르면 역사적 서술의 타당성은 결코 논증에 의해 결정되지 않는다. 왜냐하면 논증은 지나간 사태에 대한 모사로서의 역사적 진술의 '옳고 그름'을 사태 자체에 놓여 있는 기준에 의거해서 따지기 때문이다.

이야기식 서술을 통해 사건들은 서로 관련되면서 무정형적 역사의 흐름으로부터 벗어난다. 이를 통해 역사의 흐름은 발단·중간·결말로 인위적으로 구분되어 인식 가능한 전개 과정의 형태로 제시된다. 문학 이론적으로 이야기하자면, 사건 경과에 부여되는 질서는 '구성'이며 이야기식 서술을 만드는 방식은 '구성화'이다. 이러한 방식을 통해 사건은 원래 가지고 있지 않던 발단·중간·결말이라는 성격을 부여받는다. 또 사건들은 일종의 전형에 따라 정돈되는데, 이러한 전형은 역사가의 문화적인 환경에 의해 미리 규정되어 있거나 경우에 따라서는 로맨스·희극·비극·풍자극과 같은 문학적 양식에 기초하고 있다.

따라서 이야기식 서술은 역사적 사건의 경과 과정에 특정한 문학적 형식을 부여할 뿐만 아니라 의미도 함께 부여한다. 우리는 이야기식 서술을 통해서야 비로소 이러한 역사적 사건의 경과 과정을 인식할 수 있게 된다는 말이다. 사건들 사이에서 만들어지는 관계는 사건들 자체에 내재하는 것이 아니다. 그것은 사건에 대해 사고하는 역사가의 머릿속에만 존재한다.

① 이야기식 서술에 따르면 결과를 가장 중요시 한다.

② 문학적 이론으로 이야기식 서술을 보면 구성화 과정이다.

③ 이야기식 서술은 문학적 형식과 의미를 모두 부여받는다.

④ 역사의 구성은 로맨스, 희극, 비극, 풍자극과 같은 문학적 양식에 기초하고 있다.

⑤ 역사적 서술의 타당성은 문학적 장르, 예술적인 문체에 의해 결정되며 논증에 의해 결정되지 않는다.

정답 ①

정답해설 이야기식 서술은 경과 과정이 의미를 지닐 수 있도록 서술하는 양식으로 결과를 가장 중요시 하지 않는다.

20 다음 글이 참일 때 거짓인 것을 고르면?

우리나라를 찾는 외국인들이 가장 즐겨 찾는 곳은 이태원이다. 여기서 '원(院)'이란 이곳이 과거에 여행자들을 위한 휴게소였다는 것을 말해 준다. 사리원, 조치원 등의 '원'도 마찬가지이다. 조선 전기에는 여행자가 먹고 자고 쉴 수 있는 휴게소를 '원'이라고 불렀다. 1530년에 발간된 신증동국여지승람에 따르면 원은 당시 전국에 무려 1,210개나 있었다고 한다.

조선 전기에도 여행자를 위한 편의 시설은 잘 갖추어져 있었다. 주요 도로에는 이정표와 역(驛), 원(院)이 일정한 원칙에 따라 세워졌다. 10리마다 지명과 거리를 새긴 작은 장승을 세우고, 30리마다 큰 장승을 세워 길을 표시했다. 그리고 큰 장승이 있는 곳에는 역과 원을 설치했다. 주요 도로마다 30리에 하나씩 원이 설치되다 보니, 전국적으로 1,210개나 될 정도로 많아진 것이다.

역이 국가의 명령이나 공문서, 중요한 군사 정보의 전달, 사신 왕래에 따른 영송(迎送)과 접대 등을 위해 마련된 교통 통신 기관이었다면, 원은 그런 일과 관련된 사람들을 위해 마련된 일종의 공공 여관이었다. 원은 주로 공공 업무를 위한 여관이었지만 민간인들에게 숙식을 제공하기도 했다.

원은 정부에서 운영했기 때문에 재원도 정부에서 마련했는데, 주요 도로인 대로와 중로, 소로 등에 설치된 원에는 각각 원위전(院位田)이라는 땅을 주어 운영 경비를 마련하도록 했다. 그렇다면 누가 원을 운영했을까? 역에는 종육품 관리인 찰방(察訪)이 파견되어 여러 개의 역을 관리하며 역리와 역노비를 감독했지만, 원에는 정부가 일일이 관리를 파견할 수 없었다. 그래서 대로변에 위치한 원에는 다섯 가구, 중로에는 세 가구, 소로에는 두 가구를 원주(院主)로 임명했다. 원주는 승려, 향리, 지방 관리 등이었는데 원을 운영하는 대신 각종 잡역에서 제외시켜 주었다.

조선 전기에는 원 이외에 여행자를 위한 휴게 시설이 따로 없었으므로 원을 이용하지 못하는 민간인 여행자들은 여염집 대문 앞에서 "지나가는 나그네인데, 하룻밤 묵어 갈 수 있겠습니까"라고 물어 숙식을 해결할 수밖에 없었다. 그러나 임진왜란과 병자호란을 거치면서 점사(店舍)라는 민간 주막이나 여관이 생기고, 관리들도 지방 관리의 대접을 받아 원의 이용이 줄어들게 되면서 원의 역할은 점차 사라지고 지명에 그 흔적만 남게 되었다.

① 여행자는 작은 장승 두 개를 지나 10리만 더 가면 '역(驛)'이 나온다는 것을 알았을 것이다.

② '원(院)'을 운영하는 승려는 나라에서 요구하는 각종 잡역에서 빠졌을 것이다.

③ 외국에서 사신이 오면 관리들은 '역(驛)'에서 그들을 맞이하거나 보냈을 것이다.

④ 민간인 여행자들도 자유롭게 '원(院)'에서 숙식을 해결했을 것이다.

⑤ 역(驛), 원(院)은 큰 장승이 있는 곳에 설치되었을 것이다.

정답 ④

정답해설 마지막 단락의 내용을 통해, 민간인 여행자들이 자유롭게 원(院)에서 숙식을 해결하지는 못했다는 것을 알 수 있다. 따라서 ④는 적절하지 않은 내용이다.

21 다음 글에 대한 논리적인 반박으로 적절한 것은?

> 기업이나 상품의 이미지는 측정할 길이 없다 보니 전통적인 경제학이 지배하는 산업 사회에서는 고려 대상이 되지 못하였다. 그러나 현대 사회에서는 엄청난 영향력을 행사하고 있는 만큼 이를 절대로 무시할 수 없게 되었다. 경제 분야에서 선도적 위치에 있는 나라는 모두 강력한 문화적 이미지를 갖고 있다. 이런 문화적 이미지는 재화와 서비스의 가격 결정 과정에 강한 영향력을 미친다.
>
> 사람들은 프랑스 제품이라는 이유로 더 비싼 값을 지불해서라도 프랑스 향수를 사려 한다. 거기엔 문화적 부가 가치가 묵시적으로 부여되어 있는 것이다. 따라서 지금 우리가 겪고 있는 경제적 어려움에 대한 처방은 경제적인 것보다는 문화적인 것이 되어야 한다.

① 기업이나 상품의 이미지는 측정할 수 없어서 이미지 관련 사업에 신경을 써야 한다.

② 사람들이 비싼 값을 주고라도 프랑스 향수를 사려는 이유는 프랑스가 가진 문화적 부가 가치가 담겨 있기 때문이다.

③ 경제적 어려움에 대한 문화적인 처방은 적절하지 않다. 문화적 이미지는 과거의 유산과 현대의 상업성이 결합하여 나타난 것이다.

④ 현대의 문화적 이미지는 다양한 매체를 활용하여 부가 가치를 더욱 더 높이고 있기 때문에 새로이 진출하는 문화 산업은 많은 투자가 동반되어야 한다.

⑤ 산업 사회는 전통적인 경제학이 지배하고 있기 때문에 신상품 제작에 있어서 보수적일 수밖에 없다. 이 흐름에서 벗어나는 것이 선도적 국가가 되는 길이다.

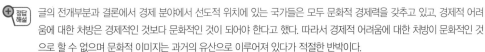

정답 ③

정답해설 글의 전개부분과 결론에서 경제 분야에서 선도적 위치에 있는 국가들은 모두 문화적 경제력을 갖추고 있고, 경제적 어려움에 대한 처방은 경제적인 것보다 문화적인 것이 되어야 한다고 했다. 따라서 경제적 어려움에 대한 처방이 문화적인 것으로 할 수 없으며 문화적 이미지는 과거의 유산으로 이루어져 있다가 적절한 반박이다.

22 다음 글을 바탕으로 한 추론으로 옳지 않은 것은?

> 김정호는 조선 후기에 발달했던 군현지도, 방안지도, 목판지도, 칠첩식지도, 휴대용지도 등의 성과를 독자적으로 종합하고, 각각의 장점을 취하여 대동여지도를 만들었다. 대동여지도의 가장 뛰어난 점은 조선 후기에 발달했던 대축척지도의 두 계열, 즉 정상기의 동국지도 이후 민간에서 활발하게 전사되었던 전국지도·도별지도와 국가와 관아가 중심이 되어 제작했던 상세한 군현지도를 결합하여 군현지도 수준의 상세한 내용을 겸비한 일목요연한 대축척 전국 지도를 만든 것이다.
>
> 대동여지도가 많은 사람에게 애호를 받았던 가장 큰 이유는 목판본 지도이기 때문에 일반에게 널리 보급될 수 있었으며, 개인적으로 소장, 휴대, 열람하기에 편리한 데에 있었다. 국가적 차원에서는 18세기에 상세한 지도가 만들어졌다. 그러나 그 지도는 일반인들은 볼 수도, 이용할 수도 없는 지도였다. 김정호는 정밀한 지도의 보급이라는 사회적 욕구와 변화를 인식하고 그것을 실현하였던 측면에서 더욱 빛을 발한다. 그러나 흔히 생각하듯이 아무런 기반이 없는 데에서 혼자의 독자적인 노력으로 대동여지도와 같은 훌륭한 지도를 만들었던 것은 아니다. 비변사와 규장각 등에 소장된 이전 시기에 작성된 수많은 지도들을 검토하고 종합한 결과인 것이다.

① 김정호가 살던 18세기에는 정밀한 지도의 보급에 대한 사회적 욕구가 높았다.

② 목판본으로 제작했기 때문에 민중에게 배포하기 쉬웠을 것이다.

③ 김정호는 조선 후기에 그에게 주어진 국가적 과제로 지도를 제작해야 할 필요가 있었다.

④ 대동여지도는 동국지도, 전국 및 도별 지도와 군현지도를 집대성한 것이다.

⑤ 국가차원에서 상세한 지도가 만들어졌지만 국가기밀이었기 때문에 일반인이 볼 수 없었다.

 정답 ③

 정답 해설 김정호가 정밀한 지도를 제작하게 된 계기는 제시문의 두 번째 단락에서 '김정호는 정밀한 지도의 보급이라는 사회적 욕구와 변화를 인식하고 그것을 실현하였던 측면에서 더욱 빛을 발한다.'가 있다. 따라서 국가적 과제로 지도를 제작했다는 것과 거리가 멀다.

23 다음 글이 참일 때 거짓인 것을 고르면?

힐링(Healing)은 사회적 압박과 스트레스 등으로 손상된 몸과 마음을 치유하는 방법을 포괄적으로 일컫는 말이다. 우리보다 먼저 힐링이 정착된 서구에서는 질병 치유의 대체 요법 또는 영적·심리적 치료 요법 등을 지칭하고 있다. 국내에서도 최근 힐링과 관련된 갖가지 상품이 유행하고 있다. 간단한 인터넷 검색을 통해 수천 가지의 상품을 확인할 수 있을 정도다. 종교적 명상, 자연 요법, 운동 요법 등 다양한 형태의 힐링 상품이 존재한다. 심지어 고가의 힐링 여행이나 힐링 주택 등의 상품들도 나오고 있다. 그러나 많은 돈을 들이지 않고서도 쉽게 할 수 있는 일부터 찾는 것이 좋을 것이다. 우선 명상이나 기도 등을 통해 내면에 눈뜨고, 필라테스나 요가를 통해 육체적 건강을 회복하여 자신감을 얻는 것부터 출발할 수 있다.

① 서양보다 동양에서 먼저 힐링이 정착되었다.
② 최근 국내에서 힐링과 관련된 갖가지 상품이 유행하고 있다.
③ 고가의 힐링 여행도 다양한 형태의 힐링 상품 중 하나이다.
④ 많은 돈을 들이지 않고 쉽게 할 수 있는 힐링 방법을 찾는 것이 좋다.
⑤ 우선 내면에 눈뜬 후에 육체적 건강을 회복하여 자신감을 얻는 것이 힐링이다.

 정답 ①

정답해설 '우리보다 먼저 힐링이 정착된 서구에서는 질병 치유의 대체 요법 또는 영적·심리적 치료 요법 등을 지칭하고 있다.'고 제시문에 나와있다. 고가의 힐링 여행도 힐링 상품 중의 하나이며 많은 돈을 들이지 않고 쉽게 할 수 있는 힐링 방법을 찾는 것이 좋다. 또한 명상이나 기도 등을 통하여 내면에 눈뜨고, 필라테스나 요가를 통해 육체적 건강을 회복하여 자신감을 얻는 것부터 출발 할 수 있다.

24 다음 글을 바탕으로 한 추론으로 옳지 않은 것은?

인종차별주의는 사람을 인종에 따라 구분하고 이에 근거해 한 인종 집단의 이익이 다른 인종 집단의 이익보다 더 중요하다고 본다. 그 결과 한 인종 집단의 구성원은 다른 인종 집단의 구성원보다 더 나은 대우를 받게 된다. 특정 종교에 대한 편견이나 민족주의도 이와 다르지 않다.

특정 집단들 사이의 차별 대우가 정당화되기 위해서는 그 집단들 사이에 합당한 차이가 있어야 한다. 예를 들어 국가에서 객관적인 평가를 통해 대학마다 차별적으로 지원하는 경우, 이는 대학들 사이의 합당한 차이를 통해 정당화될 수 있다. 그렇지만 인종차별주의, 종교적 편견, 민족주의에 따른 차별대우는 이런 방식으로는 정당화될 수 없다. 합당한 차이를 찾을 수 없기 때문이다.

① 인종차별주의는 한 인종 집단의 이익이 다른 인종 집단의 이익보다 더 중요하다고 본다.

② 인종차별주의는 특정 종교에 대한 편견이나 민족주의와 비슷한 양상을 띤다.

③ 특정 집단에 속한 구성원들은 다른 집단 구성원들의 이익을 고려해야 한다.

④ 특정 집단들 사이의 차별 대우가 정당화되기 위해서는 합당한 차이가 있어야 한다.

⑤ 특정 집단에 속한 구성원들 사이에 합당한 차이가 없는 경우 인종차별주의, 종교적 편견, 민족주의에 따른 차별 대우는 정당화해서는 안 된다.

  정답 ③

인종차별주의는 사람을 인종에 따라 구분하고 이에 근거하여 한 인종 집단의 이익이 다른 인종 집단의 이익보다 더 중요하다고 보는 것을 말한다. 그러나 특정 집단 구성원들이 이 이익과 관련하여 보여야 할 태도에 대해서는 언급되어 있지 않다.

25 다음 글이 참일 때 거짓인 것을 고르면?

> 자본주의 초기 독일에서 종교적 소수 집단인 가톨릭이 영리 활동에 적극적으로 참여하지 않았다는 것은 다음과 같은 일반적 의식과 배치된다. 민족적·종교적 소수자는 정치적으로 영향력 있는 자리에서 배제되므로, 이들은 영리 활동을 통해 공명심을 만족시키려 한다. 그러나 독일 가톨릭의 경우에는 그러한 경향이 전혀 없거나 뚜렷하게 나타나지 않는다. 이는 다른 유럽 국가들의 프로테스탄트가 종교적 이유로 박해를 받을 때조차 적극적인 경제 활동으로 사회의 자본주의 발전에 기여했던 것과 대조적이다. 이러한 현상은 독일을 넘어 유럽 사회에 일반적인 현상이었다. 프로테스탄트는 정치적 위상이나 수적상황과 무관하게 자본주의적 영리 활동에 적극적으로 참여하는 뚜렷한 경향을 보였다. 반면 가톨릭은 어떤 사회적 조건에 처해 있든 이러한 경향을 나타내지 않았고 현재도 그러하다.

① 프로테스탄트는 사회의 자본주의 발전에 기여하였다.

② 독일에서 가톨릭은 영리 활동에 적극적으로 참여하지 않았다.

③ 독일 가톨릭의 경제적 태도는 모든 종교적 소수 집단에 폭넓게 나타나는 보편적인 경향이다.

④ 프로테스탄트와 가톨릭은 경제 활동에서 상반된 태도를 보인다.

⑤ 종교 집단에 따라 경제적 태도에 차이가 나타나는 원인은 특정 종교 집단이 처한 정치적 또는 사회적 상황과는 무관하다.

  정답 ③

종교적 소수자는 영리 활동을 통해 공명심을 만족시키고자 한다. 이는 독일 가톨릭과 상반된 태도이다.

26 다음 글을 바탕으로 한 추론으로 옳지 않은 것은?

대안재와 대체재의 구별은 소비자뿐만 아니라 판매자에게도 중요하다. 형태는 달라도 동일한 핵심기능을 제공하는 제품이나 서비스는 각각 서로의 대체재가 될 수 있다. 대안재는 기능과 형태는 다르나 동일한 목적을 충족하는 제품이나 서비스를 의미한다.

사람들은 회계 작업을 위해 재무 소프트웨어를 구매하여 활용하거나 회계사를 고용해 처리하기도 한다. 회계 작업을 수행한다는 측면에서, 형태는 다르지만 동일한 기능을 갖고 있는 두 방법 중 하나를 선택할 수 있다.

이와는 달리 형태와 기능이 다르지만 같은 목적을 충족시켜 주는 제품이나 서비스가 있다. 여가 시간을 즐기고자 영화관 또는 카페를 선택해야 하는 상황을 보자. 카페는 물리적으로 영화관과 유사하지도 않고 기능도 다르다. 하지만 이러한 차이에도 불구하고 사람들은 여가 시간을 보내기 위한 목적으로 영화관 또는 카페를 선택한다.

소비자들은 구매를 결정하기 전에 대안적인 상품들을 놓고 저울질한다. 일반 소비자나 기업 구매자 모두 그러한 의사 결정 과정을 갖는다. 그러나 어떤 이유에선지 우리가 파는 사람의 입장이 되었을 때는 그런 과정을 생각하지 못한다. 판매자들은 고객들이 대안 산업군 전체에서 하나를 선택하게 되는 과정을 주목하지 못한다. 반면 대체재의 가격 변동, 상품 모델의 변화, 광고 캠페인 등에 대한 새로운 정보는 판매자들에게 매우 큰 관심거리이므로 그들의 의사 결정에 중요한 역할을 한다.

① 판매자들은 대안재보다 대체재 관련 정보에 민감하게 반응한다.

② 소비자들은 대안재보다 대체재를 선호하는 경향이 있다.

③ 재무 소프트웨어와 회계사는 서로 대체재의 관계에 있다.

④ 영화관과 카페는 서로 대안재의 관계에 있다.

⑤ 판매자들은 소비자가 구매를 결정하기 전에 대안재들을 놓고 저울질하는 과정에 주목하지 못한다.

 정답 ②

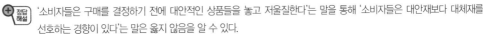 '소비자들은 구매를 결정하기 전에 대안적인 상품들을 놓고 저울질한다'는 말을 통해 '소비자들은 대안재보다 대체재를 선호하는 경향이 있다'는 말은 옳지 않음을 알 수 있다.

27 다음 글에 대한 논리적인 반박으로 적절한 것은?

> 한국 사회에서도 복지에 대한 문제가 중요한 비중을 차지하게 되었다. 그만큼 한국 사회가 선진 국으로 근접해 가고 있다는 신호일 수 있다. 과거 경제성장에 치우쳐 미처 관심을 갖지 못했던 복지 문제가 이제 더 이상 미룰 수 없는 문제로 인식되고 있는 것이다. 이에 따라 보편적인 복지를 시행 해야 한다는 여론이 힘을 얻고 있다.
>
> 하지만 무조건 복지를 확대한다고 해서 우리 사회가 선진국이 되는 것은 아니다. 오히려 무분별 한 복지의 확대가 우리 사회의 걸림돌이 될 수도 있는 것이다. 아무런 조건 없이 제시되는 복지 혜 택은 오히려 도덕적 해이를 조장할 수도 있다. 아무런 노력을 하지 않아도 삶이 보장된다는 점을 악 용하는 사람들이 많아질 경우, 국민의 부양부담은 그만큼 커질 수 있다. 이러한 현상이 만연되면 이 른바 복지병이 부상하면서 국가경제를 전반적으로 침체시킬 수 있다는 점을 우리는 서구의 사례에 서 충분히 짐작할 수 있다.
>
> 따라서 복지 혜택의 효율성을 높이기 위해서 근로 의욕이 있는 사람들에게 복지의 혜택을 부여하 고, 실직자들에게 실업 수당을 지급하는 것보다 일자리를 만들어 취업을 가능하게 하는 쪽에 복지 의 중심이 주어지는 것이 바람직하다.

① 복지의 사각지대를 이용해 복지 혜택을 받는 경우가 부지기수이기 때문에 선별적인 복지 혜택이 필요하다.

② 복지제도를 악용하는 사람이 더 많기 때문에 복지 기준을 강화해야 한다.

③ 근로의욕을 가지고 있지만 신체가 불편하거나 장애가 있는 경우에는 복지혜택을 받을 수 없게 되고, 생활에 있어 어려움에 처하게 된다.

④ 서구에서도 과도한 복지로 인한 폐해가 심각하다. 직업이 없는 사람들의 비율이 높아졌으며 자 살율도 크게 늘어났다.

⑤ 경제성장에 치우쳐 못 봤던 복지 문제는 더 이상 미룰 수 없는 문제가 아니라 이미 대두되고 있 던 문제이다.

 정답 ③

 정답 해설 제시문에 세 번째 단락에서 '복지 혜택의 효율성을 높이기 위해서 근로 의욕이 있는 사람들에게 복지의 혜택을 부여하고' 가 제시되었다. 근로 의욕이 있는 사람에게 한정하여 소외된 사람들이 복지 혜택을 못 받는 경우가 생기게 되므로 반박으 로 적절하다.

오답 해설 ④ 제시문에 제시되지 않은 내용이다.

⑤ 제시문에 경제성장에 치우친 것은 옳은 내용이지만, 더 이상 미룰 수 없는 문제라거나 이미 대두되고 있던 문제라는 것은 제시된 바 없다.

28 다음 글을 바탕으로 한 추론으로 옳지 않은 것은?

> 1950년대 이후 부국이 빈국에 재정 지원을 하는 개발 원조 계획이 점차 시행되었다. 하지만 그 결과는 그리 좋지 못했다. 부국이 개발 협력에 배정하는 액수는 수혜국의 필요가 아니라 공여국의 재량에 따라 결정되었고, 개발 지원의 효과는 보잘것없었다. 원조에도 불구하고 빈국은 대부분 더욱 가난해졌다. 개발 원조를 받아도 라틴 아메리카와 아프리카의 많은 나라들이 부채에 시달리고 있다.
>
> 공여국과 수혜국 간에는 문화 차이가 있기 마련이다. 공여국은 개인주의적 문화가 강한 반면, 수혜국은 집단주의적 문화가 강하다. 공여국 쪽에서는 실제 도움이 절실한 개인들에게 우선적으로 혜택이 가기를 원하지만, 수혜국 쪽에서는 자국의 경제 개발에 필요한 부문에 개발 원조를 우선 지원하려고 한다.
>
> 개발 협력의 성과는 두 사회 성원의 문화 간 상호 이해 정도에 따라 결정된다는 것이 최근 분명해졌다. 자국민 말고는 어느 누구도 그 나라를 효율적으로 개발할 수 없다. 그러므로 외국 전문가는 현지 맥락을 고려하여 자신의 기술과 지식을 이전해야 한다. 원조 내용도 수혜국에서 느끼는 필요와 우선 순위에 부합해야 효과적이다. 이 일은 문화 간 이해와 원활한 의사 소통을 필요로 한다.

① 공여국은 개인들에게 우선적으로 원조의 혜택이 돌아가기를 원한다.
② 수혜국은 자국 경제 개발에 필요한 부문에 우선적으로 원조의 혜택이 돌아가기를 원한다.
③ 수혜국의 집단주의적 경향은 공여국의 개발 원조 참여를 저조하게 만든다.
④ 공여국과 수혜국이 생각하는 지원의 우선 순위는 일치하지 않는다.
⑤ 원조에도 불구하고 빈국들의 대부분이 더욱 가난해졌다.

 정답 ③

 정답 해설 수혜국의 집단주의적 경향은 언급되었으나, 공여국의 개발 원조 계획 참여가 저조한 것과의 연관성은 언급되지 않았다.

29 다음 글이 참일 때 거짓인 것을 고르면?

고려 시대에 철제품의 생산을 담당한 것은 철소였는데, 기본적으로 철산지나 그 인근의 채광과 제련이 용이한 곳에 설치되었다. 철소 설치에는 몇 가지 요소가 갖춰져야 유리하였다. 철소는 철광석을 원활하게 공급받을 수 있고, 철을 제련하는 데 필수적인 숯의 공급이 용이해야 하며, 채광·선광·제련 기술을 가진 장인 및 채광이나 숯을 만드는 데 필요한 노동력이 존재해야 했다. 또한 철 제련에 필요한 물이 풍부하게 있는 곳이어야 했다.

망이와 망소이가 봉기를 일으킨 공주 명학소는 철소였다. 그러나 다른 철소와는 달리 그곳에서는 철이 생산되지 않았다. 철산지는 인근의 마현이었다. 명학소는 제련에 필요한 숯을 생산하고 마현으로부터 가져온 철광석을 가공하여 철제품을 생산하는 곳이었다. 마현에서 채취한 철광석은 육로를 통해 명학소로 운반되었고, 이곳에서 생산된 철제품은 명학소의 갑천을 통해 공주로 납부되었다. 갑천의 풍부한 수량은 철제품을 운송하는 수로로 적합했을 뿐 아니라, 제련에 필요한 물을 공급하는 데에도 유용했다.

그러나 명학소민의 입장에서 보면 마현에서 철광석을 채굴하고 선광하여 명학소로 운반하는 작업, 철광석 제련에 필요한 숯을 생산하는 작업, 철제품을 생산하는 작업, 생산된 철제품을 납부하는 작업에 이르기까지 감당할 수 없는 과중한 부담을 지고 있었다. 이는 일반 군현민의 부담뿐만 아니라 다른 철소민의 부담과 비교해 보아도 훨씬 무거운 것이었다. 더군다나 명종 무렵에는 철 생산이 이미 서서히 한계를 드러내고 있었음에도 할당된 철제품의 양이 줄어들지 않았다. 이러한 것이 복합되어 망이와 망소이는 봉기하게 된 것이다.

① 철소는 기본적으로 철산지 또는 그 인근에 설치되었다.
② 명학소에서 숯이 생산되었다.
③ 망이와 망소이가 봉기를 일으킨 곳에서는 철이 생산되지 않는다.
④ 명학소민은 다른 철소민보다 부담이 적었다.
⑤ 풍부한 물은 명학소에 철소를 설치하는 데 이점으로 작용했다.

정답 ④

정답해설 명학소민은 일반 군현민은 물론 다른 철소민과 비교했을 때에도 훨씬 무거운 부담을 지고 있었다.

30 다음 글을 바탕으로 한 추론으로 옳지 않은 것은?

한국 신화에서 건국신화 다음으로 큰 비중을 차지하는 것은 무속신화이다. 무속신화는 고대 무속 제전에서 형성된 이래 부단히 생성과 소멸을 거듭했다. 이러한 무속신화 중에서 전국적으로 전승되는 '창세신화'와 '제석본풀이'는 남신과 여신의 결합이 제시된 후 그 자녀가 신성의 자리에 오른다는 점에서 신화적 성격이 북방의 건국신화와 다르지 않다. 한편, 무속신화 중 '성주신화'에서는 남성 인물인 '성주'가 위기에 빠져 부인을 구해내고 출산과 축재를 통해 성주신의 자리에 오른다. 이는 대부분의 신화에서 나타나는 부자(父子) 중심의 서사 구조가 아닌 부부 중심의 서사 구조를 보여준다.

특이한 유형을 보이는 신화 중에 제주도의 '삼성신화'가 있다. '삼성신화'에서는 남성이 땅 속에서 솟아나고 여성이 배를 타고 들어온 것으로 되어 있다. 남성이 땅에서 솟아났다는 점은 부계 혈통의 근원을 하늘이 아닌 대지에 두었다는 것으로 본토의 건국신화와 대조된다. 그리고 여성이 배를 타고 왔다는 것은 여성이 도래한 세력임을 말해 준다. 특히 남성은 활을 사용하고 여성이 오곡의 씨를 가지고 온 것으로 되어 있는데, 이것은 남성으로 대표되는 토착 수렵 문화에 여성으로 대표되는 농경문화가 전래되었음을 신화적으로 형상화한 것이다.

① 주몽신화는 북방의 건국신화이다.
② 삼성신화에서는 부계 사회에서 모계 중심의 사회로 전환되는 사회상이 나타난다.
③ 성주신화에서는 부부 중심의 서사 구조가 나타난다.
④ 신화에는 당대 민족의 문화적 특징이 담겨있다.
⑤ 한반도 본토의 건국신화에서는 보통 부계 혈통의 근원을 하늘이라고 보았다.

 정답 ②

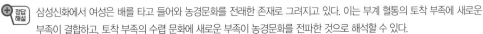 삼성신화에서 여성은 배를 타고 들어와 농경문화를 전래한 존재로 그려지고 있다. 이는 부계 혈통의 토착 부족에 새로운 부족이 결합하고, 토착 부족의 수렵 문화에 새로운 부족이 농경문화를 전파한 것으로 해석할 수 있다.

31 다음 글이 참일 때 거짓인 것을 고르면?

사계절이 뚜렷한 온대 지역의 깊은 호수에서는 계절에 따라 물의 상하 이동이 다른 양상을 보인다. 호수의 물은 깊이에 따라 달라지는 온도 분포를 기준으로 세 층으로 나누어지는데, 상층부는 표층, 바로 아래는 중층. 가장 아래 부분은 심층이라 한다.

여름에는 대기의 온도가 높기 때문에 표층수의 온도도 높다. 따라서 표층수의 하강으로 인한 중층수나 심층수의 온도가 표층수보다 낮고, 밀도가 상대적으로 높기 때문이다. 가을이 되면 대기의 온도가 낮아지면서 표층수의 온도가 떨어진다. 물이 최대 밀도가 되어 섭씨 4도에 가까워지면 약한 바람에도 표층수가 아래쪽으로 가라앉으면서 상대적으로 밀도가 낮은 아래쪽 물이 위쪽으로 올라오게 된다. 이런 현상을 '가을 전도'라고 한다.

겨울에는 여름과 반대로 표층수의 온도가 중층수나 심층수보다 낮다. 하지만 밀도는 중층수와 심층수가 더 높기 때문에 여름철과 마찬가지로 물의 전도 현상이 일어나지 않는다. 물의 전도 현상은 봄이 되면 다시 관찰할 수 있다. 대기의 온도가 올라가면서 얼음이 녹고 표층수의 온도가 섭씨 4도까지 오르면 표층수는 아래쪽으로 가라앉는다. 반면에 아래쪽 물은 올라오게 된다. 이것을 '봄 전도'라고 한다. 이러한 전도현상을 통해 호수의 물이 자연스럽게 순환하게 된다.

① 호수의 물은 깊이에 따라 표층, 중층, 심층으로 나뉜다.
② 가을 전도 현상은 물의 최대 밀도가 약 섭씨 4도가 되면 밀도가 낮은 아래쪽 물이 위쪽으로 올라오는 것이다.
③ 봄 전도 현상은 대기의 표층수의 온도가 섭씨 4도 이상이 되면 아래쪽에 있던 표층수가 위로 솟아오르는 전도현상이다.
④ 겨울에는 여름과 반대로 표층수의 온도가 중층수나 심층수보다 낮지만 밀도는 중층수와 심층수가 더 높아 전도 현상이 일어나지 않는다.
⑤ 여름에는 대기의 온도가 높기 때문에 표층수의 온도도 높고 표층수의 하강으로 인해 중층수나 심층수의 온도가 표층수보다 낮으며 밀도도 상대적으로 높다.

 정답 ③

정답
해설 세 번째 단락에서 봄 전도에 관해 '대기의 온도가 올라가면서 얼음이 녹고 표층수의 온도가 섭씨 4도 까지 오르면 표층수는 아래쪽으로 가라앉는다.'고 제시하고 있다. 따라서 표층수가 위로 솟아오르는 것은 거짓이 된다.

32 다음 글을 바탕으로 한 추론으로 적절한 것은?

> 자연에 존재하는 기본 구조인 프랙탈 구조에 대한 이해는 혼돈 운동을 이해하는 데 매우 중요하다는 것을 알게 되었다. 이제 물리학에서는 혼돈스런 운동을 분석할 수 있는 새로운 강력한 분석 방법을 갖게 된 것이다. 이러한 발견은 물리학계는 물론 과학계 전체에 큰 충격을 주었다. 자연에서 흔히 발견되는 무질서하고 혼란스런 운동도 규칙 운동처럼 잘 정의된 방정식으로 나타낼 수 있는 운동의 한 부분이고, 따라서 규칙 운동과 같이 분석할 수 있다는 것이다. 이러한 혼돈 현상을 결정론적 혼돈이라고 부른다. 결정론적이라는 말과 혼돈이라는 말은 상반되는 뜻을 갖고 있지만, 혼돈 현상을 나타내는 데는 적당한 표현이다. 지금까지 전통적인 방법으로 파악되지 않아서 혼돈으로 치부되던 많은 현상들이 새로운 방법으로 분석할 수 있게 됨으로써 분석 가능한 자연 현상의 영역은 매우 넓어졌다. 아직 시작된 지 얼마 안 되는 혼돈 과학의 연구가 진척되면 앞으로 자연에 대한 이해가 훨씬 넓고 깊어질 것이다.

① 프랙탈 구조는 부분이 전체 구조와 비슷하게 반복되는 규칙 운동이다.

② 프랙탈 구조는 혼돈 현상을 이해하는 전통적 방법이다.

③ 프랙탈 구조에 대한 이해는 결정론적 혼돈을 정립하는 데 큰 도움을 주었다.

④ 결정론적 혼돈을 통해 모든 자연 현상을 분석할 수 있게 되었다.

⑤ 자연에서 발견할 수 있는 규칙 운동을 결정론적 혼돈이라고 한다.

정답 ③

정답해설 프랙탈 구조에 대한 이해를 바탕으로 결정론적 혼돈을 알아냄으로써, 전통적인 방법으로 파악되지 않아서 혼돈으로 치부되던 많은 현상들을 새로운 방법으로 분석할 수 있게 되었다.

▶ **핵심정리**

사실적 독해
사실적 독해는 글에 드러난 정보를 확인하는 읽기이다. 즉 글에 나타난 정보를 확인하고, 그들 사이의 의미 관계와 중심 내용을 파악하는 것이다.

33 다음 글을 바탕으로 한 추론으로 옳지 않은 것은?

윤리학은 규범에 관한 진술을 연구하는 학문이다. 우리가 하나의 규범을 진술하고 있는지 아니면 가치판단을 진술하고 있는지에 관한 문제는 단지 설명 방식의 차이에 불과하다. 규범은 예를 들어 "살인하지 마라."와 같은 명령 형식을 가지고 있다. 이 명령에 대응하는 가치 판단은 "살인은 죄악이다."와 같은 것이다. "살인하지 마라."와 같은 규범은 문법적으로 명령 형식이며, 따라서 참이거나 거짓으로 드러날 수 있는 사실적 진술로 간주되지 않을 것이다. 그러나 "살인은 죄악이다."와 같은 가치 판단은 규범의 경우와 마찬가지로 단지 어떤 희망을 표현하는 것에 불과하지만 문법적으로는 서술문의 형식을 가지고 있다.

일부 사람들은 이러한 형식에 속아 넘어가서 가치 판단이 실제로는 하나의 주장이며, 따라서 참이거나 거짓이 되어야만 한다고 생각한다. 그러므로 이들은 자신의 가치 판단에 관한 근거를 제시하고 이를 반대하는 사람들의 주장을 논박하려고 노력한다. 그러나 실제로 가치 판단은 오해의 소지가 있는 문법적 형식을 가진 명령이다. 그것은 사람들의 행위에 영향을 미칠 수 있으며 이러한 영향은 우리들의 희망에 부합하거나 부합하지 않을 뿐이지 참이거나 거짓이라고 할 수 없다.

① 가치 판단은 그 문법적 형식에서 규범에 관한 진술과 구별된다.

② "도둑질하지 마라."와 같은 규범은 사실적 진술로 간주해서는 안 된다.

③ "도둑질은 나쁜 일이다"와 같은 진술은 참이거나 거짓이라고 할 수 없다.

④ 윤리학은 사실적 진술을 다루는 경험과학과 그 연구대상의 성격이 차별화되지 않는다.

⑤ "곤경에 빠진 사람을 도와주는 것은 좋은 일이다"와 같은 진술은 사람들의 태도와 행동에 영향을 미칠 수 있다.

 정답 ④

정답 해설 제시문에서 윤리학은 규범에 관한 진술을 다루는 학문이지만, 가치판단의 진술 역시 희망을 표현하며 참이나 거짓을 따질 수 없고 사람들의 행위에 영향을 미칠 수 있다는 점에서 규범과 비슷하다는 내용을 담고 있다. 규범과 가치판단의 이러한 성격은 '사실적 진술'과 뚜렷이 구별된다. 즉 사실적 진술은 이들과 달리 희망이 아니라 사실을 표현하며 참이나 거짓을 따질 수 있기 때문에 윤리학의 대상이 되기 어렵다.

34 다음 글이 참일 때 거짓인 것을 고르면?

> 휴식이 주는 효과는 디폴트 네트워크(default network)로 설명될 수 있다. 이 영역은 우리 뇌가 소모하는 전체 에너지의 60~80%를 차지하는데, 뇌에서 안쪽 전두엽과 바깥쪽 측두엽, 안쪽과 바깥쪽 두정엽이 이에 해당된다. 미국의 한 두뇌 연구가는 실험 참가자가 테스트 문제에 집중하면서 생각에 골몰하면 뇌의 특정 영역이 늘어나는 것이 아니라 줄어든다는 사실을 발견했다. 오히려 이 영역은 우리가 아무 생각도 하지 않을 때 늘어나기까지 했다.
>
> 한마디로 우리 뇌의 많은 부분은 정신적으로 아무 것도 하지 않을 때 그 활동을 강화하고 있는 셈이다. 디폴트 네트워크는 하루 일과 중에 긴장을 풀고 몽상을 즐길 때나 잠을 자는 동안 활발한 활동을 한다. 그러므로 정보가 유입되지 않는다 해서 우리 두뇌가 쉬는 것은 아니다.
>
> 정말로 '아무 생각 없음'이 반짝이는 아이디어를 만들어주는 것일까? 정답은 '아니다'이다. 아르키메데스도 문제에 골몰하던 중 목욕탕에서 휴식을 취하다가 아이디어가 생각났다. 여기서 중요한 것은 이미 문제에 대한 고민이 있었다는 사실이다. 다시 말해 문제에 대한 배경 지식을 갖고 있었을 뿐만 아니라 해결에 대한 열린 사고를 갖고 있었다는 것을 의미한다. 뜻밖의 발견이나 발명에 대한 대표적인 예가 '포스트잇'이다. 3M에 근무하던 아서 프라이가 악보에서 자꾸 떨어져 내리는 책갈피를 보고, 실험실에서 잠자고 있던 슈퍼 접착제를 쪽지에 발라 '포스트잇'을 탄생시켰다. 대개 이런 발명을 '세렌디피티(serendipity) 원리'라고 부른다.

① 생각에 골몰하면 뇌의 특정 영역이 줄어든다.

② 아무런 생각을 하지 않는다고 해서 뇌가 쉬는 것은 아니다.

③ 디폴트 네트워크는 외부 자극이 없을 때 활발한 활동을 하는 뇌의 영역을 말한다.

④ 디폴트 네트워크와 세렌디피티의 원리는 상반되는 개념이다.

⑤ 세렌디피티의 원리에는 행운뿐만 아니라 노력도 포함되어 있다.

 정답 ④

 정답해설 '디폴트 네트워크'는 정신적으로 아무 것도 하지 않을 때 활동을 활발히 하는 뇌의 영역을 말하고, '세렌디피티의 원리'는 해결해야 하는 문제에 대해 열린 사고를 가지고 있어야 좋은 아이디어를 떠올릴 수 있다는 것으로 두 개념이 상반되는 것은 아니다.

오답해설 ②, ③ 뇌가 휴식을 취할 때 오히려 활동을 강화한다는 '디폴트 네트워크'에 따르면, 아무런 생각을 하지 않는다고 해서 뇌가 쉬는 것이 아님을 알 수 있다.
⑤ 해결해야 할 문제에 대한 배경 지식과 함께 열린 사고를 가지고 있어야 반짝이는 아이디어를 얻을 수 있다는 세렌디피티의 원리에 따르면 발명은 행운뿐만 아니라 노력도 함께 필요한 것이다.

35 다음 글을 바탕으로 한 추론으로 적절한 것은?

종교의 의미와 기능, 또는 종교에 대한 바람직한 태도, 종교와 자신의 관계 등에 대하여 성찰하는 태도는 단순한 지적 호기심과는 다르다. 그것은 진실한 삶에 대한 성찰을 전제하는 것으로 모든 사람이 지녀야 하는 것이기도 하다.

그러나 이와 같이 실존적 측면에서의 성찰 과제로 종교를 바라보는 것은 오히려 자신의 자존을 훼손하는 것으로 보는 견해도 있다. 하지만 조금만 시각을 달리하면 그것이 적절하지 않다는 것을 쉽게 알 수 있다. 무엇보다 종교가 오랜 시간 동안 인류와 함께 성장해 왔다는 사실은 우리가 종교에 대해 진지한 성찰을 해야 하는 이유 중 하나이다.

어떤 사람이 오직 자신이 경험한 것에 의지해 절대적인 판단을 내리고, 엄연히 존재하는 현실을 거부한 채 충분한 성찰과 검토를 거치지 않은 판단이 마구 일어난다면 누구도 그 사람이 삶에 대한 총체적 인식에 도달했다고 말하지 않을 것이다. 교양인이라면 어떤 현상이나 대상이 자신의 삶과 직접적인 연관성을 가지고 있지 않더라도 성실한 태도로 그것을 성찰해야 하는 것처럼 종교에 대해서도 마찬가지의 태도를 가져야만 한다.

건전한 사고는 대상에 대한 비판적 인식에서 출발한다. 자기 자신만의 생각에 갇혀있거나 대상이나 객체에 함몰되어 있으면 올바른 인식에 도달할 수 없다. 그리고 그 결과 올바른 판단을 내릴 수 없게 되며 바람직한 삶 역시 요원한 것이 된다. 결국 교양인에게 종교에 대한 성찰은 기본적인 소양이라고 할 수 있다.

① 교양인이라도 종교인이 아닌 이상, 종교에 대한 성찰과 비판적 인식은 종교인에게 있어서 종교에 대한 자존을 훼손하는 것과 같다.

② 종교에 대한 바람직한 태도는 교리에 따른 진실한 삶이며, 종교에 대한 성찰과 비판적인 인식은 종교가 말하는 바람직한 삶과 거리가 멀다.

③ 자신이 경험해왔던 것이 올바르고 절대적인 요소를 갖추고 있다면 성찰과 검토 없이도 충분히 진실한 삶을 살고 있다고 할 수 있다.

④ 자신의 경험에 의지해 절대적 판단을 내리지 않고 성찰과 검토를 하는 것처럼 종교에 대해서도 생각에 함몰되는 것이 아니라 성찰하는 자세를 가져야 올바른 인식에 도달하게 된다.

⑤ 성찰과제로 종교를 바라보는 것은 해당 종교의 교리에 위반하는 것으로 종교가 내세우는 진리와 교리에서 벗어나게 된다.

 정답 ④

정답 해설 제시문의 세 번째 단락에서 건전한 사고는 대상에 대한 비판적 인식에서 출발하며, 자기만의 생각에 갇혀있거나 대상이나 객체에 함몰되어 있으면 올바른 판단을 내릴 수 없다고 했고 종교에 대해서도 성찰해야 한다고 나와 있다.

36 다음 글이 참일 때 거짓인 것을 고르면?

민족주의 사학은 정신 사관에 기초를 두고 있다. 비록 국가는 외형을 잃었더라도 정신만 살아 있으면 민족은 살아 있는 것이며, 따라서 언제고 반드시 독립을 되찾을 수 있다고 믿는 것이 이 사관이다. 가령 박은식은 신(神) 혹은 혼(魂)이 곧 역사인 것으로 생각하고, 이것이 살아있으면 외형적인 형(形)이나 백(魄)에 해당하는 국가나 국력은 다시 성장 발전할 수 있다고 보았다. 박은식의 혼(魂)을 정인보는 '얼'로 표현하였다. 그는 역사의 척주(脊柱)를 이루는 것이 얼이라 생각하고, 오천 년에 걸친 한국의 역사에도 이 얼이 나타난다고 보았다. 그리고 이 얼이 죽으면 곧 민족도 그 역사도 죽는 것이라고 생각하였다. 신채호는 보다 구체적인 고유한 사상 체계를 중요시하였다. 그는 화랑도의 사상을 한국의 고유한 것으로 보고, 이 낭가 사상의 성하고 약함이 민족사의 흥망을 좌우하였다고 믿었다. 그는 한국사를 표면적으로는 한국 민족과 이(異)민족의 투쟁사로, 내면적으로는 고유 사상과 외래 사상의 투쟁사로 파악한 것이다. 최남선은 조선 정신을 내세웠다. 그에 의하면 이 조선 정신은 역사뿐만 아니라 자연 속에서도 나타나 있는 것이다. 그런데 그는 이 조선 정신을 정치적인 혹은 대외적인 면에서보다도 문화적인 면에서 더욱 찾아보려고 하였다. 그가 단군 신화의 연구나 고준의 발굴과 간행 같은 면에 큰 관심을 쏟은 이유가 여기에 있다. 한편 문일평의 조선심(朝鮮心)은 한국 민족에게 고유한 것이라는 점, 그러면서도 추상적인 정신으로써 한국 문화를 형성하는 근원이라는 점 등에서 조선 정신과 비슷하다. 그러나 그는 조선심을 자연이나 역사의 근원에 내재하는 것이 아니라 역사적인 산물로 본다. 그는 이렇게 역사적으로 형성된 조선심이 조선 사상으로 구체화되는 것으로 생각하고, 한글을 지은 세종을 이 조선 사상의 대표자로 본다.

① 민족주의 사학은 민족의 살아있는 정신을 중시하는 사관이다.

② 박은식은 혼(魂)에 해당하는 국가나 국력은 성장·발전할 수 있는 것이라 보았다.

③ 신채호는 민족 고유한 사상 체계의 공고함에 따라 민족사의 흥망이 좌우된다고 보았다.

④ 최남선은 조선 정신을 한국의 역사와 자연에 나타나 있는 것이라 보았다.

⑤ 문일평의 조선심은 정신을 문화를 형성하는 근원으로 본다는 점에서 최남선의 조선 정신과 통한다.

 정답 ②

 정답 해설 박은식이 말한 '혼(魂)'은 국가나 국력이 아니라 역사이다. 박은식은 신(神) 혹은 혼(魂)이 곧 역사인 것으로 생각하고, 이것이 살아 있으면 외형적인 형(形)이나 백(魄)에 해당하는 국가나 국력은 다시 성장 발전할 수 있다고 보았다.

오답 해설 ① 민족주의 사학은 정신 사관에 기초를 두고 있다고 첫 문장에서 언급하였다.

③ 신채호는 고유한 사상 체계를 중시하였으며, 고유한 사상의 성하고 약함이 민족사의 흥망을 좌우하였다고 믿었다.

⑤ 문일평의 조선심은 한국 민족에게 고유한 것이며 한국 문화를 형성하는 근원이라는 점에서 조선 정신과 비슷하다고 언급하였다.

37 다음 글을 읽고 〈보기〉를 바르게 해석한 것은?

하버트 갠스는 창조적 혁신, 형식에 대한 실험, 심오한 사회적·정치적·철학적 질문들의 탐구, 여러 층위에서 이해할 수 있는 깊이 등을 가진 고급예술은 더 크고 더 지속적인 미적 만족을 제공하는 반면, 대중문화는 이러한 미적 특징을 결여하고 있다는 것이다. 그러나 자신들이 즐길 수 있는 유일한 문화적 산물인 대중문화를 선택한다는 이유로 하류계층을 비난할 수는 없다고 갠스는 주장한다. 왜냐하면 그들은 고급문화를 선택하는 데 필요한 사회·경제적 교육 기회를 갖지 못하기 때문이다. 민주 사회는 그들에게 고급문화를 즐길 수 있는 적정한 교육과 여가를 제공하고 있지 못하므로, 그들의 실제적인 취미에 대한 욕구와 기준을 충족시켜 줄 수 있는 문화로써의 대중예술을 허용해야 한다고 주장하였다.

보기

신분상승은 문화를 통해서만 이루어진다. 그런데 문화는 오랜 시간의 학습을 통해서만 형성된다. 일례로 어릴 때부터 미술과 음악을 가까이 했던 사람만이 어른이 되어서도 미술과 음악을 즐길 수 있다. 현대사회에서 음악이나 미술은 더 이상 가난한 천재의 고통스러운 수고를 통해 얻어진 결실이 아니다. 그것은 이제 계급적인 사치재가 되었다. 불평등은 경제 분야에만 있는 것이 아니라, 오히려 문화 분야에서 더욱 두드러진다. 재벌 총수나 거리의 미화원이 똑같은 스테이크와 똑같은 김치찌개를 먹을 수는 있지만, 베르디의 음악을 즐기는 상류층의 취향을 하류층은 이해할 수 없다. 경제와 마찬가지로 문화에서도 사람들은 표면적으로는 평등하지만 실제적으로는 사회적 상황과 교육 수준에 따라 천차만별이다. 결국 문화적 고귀함은 일부 계층에게만 존재할 수밖에 없다.

① 대중예술이 열등하다는 인식을 극복하기 위해 그것의 미적 특징을 밝히는 데 힘써야 한다.

② 현대사회에서 문화적 고귀함은 과거와 달리 어느 특정 계층만 접할 수 있는 것이 아니며 모든 이가 누릴 수 있게 되었다.

③ 다양한 층위에서 이해할 수 있는 깊이를 지닌 고급예술은 대중예술에 비해 지적 만족이 더 크다.

④ 수준 높은 미술과 음악을 제대로 접하려면 경제적인 조건을 필요로 하기 때문에 성장과정에서 계급화가 이루어져야 한다.

⑤ 하류층에게 고급문화를 즐길 수 있는 여건이 주어지지 못하므로, 그들의 욕구와 기준을 충족시켜 줄 수 있는 문화로써의 대중예술을 제공해주어야 한다.

 정답 ⑤

정답해설 위글에서 하버트 갠스는 대중문화를 선택하는 이들은 고급문화를 선택하는 데 필요한 사회·경제적 교육 기회를 갖지 못하기 때문에 그들의 실제적인 취미에 대한 욕구와 기준을 충족시켜 줄 수 있는 문화로써의 대중예술을 허용해야 한다고 주장하였다.

〈보기〉는 신분상승은 문화를 통해서만 이루어지기 때문에 현대사회에서 음악이나 미술은 계급적인 사치재가 되었으며 결국 문화적 고귀함은 일부 계층에게만 존재할 수밖에 없다는 내용이다.

따라서 하류층에게 고급문화를 즐길 수 있는 여건이 주어지지 못하므로, 그들의 욕구와 기준을 충족시켜 줄 수 있는 문화로써의 대중예술을 제공해주어야 한다고 해석할 수 있다.

①, ④ 위 글과 〈보기〉에서 알 수 없는 내용이다.

② 〈보기〉의 '현대사회에서 음악이나 미술은 더 이상 가난한 천재의 고통스러운 수고를 통해 얻어진 결실이 아니다. 그것은 이제 계급적인 사치재가 되었다.'라는 말을 통해 문화적 고귀함은 모든 이가 누릴 수 있는 것이 아니라 어느 특정 계층만 접할 수 있음을 알 수 있다.

③ '여러 층위에서 이해할 수 있는 깊이 등을 가진 고급예술은 더 크고 더 지속적인 미적 만족을 제공'한다는 내용에서 고급예술이 대중예술에 비해 지적 만족이 아닌 미적 만족을 제공한다는 것을 알 수 있다.

38 다음 글을 바탕으로 한 추론으로 옳지 않은 것은?

상·하원 의원 여러분, 누군가가 여러분에게 당신들의 이 명령이 학자들을 의기소침하게 한다는 주장은 과장해서 하는 말이고 실제로는 그렇지 않다고 말할지도 모른다. 나는 이런 주장을 하지 못하도록 이런 종류의 엄격한 심문이 횡포를 부리고 있는 다른 나라에서 내가 보고 들은 바를 열거해서 말할 수 있다.

나는 영예스럽게도 그 나라의 학자들과 자리를 같이 한 바 있는데, 그들로부터 나는 철학적인 자유가 있는 영국과 같은 나라에서 태어난 행복한 사람으로 대접을 받았다. 반면 그들의 학문은 노예 상태에 있으며 그들은 그저 이를 슬퍼할 뿐이었다. 이것이 이탈리아에서 지혜의 영광을 시들게 한 원인이었다. 그곳에서는 지난 여러 해 동안 아첨과 과장을 하는 글 이외에는 다른 아무 것도 쓰이지 않았다. 그곳에서 나는 종교재판에 회부되어 연금 상태에 있는 노년의 갈릴레이를 방문한 바 있다. 그는 성 프란체스코와 성 도미니크의 허가관(許可官)들이 생각한 것과는 다른 천문학을 연구했다는 이유로 종교재판에 회부되어 죄수로 지내고 있다. 그리고 나는 그 당시 고위성직자들의 속박 아래서 영국이 극심한 신음소리를 내고 있다는 것을 알고 있었지만 그럼에도 불구하고 나는 그것을 다른 나라 사람들이 그토록 감명을 받고 있는 영국의 자유에 대한 상징으로 받아들였다.

그럼에도 불구하고 만일 이 나라에서 살아 숨 쉬고 있는 현인(賢人)들에 대한 나의 기대가 지나친 것이라면 누가 지도자로서 이 세상이 끝날 때까지 어떤 대변혁이 일어나더라도 결코 잊히지 않을 그러한 일을 할 것인가. 허가명령이 처음 만들어지려 할 때 나는 이를 별로 걱정하지 않았다. 왜냐하면 의회가 소집되면 내가 다른 나라에서 들었던 것과 같은 종교재판에 대한 식자(識者)들의 반대와 불만의 소리가 국내에서도 나오게 될 것이라는 것을 의심하지 않았기 때문이다.

① 이 글의 필자는 출판의 자유를 주장하고 있다.

② 이 글의 필자는 이탈리아의 학자들과 자리를 함께 했다.

③ 이 글의 필자는 양심의 자유를 주장하고 있다.

④ 이 글의 필자는 이탈리아에서 노년의 갈릴레이를 만났다.

⑤ 이 글의 필자는 이탈리아의 학문의 노예상태가 지혜의 영광이 시든 원인이라 지적했다.

 ③

 이 글에서 필자는 양심의 자유를 주장하는 것이 아닌 이탈리아의 학문이 종교의 노예상태에 빠져 철학적인 자유를 잃어 버린 데에 관해 영국은 철학적인 자유가 있기 때문에 출판에 대해서도 허가명령이 아닌 자유가 있어야 한다고 역설하고 있다.

39 다음 글에 대한 논리적인 반박으로 적절한 것은?

자신의 스마트폰 없이는 도무지 일과를 진행하지 못하는 K의 경우를 생각해 보자. 그의 일과표는 전부 그의 스마트폰에 저장되어 있어서 그의 스마트폰은 적절한 때가 되면 그가 해야 할 일을 알려 줄 뿐만 아니라 약속 장소로 가기 위해 무엇을 타고 어떻게 움직여야 할지까지 알려준다. K는 어릴 때 보통 사람보다 기억력이 매우 나쁘다는 진단을 받았지만 스마트폰 덕분에 어느 동료에게도 뒤지지 않는 업무 능력을 발휘하고 있다. 이와 같은 경우, K는 스마트폰 덕분에 인지 능력이 보강된 것으로 볼 수 있는데, 그 보강된 인지 능력을 K 자신의 것으로 볼 수 있는가? 이 물음에 대한 답은 긍정이다. 즉 우리는 K의 스마트폰이 그 자체로 K의 인지 능력 일부를 실현하고 있다고 보아야 한다. 그런 판단의 기준은 명료하다. 스마트폰의 메커니즘이 K의 손바닥 위나 책상 위가 아니라 그의 두뇌 속에서 작동하고 있다고 가정해 보면 된다. 물론 사실과 다른 가정이지만 만일 그렇게 가정한다면 우리는 필경 K 자신이 모든 일과를 정확하게 기억하고 있고 또 약속 장소를 잘 찾아간다고 평가할 것이다. 이처럼 '만일 K의 두뇌 속에서 일어난다면'이라는 상황을 가정했을 때 그것을 K 자신의 기억이나 판단이라고 인정할 수 있다면, 그런 과정은 K 자신의 인지 능력이라고 평가해야 한다.

① K가 종이 위에 연필로 써가며 253×87 같은 곱셈을 할 경우 종이와 연필의 도움을 받은 연산 능력 역시 K 자신의 인지 능력으로 인정해야 한다.

② K가 집에 두고 나온 스마트폰에 원격으로 접속하여 거기 담긴 모든 정보를 알아낼 수 있다면 그는 그 스마트폰을 손에 가지고 있는 것과 다름없다.

③ K가 자신이 미리 적어 놓은 메모를 참조해서 기억력 시험 문제에 답한다면 누구도 K가 그 문제의 답을 기억한다고 인정하지 않는다.

④ 스마트폰의 모든 기능을 두뇌 속에서 작동하게 하는 것이 두뇌 밖에서 작동하게 하는 경우보다 우리의 기억력과 인지 능력을 향상시키지 않는다.

⑤ 전화번호를 찾으려는 사람의 이름조차 기억이 나지 않을 때에도 스마트폰에 저장된 전화번호 목록을 보면서 그 사람의 이름을 상기하고 전화번호를 알아낼 수 있다.

 ③

 제시된 글의 논지는 스마트폰을 사용하여 인지 능력이 보강된 사람의 경우 보강된 인지 능력을 그 자신의 것으로 볼 수 있다는 것이다. 그런데 미리 적어 놓은 메모를 참조해 기억력 시험 문제에 답하는 경우 그 누구도 그것을 인정하지 않는 다는 것은 위의 논지를 반박하는 진술이 될 수 있다. 따라서 ③은 글에 대한 적절한 반박이 된다.

 ① 종이와 연필이라는 도구의 도움을 받은 연산 능력을 자신의 인지 능력으로 인정하는 것은, 스마트폰의 도움으로 인지 능력이 보강된 것을 자신의 인지 능력으로 인정하는 위의 글의 내용과 부합된다. 따라서 ①은 적절한 반박이 될 수 없다.

② 스마트폰을 원격으로 접속하여 정보를 알아낼 수 있는 것은 곧 그 스마트폰을 손에 가지고 있는 것과 같다는 내용은 위의 글을 반박하는 내용으로 볼 수 없다. 이는 다른 기기를 통한 스마트폰에 대한 접근성과 관련된 내용으로, 오히려 위의 논지를 뒷받침하기 위한 설명이 될 수 있다.

④ 제시된 글의 논지는 스마트폰을 잘 활용하는 사람의 능력을 그 사람 자체의 능력으로 볼 수 있다는 것이며, 이를 뒷받침하기 위한 기준으로 스마트폰의 메커니즘이 K의 두뇌 속에서 작동하고 있다는 가정을 하고 있다. 따라서 ④와 같이 스마트폰의 기능을 두뇌 속에서 작동하게 하는 것이 두뇌 밖에서 작동하게 하는 경우보다 기억력과 인지 능력을 향상 시키지 않는다는 내용은 글의 논지를 반박하는 진술로 보기 어렵다. 결국 스마트폰을 잘 활용하는 것을 그의 능력으로 인정하는 사실 자체를 부정하는 내용이 아니기 때문이다.

⑤ 글의 논지를 강화하는 예라 할 수 있다.

40 다음 글이 참일 때 거짓인 것을 고르면?

다원주의 사회 내에서는 불가피하게 다양한 가치관들이 충돌한다. 이러한 충돌과 갈등을 어떻게 해결할 것인가? 자유주의는 상충되는 가치관으로 인해 개인들 사이에서 갈등이 빚어질 경우, 이러한 갈등을 사적 영역의 문제로 간주하고 공적 영역에서 배제함으로써 그 갈등을 해결하고자했다.

하지만 다원주의 사회에서 발생하는 심각한 갈등들을 해소하기 위해서 모든 사람이 수용할 수있는 합리성에 호소하는 것은 어리석은 일이다. 왜냐하면 모든 사람들이 수용할 수 있는 합리성의 범위가 너무 협소하기 때문이다. 물론 이러한 상황에서도 민주적 합의는 여전히 유효하고 필요하다. 비록 서로 처한 상황이 다르더라도 정치적으로 평등한 모든 시민들이 자유롭게 합의할 때, 비로소 그 갈등은 합법적이고 민주적으로 해결될 것이기 때문이다. 따라서 다원주의 사회의 문제는 궁극적으로 자유주의의 제도적 토대 위에서 해결되어야 한다.

가령 한 집단이 다른 집단에게 자신의 정체성을 '인정'해 달라고 요구할 때 나타나는 문화적 갈등은 그 해결이 간단하지 않다. 예컨대 각료 중 하나가 동성애자로 밝혀졌을 경우, 동성애를 혐오하는 사람들은 그의 해임을 요구할 것이다. 이 상황에서 발생하는 갈등은 평등한 시민들의 자유로운 합의, 대의원의 투표, 여론조사, 최고통치자의 정치적 결단 등의 절차적 방식으로는 잘 해결되지 않는다. 동성애자들이 요구하고 있는 것은 자신들도 사회의 떳떳한 구성원이라는 사실을 다른 구성원들이 인정해 주는 것이기 때문이다.

이처럼 오늘날 자유주의가 직면한 문제는 단순히 개인과 개인의 갈등뿐 아니라 집단과 집단의 갈등을 내포한다. 사회 내 소수 집단들은 주류 집단에게 사회적 재화 중에서 자신들의 정당한 몫을 요구하고, 더 나아가 자신들도 하나의 문화공동체를 형성하고 있는 구성원이라는 사실을 인정하라고 요구한다. 그들이 저항을 통해, 심지어는 폭력을 사용해서라도 자신의 정체성을 인정하라고 요구한다는 사실은 소수 문화가 얼마나 불평등한 관계에 처해 있는지를 여실히 보여준다. 따라서 자유주의가 채택하는 개인주의나 절차주의적 방법으로는 소수자들의 불평등을 실질적으로 해결하지 못한다. 그 해결은 오직 그들의 문화적 정체성을 인정할 때에만 가능할 것이다.

① 오늘날의 자유주의는 개인과 개인의 갈등에 집중되어 있다. 집단 간의 갈등은 규모가 작은 것으로서 개인의 가치를 더 중요시 여긴다.

② 모든 사람들의 합리성의 범위는 협소하기 때문에 다원주의 사회에서 갈등을 일으킬 수밖에 없다. 서로 처한 상황이 다르기에 제도 안에서 해결해야 한다.

③ 사회 내 소수집단은 주류 집단에게 정당한 몫을 요구하며 저항이 격해지면 폭력도 불사한다. 이러한 이유는 소수집단이 처한 불평등한 요소 때문이다.

④ 소수문화의 문화적 정체성을 인정해야 하는 이유는 저항 또는 폭력으로는 불평등을 해결하지 못하기 때문이다. 민주적 합의만이 불평등을 해결할 수 있다.

⑤ 자유주의는 각 개인에 따라 서로 상충되는 가치관을 가지고 있기 때문에 갈등을 할 수밖에 없다. 이러한 갈등은 사적영역의 문제이기에 공적 영역에서 배제하여 갈등을 해결했다.

 ①

 네 번째 단락의 '오늘날 자유주의가 직면한 문제는 단순히 개인과 개인의 갈등뿐 아니라 집단과 집단의 갈등을 내포한다.' 라고 제시했다. 따라서 개인과 개인의 갈등 및 개인의 가치를 더 중요시 여긴다는 명제는 거짓이 된다.

41 다음 글을 바탕으로 한 추론으로 옳지 않은 것은?

> 고려 시대에 지방에서 의료를 담당했던 사람으로는 의학박사, 의사, 약점사가 있었다. 의학박사 는 지방에 파견된 최초의 의관으로서, 12목에 파견되어 지방의 인재들을 뽑아 의학을 가르쳤다. 의 사는 지방 군현에 주재하면서 약재를 채취하고 백성을 치료하였으며, 의학박사만큼은 아니지만 의 학교육의 일부를 담당하였다.
> 지방관청에서는 약점을 설치하여 약점사를 배치하였다. 약점사는 향리들 중에서 임명되었다. 약 점은 약점사가 환자를 치료하는 공간이자 약재의 유통이 이루어지는 공간이었다. 약점사의 일 중 가장 중요한 것은 백성들이 공물로 바치는 약재를 수취하고 관리하여 중앙 정부에 전달하는 일이었 다. 약점사는 왕이 하사한 약재를 관리하는 일과 환자를 치료하는 일도 담당하였다. 지방마다 의사 를 두지는 못하였으므로 의사가 없는 지방에서는 의사의 업무 모두를 약점사가 담당했다.

① 의학박사는 지방의 인재들을 선발하여 의학을 가르치는 일을 하였다.
② 의학박사의 의학 실력은 의사들보다 뛰어났다.
③ 의사는 의학 교육을 전반적으로 담당하고 있었다.
④ 약점사는 향리들 중에서 임명되었다.
⑤ 약점사가 환자를 치료하고 약재를 유통하는 공간은 약점이었다.

 ③

 지방마다 의사를 두지는 못하였으므로 그런 지방에서는 약점사가 의사의 모든 업무를 담당한다고 하였다. 의사 역시 의 학 교육의 일부를 담당하였으므로 ③번은 옳지 않은 추론이다.

① '의학박사는 지방에 파견된 최초의 의관으로서, 12목에 파견되어 지방의 인재들을 뽑아 의학을 가르쳤다.'라는 말이 언 급되어 있으므로 옳은 설명이다.
② '의사는 … 의학박사만큼은 아니지만 의학교육의 일부를 담당하였다.'라는 말에서 의학박사의 의학 실력은 의사들보다 뛰어났다고 추론할 수 있다.
⑤ 약점은 약점사가 환자를 치료하는 공간이자 약재의 유통이 이루어지는 공간이었다.

42 다음 글이 참일 때 거짓인 것을 고르면?

언론의 자유는 현대 민주주의의 이념적 기초이며 헌법에 보장된 국민의 기본권이다. 언론 자유는 민주주의에 필수불가결한 요소이지만, 불가피하게 규제될 수밖에 없는 경우도 존재한다. 언론 자유를 제한할 필요가 있을 경우, 다음과 같은 엄격한 원칙들에 따라 이루어져야 한다.

첫째, 검열제 등 사전억제 금지의 원칙인데, 이는 사전억제가 가장 최후의 가능성으로만 존재한다는 것을 의미한다. 둘째, 국가안보, 치안, 공공복리 등을 해칠 수 있는 명백하고 현존하는 위협이 존재할 때, 경우에 따라 언론의 자유가 제한될 수 있다. 셋째, 언론에 대한 규제는 반드시 명확하고 일관된 법률에 의거해야 한다. 한편 우리나라 헌법은 언론과 출판의 자유를 보장함과 동시에 그것이 무제한적이지 않으며 다른 기본권과 충돌하는 경우 비교형량해서 제한할 수 있음을 명확히 하고 있다. 국민은 인간으로서의 존엄성과 가치를 가지고 행복을 추구할 권리를 가지며, 이에 따라 개인의 명예나 사생활, 공정한 재판을 받을 권리 등이 언론에 의해 침해당했을 때 법적 보호와 보상을 요구할 수 있다. 일반적으로 공적(公的) 인물들보다 사적(私的) 개인들에 대해 기본적 인격권의 보호가 더 강조된다.

① 언론의 자유는 민주주의에 필수불가결한 요소이며, 국민의 기본권이다.

② 사전억제는 언론 자유를 규제하는 가장 강력한 방식이다.

③ 전쟁, 테러와 같은 위급한 국가 안보 상황에서는 언론의 자유가 규제될 수 있다.

④ 우리나라 헌법은 언론 자유에 대한 절대주의적 시각을 견지하고 있다.

⑤ 인간의 존엄과 가치를 보호하려는 각종 기본권과 언론의 자유는 상황에 따라 비교형량 하되, 공적 인물을 대상으로 하는 경우 언론의 자유가 더 포괄적으로 인정된다.

 정답 ④

 정답 해설
언론 자유에 대한 절대주의 시각이란 언론 자유를 절대적으로 중요한 것으로 여겨 그 제한을 전혀 인정하지 않거나 극히 제한된 경우에만 인정하는 입장이다. 하지만 제시문은 우리나라 헌법이 다른 기본권 보장과 비교형량해서 언론 자유가 제한될 수 있음을 분명히 하고 있다.

오답 해설
① 글의 앞부분에서 '언론의 자유는 현대 민주주의의 이념적 기초이며 헌법에 보장된 국민의 기본권이다. 언론 자유는 민주주의에 필수불가결한 요소…'라는 내용에서 옳은 내용임을 알 수 있다.

② 언론 자유 제한 원칙 '첫째'에서 추론되는 내용이다. 사전억제를 최후의 가능성으로 두는 것은 사전억제를 할 때 그만큼 언론자유가 제한되는 정도가 크기 때문이다.

③ 언론 자유 제한에 대한 두 번째 원칙에서 추론되는 내용이다.

⑤ 글의 뒷부분에서 '공적 인물보다 사적 개인들에 대한 기본적 인격권 보호가 더 강조된다'고 했는데 인격권보호가 강조되면 그만큼 자유롭게 보도할 언론의 자유는 줄어든다. 그러므로 사적 개인보다는 공적 인물에 대해 언론의 자유가 더 인정된다고 볼 수 있다.

43 다음 글을 바탕으로 한 추론으로 옳지 않은 것은?

> 지구와 태양 사이의 거리와 지구가 태양 주위를 도는 방식은 인간의 생존에 유리한 여러 특징을 지니고 있다. 인간을 비롯한 생명이 생존하려면 행성은 액체 상태의 물을 포함하면서 너무 뜨겁거나 차갑지 않아야 한다. 이를 위해 행성은 태양과 같은 별에서 적당히 떨어져 있어야 한다. 이 적당한 영역을 '골디락스 영역'이라고 한다. 또한 지구가 태양의 중력장 주위를 도는 타원 궤도는 충분히 원에 가깝다. 따라서 연중 태양에서 오는 열에너지가 비교적 일정하게 유지될 수 있다. 만약 태양과의 거리가 일정하지 않았다면 지구는 여름에는 바다가 모두 끓어 넘치고 겨울에는 거대한 얼음 덩어리가 되는 불모의 행성이었을 것이다.
>
> 우리 우주에 작용하는 근본적인 힘의 세기나 물리법칙도 인간을 비롯한 생명의 탄생에 유리하도록 미세하게 조정되어 있다. 예를 들어 근본적인 힘인 강한 핵력이나 전기력의 크기가 현재 값에서 조금만 달랐다면, 별의 내부에서 탄소처럼 무거운 원소는 만들어질 수 없었고 행성도 만들어질 수 없었을 것이다. 최근 들어 물리학자들은 이들 힘을 지배하는 법칙이 현재와 다르다면 우주는 구체적으로 어떤 모습이 될지 컴퓨터 모형으로 계산했다. 그 결과를 보면 강한 핵력의 강도가 겨우 0.5% 다르거나 전기력의 강도가 겨우 4% 다를 경우에도 탄소나 산소는 우주에서 합성되지 않는다. 따라서 생명 탄생의 가능성도 사라진다. 결국 강한 핵력이나 전기력을 지배하는 법칙들을 조금이라도 건드리면 우리가 존재할 가능성은 사라지는 것이다.
>
> 결론적으로 지구 주위 환경뿐만 아니라 보편적 자연법칙까지도 인류와 같은 생명이 진화해 살아가기에 알맞은 범위 안에 제한되어 있다고 할 수 있다. 만일 그러한 제한이 없었다면 태양계나 지구가 탄생할 수 없었을 뿐만 아니라 생명 또한 진화할 수 없었을 것이다. 우리가 아는 행성이나 생명이 탄생할 가능성을 열어두면서 물리법칙을 변경할 수 있는 폭은 매우 좁다.

① 생명은 탄소의 존재 여부와 관련 없이 자연적으로 진화할 수 있다.

② 중력법칙이 현재와 조금만 달라도 지구는 태양으로 빨려 들어간다.

③ 원자핵의 질량이 현재보다 조금 더 크다면 우리 몸을 이루는 원소는 합성되지 않는다.

④ 별 주위의 '골디락스 영역'에 행성이 위치할 확률은 매우 낮지만 지구는 그 영역에 위치한다.

⑤ 핵력의 강도가 현재와 약간만 달라도 별의 내부에서 무거운 원소가 거의 전부 사라진다.

정답 ①

정답 해설 둘째 단락에서 '핵력의 강도가 겨우 0.5% 다르거나 전기력의 강도가 겨우 4% 다를 경우에도 탄소나 산소는 우주에서 합성되지 않는다. 따라서 생명 탄생의 가능성도 사라진다.'라고 하였는데, 이를 통해 탄소의 존재가 생명 탄생에 영향을 미침을 알 수 있다. 따라서 ①은 글의 내용에 부합하지 않는다.

오답 해설 ② 글의 첫 문장에서 지구와 태양 사이의 거리도 인간의 생존에 영향을 미친다고 하였다. 중력의 특성상 지구가 태양에 지나치게 가까이 있거나 중력법칙이 현재와 달라지는 경우 지구가 태양의 중력에 의해 태양으로 빨려 들어갈 수 있을 것이다.

③, ⑤ 둘째 단락의 내용을 통해 추론할 수 있는 내용이다.

④ 첫째 단락의 내용을 통해 '골디락스 영역'은 행성에 생명이 존재할 수 있도록 별과 적당한 거리에 떨어져 있는 영역을 의미한다는 것을 알 수 있다. 이 영역 안에 있을 때 행성이 너무 뜨겁거나 차갑지 않아 행성에 생명이 생존할 수 있다. 태양계 내부만 보더라도 행성이 골디락스 영역에 위치할 확률은 낮으며, 현재 지구는 이 영역에 위치해 생명이 존재하고 있다. 따라서 ④는 글의 내용과 부합한다.

44 다음 글을 바탕으로 한 추론으로 적절한 것은?

> EU 철강 협회는 EU 회원국의 철강업체들이 중국이나 대만 그리고 한국에서 수입하는 철강제품 때문에 어려움을 겪고 있다고 주장했다. 최근 철강 제품 수입이 크게 늘어나면서 철강제품 가격이 25%까지 떨어졌으며 수천 명의 근로자들이 일자리를 잃을 위기에 빠져있다고 분석했다. 특히 지난 한 해 동안 중국에서 수입한 철강 제품 톤수는 지난해의 두 배인 100만 톤에 이른다. 특히 EU 철강 협회는 중국에서 수입되는 철강 제품 중에 냉각 압연 철강재와 용융 도금된 철강재를 문제 삼았다. EU 철강 협회의 주장은 미국 철강 협회가 중국산 철강 제품에 대해서 정부에 덤핑 판정을 요구하면서 더 힘을 얻고 있다.

① EU에서는 철강 제품의 공급이 많아진 여파로 많은 근로자들이 일자리를 잃을 수 있다고 보았다.

② 최근 많은 철강 제품의 생산으로 철강제품의 가치가 25%까지 떨어졌다.

③ EU 회원국의 철강 제품 주 수출국은 중국 · 대만 · 한국 등의 아시아 국가이다.

④ 미국 철강 협회는 중국의 냉각 압연 철강재 용융 도금된 철강재를 문제 삼았다.

⑤ 미국은 중국에서 작년에 100만 톤에 이르는 철강 제품을 수입하였다.

 ①

 '최근 철강 제품 수입이 크게 늘어나면서 철강제품 가격이 25%까지 떨어졌으며 수천 명의 근로자들이 일자리를 잃을 위기에 빠져있다고 분석했다.'는 말을 통해 'EU에서는 철강 제품의 공급이 많아진 여파로 많은 근로자들이 일자리를 잃을 수 있다고 보았다.'는 말은 적절한 추론이다.

 ② 최근 철강 제품 수입이 크게 늘어나면서 철강제품 가격이 25%까지 떨어졌다.

③ EU 회원국의 철강 제품 주 수입국은 중국 · 대만 · 한국 등의 아시아 국가이다.

④ EU 철강 협회는 중국에서 수입되는 철강 제품 중에 냉각 압연 철강재와 용융 도금된 철강재를 문제 삼았다.

⑤ EU 회원국은 작년에 100만 톤에 이르는 철강 제품을 중국에서 수입하였다.

45 다음 글이 참일 때 거짓인 것을 고르면?

풍속화란 말할 것도 없이 인간의 풍속을 그린 그림을 의미한다. 따라서 한국 풍속화는 한국의 풍속을 묘사한 그림으로서 이에 대해서는 광의와 협의에서 생각해 볼 수 있다.

넓은 의미에서 풍속화는 인간의 여러 가지 행사, 습관이나, 인습, 그 밖의 생활 속에서 나타나는 일체의 현상과 실태를 표현한 것을 뜻한다. 즉, 왕실이나 조정의 각종 행사, 사대부들의 여러 가지 문인 취미의 행사나 사습(士習), 일반 백성들의 다양한 생활상이나 전승놀이, 민간신앙, 관혼상제와 세시풍속 같은 것들을 묘사한 그림들이 모두 이 개념 속에 포괄된다고 볼 수 있다.

반면에 좁은 의미의 풍속화는 소위 '속화'라고 하는 개념과 상통한다고 하겠다. 이때의 '속(俗)'이라는 것은 단순히 풍속이라는 뜻이 아니라 '저급한 세속사'라는 의미를 내포하고 있으며, 이러한 개념의 풍속화는 지체 높은 사대부들의 품위 있는 생활과는 다른, 이른바 '속된 것'을 묘사한 그림이라는 뜻을 지니고 있는 것이다. 이러한 풍속화는 속인배(俗人輩)에게 환영받던 시정사(市井事), 서민의 잡사(雜社), 경직(耕織)의 점경(點景) 등을 묘사한 그림으로서 조선 후기의 김홍도나 신윤복의 작품들이 그 대표적인 예라고 할 수 있다.

풍속화는 인간의 생활상을 적나라하게 표현해야 하므로 무엇보다 먼저 사실성을 중시하지 않을 수 없다. 또한 인간 생활의 단면을 사실적으로 다루어야 하므로 자연히 많든 적든 기록적 성격을 지니게 된다. 그러므로 이 사실성과 넓은 의미에 있어서 기록성은 풍속의 일차적 요건이며 생명이라고 할 수 있다. 이 두 가지 중에서 어느 한 가지만 결여되어도 진실한 풍속화라고 보기 어렵다. 또한 풍속을 추상적으로 표현한다거나, 현대의 화가가 현대의 풍속을 외면하고 조선 시대의 풍습을 상상해서 그린다면 그러한 그림들도 풍속화로서의 생명력을 지닐 수 없게 된다. 그러므로 풍속화는 사실성, 기록성과 함께 시대성이 언제나 중요함을 알 수 있다.

이 밖에도 풍속화는 보는 이에게 공감과 감동을 불러일으킬 수 있도록, '정취', '시정(詩情)', '감각미' 같은 것을 드러낼 수 있어야 한다. 이러한 요건들을 모두 갖춘 풍속화는 어느 분야의 회화보다도 보는 이의 피부와 가슴에 와 닿는 호소력을 지니게 된다. 김홍도나 신윤복의 풍속화가 당시의 조선시대만이 아니라 현대를 살고 있는 우리에게까지도 많은 공감과 즐거움을 느끼게 해주는 이유는 그들의 작품이 사실성, 기록성, 시대성과 함께 한국적 정취를 구비하고 있기 때문이다.

① 풍속화는 넓은 의미에서 왕실이나 조정의 각종행사, 습관, 인습 등을 표현한 것이다.

② 현대 화가가 현대 풍속을 무시하고 조선시대의 풍습을 상상하여 그리면 풍속화로서 생명력은 없다고 봐야 한다.

③ 속화는 단순하게 풍속만을 표현한 것이 아니라 저급한 세속사를 적나라하게 사실적으로 표현한 것이다.

④ 김홍도나 신윤복의 풍속화는 사실성, 기록성, 시대성과 함께 일반 백성의 생활상을 담은 한국적 정취를 가지고 있다.

⑤ 풍속화는 넓은 의미로 속화라고 할 수 있다. 인간의 생활상을 적나라하게 과장하면서 희화화하며 보는 이에게 상상력 및 감동과 재미를 선사하기 때문이다.

 정답 ⑤

정답 세 번째 단락에서 '좁은 의미의 풍속화는 소위 '속화'라고 하는 개념과 상통한다고 하겠다.'에 속화는 풍속화의 좁은 의미
해설 가 되며, 네 번째 단락에서 '사실성과 넓은 의미에 있어서 기록성은 풍속의 일차적 요건이며 생명이라고 할 수 있다.'에서
과장과 상상력은 풍속화와는 거리가 멀다는 것을 알 수 있다.

46 다음 글을 바탕으로 한 추론으로 옳지 않은 것은?

자본주의 시장은 모든 것을 상품화, 즉 가격으로 환원하는 시장체제에 의해 작동된다. 노동시장을 통해서 상품화되는 노동력은 여타 상품과는 달리 재고로 쌓여 있을 수 없으며 끊임없이 재생산되어야 한다. 따라서 상품화에 실패할 때 재생산의 위기, 곧 그 소유주인 노동자의 생존의 위기가 초래된다. 문제는 자본주의라는 생산체제는 거기에 내재된 본래적 결함으로 인하여, 자신의 노동력을 적절히 상품화시키는데 실패하는 시장 탈락자들을 체계적이고 대규모적으로 발생시킨다는 점이다. 장애인이나 노약자는 논외로 하더라도, 실업자뿐 아니라 저임이나 불안정 고용에 시달리는 노동자들이 바로 그들이다. 탈상품화란 재생산이라는 절박한 필요로 인하여 쉽사리 시장으로부터 철수되어서는 안되지만 현실에서는 빈번히 철수되거나 철수의 위험 혹은 위협에 직면해 있는 노동이 '비인격적 시장의 작동 원리로부터 독립할 수 있는 정도'로 정의될 수 있다. 이러한 개념틀을 확장하면, 복지체계란 하나의 탈상품화 체계이며, 비자발적으로 시장에서 밀려난 자들이 자신의 노동력을 상품화하지 않고도 최소 생활을 영위할 수 있게 하는 사회적 장치인 것이다. 그리고 모든 복지국가는 복지 지출의 종류와 규모, 복지 대상의 선정, 복지 공여의 방식 등에 따라 탈상품화의 효과에서 다양한 양적·질적 차이를 보인다.

물론 탈상품화를 위하여 우리는 기업연금이나 개인연금과 같은 민간 부문에 의존할 수 있다. 그러나 앞에서도 살펴보았듯이 민간 부문의 장치들은 대부분 기여와 급여에서 보험식 산정에 입각해 있는, 즉 화폐관계(cash-nexus)의 연장선상에 있기 때문에, 화폐관계의 그물인 시장 밖으로 밀려난 사람들을 위한 탈상품화 장치로 기능하기에는 뚜렷한 한계를 보인다. 더욱이 세계화 담론의 범람과 더불어 양산되며 전통적 계급 스펙트럼 밖에 위치하는 이른바 저변 계급 혹은 만성적 복지 의존 계층에게 민간 보험상품이란, 그렇지 않아도 핍진한 현재적 소비자원을 희생해야만 구입이 가능한, 접근 자체가 원천적으로 힘겨운 사치품일 뿐이다. 따라서 여기에서 다루는 복지국가란 일차적으로 '국가' 복지와 관련된 개념이다.

① 민간보험이 고도로 발달되어 있더라도 복지국가로 단정하기는 어렵다.

② 자본주의 사회에서 노동자는 생존을 위해 끊임없는 노동의 상품화를 필요로 한다.

③ 시장이 낳은 빈곤과 불평등의 문제는 시장 외부, 즉 국가의 개입을 통해 완화되거나 해소되어야
한다.

④ 복지체계를 강화하기 위해서는 민간 보험상품에 대한 규제를 완화해야 한다.

⑤ 복지국가의 탈상품화 효과는 단순한 양적 지표를 넘어서야 한다.

 정답 ④

정답해설 첫째 단락의 후반부에서 '복지체계란 하나의 탈상품화 체계이며, 비자발적으로 시장에서 밀려난 자들이 자신의 노동력을 상품화하지 않고도 최소 생활을 영위할 수 있게 하는 사회적 장치'라 하였고, 둘째 단락에서 민간 보험상품은 저변 계급 혹은 만성적 복지 의존 계층에게 현재적 소비자원을 희생해야만 구입이 가능한 사치품일 뿐이며, 글에서 다루는 복지국가란 '국가'의 복지와 관련된 개념이라 하였다. 따라서 민간 보험상품에 대한 지나친 규제는 합리적인 완화가 필요한 부분이긴 하지만, 복지체계를 강화하기 위해 민간 보험상품에 대한 규제를 완화해야 한다는 것은 글을 통해 추론할 수 있는 방향과는 거리가 멀다.

47 다음 글이 참일 때 거짓인 것을 고르면?

> 경제학은 인간의 합리성을 가정하나 동물 근성도 잘 감안하지 않으면 안 된다. 인간은 쉽사리 감정적이 되며, 경제 사회가 불안할수록 동물 근성이 잘 발동된다. 이런 의미에서도 경제 안정은 근본 문제가 된다. 그리고 경제는 이러한 인간의 경제 행위를 바탕으로 하므로 그 예측이 어렵다. 예를 들어 일기 예보의 경우에는 내일의 일기를 오늘 예보하더라도 일기가 예보 자체의 영향을 받지 않는다. 그러나 경기 예측의 경우에는 다르다. 예를 들어, 정부가 경기 침체를 예고하면 많은 사람들은 이에 대비하여 행동을 하고, 반대로 경기 회복을 예고하면 또한 그에 따라 행동하기 때문에 경기 예측 그 자체가 경기 변동에 영향을 미친다. 따라서 예측이 어느 정도 빗나가는 것이 보통이다. '될 것이다.' 또는 '안 될 것이다.'와 같은 예측은 이른바 '자기실현적 예언'이 될 소지가 크다.

① 경제가 불안할수록 인간의 감정적 측면이 크게 작용한다.

② 일기 예보는 날씨 변화에 영향을 주지 않는다.

③ 정부가 경기 침체를 예고하면 많은 사람들은 이에 대비한다.

④ 경기 예측과 실제 경기 변동은 아무런 상관이 없다.

⑤ 사람들의 행동은 경기 예측에 따라 변화하며 그 예측은 빗나갈 수도 있다.

정답 ④

 정답 해설 경기 예측이 사람들의 행동에 영향을 미치므로 경기 변동에도 영향을 미친다. 따라서 아무런 상관이 없는 것은 아니다.

오답 해설
① 경제 사회가 불안할수록 동물 근성(감정적 측면)이 잘 발동된다고 하였다.
② 내일의 일기를 오늘 예보하더라도 일기가 예보의 영향으로 바뀌는 것은 아니다.
③ 정부가 경기 침체를 예고하면 많은 사람들은 이에 대비한다.
⑤ 경기 예측에 따라 사람들의 행동이 변화하는 것이며, 이러한 사람들의 행동이 경기 변동에 영향을 미치므로, 예측이 빗나갈 수도 있다.

48 다음 글을 바탕으로 한 추론으로 옳지 않은 것은?

동물이 스스로 소리를 내서 그것이 물체에 부딪쳐 되돌아오는 반사음을 듣고 행동하는 것을 반향정위(反響定位)라고 한다. 반향정위를 하는 대표적인 육상 동물로는 박쥐를 꼽을 수 있다. 야간에 활동하는 박쥐가 시각에 의존하지 않고도 먹이를 손쉽게 포획하는 것을 보면 반향정위는 유용한 생존 전략이라고 할 수 있다. 박쥐는 성대에서 주파수가 40~50kHz인 초음파를 만들어 입이나 코로 방사(放射)하는데, 방사 횟수는 상황에 따라 달라진다. 먹이를 찾고 있을 때는 1초에 10번 정도의 간격으로 초음파를 발생시킨다. 그리고 먹이에 접근할 때는 보다 정밀한 정보 수집을 위해 1초에 120~200번 정도의 빠른 템포로 초음파를 발생시켜 먹이와의 거리나 먹이의 방향과 크기 등을 탐지(探知)한다. 박쥐는 되돌아오는 반사음을 세밀하게 포착하기 위해 얼굴의 반 이상을 차지할 만큼 크게 발달한 귀를 갖고 있다. 그리고 달팽이관의 감긴 횟수가 2.5~3.5회로 1.75회인 인간보다 더 많기 때문에 박쥐는 인간이 들을 수 없는 매우 넓은 범위의 초음파까지 들을 수 있다. 박쥐는 주로 곤충을 먹고 산다. 그런데 어떤 곤충은 박쥐가 내는 초음파 소리를 들을 수 있기 때문에 박쥐의 접근을 눈치 챌 수 있다. 예를 들어 박쥐의 주요 먹잇감인 나방은 초음파의 강약에 따라 박쥐와의 거리를 파악할 수 있고, 왼쪽과 오른쪽 귀에 들리는 초음파의 강약 차이에 따라 박쥐가 다가오는 좌우 수평 방향을 알 수 있다. 박쥐가 다가오는 방향의 반대쪽 귀는 자신의 몸이 초음파를 차단(遮斷)하고 있기 때문에 박쥐가 다가오는 쪽의 귀보다 초음파가 약하게 들린다. 또한 초음파의 강약 변화가 반복적으로 나타나는지 아닌지에 따라 박쥐가 다가오는 상하 수직 방향도 알 수 있다.

① 박쥐는 입이나 코에서 초음파를 만들어 낸다.
② 박쥐는 반향정위에 적합한 신체 구조를 지니고 있다.
③ 박쥐는 초음파를 통해 먹이의 방향과 크기 등을 파악할 수 있다.
④ 달팽이관의 감긴 횟수는 초음파의 지각 능력과 관련이 있다.
⑤ 나방은 양쪽 귀에 들리는 초음파의 강약에 따라 박쥐의 움직임을 포착한다.

정답 ①

 정답 해설 박쥐는 성대에서 주파수가 40~50kHz인 초음파를 만들어 입이나 코로 방사한다. 따라서 입이나 코에서 초음파를 만들어내는 것이 아니라 성대에서 만들어낸다.

오답 해설 ④ 박쥐는 달팽이관이 감긴 횟수가 인간보다 더 많아 인간이 들을 수 없는 범위의 초음파까지 들을 수 있다고 언급하고 있으므로, 달팽이관의 감긴 횟수는 초음파를 지각하는 능력과 관련이 있음을 알 수 있다.

⑤ 나방은 왼쪽과 오른쪽 귀에 들리는 초음파의 강약 차이에 따라 박쥐가 다가오는 좌우 수평 방향을 알 수 있고, 초음파의 강약 변화가 반복적으로 나타나는지 아닌지에 따라 박쥐가 다가오는 상하 수직 방향도 알 수 있다.

49 다음 글이 참일 때 거짓인 것을 고르면?

2015년 한국직업능력개발원 보고서에 따르면 전체 대졸 취업자의 전공 불일치 비율이 6년 간 3.6%p 상승했다. 이는 우리 대학교육이 취업 환경의 급속한 변화를 따라가지 못하고 있음을 보여준다. 기존의 교육 패러다임으로는 오늘 같은 직업생태계의 빠른 변화에 대응하기 어려워 보인다. 중고등학교 때부터 직업을 염두에 둔 맞춤교육을 하는 것이 어떨까? 그것은 두 가지 점에서 어리석은 방안이다. 한 사람의 타고난 재능과 역량이 가시화되는 데 훨씬 더 오랜 시간과 경험이 필요하다는 것이 첫 번째 이유이고, 사회가 필요로 하는 직업 자체가 빠르게 변하고 있다는 것이 두 번째 이유이다.

그렇다면 학교는 우리 아이들에게 무엇을 가르쳐야 할까? 교육이 아이들의 삶뿐만 아니라 한 나라의 미래를 결정한다는 사실을 고려하면 이것은 우리 모두의 운명을 좌우할 물음이다. 문제는 세계의 환경이 급속히 변하고 있다는 것이다. 2030년이면 현존하는 직종 가운데 80%가 사라질 것이고, 2011년에 초등학교에 입학한 어린이 중 65%는 아직 존재하지도 않는 직업에 종사하게 되리라는 예측이 있다. 이런 상황에서 교육이 가장 먼저 고려해야 할 것은 변화하는 직업 환경에 성공적으로 대응하는 능력에 초점을 맞추는 일이다.

이미 세계 여러 나라가 이런 관점에서 교육을 개혁하고 있다. 핀란드는 2020년까지 학교 수업을 소통, 창의성, 비판적 사고, 협동을 강조하는 내용으로 개편한다는 계획을 발표했다. 이와 같은 능력들은 빠르게 현실화되고 있는 '초연결 사회'에서의 삶에 필수적이기 때문이다. 말레이시아의 학교들은 문제해결 능력, 네트워크형 팀워크 등을 교과과정에 포함시키고 있고, 아르헨티나는 초등학교와 중학교에서 코딩을 가르치고 있다. 우리 교육도 개혁을 생각하지 않으면 안 된다.

① 전공과 무관한 직업을 택하는 대졸 취업자가 증가하고 있다.

② 기존의 교육 패러다임으로는 현재 직업생태계의 변화에 대응하기 어렵다.

③ 2030년 이후 대학 졸업자는 대부분 현재 존재하지 않는 직업에 종사하게 될 것이다.

④ 교육에서도 소통과 협력적 네트워크의 중요성이 점차 증가하고 있다.

⑤ 급속한 취업 환경 변화에 대응하기 위해 학교에서의 직업 맞춤형 교육이 필요하다.

정답 ⑤

정답해설 첫째 단락에서 우리 대학교육이 취업 환경의 급속한 변화를 따라가지 못하고 있다는 것을 지적하고 있으나, 그 대안으로서 중고등학교 때부터 직업을 고려한 맞춤 교육은 두 가지 측면에서 어리석은 방안이라 하였다. 따라서 ⑤은 글의 내용과 부합하지 않는다.

50 다음 글을 바탕으로 한 추론으로 옳지 않은 것은?

> 공직(公直)은 연산 매곡 사람이다. 어려서부터 용감하고 지략이 있었다. 신라 말기에 스스로 장군이라 칭하며 백성들을 이끌고 신라로부터 독립하였다. 당시 난리가 나서 백제를 섬기게 되었고 견훤의 심복이 되어 큰아들 공직달, 작은아들 공금서 및 딸 하나를 백제에 볼모로 두었다.
>
> 공직은 일찍이 백제에 입조하였다가 견훤의 잔인무도함을 보고 공직달에게 말하기를, "지금 이 나라를 보니 사치하고 무도한지라 나는 비록 심복으로 있었지만 다시는 여기로 오지 않겠다. 듣건대 고려 왕공(王公)의 문(文)은 백성을 안정시킬 만하고 무(武)는 난폭한 자를 금제할 수 있을 만하다고 한다. 때문에 사방에서 그의 위엄을 무서워하지 않는 자가 없으며 그의 덕을 따르지 않는 자가 없다 한다. 나는 그에게 귀순하려는데 너의 뜻은 어떠하냐?"하니 공직달이 대답하기를, "볼모로 온 후 이곳 풍속을 보니 이들은 부강만 믿고 서로 다투어 교만하며 자랑하기만 힘쓰니 어찌 나라를 유지할 수 있겠습니까? 지금 아버님께서 현명한 군주에게 귀순하여 우리 마을을 보존하고 편안케 하고자 하시니 어찌 마땅한 일이 아니겠습니까! 저는 마땅히 아우와 여동생과 함께 틈을 타서 고려로 가겠습니다. 설사 거기로 가지 못한다 하더라도 아버님의 명철하신 조처 덕에 자손에게 경사가 미칠 터이니 저는 비록 죽어도 한이 없겠습니다."라고 하였다.
>
> 공직은 드디어 결심하고 태조에게 귀순하였다. 태조가 기뻐하여 말하기를, "그대가 치세와 난세, 흥성과 패망의 기미를 명확히 관찰하여 나에게 귀순하였으니 나는 매우 가상히 생각한다. 그대는 더욱 심력을 다하여 변경을 진무하고 우리 왕실의 울타리가 될지어다."라고 하였다.
>
> 공직이 사례하고 이어 말하기를, "백제의 일모산군(一牟山郡)은 저의 고을과 접경인데, 제가 귀순했다는 이유로 견훤의 무리가 항상 와서 침범하고 약탈하므로 백성들이 생업에 안착하지 못하고 있습니다. 제가 그곳을 공격·점령하여 저의 고을 백성들로 하여금 약탈을 당하지 않고 오로지 농업과 양잠에 힘쓰며 태조께 충실히 귀화하도록 하고 싶습니다."라고 하니 태조가 이를 허락하였다. 견훤은 공직이 왕건에게 귀순하였다는 소식을 듣고 크게 노하여 공직달 등을 잡아 옥에 가두었다.

① 왕건은 귀순한 인물들의 힘을 빌려 천하를 통일하였다.

② 공직은 태조에게 일모산군을 공격하는 것에 대한 윤허를 받았다.

③ 공직이 왕건에게 귀순하자 그의 마을 사람들이 크게 반겼다.

④ 신라 말 지방에서 산적이 창궐해 지방의 세력들이 일어났다.

⑤ 견훤은 공직의 귀순으로 크게 노해 공직과 관련된 사람들을 투옥시켰다.

정답 ①

정답해설 첫 번째 문단의 '신라 말기에 스스로 장군이라 칭하며 백성들을 이끌고 신라로부터 독립하였다.'라는 부분에서 추론할 수 있는 진술이다.

제시문에 공직이 왕건에게 귀순하였다는 내용은 나와 있으나, 왕건이 이러한 인물들의 힘을 빌려 천하를 통일하였다는 내용은 언급되지 않았다.

 오답해설 ② 네 번째 문단에 공직이 태조로부터 일모산군(一牟山郡)을 공격·점령하는 데 대한 허락을 받았다는 내용이 나와 있다.

③ 공직이 귀순하였을 때 마을 사람들의 반응은 제시되어 있지 않다.

④ 공직의 사례를 통해 신라 말, 지방에서 세력이 일어난 사실을 추론해볼 수 있지만 산적이 창궐했다는 원인은 추론할 수 없다.

⑤ 네 번째 문단에서 귀순한 공직의 큰아들 공직달과 관련자들을 투옥시켰다는 내용이 있다.

51 다음 글을 바탕으로 한 추론으로 적절한 것은?

> 국내 총생산은 한 나라의 경제 활동 수준을 나타내는 중요한 지표이긴 하지만, 실생활을 반영하지 못하는 성격을 갖고 있다. 시장 가격이 형성되지 않았거나, 시장 밖에서 거래되는 재화나 서비스들이 있기 때문이다. 이 때문에 실제 느끼는 생활수준과 차이가 생긴다. 대표적인 것이 주부의 가사노동이다. 주부가 집에서 빨래하고 밥하고 청소하고 아이를 키우는 것은 국내 총생산에 포함되지 않는다. 시장 가치를 매길 수 없기 때문이다. 반면에 옷을 세탁소에 맡기고 외식을 하고, 놀이방에 아이를 보내는 것은 국내 총생산에 포함된다. 또한 시장 밖에서 이루어지는 음성적 거래를 뜻하는 지하 경제도 국내 총생산에 포함되지 않는다. 게다가 환경 오염 발생이나 범죄, 교통사고와 같이 오히려 국민의 삶의 질을 떨어뜨리는 행위가 국내 총생산을 증가시키는 결과를 빚을 수도 있다.

① 국내 총생산은 국민들의 실제 생활수준을 반영한다.

② 삶의 질을 높이는 요소만이 국내 총생산에 포함된다.

③ 주부의 가사노동은 국내 총생산에 포함된다.

④ 국내 총생산은 음성적 거래도 포함한 개념이다.

⑤ 세탁소, 레스토랑, 놀이방 등은 시장 가격이 형성된 서비스이다.

 정답 ⑤

정답해설 주부가 집에서 하는 가사노동은 시장 가격이 형성되지 않으므로 국내 총생산에 포함되지 않지만, 가사노동이 사회화 된 형태인 세탁소, 외식, 놀이방 등은 시장 가격이 형성되어 시장 가치를 매길 수 있으므로 국내 총생산에 포함된다.

52 다음 글을 바탕으로 한 추론으로 옳지 않은 것은?

옛날 중국의 정전법(井田法)은 대단히 훌륭한 제도였다. 경계(境界)가 한결같이 바로잡히고 모든 일이 잘 처리되어서 온 백성이 일정한 직업을 갖게 되고, 병사를 찾아서 긁어모으는 폐단이 없었다. 지위의 귀천과 상하를 논할 것 없이 저마다 그 생업을 얻지 못하는 사람이 없으므로 이로써 인심이 안정되고 풍속이 순후해졌다. 장구한 세월을 지내오면서 국운이 잘 유지되고 문화가 발전되어 간 것은 이러한 토지제도의 기반이 확립되어 있었기 때문이다. 후세에 전제(田制)가 허물어져서 토지 사유의 제한이 없게 되니, 만사가 어지럽게 되고 모든 것이 이에 상반되었던 것이다.

그러므로 아무리 좋은 정치를 해보겠다는 군주가 있다 해도 전제를 바로잡지 못하면 백성의 재산이 끝내 일정할 수 없고, 부역이 끝내 공평하지 못하며, 호구가 끝내 분명하지 못하고, 형벌이 끝내 줄어들지 못하며, 뇌물을 끝내 막을 수 없고, 풍속이 끝내 순후하게 되지 못할 것이다. 이같이 되고서 좋은 정치가 행해진 적은 일찍이 없었다.

대체 이와 같은 것은 무엇 때문인가? 토지는 천하의 근본이다. 큰 근본이 잘되면 그에 따라 온갖 법도가 한 가지도 마땅하지 않은 것이 없고, 큰 근본이 문란해지면 온갖 법도가 따라서 한 가지도 마땅함을 얻지 못한다. 진실로 정치의 본체를 깊이 인식하지 못한다면, 천리(天理)와 인사(人事)의 이해 득실이 이것에 귀착된다는 사실을 어떻게 알겠는가? 후세의 뜻있는 자가 지금이라도 한번 옛 제도를 시행해 보고자 하지만, 우리나라와 같은 곳에서는 가는 곳마다 산과 계곡이 많아서 땅을 정전으로 구획하기 어렵고 또한 공전(公田)과 채지(采地)*의 분배 방법 등을 잘 알지 못한다는 난점이 있다.

*채지 : 귀족들에게 주던 토지

① 좋은 정치를 행하기 위해서는 토지 제도를 바로잡아야 한다.
② 정전제가 무너진 것은 대토지소유 현상이 확산되었기 때문이다.
③ 새로운 토지 제도를 수립하려면 지형 등 환경적 요소를 고려해야 한다.
④ 우리나라에서도 정전제와 같은 훌륭한 토지 제도를 마련할 필요가 있다.
⑤ 토지 제도가 바로 세워지면 사회 · 경제가 안정될 뿐 아니라 문화도 발전한다.

 정답 ②

 정답해설 첫째 문단에 정전제가 무너진 이후 만사가 어지럽게 되었다는 내용이 나와 있지만 그 원인은 제시되어 있지 않다. '토지 사유의 제한이 없게 되었다.'는 내용이 나오지만 이것은 정전법의 결과 중 하나로 제시되어 있다. 따라서 ②은 이것을 원인으로 보고 있기 때문에 잘못된 추론이다.

오답해설 ③ 셋째 문단에서 우리나라의 경우 산과 계곡이 많아 정전제를 그대로 시행하기에는 난점이 있다고 했다. 이를 통해 우리나라에 적절한 토지 제도는 우리나라 지형의 특수성을 고려한 것이어야 한다.

④ 첫째 문단에 따르면 훌륭한 토지 제도는 국운과 문화 발전의 기반이다. 그런데 셋째 문단에서 우리나라에 훌륭한 토지 제도가 정착되지 못했음을 알 수 있다. 따라서 비록 정전제는 아니라도 그처럼 훌륭한 토지 제도를 마련할 필요가 있음을 추론할 수 있다.

53 다음 글이 참일 때 거짓인 것을 고르면?

은하수로부터 오는 전파는 일종의 잡음으로 나타나는데, 천둥이 치는 동안 라디오에서 들리는 배경 잡음과 흡사하다. 전파 안테나에 잡히는 전파 잡음은 전파 안테나 자체의 구조에서 생기는 잡음, 안테나의 증폭회로에서 불가피하게 생기는 잡음, 지구의 대기에서 생기는 잡음과 쉽게 구별되지 않는다. 별처럼 작은 전파원의 경우는 안테나를 파원 쪽으로 돌렸다가 다시 그 부근의 허공에 번갈아 돌려보며 비교함으로써 안테나의 구조나 지구의 대기에서 비롯되는 잡음을 제거할 수 있다. 이러한 잡음은 안테나가 파원을 향하는지 또는 파원 주위의 허공을 향하는지에 상관없이 거의 일정하기 때문이다.

펜지어스와 윌슨은 은하수로부터 오는 고유한 전파를 측정하려 했기 때문에, 장치 내부에서 생길 수 있는 일체의 잡음을 확인하는 것이 중요했다. 그들은 이 문제를 해결하기 위해 '냉부하 장치'라는 것을 사용했다. 이것은 안테나의 전파 출력을 냉각된 인공 파원에서 나오는 출력과 비교하는 것인데, 이를 통해 증폭회로에서 불가피하게 생긴 잡음을 쉽게 찾아낼 수 있다.

펜지어스와 윌슨은 지구의 대기로부터 전파 잡음이 발생할 수 있지만, 그것은 안테나의 방향에 따라 차이가 날 것이라고 예상했다. 실제로 그 잡음은 안테나가 가리키는 방향의 대기의 두께에 비례한다. 예를 들어, 안테나가 천정(天頂) 쪽을 향하면 더 작고, 지평선 쪽을 향하면 더 크다. 이렇게 생기는 잡음은 별의 경우처럼 안테나의 방향을 바꾸어 봄으로써 찾아낼 수 있다. 이 잡음을 빼고 나면, 이로부터 안테나의 구조에서 생기는 잡음이 무시할 수 있을 정도로 작다는 것을 확인할 수 있다.

1964년 봄, 펜지어스와 윌슨은 놀랍게도 7.35센티미터의 파장에서 방향에 무관하게 상당한 양의 전파잡음이 잡힌다는 것을 알았다. 그들은 또 이 전파 잡음이 하루 종일 그리고 계절의 변화와 무관하게 늘 일정하다는 것을 발견했다. 관측된 전파 잡음이 방향과 무관하다는 사실은 이 전파가 펜지어스와 윌슨의 원래 기대와는 달리 은하수가 아니라 우주의 훨씬 더 큰 부분에서 온다는 것을 아주 강하게 암시했다.

① 지구 대기에 의해 발생하는 잡음은 방향 의존성을 갖는다.

② '냉부하 장치'를 사용하면 안테나의 구조 때문에 발생하는 잡음이 없어진다.

③ 펜지어스와 윌슨은 은하수가 고유한 전파를 방출하고 있을 것으로 예상했다.

④ 지구의 공전 및 자전과 관계없이 7.35센티미터의 파장에서 전파 잡음이 감지된다.

⑤ 전파원과 그 주변의 허공에서 나오는 전파를 비교하여 전파원의 고유 전파를 더 정확하게 알 수 있다.

 정답 ②

정답 해설 둘째 단락에서 '펜지어스와 윌슨은 은하수로부터 오는 고유한 전파를 측정하려 했기 때문에, 장치 내부에서 생길 수 있는 일체의 잡음을 확인하는 것이 중요했다. 그들은 이 문제를 해결하기 위해 '냉부하 장치'라는 것을 사용했다. … 이를 통해 증폭회로에서 불가피하게 생긴 잡음을 쉽게 찾아낼 수 있다'라고 하였는데, 여기서 '냉부하 장치'가 잡음을 없애는 장치가 아니라 발생한 잡음을 찾아내기 위한 장치라는 것을 알 수 있다. 따라서 ②의 내용은 글의 내용과 부합하지 않는다.

54 다음 중 밑줄 친 ㉠과 유사한 사례로 가장 적절한 것은?

> 서울 동숭동 대학로에는 차분한 벽돌 건물들이 복잡한 도심 속에서 색다른 분위기를 형성하고 있다. 이 건물들을 볼 때 알 수 있는 특징은 우선 재료를 잡다하게 사용하지 않았다는 점이다. 건물의 크기를 떠나서 창문의 유리를 제외하고는 건물의 외부가 모두 한 가지 재료로 덮여 있다. 사실 ㉠ 솜씨가 무르익지 않은 요리사는 되는 대로 이런저런 재료와 양념을 쏟아 붓는다. 하지만 아무리 훌륭한 재료를 쓴들 적절한 불 조절이나 시간 조절이 없으면 범상한 요리를 뛰어넘을 수 없다. 재료 사용의 절제는 비단 건축가뿐만 아니라 모든 디자이너들이 원칙적으로 동의하면서도 막상 구현하기는 어려운 덕목이다. 벽돌 건물의 또 다른 예술적 매력은 벽돌을 반으로 거칠게 쪼갠 다음 그 쪼개진 단면이 외부로 노출되게 쌓을 때 드러난다. 햇빛이 이 벽면에 떨어질 때 드러나는 면의 힘은 가히 압도적이다.

① 합창을 할 때 각자 맡은 성부를 충실히 한다.
② 시를 쓸 때 심상이 분명하게 전달되도록 한다.
③ 사진을 찍을 때 배경보다는 인물을 부각시킨다.
④ 영상을 편집할 때 화려한 CG와 편집기술을 최대한 이용한다.
⑤ 그림을 그릴 때 대상을 실제 모습과 다름없이 세밀하게 묘사한다.

 정답 ④

 ㉠은 요리사가 재료를 절제하여 사용하지 않음으로써 맛을 제대로 살리지 못하는 경우이다. 이러한 요리사의 모습과 유사한 사례는 영상 편집 시 CG와 편집기술을 필요 이상으로 적용하여 절제미를 살리지 못한 ④이다.

55 다음 글이 참일 때 거짓인 것을 고르면?

경제 발전 초기, 농·어업에 종사하던 노동력은 경제가 발전하면서 제조업 분야로 이동한다. 이런 산업화 과정에서는 제조업의 빠른 성장이 경제 전체의 성장을 이끈다. 하지만 산업화가 어느 정도 진전되면 제조업이 고부가가치 업종 위주로 재편되면서 노동집약적인 제조업의 비중은 감소한다. 그 결과 제조업의 고용 창출 능력이 현저하게 줄어들어 노동력은 제조업에서 서비스업으로 이동하게 되는데, 이것이 탈산업화다. 우리나라의 탈산업화는 다른 선진국들이 경험했던 것에 비해 매우 이른 시점에 훨씬 빠른 속도로 이루어지고 있다. 주된 이유는 세계화가 급격하게 진전되는 데다 개발도상국과의 경쟁이 심화되고 있기 때문이다. 특히 우리 이웃에는 유례를 찾아볼 수 없을 정도로 대규모의 산업화를 진행하고 있는 중국이 있다. 중국이 부상함에 따라 우리 경제에서 중국과 경쟁 관계에 있는 노동집약형·저기술 제조업이 빠르게 비교 우위를 상실했고, 우리 제조업은 고부가가치·고기술 산업으로 재편성되도록 강요당했다. 이러한 변화는 산업 발전 과정에서 필연적이다. 문제는 탈산업화 과정에서 경제성장률의 급격한 하락을 막는 것이다. 그러자면 반드시 서비스업이 동반 성장해야 한다. 서비스업에서 고부가가치 산업이 등장해 제조업 못지않은 빠른 생산성 향상을 이루려면 신규 노동력의 준비가 필요하다.

① 산업화 과정에는 제조업의 빠른 성장이 경제 전체의 성장에 큰 영향을 끼치며 진전될수록 고부가가치 업종 위주로 재편된다.

② 탈산업화 시대에 경제성장률의 급격한 하락을 막기 위해서는 서비스업이 같이 성장해야 서비스업 안에서 고부가가치 산업이 등장할 수 있다.

③ 제조업에 있어서 중국이 부상하고 있었지만 빠른 생산성을 갖춘 시설들을 수입해 중국의 노동집약형 제조업의 추월을 막아 경제성장률의 급격한 하락을 막았다.

④ 우리나라의 탈산업화는 중국의 급격한 부상으로 인해 다른 선진국들이 경험했던 기간에 비해 훨씬 빠른 속도로 이루어졌다.

⑤ 고부가가치 업종 위주가 제조업의 고용 창출 능력을 감소시켜 노동력은 제조업에서 서비스업으로 이동하게 된다.

정답 ③

정답해설 중국의 제조업이 부상하면서 우리나라는 필연적으로 노동집약형·저기술 제조업의 생산성이 떨어졌고, 대신 고부가가치·고기술 산업으로 재편성되었으므로 중국의 노동집약형 제조업의 추월을 막았다는 말은 거짓이 된다.

56 다음 글을 바탕으로 한 추론으로 옳지 않은 것은?

2007년부터 시작되어 역사상 유례없는 전 세계의 동시 불황을 촉발시킨 금융 위기로 신자유주의의 권위는 흔들리기 시작했고, 향후 하나의 사조로서 신자유주의는 더 이상 주류적 지위를 유지하지 못하고 퇴조해갈 것이 거의 확실하다. 경제정책으로서의 신자유주의 역시 앞으로 대부분의 국가에서 예전과 같은 지지를 받기는 어려울 것이다.

세계 각국은 금융 위기로부터의 탈출과 함께 조속한 경기 회복을 위한 대책을 강구하는 데 총력을 기울일 것이다. 이 과정에서 기존의 경제 시스템을 각국의 실정에 부합하도록 전환하기 위한 다양한 모색도 활발해질 것으로 보인다. 국가별로 내부 시스템의 전환을 위한 모색이 방향을 잡아감에 따라 새로운 국제 경제 질서에 대한 논의도 동시에 진행될 것이다.

그렇다면 각국은 내부 경제 시스템의 전환과 위기 탈출을 위해 어떤 선택을 할 수 있을까? 물론 모든 문제를 해결하는 보편적 해법은 없다. 변형된 신자유주의부터 1929년 대공황 이후 약 40년간 세계 경제를 지배했던 케인즈주의, 신자유주의의 이식 정도가 낮아서 금융 위기의 충격을 덜 받고 있는 북유럽 모델, 그리고 남미에서 실험되고 있는 21세기 사회주의까지 대단히 폭넓은 선택지를 두고 생존을 위한 실험이 시작될 것이다.

그렇다면 우리나라는 신자유주의 이후의 모델을 어디서부터 모색할 것인가? 해답은 고전적 문헌 속이나 기상천외한 이론에 있지 않다. 경제는 오늘과 내일을 살아가는 수많은 사람들의 삶의 틀을 규정하는 문제이기 때문이다. 새로운 모색은 현재 벌어지고 있는 세계적 금융 위기의 현실과 경제 침체가 고용대란으로 이어질 가능성마저 보이고 있는 우리 경제의 현실에서 이루어져야 한다.

① 신자유주의의 권위는 세계적 불황을 촉발시킨 금융 위기로 인해 위협받고 있다.

② 우리는 신자유주의의 후속 모델을 현재의 세계적 금융 위기의 현실에서 찾아야 한다.

③ 신자유주의의 이식 정도가 낮은 북유럽에서는 금융 위기에 의한 충격을 상대적으로 덜 받고 있다.

④ 각국은 경제 위기를 극복하기 위해 새로운 단일 경제체제를 공동 개발하는 방안을 활발히 논의하고 있다.

⑤ 경기 회복 대책 수립 과정에서 기존의 경제 시스템을 새로운 시스템으로 전환하는 방안이 활발하게 검토될 것이다.

정답 ④

정답해설 경제 위기 극복을 위해 단일 경제체제를 공동 개발하는 방안을 논의한다는 내용은 글에서 언급된 내용이 아니다. 경제 위기 극복을 위한 방안과 관련하여, 셋째 단락에서는 새로운 국제 경제 질서에 대한 논의가 진행될 것이지만 각국 내부의 경제 시스템의 전환 및 위기 탈출과 관련하여 모든 문제를 해결하는 보편적 해법은 없다고 하였다. 그리고 여러 사조나 이념, 경제 모델 등 폭넓은 선택지를 두고 실험이 계속될 것이라 전망하고 있다. 따라서 ④는 글의 내용과 부합된다고 볼 수 없다.

57 다음 글을 바탕으로 한 추론으로 옳지 않은 것은?

> 고대인들은 평상시에는 생존하기 위해 각자 노동에 힘쓰다가, 축제와 같은 특정 시기가 되면 함께 모여 신에게 제의를 올리며 놀이를 즐겼다. 노동은 신이 만든 자연을 인간이 자신에게 유용하게 만드는 속된 과정이다. 이는 원래 자연의 모습을 훼손하는 것이기에 신에게 죄를 짓는 것이다. 이러한 죄를 씻기 위해 유용하게 만든 사물을 다시 원래의 상태로 되돌리는 집단적 놀이가 바로 제의였다. 고대 사회에서는 가장 유용한 사물을 희생물로 바치는 제의가 광범하게 나타났다. 바친 희생물은 더 이상 유용한 사물이 아니기에 신은 이를 받아들였다. 고대인들은 신에게 바친 제물을 함께 나누며 모두 같은 신에게 속해 있다는 연대감을 느꼈다.
>
> 고대 사회에서의 이러한 놀이는 자본주의 사회에 와서 많은 변화를 겪었다. 자본주의 사회는 노동을 합리적으로 조직하여 생산성을 극대화하고자 한다. 이를 위해 노동의 강도를 높이고 시간을 늘렸지만, 오히려 노동력이 소진되어 생산성이 떨어지는 문제점이 발생하였다. 그래서 노동 시간을 축소하고 휴식 시간을 늘릴 필요가 있었다. 하지만 이 휴식 시간마저도 대부분 상품을 소비하는 과정으로 이루어진다. 예를 들어 여행을 가려면 여행 상품을 구매하여 소비해야 한다. 이런 소비는 소비자에게는 놀이이지만 여행사에는 돈을 버는 수단이다. 결국 소비자의 놀이가 자본주의 시대에 가장 유용한 사물인 자본을 판매자의 손 안에 가져다준다.

① 고대인들의 의식에 있어 집단적 놀이는 인간이 자신에게 유용함을 가져다주는 속된 과정이었으며 죄였기 때문에 이를 씻기 위해서 노동을 했다.

② 고대인들은 고대사회에서 가장 유용한 사물을 희생물로 바침으로써 모두 같은 신에게 속해 있다는 연대감을 느꼈다.

③ 현대 사회에서는 생산성을 높이기 위해 노동의 강도와 시간을 늘렸지만 오히려 생산성이 떨어지는 문제점이 발생해 휴식시간을 늘렸다.

④ 원래 자연의 모습을 훼손하는 것은 신에게 죄를 짓는 것이라는 사고를 가지고 있었기에 제의를 통해 유용하게 만든 사물을 다시 원래대로 되돌리려 했다.

⑤ 노동 시간을 축소하고 휴식 시간을 늘렸지만 이러한 휴식 시간도 일종의 소비를 통해 이루어진다. 즉, 물건, 여행 상품 등을 구매해 소비하는 식이다.

 정답 ①

 정답 해설
첫째 단락에서 '노동은 신이 만든 자연을 인간이 자신에게 유용하게 만드는 속된 과정이다. 이러한 죄를 씻기 위해 유용하게 만든 사물을 다시 원래의 상태로 되돌리는 집단적 놀이가 바로 제의였다.'를 통해 노동은 인간에게 유용함을 가져다주는 속된 과정에서 나타난 죄를 씻기 위해 제의를 했다고 나온다.

58 다음 중 밑줄 친 ㉠과 유사한 사례로 가장 적절한 것은?

> 일반적으로 문화는 '생활양식' 또는 '인류의 진화로 이룩된 모든 것'이라는 포괄적인 개념을 갖고 있다. 이렇게 본다면 언어는 문화의 하위 개념에 속하는 것이다. 그러나 언어는 문화의 하위 개념에 속하면서도 문화 자체를 표현하여 그것을 전파 · 전승하는 기능도 한다. 이로 보아 언어에는 그것을 사용하는 민족의 문화와 세계인식이 녹아 있다고 할 수 있다. ㉠ 가령 '사촌'이라고 할 때, 영어에서는 'cousin'으로 통칭(通稱)하는 것을 우리말에서는 친 · 외 · 고종 · 이종 등으로 구분하고 있다. 친족 관계에 대한 표현에서 우리말이 영어보다 좀 더 섬세하게 되어 있는 것이다. 이것은 친족 관계를 좀 더 자세히 표현하여 차별 내지 분별하려 한 우리 문화와 그것을 필요로 하지 않는 영어권 문화의 차이에서 기인한 것이다.

① 한국인들은 보편적으로 개가 짖는 소리를 '멍멍'으로 인식하지만 일본인들은 '왕왕'으로 인식한다.

② 쌀을 주식으로 했던 우리 민족은 '모, 벼, 쌀, 밥'이라는 네 개의 단어를 각각 구별하여 사용하지만, 그렇지 않았던 영어권에서는 이 네 가지 개념을 오직 'rice'라는 단어 하나로 표현한다.

③ 우리가 책이라 부르는 것을 미국인들은 'book', 중국인들은 '册', 독일인들은 'buch'라는 말로 지칭한다.

④ '머리'는 하나의 언어 기호로 두 가지 면이 있다. 하나는 [məri]라는 소리의 면이고, 하나는 '頭'라는 의미의 면이다.

⑤ 무지개의 색깔이 단지 '빨강, 주황, 노랑, 초록, 파랑, 남색, 보라' 일곱 개로 이루어져 있는 것만은 아니다.

정답 ②

정답해설 밑줄 친 ㉠은 친족 관계를 중시하는 우리의 문화적 요소가 우리말에 반영되어 친족 관계에 대한 표현이 영어보다 섬세하게 분화되어 있다는 점을 보여주고 있다. 이는 쌀을 주식으로 했던 우리의 문화가 타 문화권에 비하여 쌀과 관련된 표현을 다양하게 만들었다는 사례와 가장 유사하다.

59 다음 글을 바탕으로 한 추론으로 옳지 않은 것은?

세자는 다음 왕위를 계승할 후계자로서 세자의 위상을 높이는 각종 통과의례를 거쳐야 했다. 책봉례는 세자가 왕의 후계자가 되는 가장 중요한 공식 의식으로, 세자는 왕으로부터 세자 임명서를 수여받았다. 책봉례가 끝나면 의궤를 작성하였다. 세자는 적장자 세습 원칙에 따라 왕비 소생의 장자가 책봉되는 것이 원칙이었다. 그러나 실제로 조선 시대를 통틀어 총 스물 일곱 명의 왕 중 적장자로서 왕위에 오른 왕은 문종, 단종, 연산군, 인종, 현종, 숙종, 순종 이렇게 일곱 명에 불과했다. 적장자로 태어나 세자로 책봉은 되었지만 왕위에 오르지 못한 세자도 여러 명이었다. 덕종, 순회세자, 소현세자, 효명세자, 양녕대군, 연산군의 장자 등이 그들이다.

책봉례 후 세자는 조선시대 최고 교육기관인 성균관에서 입학례를 치렀다. 성균관에 입학하는 사대부 자제와 마찬가지로 대성전에 있는 공자의 신위에 잔을 올리고, 명륜당에서 스승에게 예를 행하고 가르침을 받는 의식을 거쳐야 했다. 세자의 신분으로 입학례를 처음 치른 사람은 문종으로, 8세가 되던 해에 성균관 입학례를 치렀다. 세자 입학례는 세자를 위한 중요한 통과의례였으므로 기록화로 남겨졌다. 입학례 이후에 거행되는 관례는 세자가 성인이 되는 통과의례이다. 이것은 오늘날의 성년식과 같다. 관례를 치르면 상투를 틀고 관을 쓰므로 관례라 하였다. 사대부의 자제는 보통 혼례를 치르기 전 15세에서 20세에 관례를 치르지만, 세자는 책봉된 후인 8세에서 12세 정도에 치렀다. 관례를 치르고 어엿한 성인이 된 세자는 곧이어 가례, 즉 혼례를 행하였다. 혼례식은 관례를 행한 직후에 이루어졌다. 관례가 8세에서 12세 정도에 이루어진 만큼, 혼례식은 10세에서 13세 정도에 거행되었다. 왕이나 세자의 혼례식 전 과정은 가례도감 의궤로 남겨졌다.

① 조선시대의 왕이 모두 적장자는 아니었다.
② 사대부 자제도 세자와 마찬가지로 입학례, 관례, 혼례의 통과의례를 거쳤다.
③ 세자의 통과의례가 거행될 때마다 행사의 내용을 의궤로 남겼다.
④ 세자의 대표적 통과의례 중 성인이 된 후 치른 의례는 가례였다.
⑤ 세자의 통과의례는 대개 책봉례, 입학례, 관례, 가례의 순서로 거행되었다.

 ③

 제시문에 따르면 의궤로 남긴 통과의례는 책봉례와 가례(혼례)이다. 입학례와 관례의 경우 의궤로 남겼는지에 대해서는 언급하지 않았다.

 ① 조선 시대를 통틀어 적장자로서 왕위에 오른 왕은 문종, 단종, 연산군, 인종, 현종, 숙종, 순종의 일곱 명뿐이다.
② 입학례와 관례의 경우 사대부 자제와 비교하였으며, 가례는 관례를 치르는 시기와 함께 언급하였으므로 사대부 자제 역시 세 통과의례를 거쳤음을 알 수 있다.
④, ⑤ 세자의 대표적인 통과의례는 책봉례, 입학례, 관례, 가례 순으로 치렀으며, 성인이 된 후 치른 의례는 가례이다.

60 A의 논증에 대한 B의 대응을 바르게 설명한 것은?

> A : 대리모는 허용되어서는 안 된다. 자료에 따르면 대부분의 대리모는 금전적인 대가가 지불되는 상업적인 형태로 이루어지고 있다고 한다. 아이를 출산해 주는 대가로 대리모에게 금전을 지불하는 것은 아이를 상품화하는 것이다. 칸트가 말했듯이, 인간은 수단이 아니라 목적으로 대하여야 한다. 대리모는 결국 아이를 목적이 아닌 수단으로 취급하고 있다는 점에서 인간의 존엄과 가치를 침해한다.
>
> B : 대리모는 인간의 존엄과 가치를 침해하지 않는다. 왜냐하면 대리모는 아이 그 자체를 매매의 대상으로 삼는 것이 아니라 임신출산 서비스를 대상으로 하고 있는 것에 불과하므로, 아이의 존엄과 가치를 떨어뜨리지 않기 때문이다.

① B는 A가 제시한 증거를 전면 부정하고 있다.

② B는 A가 제시한 전제가 A가 도출한 결론과 다르다는 것을 증명하고 있다.

③ B는 A의 논증이 기초하고 있는 핵심어에 대하여 A와 다른 견해를 갖고 있다.

④ B는 A가 논증하고자 하는 결론이 윤리원칙에 어긋난다는 것을 증명하고 있다.

⑤ B는 A의 논증이 부당한 권위에 호소하는 오류를 저지른다는 점을 지적하고 있다.

 정답 ③

 정답해설 A가 대리모의 금전적 거래의 대가를 '아이'라고 이해하고 있는 반면 B는 금전적 거래의 대가를 '임신출산 서비스'라고 이해하고 있다.

 오답해설 ① B는 A가 제시한 대리모의 금전적 거래에 대해서 부정하고 있지 않다.
② B는 A의 전제 중 핵심어인 '금전적 거래의 대가'에 대한 이해를 달리하고 이를 공략하고 있으므로 옳지 않다.
④ B의 논증 중 A가 논증하고자 하는 결론이 윤리원칙에 어긋난다는 내용은 없다.
⑤ A는 부당한 권위에 호소하고 있지 않다.

61 다음 글을 바탕으로 한 추론으로 옳지 않은 것은?

> 버켄스탁의 열매는 대단히 매혹적인 향기를 갖고 있지만 식용이 아니며 그것을 먹을 경우 아주 심한 복통이 일어난다. 버켄스탁에는 키가 3~4미터까지 자라는 코피후스텐 종과 다 자라봐야 2미터에 못 미치는 라우터후스텐 종이 있다. 한편, 그린버겐스탁은 발음이 주는 인상 때문에 버켄스탁의 일종이라는 느낌을 주지만 그린버겐의 사촌쯤에 해당하는 것으로, 전 세계적으로 제주도를 비롯한 몇몇 도서 지역에서만 자생하는 종이다. 그린버겐스탁과 그린버겐은 황색버겐 등과 더불어 버겐바움 속(屬)에 속하는 식물종들이다. 이 속의 식물들은 공통적으로 연노랑 색의 유자 모양 열매를 맺는다. 17세기 유럽의 식물학자들은 열매가 비슷한 그린버겐스탁과 버켄스탁이 같은 속에 속하는 이웃 종들이라고 믿었다. 그러나 이들은 다른 과(科)에 속한다.

① 그린버겐스탁은 우리나라에서는 제주도를 비롯한 몇몇 도서 지역에서만 자생한다.

② 버켄스탁의 열매에는 독성이 있기 때문에 먹으면 아주 심한 복통이 일어난다.

③ 버겐바움 속(屬) 식물의 특징으로는 연노랑 색에 유자 모양의 열매를 맺는다.

④ 그린버겐스탁은 버켄스탁과 동일한 종으로 그린버겐과 함께 버겐바움 속(屬)에 속하는 식물종이다.

⑤ 17세기 식물학자들은 그린버겐스탁과 버켄스탁 열매가 같은 속(屬)에 이웃하는 종이라고 믿었다.

 정답 ④

정답 해설 제시문의 결론에 '그러나 이들은 다른 과(科)에 속한다.'와 전개에 '그린버겐스탁은 발음이 주는 인상 때문에 버켄스탁의 일종이라는 느낌을 주지만 그린버겐의 사촌쯤에 해당하는 것'을 통해 서로 다른 종이라는 것을 확인할 수 있다.

62 A와 B의 주장들에 대한 진술로 적절하지 않은 것은?

> A : 자연의 질서 안에서 동물과 같은 비이성적 존재는 이성적 존재인 인간을 위해 존재한다. 이성을 가진 인간을 죽이는 것은 부도덕한 행동이지만 동물을 죽이는 것은 그렇지 않다. 동물은 인간의 자비를 받아들일 능력이 없다. 그러나 모든 이성적 존재는 도덕적 대우를 받을 능력과 자격을 가진다.
>
> B : 동물의 권리도 인정되어야 한다. 다리 숫자상의 차이, 물속에 사는가 아니면 육지에 사는가에 따라 생기는 차이가 있다고 하더라도 그런 차이가 감각을 느낄 수 있는 존재의 고통을 방관해도 좋을 이유가 될 수는 없다. 권리의 기준은 이성이 있고 없음에 있는 것이 아니라 고통을 느낄 수 있는 능력이 있고 없음에 있다.

① B의 논지에 따르면, 권리의 기준은 고통을 느낄 수 있는 능력의 유무이다.

② A에 의하면 이성을 가진 인간을 죽이는 것은 이성적 존재를 죽였기 때문에 잘못이다.

③ B의 논지에 따르면, 외형적인 조건과 환경의 차이는 동물의 권리를 부정할 근거가 될 수 없다.

④ A의 논지에 따르면, 동물에게는 없는 인간의 능력이 동물과 인간 간의 차별을 정당화한다.

⑤ B의 논지에 따르면, 이성은 있지만 고통을 느낄 수 없는 어떤 존재가 있을 경우 이 존재가 동물을 죽이는 것은 잘못이 아니다.

 정답 ⑤

정답 해설 B의 논지에 따르면, 동물은 고통을 느낄 수 있는 능력이 있으므로 동물을 죽이는 것은 누가 되었든 간에 잘못된 것이다.

63 다음 글을 바탕으로 한 추론으로 옳지 않은 것은?

1937년 영국에서 거행된 조지 6세의 대관식에 귀족들은 대부분 자동차를 타고 왔다. 대관식에 동원된 마차는 단 세 대밖에 없었을 정도로 의례에서 마차가 차지하는 비중이 작아졌다. 당시 마차 관련 서적에서 드러나듯, 대귀족 가문들조차 더 이상 호화로운 마차를 사용하지 않았다. 당시 마차들은 조각이 새겨진 황금빛 왕실 마차와 같이 의례용으로 이용되는 경우를 제외하고는 거의 사용되지 않은 채 방치되었다.

제2차 세계 대전 이후 전투기와 탱크와 핵폭탄이 세계를 지배하면서, 대중은 급격한 과학 기술의 발전에 두려움과 어지러움을 느끼게 되었다. 이런 배경하에 영국 왕실 의례에서는 말과 마차와 검과 깃털 장식 모자의 장엄한 전통이 정치적으로 부활하였다. 1953년 엘리자베스 2세의 대관식은 전통적인 방법으로 성대하게 치러졌다. 대관식에 참여한 모든 외국 왕족과 국가 원수를 마차에 태웠는데, 이때 부족한 일곱 대의 마차를 한 영화사에서 추가로 임대할 정도였다.

왕실의 고풍스러운 의례가 전파로 송출되기 시작하면서 급변하는 사회를 혼란스러워하던 대중은 전통적 왕실 의례에서 위안을 찾았다. 국민의 환호와 열광 속에 화려한 마차를 타고 개선로를 통과하는 군주에게는 어수선한 시대의 안정적 구심점이라는 이미지가 부여되었다. 군주는 전후 경제적 피폐와 정치적 혼란의 양상을 수습하고 국가 질서를 재건하는 상징적 존재로 부상하였다.

① 영국 왕실 의례는 영국의 지역 간 통합에 순기능으로 작용했다.

② 제2차 세계 대전 이전, 조지 6세의 대관식에서 마차는 거의 사용되지 않았다.

③ 엘리자베스 2세의 대관식은 영국 왕실의 전통적 의례에 맞춰 거행되었다.

④ 엘리자베스 2세는 대관식에서 군중이 지켜보는 가운데 마차를 타고 개선로를 통과하였다.

⑤ 제2차 세계 대전 이후 영국 왕실의 전통적 의례의 부활은 대중에게 위안과 안정을 주는 역할을 했다.

 정답 ①

정답
해설 제시문에 따르면 영국 왕실 의례는 전후 경제적·정치적 혼란을 수습하는 등의 순기능으로 작용하였으나, 그 영향이 영국의 지역 간 통합에 미쳤는지의 여부는 알 수 없다.

64 다음 글의 논지를 뒷받침할 수 있는 논거로 가장 적절한 것은?

> 그들은 또 우리 민족이 선천적으로 혹은 숙명적으로 당파적 민족성을 가지고 있으며, 이것이 민족적 단결을 파괴하여 독립을 유지할 수가 없게 되었다고 주장하였다. 그러나 근본적으로 말한다면 민족성이 역사의 산물인 것이지 역사가 민족성의 산물인 것은 아니다. 그러니까 그들의 주장은 거꾸로 돼 있는 것이다. 게다가 국내의 대립 항쟁이 없는 민족이란 어디에서도 찾아볼 수가 없을 것이며, 한 때 지방분권적이었던 일본에서 이 점은 더욱 심하였다. 그리고 흔히 조선 시대의 붕당(朋黨)을 말하자면, 그것이 선천적인 민족성의 소산이었다면 한국사의 시초부터 있었어야 옳았을 것이다. 그런데 붕당은 16세기에 이르러서야 발생하였다. 이것은 붕당의 발생이 역사적 산물이었음을 말해 주는 것이다.

① 붕당(朋黨)은 우리 민족의 선천적인 민족성을 대표하는 산물이다.

② 개인마다 성격이 다르듯이 각 민족마다 지닌 고유의 기질이 독특한 문화를 만들어낸다.

③ 나라마다 자연환경이 다르듯이 민족성은 자연환경에 적응하며 살아가는 과정에서 얻어진 것이다.

④ 민족성이란 문화적 상호작용의 결과로써 어떤 민족이 생성 · 발전하는 중에 고유한 특징으로 나타나는 것이다.

⑤ 신앙이나 사상은 바뀌지만 혈통적인 민족만은 공동체의 인연에 얽힌 한 몸으로써 이 땅 위에 살게 되는 것이다.

 ④

 우리 민족이 선천적으로 당파적 민족성을 가지고 있어 독립을 유지할 수 없다는 말에 대한 반론을 펼치며, 그 예로 붕당의 발생은 타고난 성품에 의한 것이 아니라 역사적 산물(후천적인 영향, 환경)에 의한 것이라고 말하고 있다. 따라서 이에 대한 논거로 민족성이란 타고나는 것이 아닌 후천적인 영향에 의한 것이라는 내용이 적당하다.

65 다음 글을 바탕으로 한 추론으로 적절한 것은?

소리를 내는 것, 즉 음원의 위치를 판단하는 일은 복잡한 과정을 거친다. 사람의 청각은 '청자의 머리와 두 귀가 소리와 상호작용하는 방식'을 단서로 음원의 위치를 파악한다.

음원의 위치가 정중앙이 아니라 어느 한쪽으로 치우쳐 있으면, 소리가 두 귀 중에서 어느 한쪽에 먼저 도달한다. 왼쪽에서 나는 소리는 왼쪽 귀가 먼저 듣고, 오른쪽에서 나는 소리는 오른쪽 귀가 먼저 듣는다. 따라서 소리가 두 귀에 도달하는 데 걸리는 시간차를 이용하면 소리가 오는 방향을 알아낼 수 있다. 소리가 두 귀에 도달하는 시간의 차이는 음원이 정중앙에서 안쪽으로 치우칠수록 커진다.

양 귀를 이용해 음원의 위치를 알 수 있는 또 다른 단서는 두 귀에 도달하는 소리의 크기 차이이다. 왼쪽에서 나는 소리는 왼쪽 귀에 더 크게 들리고, 오른쪽에서 나는 소리는 오른쪽 귀에 더 크게 들린다. 이러한 차이는 머리가 소리의 전달을 막는 장애물로 작용하기 때문이다. 하지만 이런 차이는 소리에 섞여 있는 여러 음파들 중 고주파에서만 일어나고 저주파에서는 일어나지 않는다. 따라서 소리가 저주파로만 구성되어 있는 경우 소리의 크기 차이를 이용한 위치 추적은 효과적이지 않다.

또 다른 단서는 음색의 차이이다. 소리가 고막에 도달하기 전에 머리와 귓바퀴의 굴곡은 소리를 변형시키는 필터 역할을 한다. 이 때문에 두 고막에 도달하는 소리의 음색 차이가 발생한다. 이러한 차이를 통해 음원의 위치를 파악할 수 있다.

① 다른 조건이 같다면 저주파로만 구성된 소리가 고주파로만 구성된 소리보다 음원의 위치를 파악하기 어렵다.

② 두 귀에 도달하는 소리의 시간차가 클수록 청자와 음원의 거리는 멀다.

③ 저주파로만 구성된 소리의 경우 그 음원의 위치를 파악할 수 없다.

④ 머리가 소리를 막지 않는다면 음원의 위치를 파악할 수 없다.

⑤ 두 귀에 도달하는 소리의 음색 차이는 음원에서 발생한다.

 정답 ①

 정답
해설
다른 조건이 같을 때, 저주파의 경우 두 귀에 도달하는 소리의 크기 차이를 통해 음원의 위치를 판단하는 방법을 사용할 수 없으므로 고주파로만 구성된 소리보다 음원의 위치를 파악하기 어렵다.

66 다음 글이 참일 때 거짓인 것을 고르면?

책은 인간이 가진 그 독특한 네 가지 능력의 유지, 심화, 계발에 도움을 주는 유효한 매체이다. 하지만, 문자를 고안하고 책을 만들고 책을 읽는 일은 결코 '자연스러운' 행위가 아니다. 인간의 뇌는 애초부터 책을 읽으라고 설계된 것이 아니기 때문이다. 문자가 등장한 역사는 6천 년, 지금과 같은 형태의 책이 등장한 역사 또는 6백여 년에 불과하다. 책을 쓰고 읽는 기능은 생존에 필요한 다른 기능들을 수행하도록 설계된 뇌 건축물의 부수적 파생 효과 가운데 하나이다. 말하자면 그 능력은 덤으로 얻어진 것이다.

그런데 이 '덤'이 참으로 중요하다. 책이 없이도 인간은 기억하고 생각하고 상상하고 표현할 수 있기는 하나 책과 책 읽기는 인간이 이 능력을 키우고 발전시키는 데 중대한 차이를 낳기 때문이다. 또한 책을 읽는 문화와 책을 읽지 않는 문화는 기억, 사유, 상상, 표현의 층위에서 상당한 질적 차이를 가진 사회적 주체들을 생산한다. 그렇기는 해도 모든 사람이 맹목적인 책 예찬자가 될 필요는 없다. 그러나 중요한 것은, 인간을 더욱 인간적이게 하는 소중한 능력들을 지키고 발전시키기 위해서 책은 결코 희생할 수 없는 매체라는 사실이다. 그 능력을 지속적으로 발전시키는 데 드는 비용은 적지 않다. 무엇보다 책 읽기는 결코 손쉬운 일이 아니기 때문이다. 책 읽기에는 상당량의 정신 에너지와 훈련이 요구되며, 독서의 즐거움을 경험하는 습관 또한 요구된다.

① 책 읽기는 별다른 훈련이나 노력 없이도 마음만 먹으면 가능한 일이다.

② 책을 쓰고 읽는 기능은 인간 뇌의 본래적 기능은 아니다.

③ 인간은 책이 없어도 기억하고 생각하고 상상하고 표현할 수 있다.

④ 책과 책 읽기는 인간의 기억, 사유, 상상 등과 관련된 능력을 키우는 데 상당히 중요한 변수로 작용한다.

⑤ 독서 문화는 특정 층위에서 사회적 주체들의 질적 차이를 유발한다.

 정답 ①

 정답해설 제시문의 마지막 문장에서 책 읽기에는 상당량의 정신 에너지와 훈련이 요구된다고 하였으므로 별다른 훈련이나 노력 없이 책 읽기가 가능하다는 것은 이 글의 내용과 부합하지 않는다.

 오답해설 ② 첫 번째 문단에서 인간의 뇌는 애초부터 책을 읽으라고 설계된 것이 아니라고 하면서 책을 쓰고 읽는 것은 덤으로 얻어진 기능이라고 하였다.

③ 두 번째 문단에서 책이 없이도 인간은 기억하고 생각하고 상상하고 표현할 수 있다고 하였다.

④ 두 번째 문단에서 책과 책읽기는 인간이 이 능력을 키우고 발전시키는 데 중대한 차이를 낳는다고 하였다.

⑤ 두 번째 문단에서 책을 읽는 문화와 책을 읽지 않는 문화는 기억, 사유, 상상, 표현의 층위에서 상당한 질적 차이를 가진 사회적 주체들을 생산한다고 하였다.

67

다음 내용을 바탕으로 '사람들이 하루 두 잔 이상 커피를 마시면 심장병에 걸릴 위험이 높다.'고 결론 내렸을 때, 이를 반박하는 근거가 되는 것은?

최근 한 연구에 의하면, 운동량이 적은 중년 남녀 중에서 하루에 두 잔 이상의 커피를 마시는 사람들이 그렇지 않은 사람들에 비해 높은 수준의 콜레스테롤을 혈액 내에 축적하고 있다고 한다. 과다한 콜레스테롤은 심장병을 유발시킨다고 알려져 있다.

① 조사 대상이 된 사람들은 과체중일 경우가 많았다.
② 커피는 심장박동의 증가를 자극하는 카페인을 함유하고 있다.
③ 운동을 별로 하지 않는 것이 혈중 콜레스테롤 수치를 증가시킬 수 있다.
④ 하루 두 잔 이상의 커피를 마신 사람들은 콜레스테롤이 높은 음식을 먹었다.
⑤ 혈중 콜레스테롤 수치가 증가할수록 운동량이 적다.

정답 ③

정답해설 운동량이 적은 중년 남녀를 대상으로 한 실험이므로 이들 중 ③에 의해 콜레스테롤 수치가 올라갔을 가능성이 있으므로 꼭 커피의 다량 섭취가 심장병에 걸릴 위험이 높다고는 할 수 없다.

68

다음 글을 바탕으로 한 추론으로 옳지 않은 것은?

오늘날 지구상에는 193종의 원숭이와 유인원이 살고 있다. 그 가운데 192종은 온몸이 털로 덮여 있고, 단 한 가지 별종이 있으니, 이른바 '호모 사피엔스'라고 자처하는 털 없는 원숭이가 그것이다. 지구상에서 대성공을 거둔 이 별종은 보다 고상한 욕구를 충족하느라 많은 시간을 보내고 있으나, 엄연히 존재하는 기본적 욕구를 애써 무시하려고 하는 데에도 똑같이 많은 시간을 소비한다. 그는 모든 영장류들 가운데 가장 큰 두뇌를 가졌다고 자랑하지만, 두뇌뿐 아니라 성기도 가장 크다는 사실은 애써 외면하면서 이 영광을 고릴라에게 떠넘기려 한다. 그는 무척 말이 많고 탐구적이며 번식력이 왕성한 원숭이다.

나는 동물학자이고 털 없는 원숭이는 동물이다. 따라서 털 없는 원숭이는 내 연구 대상으로서 적격이다. '호모 사피엔스'는 아주 박식해졌지만, 그래도 여전히 원숭이이고, 숭고한 본능을 새로 얻었지만 옛날부터 갖고 있던 세속적 본능도 여전히 간직하고 있다. 이러한 오래된 충동은 수백만 년 동안 그와 함께해왔고, 새로운 충동은 기껏해야 수천 년 전에 획득했을 뿐이다. 수백만 년 동안 진화를 거듭하면서 축적된 유산을 단번에 벗어던질 가망은 전혀 없다. 이 사실을 회피하지 말고 직면한다면, '호모 사피엔스'는 훨씬 느긋해지고 좀 더 많은 것을 성취할 수 있을 것이다. 이것이 바로 동물학자가 이바지할 수 있는 영역이다.

① 인간에 대해서도 동물학적 관점에서 탐구할 필요가 있다.

② 인간은 자신이 지닌 동물적 본능을 무시하거나 외면하려는 경향이 있다.

③ 인간이 오랜 옛날부터 갖고 있던 동물적 본능은 오늘날에도 남아 있다.

④ 인간의 박식과 숭고한 본능은 수백만 년 전에 획득했다.

⑤ 인간이 옛날부터 갖고 있던 본능이 있다는 사실을 직면한다면 더 많은 것을 성취할 수 있을 것이다.

정답 ④

정답해설 둘째 단락 전반부의 내용을 통해, ④는 적절하지 않은 내용임을 알 수 있다. 즉, 인간의 박식함과 새로운 숭고한 본능은 기 껏해야 수천 년 전에 획득한 것이라 하였다.

69 다음 글이 참일 때 거짓인 것을 고르면?

오늘날 대부분의 경제 정책은 경제의 규모를 확대하거나 좀 더 공평하게 배분하는 것을 도모한다. 하지만 뉴딜 시기 이전의 상당 기간 동안 미국의 경제 정책은 성장과 분배의 문제보다는 '자치(self-rule)에 가장 적절한 경제 정책은 무엇인가?'의 문제를 중시했다.

그 시기에 정치인 A와 B는 거대화된 자본 세력에 대해 서로 다르게 대응하였다. A는 거대 기업에 대항하기 위해 거대 정부로 맞서기보다 기업 담합과 독점을 무너뜨려 경제권력을 분산시키는 것을 대안으로 내세웠다. 그는 산업 민주주의를 옹호했는데 그 까닭은 그것이 노동자들의 소득을 증진시키기 때문이 아니라 자치에 적합한 시민의 역량을 증진시키기 때문이었다. 반면 B는 경제 분산화를 꾀하기보다 연방정부의 역량을 증가시켜 독점자본을 통제하는 노선을 택했다. 그에 따르면, 민주주의가 성공하기 위해서는 거대 기업에 대응할 만한 전국 단위의 정치권력과 시민 정신이 필요하기 때문이었다. 이렇게 A와 B의 경제 정책에는 차이점이 있지만, 둘 다 경제 정책이 자치에 적합한 시민 도덕을 장려하는 경향을 지녀야 한다고 보았다는 점에서는 일치한다.

하지만 뉴딜 후반기에 시작된 성장과 분배 중심의 정치경제학은 시민 정신 중심의 정치경제학을 밀어내게 된다. 실제로 1930년대 대공황 이후 미국의 경제 회복은 시민의 자치 역량과 시민 도덕을 육성하는 경제 구조 개혁보다는 케인즈 경제학에 입각한 중앙정부의 지출 증가에서 시작되었다. 그에 따라 미국은 자치에 적합한 시민 도덕을 강조할 필요가 없는 경제 정책을 펼쳐나갔다. 또한 모든 가치에 대한 판단은 시민 도덕에 의지하는 것이 아니라 개인이 알아서 해야 하는 것이며 국가는 그 가치관에 중립적이어야만 공정한 것이라는 자유주의 철학이 우세하게 되었다. 모든 이들은 자신이 추구하는 가치와 상관없이 일정 정도의 복지 혜택을 받을 권리를 가지게 되었다. 하지만 공정하게 분배될 복지 자원을 만들기 위해 경제 규모는 확장되어야 했으며, 정부는 거대화된 경제권력들이 망하지 않도록 국민의 세금을 투입하여 관리하기 시작했다. 그리고 시민들은 자치하는 자 즉 스스로 통치하는 자가 되기보다 공정한 분배를 받는 수혜자로 전락하게 되었다.

① A는 시민의 소득 증진을 위하여 경제권력을 분산시키는 방식을 택하였다.

② B는 거대 기업을 규제할 수 있는 전국 단위의 정치권력이 필요하다는 입장이다.

③ A와 B는 시민 자치 증진에 적합한 경제 정책이 필요하다는 입장이다.

④ A와 B의 정치경제학은 모두 1930년대 미국의 경제 위기 해결에 주도적 역할을 하지 못하였다.

⑤ 케인즈 경제학에 기초한 정책은 시민의 자치 역량을 육성하기 위한 경제 구조 개혁 정책이 아니었다.

 정답 ①

 정답 해설 둘째 단락에서 'A는 거대 기업에 대항하기 위해 … 경제권력을 분산시키는 것을 대안으로 내세웠다. 그는 산업 민주주의를 옹호했는데 그 까닭은 그것이 노동자들의 소득을 증진시키기 때문이 아니라 자치에 적합한 시민의 역량을 증진시키기 때문이었다'라고 하였으므로, A가 경제권력을 분산시키는 방식을 택한 것은 시민의 소득 증진을 위해서가 아니라 시민의 역량을 증진시키기 위해서라는 것을 알 수 있다. 따라서 ①은 글의 내용과 부합하지 않는다.

70 다음 글에 대한 논리적인 반박으로 적절한 것은?

공화정 체제는 영원한 평화에 대한 바람직한 전망을 제시한다. 그 이유는 다음과 같다. 전쟁을 할 것인가 말 것인가를 결정하려면 공화제하에서는 국민의 동의가 필요한데, 이때 국민은 자신의 신상에 다가올 전쟁의 재앙을 각오해야 하기 때문에 그런 위험한 상황을 감수하는 데 무척 신중하리라는 것은 당연하다. 전쟁의 소용돌이에 빠져들 경우, 국민들은 싸움터에 나가야 하고, 자신들의 재산에서 전쟁 비용을 염출해야 하며, 전쟁으로 인한 피해를 고생스럽게 복구해야 한다. 또한 다가올 전쟁 때문에 지금의 평화마저도 온전히 누리지 못하는 부담을 떠안을 수밖에 없다.

그러나 군주제하에서는 전쟁 선포의 결정이 지극히 손쉬운 일이다. 왜냐하면 군주는 국가의 한 구성원이 아니라 소유자이며, 전쟁 중이라도 사냥, 궁정, 연회 등이 주는 즐거움을 아무 지장 없이 누릴 수 있을 것이기 때문이다. 따라서 군주는 사소한 이유로, 예를 들어 한낱 즐거운 유희를 위해 전쟁을 결정할 수도 있다. 그리고 전혀 대수롭지 않게, 늘 만반의 준비를 하고 있는 외교 부서에 격식을 갖추어 전쟁을 정당화하도록 떠맡길 수 있다.

① 전쟁을 방지하기 위해서는 공화제뿐만 아니라 국가 간의 협력도 필요하다.

② 장기적인 평화는 국민들을 경제 활동에만 몰두하게 하여, 결국 국민들을 타락시킬 것이다.

③ 공화제하에서도 국익이나 애국주의를 내세운 선동에 의해 국민들이 전쟁에 동의하게 되는 경우가 적지 않다.

④ 공화제 국가라도 군주제 국가와 인접해 있을 때에는 전쟁이 일어날 가능성이 높다.

⑤ 군주는 외교적 격식을 갖추지 않고도 전쟁을 감행할 수 있다.

정답 ③

 정답
해설 공화제하에서도 국익이나 애국주의를 내세운 선동에 의해 국민들이 전쟁에 동의하게 되는 경우가 적지 않다는 것은 공화제하에서 전쟁이 잘 일어나지 않는다는 주장에 대한 반론에 해당한다.

오답
해설
① 제시문에서 공화제는 영원한 평화에 대한 바람직한 전망을 제시하며 전쟁 시 국민의 동의가 필요하다고 하였다. 따라서 전쟁을 방지하기 위해 공화제뿐만 아니라 국가 간의 협력이 필요하다는 내용은 공화제에 대한 반론과 관련이 없다.
② 장기적인 평화는 국민들을 경제 활동에만 몰두하게 하여, 결국에는 타락시킬 것이라는 주장 역시 제시문의 내용과는 관련이 없다.
④ 공화정 체제하에서 국민은 전쟁을 하게 될 경우에 자신들이 부담해야 할 것들에 대해 먼저 생각하게 되므로 훨씬 신중하다고 말하고 있다. 따라서 제시문의 반론으로 적절하지 않다.
⑤ 제시문에 나와 있는 내용으로, 반론이 될 수 없다.

71 다음 글을 바탕으로 한 추론으로 옳지 않은 것은?

현대 심신의학의 기초를 수립한 연구는 1974년 심리학자 애더에 의해 이루어졌다. 애더는 쥐의 면역계에서 학습이 가능하다는 주장을 발표하였는데, 그것은 면역계에서는 학습이 이루어지지 않는다고 믿었던 당시의 과학적 견해를 뒤엎는 발표였다. 당시까지는 학습이란 뇌와 같은 중추신경계에서만 일어날 수 있을 뿐 면역계에서는 일어날 수 없다고 생각했다.

애더는 시클로포스파미드가 면역세포인 T세포의 수를 감소시켜 쥐의 면역계 기능을 억제한다는 사실을 알고 있었다. 어느 날 그는 구토를 야기하는 시클로포스파미드를 투여하기 전 사카린 용액을 먼저 쥐에게 투여했다. 그러자 그 쥐는 이후 사카린 용액을 회피하는 반응을 일으켰다. 그 원인을 찾던 애더는 쥐에게 시클로포스파미드는 투여하지 않고 단지 사카린 용액만 먹여도 쥐의 혈류 속에서 T세포의 수가 감소된다는 것을 알아내었다. 이것은 사카린 용액이라는 조건자극이 T세포 수의 감소라는 반응을 일으킨 것을 의미한다.

심리학자들은 자극-반응 관계 중 우리가 태어날 때부터 가지고 있는 것을 '무조건자극-반응'이라고 부른다. '음식물-침 분비'를 예로 들 수 있고, 애더의 실험에서는 '시클로포스파미드-T세포 수의 감소'가 그 예이다. 반면에 무조건자극이 새로운 조건자극과 연결되어 반응이 일어나는 과정을 '파블로프의 조건형성'이라고 부른다. 애더의 실험에서 쥐는 조건형성 때문에 사카린 용액만 먹여도 시클로포스파미드를 투여 받았을 때처럼 T세포 수의 감소 반응을 일으킨 것이다. 이런 조건형성 과정은 경험을 통한 행동의 변화라는 의미에서 학습과정이라 할 수 있다.

이 연구 결과는 몇 가지 점에서 중요하다고 할 수 있다. 심리적 학습은 중추신경계의 작용으로 이루어진다. 그런데 면역계에서도 학습이 이루어진다는 것은 중추신경계와 면역계가 독립적이지 않으며 어떤 방식으로든 상호작용한다는 것을 말해준다. 이 발견으로 연구자들은 마음의 작용이나 정서 상태에 의해 중추신경계의 뇌세포에서 분비된 신경전달물질이나 호르몬이 우리의 신체 상태에 어떠한 영향을 끼치게 되는지를 더 면밀히 탐구하게 되었다.

① 애더의 실험에서 사카린 용액은 새로운 조건자극의 역할을 한다.

② 쥐에게 시클로포스파미드를 투여하면 T세포 수가 감소한다.

③ 애더의 실험 이전에는 중추신경계에서 학습이 가능하다는 것이 알려지지 않았다.

④ 애더의 실험은 면역계가 중추신경계와 상호작용할 수 있음을 보여준다.

⑤ 애더의 실험에서 사카린 용액을 먹은 쥐의 T세포 수가 감소하는 것은 면역계의 반응이다.

 정답 ③

정답 해설 첫째 단락의 마지막 문장에서 '당시까지는 학습이란 뇌와 같은 중추신경계에서만 일어날 수 있을 뿐 면역계에서는 일어날 수 없다고 생각했다'라고 하였으므로, 애더의 실험 이전에는 중추신경계에서만 학습이 가능하다는 것이 알려져 있었음을 알 수 있다. 따라서 ③은 이 글을 통해 알 수 있는 내용으로 적절하지 않다.

72 다음 글이 참일 때 거짓인 것을 고르면?

> 한국 건축은 '사이'의 개념을 중요시한다. 그리고 '사이'의 크기는 기능과 사회적 위계에 영향을 받는다. 또 공간, 시간, 인간 모두 사이의 한 동류로 보기도 한다. 서양의 과학적 사고가 물체를 부분들로 구성되었다고 보고 불변하는 요소들을 분석함으로써 본질 파악을 추구하였다면, 동양은 사이, 즉 요소들 간의 관련성에 초점을 두고, 거기에서 가치와 의미의 원천을 찾았던 것이다. 서양의 건축이 내적 구성, 폐쇄적 조직을 강조한 객체의 형태를 추구했다면, 동양의 건축은 그보다 객체의 형태와 그것이 놓이는 상황 및 자연환경과의 어울림을 통해 미를 추구하였던 것이다.
>
> 동양의 목재 가구법(낱낱의 재료를 조립하여 구조물을 만드는 법)에 의한 건축 구성 양식에서 '사이'의 중요성을 알 수 있다. 이 양식은 조적식(돌·벽돌 따위를 쌓아 올리는 건축 방식)보다 환경에 개방적이고 우기에 환기를 좋게 할 뿐 아니라, 내·외부 공간의 차단을 거부하고 자연과의 대화를 늘 강조한다. 그로 인해 건축이 무대나 액자를 설정하고 자연이 끝을 내주는 기분을 느끼게 한다.

① 동양과 서양 건축의 차이를 요소들 간의 관련성으로 설명하고 있다.

② 동양의 건축 재료로 석재보다 목재가 많이 쓰인 이유를 알 수 있다.

③ 각각의 재료를 조립하여 구조물을 만드는 건축 구성 양식에서 '사이'의 중요성을 알 수 있다.

④ 동양의 건축은 자연환경에 개방적이지만 인공 조형물에 대해서는 폐쇄적이다.

⑤ '사이'는 '조적식'보다 개방적이고, 환기에 용이하며 자연과 조화를 이룬다.

④

 동양의 건축이 인공 조형물에 대해 폐쇄적이라는 설명은 제시되지 않았다. 첫째 단락 후반부에서 '서양의 건축이 내적 구성, 폐쇄적 조직을 강조한 객체의 형태를 추구했다면, 동양의 건축은 그보다 객체의 형태와 그것이 놓이는 상황 및 자연환경과의 어울림을 통해 미를 추구하였던 것이다'라 하였고, 둘째 단락에서 '환경에 개방적이고 우기에 환기를 좋게 할 뿐 아니라, 내·외부 공간의 차단을 거부하고 자연과의 대화를 늘 강조한다'라고 하여 동양 건축 양식의 장점을 설명하고 있는데, 이를 종합해보면 동양의 건축은 자연환경과 인공 조형물 모두에 대해서 개방적인 특성을 지닌다고 판단할 수 있다. 따라서 ④는 옳지 않은 설명이다.

73 다음 글을 바탕으로 한 추론으로 옳지 않은 것은?

> 대기업의 고객만족 콜센터에서 상담원으로 8년째 근무하고 있는 김모씨(30세·남)는 매일 아침마다 극심한 두통에 시달리며 잠에서 깬다. 김씨는 "욕설을 듣지 않는 날이 손에 꼽을 정도다"라며, "물론 보람을 느낄 때도 있지만, 대부분 자괴감이 드는 날이 많다"라고 '감정노동자'들의 고충을 호소하였다.
>
> 이처럼 콜센터 안내원, 호텔 관리자, 스튜어디스 등 직접 사람을 마주해야 하는 서비스업 종사자의 감정노동 스트레스는 심각한 수준으로 나타났다. 특히 텔레마케터의 경우 730개 직업 가운데 감정노동 강도가 가장 높았다. 최근 지방자치단체와 시민단체, 기업 등을 중심으로 감정노동자 보호를 위한 대안들이 나오고 있지만 서비스업 종사자들이 느끼는 감정노동의 현실이 개선되기까지는 여전히 많은 시간이 걸릴 것으로 보인다.
>
> 문제는 감정노동자들의 스트레스가 병으로도 이어질 수 있다는 점이다. 산업안전보건공단에 따르면 감정노동자들 중 80%가 인격 모독과 욕설 등을 경험했고, 38%가 우울증을 앓고 있는 것으로 조사됐다. 이는 심한 경우 불안장애 증상이나 공황장애 등의 질환으로 발전할 수 있어 전문가들은 감정노동자들에게 각별한 주의를 요하고 있다.
>
> 하지만 이런 현실에 비해 아직 우리 사회의 노력은 많이 부족하다. 많은 감정노동자들이 스트레스로 인한 우울증과 정신질환을 앓고 있지만, 재계의 반대로 '산업재해보상보험법 시행령 및 시행규칙 개정안'은 여전히 공중에 맴돌고 있는 상태이다. 서비스업 특성상 질병의 인과관계를 밝혀내기 어렵기 때문에 기업들은 산재보험료 인상으로 기업의 비용이 부담된다며 반대의 목소리를 내고 있다.

① 감정노동자들의 대부분이 인격 모독과 욕설 등을 경험하였다.
② 지방자치단체나 기업의 반대로 산업재해보상보험법령이 개정되지 않는 상태이다.
③ 텔레마케터의 경우 감정노동으로 인한 스트레스가 가장 심한 직업 유형이다.
④ 감정노동자들이 겪는 스트레스는 심각한 정신 질환을 유발할 수 있다.
⑤ 기업들은 산재보험료 인상으로 기업의 비용이 인상되는 것을 우려하여 법령의 개정에 반대하고 있다.

정답 ②

 정답
해설
두 번째 단락에서 '지방자치단체와 시민단체, 기업 등을 중심으로 감정노동자 보호를 위한 대안들이 나오고 있다'고 하였
다는 점에서, 지방자치단체나 기업의 반대로 감정노동자 관련 법령이 개정되지 않는 것은 아니다. 마지막 단락에서 제시
한 바와 같이 재계와 산재보험료 인상을 우려한 기업들이 법령의 개정에 반대하고 있다.

74 다음 글이 참일 때 거짓인 것을 고르면?

이미지란 우리가 세계에 대해 시각을 통해 얻는 표상을 가리킨다. 상형문자나 그림문자를 통해서 얻은 표상도 여기에 포함된다. 이미지는 세계의 실제 모습을 아주 많이 닮았으며 그러한 모습을 우리 뇌 속에 복제한 결과이다. 그런데 우리의 뇌는 시각적 신호를 받아들일 때 시야에 들어온 세계를 한꺼번에 하나의 전체로 받아들이게 된다. 즉 대다수의 이미지는 한꺼번에 지각된다. 예를 들어 우리는 새의 전체 모습을 한꺼번에 지각하지 머리, 날개, 꼬리 등을 개별적으로 지각한 후 이를 머릿속에서 조합하는 것이 아니다.

표음문자로 이루어진 글을 읽는 것은 이와는 다른 과정이다. 표음문자로 구성된 문장에 대한 이해는 그 문장의 개별적인 문법적 구성요소들로 이루어진 특정한 수평적 연속에 의존한다. 문장을 구성하는 개별 단어들, 혹은 각 단어를 구성하는 개별 문자들이 하나로 결합되어 비로소 의미 전체가 이해되는 것이다. 비록 이 과정이 너무도 신속하고 무의식적으로 이루어지기는 하지만 말이다. 알파벳을 구성하는 기호들은 개별적으로는 아무런 의미도 가지지 않으며 어떠한 이미지도 나타내지 않는다. 일련의 단어군은 한꺼번에 파악될 수도 있겠지만, 표음문자의 경우 대부분 언어는 개별 구성 요소들이 하나의 전체로 결합되는 과정을 통해 이해된다.

남성적인 사고는, 사고 대상 전체를 구성요소 부분으로 분해한 후 그들 각각을 개별화시키고 이를 다시 재조합하는 과정으로 진행된다. 그에 비해 여성적인 사고는, 분해되지 않은 전체 이미지를 통해서 의미를 이해하는 특징을 지닌다. 그림문자로 구성된 글의 이해는 여성적인 사고 과정을, 표음문자로 구성된 글의 이해는 남성적인 사고 과정을 거친다. 여성은 대체로 여성적 사고를, 남성은 대체로 남성적 사고를 한다는 점을 고려할 때 표음문자 체계의 보편화는 여성의 사회적 권력을 약화시키는 결과를 낳게 된다.

① 표음문자로 이루어진 문장은 개별 문자들이 하나로 결합되는 과정을 통해 의미 파악이 가능하다.
② 원앙은 시각을 통해 뇌 속에 전체 모습이 한 번에 받아들여진다.
③ 알파벳 기호는 개별적으로 어떤 이미지만을 나타낼 뿐, 그 자체가 아무런 의미를 가지지 않는다.
④ 남성적 사고는 사고 대상의 분해 과정을 거치나, 여성적 사고는 이 과정을 거치지 않는다.
⑤ 그림문자로 이루어진 글은 여성적인 사고 과정이 필요하다.

③

 둘째 단락 후반부에서 '알파벳을 구성하는 기호들은 개별적으로는 아무런 의미도 가지지 않으며 어떠한 이미지도 나타내지 않는다'라고 했는데, ③은 이에 배치되는 내용이다.

 ① 둘째 단락의 마지막 문장인 '표음문자의 경우 대부분 언어는 개별 구성 요소들이 하나의 전체로 결합되는 과정을 통해 이해된다'와 부합하는 내용이다.
② 첫째 단락의 '우리의 뇌는 시각적 신호를 받아들일 때 시야에 들어온 세계를 한꺼번에 하나의 전체로 받아들이게 된다. 즉 대다수의 이미지는 한꺼번에 지각된다'라는 부분을 통해 파악할 수 있는 내용이다. 즉, 원앙이라는 새의 전체 모습을 시각을 통해 한꺼번에 지각하게 된다는 것이다.
④ 셋째 단락의 '남성적인 사고는, 사고 대상 전체를 구성요소 부분으로 분해한 후 그들 각각을 개별화시키고 이를 다시 재조합하는 과정으로 진행된다. 그에 비해 여성적인 사고는, 분해되지 않은 전체 이미지를 통해서 의미를 이해하는 특징을 지닌다'라는 내용과 부합하는 내용이다.
⑤ 셋째 단락의 '그림문자로 구성된 글의 이해는 여성적인 사고 과정을, 표음문자로 구성된 글의 이해는 남성적인 사고 과정을 거친다.'라는 내용에 부합한다.

75 다음 글을 바탕으로 한 추론으로 적절한 것은?

일반적으로 기억은 인간의 도덕적인 판단이나 행동, 자아의 정체성을 확립하는 데 필수적이라는 점에서 긍정적으로 인식되지만 반복은 부정적인 의미를 지니기 마련이다. 다시 말해 인간은 기억을 통해 자신의 잘못된 행동을 반성하고 이를 반복하지 않도록 노력함으로써 도덕적인 행동을 할 수 있으며 이를 통해 도덕적으로 진보할 수 있는 가능성을 지니게 된 것이다.

그러나 기억과 반복에 관련된 이와 같은 통념은 최근 들어 변화하기 시작했다. 과거를 재구성하는 기억에 대한 불신이 커지는 반면 반복의 긍정적 측면이 계속 부각되고 있기 때문이다. 인간의 기억은 컴퓨터처럼 과거 경험을 그대로 불러내어 재현하는 것이 아니라 오히려 과거의 경험을 의도적으로 재구성하고 왜곡하여 허구적으로 구성해 내는 것이라는 생각이 점차 설득력을 얻고 있는 것이다. 즉, 우리의 기억이란 우리가 기억해야 할 것만을 기억하는 것이며 잊고 싶은 경험들은 기억의 저편으로 몰아내 버림으로써 자신의 소망과 기대, 선입견을 중심으로 가공된 기억이 현재의 기억이 된다는 것이다.

이처럼 과거의 경험을 재구성해 내는 기억의 기능은 있는 그대로 재현하는 것이 아니라는 점에서 그 중요성에 대한 회의가 강화되고 있는 반면 반복의 의미는 새롭게 평가되고 있다. 이전까지 반복이 동일한 것의 되풀이를 의미했다면 오늘날의 반복은 재현이나 되풀이를 의미하는 것이 아니다. 복고의 경우 그것은 단지 과거의 모습을 복원하는 것이 아니라 이를 패러디하거나 유희적으로 다루는 방식을 취하고 있는데 이는 복고라 하더라도 과거의 모습이 단순히 있는 그대로 재현되는 것은 아니기 때문이다. 이러한 의미에서 반복은 이전과는 전혀 다른 의미로 다가올 수밖에 없다.

① 기억은 진리를 판단하는 규범이 되며 과거를 그대로 재현하는 거울이다.

② 기억은 주관적인 인식 및 시대적 상황, 선입견 등에 의해 재구성되고 왜곡된다.

③ 오늘날의 반복은 재현이나 되풀이를 의미하며 과거의 모습을 복원하는 것이다.

④ 경험만으로 기억을 구성할 수 있다. 구성된 기억은 왜곡되지 않은 순수성을 갖고 있다.

⑤ 기억은 인간의 도덕적 판단 또는 행동, 자아의 정체성을 확립하는 것과 전혀 관련이 없다.

 정답 ②

 정답해설 두 번째 단락에서 '인간의 기억은 컴퓨터처럼 과거 경험을 그대로 불러내어 재현하는 것이 아니라 의도적으로 재구성하고 왜곡하여 허구적으로 재구성하는 것'이라 제시하고 있다.

오답해설 ① 기억은 재구성되며 왜곡되기 때문에 사실에 들어맞는 진리와 거리가 멀다.

③ 반복은 재현이나 되풀이를 의미하는 것이 아니라 이를 패러디하거나 유희적으로 다루는 방식을 취한다.

④ 기억이란 잊고 싶은 경험들은 기억의 저편으로 몰아내고 자신의 소망과 기대, 선입견을 중심으로 가공된 기억이 현재의 기억이 된다.

⑤ 기억은 인간의 도덕적인 판단이나 행동, 자아의 정체성을 확립하는 데 필수적이다.

76 다음 글이 참일 때 거짓인 것을 고르면?

지난 300만 년 동안 우리 뇌는 3배나 커져 고등한 존재가 됐으나 골반은 오히려 좁아졌다. 인간은 직립보행을 하게 되면서 다리와 다리 사이가 좁혀졌고 골반도 따라서 좁아진 것이다. 이 때문에 겪은 출산의 부작용은 엄청났다. '커진 두뇌', '좁아진 골반'이라는 딜레마를 우리 조상은 '미숙아 출산 전략'으로 풀었다.

보통 포유류는 뇌가 성체 뇌 용적의 45% 정도 됐을 때 세상에 나온다. 하지만 인간은 어른의 뇌 용적보다 불과 25%일 때 태어난다. 만일 다른 동물처럼 태아가 충분히 성숙한 상태에서 세상에 나온다면 사람의 임신기간은 21개월은 되어야 한다고 한다. 태어난 아기는 태아의 뇌와 같은 속도로 뇌가 급성장하다가 생후 1년 무렵부터 뇌의 성장이 둔화되며, 이 때 비로소 걷기 시작한다.

원시시대에 태아에게 인큐베이터 노릇을 한 것은 부모의 강한 결속과 보살핌이었다. '미숙아'를 키우면서 자유분방한 난교가 일부일처제로 바뀌었다고 진화학자들은 본다. 가정을 이뤄 자녀를 잘 돌보는 유전자를 가진 종족만이 생존했고 자손을 남긴 것이다.

포유류 가운데는 일부일처제가 3~5%에 불과하다. 소나 말 같은 대부분의 포유류는 낳자마자 걸어 다녀 군이 일부일처제가 필요 없다. 반면 지구상에서 자식에게 가장 공을 많이 들이는 동물인 새는 90%가 일부일처제다.

일부일처제 동물은 암컷의 '배란 은폐'가 특징이다. 암컷이 배란기가 언제인지 숨김으로써 발정기가 아닌 때도 성교가 가능해졌다는 설명도 있다. 자주 성교를 하는 게 공고한 일부일처제 가정을 이루는데 도움이 되는 것은 분명했던 것 같다.

① 인류는 직립보행, 뇌 용적의 증가, '미숙아' 출산 등으로 인해 일부일처제로 진화하게 되었다.

② 갓 태어난 아기의 뇌는 같은 시간에 태어난 보통의 포유류보다 성체 뇌 용적의 비율이 적다.

③ 인류의 뇌 용적이 크게 늘어난 것은 '미숙아' 출산 전략과 일부일처제의 정착에서 비롯되었다.

④ 인류의 경우 일부일처제는 종족 보존에 기여했다.

⑤ 배란 은폐는 일부일처제 정착과 연관성이 높다.

정답 ③

정답해설 인류의 '미숙아' 출산 전략과 일부일처제 정착으로 인해 뇌 용적이 증가된 것이 아니라, 오히려 뇌 용적 증가가 인류의 '미숙아' 출산 전략과 일부일처제 정착에 영향을 미쳤으므로, ③는 글의 내용과 부합하지 않는다. 제시된 글의 첫째 단락에서 "커진 두뇌', '좁아진 골반'이라는 딜레마를 우리 조상은 '미숙아 출산 전략'으로 풀었다'라는 내용에서 이를 파악할 수 있다.

77 다음 글을 바탕으로 한 추론으로 옳지 않은 것은?

세계화는 인적 유동성의 증가, 커뮤니케이션의 향상, 무역과 자본 이동의 폭증 및 기술 개발의 결과이다. 세계화는 세계 경제의 지속적인 성장 특히 개발도상국의 경제 발전에 새로운 기회를 열어 주었다. 동시에 그것은 급격한 변화의 과정에서 개발도상국의 빈곤, 실업 및 사회적 분열, 환경 파괴 등의 문제를 야기하였다.

정치적인 면에서 세계화는 탈냉전 이후 군비 축소를 통해 국제적·지역적 협력을 도모하는 새로운 기회들을 제공하기도 하였다. 그러나 국제사회에서는 민족, 종교, 언어로 나뉜 분리주의가 팽배하여 민족 분규와 인종 청소 같은 사태들이 끊이지 않고 있다.

또한 세계화 과정에서 사람들은 정보 혁명을 통해 더 많은 정보를 갖고 여러 분야에서 직접 활동할 수 있게 되었다. 예를 들어 시민들은 인터넷이라는 매체를 통해 정부나 지방자치단체의 정책 결정 과정에 참여하게 되었다. 그러나 정보 혁명의 혜택에서 배제된 사람들은 더욱 심각한 정보 빈곤 상태에 빠져 더 큰 소외감을 갖게 되었다.

한편 세계화는 사상과 문화도 이동시킨다. 세계화로 인해 제2세계의 오랜 토착 문화와 전통이 손상되고 있음은 익히 알려진 사실이다. 그러나 이런 부정적인 측면만 있는 것은 아니다. 세계화는 기업 회계의 규범에서부터 경영 방식, 그리고 NGO들의 활동에 이르기까지 자신이 지나간 자리에 새로운 사상과 관습을 심고 있다.

이에 따라 대부분의 사회에서 자신들이 이러한 세계화의 수혜자가 될 것인가 아니면 피해자가 될 것인가 하는 문제가 주요 쟁점이 되고 있다. 세계화가 자신들의 사회에 아무런 기여도 하지 않은 채 그저 전통문화만을 파괴해버리는 태풍이 될 것인지 혹은 불합리한 전통과 사회 집단을 와해시키는 외부적 자극제로 작용하여 근대화를 향한 단초를 제공해 줄 것인지에 대한 논의가 한창 진행 중이다.

① 세계화는 민주주의의 질적 향상을 통해 국가의 의미를 강화하였다.

② 세계화는 개발도상국의 근대화를 촉진할 수도 있지만 전통 문화를 훼손할 수도 있다.

③ 세계화는 정보의 빈익빈 부익부를 조장하여 정보 빈곤 상태에 빠진 사람들을 소외시켰다.

④ 세계화는 협력을 이끄는 힘이 되지만 다른 한편으로는 분열을 조장하는 위협이 되기도 한다.

⑤ 세계화는 세계 경제가 발전할 수 있는 기회를 주기도 했지만 경제 불안과 환경 파괴 같은 문제도 낳았다.

 ①

 세계화는 민주주의의 질적 향상을 통해 국가의 의미를 강화하였다는 내용은 제시문의 내용에서 확인할 수 없는 내용이다.

 ② 제시문은 세계화가 긍정의 방향 또는 부정의 방향으로도 귀착될 수도 있다는 점을 전제로 하여 현재 진행되고 있는 세계화의 양면적인 모습을 여러 측면에서 진단하고 있다. 따라서 세계화의 가능성을 밝히고 있는 다섯째 문단과 사상과 문화적 측면에서의 세계화의 양면성을 논하고 있는 넷째 문단을 통해 확인할 수 있다.

③ 셋째 문단의 요지에 해당한다.

④ 정치적인 측면에서 세계화의 양면성을 논하고 있는 둘째 문단의 요지에 해당한다.

⑤ 경제적인 측면에서 세계화의 양면성을 진단하고 있는 첫째 문단의 요지에 해당한다.

78 다음 글이 참일 때 거짓인 것을 고르면?

방사선은 원자핵이 분열하면서 방출되는 것으로 우리의 몸속을 비집고 들어오면 인체를 구성하는 분자들에 피해를 준다. 인체에 미치는 방사선 피해 정도는 'rem'이라는 단위로 표현된다. 1rem은 몸무게 1g당 감마선 입자 5천만 개가 흡수된 양으로 사람의 몸무게를 80kg으로 가정하면 4조 개의 감마선 입자에 해당한다. 감마선은 방사선 중에 관통력이 가장 강하다. 체르노빌 사고 현장에서 소방대원의 몸에 흡수된 감마선 입자는 각종 보호 장구에도 불구하고 400조 개 이상이었다.

만일 우리 몸이 방사선에 100rem 미만으로 피해를 입는다면 별다른 증상이 없다. 이처럼 가벼운 손상은 몸이 스스로 짧은 시간에 회복할 뿐만 아니라, 정상적인 신체 기능에 거의 영향을 미치지 않는다. 이 경우 '문턱효과'가 있다고 한다. 일정량 이하 바이러스가 체내에 들어오는 경우 우리 몸이 스스로 바이러스를 제거하여 질병에 걸리지 않는 것도 문턱효과의 예라 할 수 있다. 방사선에 200rem 정도로 피해를 입는다면 머리카락이 빠지기 시작하고, 몸에 기운이 없어지고 구역질이 난다. 항암 치료로 방사선 치료를 받는 사람에게 이런 증상이 나타나는 것을 본 적이 있을 것이다. 300rem 정도라면 수혈이나 집중적인 치료를 받지 않는 한 방사선 피폭에 의한 사망 확률이 50%에 달하고, 1,000rem 정도면 한 시간 내에 행동불능 상태가 되어 어떤 치료를 받아도 살 수 없다.

① 몸무게 50kg인 사람이 500조 개의 감마선 입자에 해당하는 방사선을 흡수한 경우 머리카락이 빠지기 시작하고 구역질을 할 것이다.

② 인체에 유입된 일정량 이하의 유해 물질이 정상적인 신체 기능에 거의 영향을 주지 않으면서 우리 몸에 의해 자연스럽게 제거되는 경우 문턱효과가 있다고 할 수 있다.

③ 몸무게 120kg 이상인 사람은 60kg인 사람과 달리 방사선에 300rem 정도로 피해를 입은 경우 수혈을 받지 않아도 사망할 확률이 거의 없다.

④ 체르노빌 사고 현장에 투입된 몸무게 80kg의 소방대원 A가 입은 방사선 피해는 100rem 이상이었다.

⑤ 몸무게 70kg인 사람이 1050조 개의 감마선 입자에 해당하는 방사선을 흡수한 경우 수혈이나 집중적인 치료를 받지 않는다면 사망 확률은 50%정도 이다.

 정답 ③

 정답해설 둘째 단락의 마지막 문장에서 '300rem 정도라면 수혈이나 집중적인 치료를 받지 않는 한 방사선 피폭에 의한 사망 확률이 50%에 달하고'라고 하였으므로, 몸무게와 상관없이 방사선에 300rem 정도의 피해를 입은 경우 수혈이나 집중 치료를 받지 않는 경우 사망할 확률이 50%에 이른다. 따라서 ③은 옳지 않은 내용이다.

오답해설 ① 첫째 단락에서 '1rem은 몸무게 1g당 감마선 입자 5천만 개가 흡수된 양'이라 하였으므로, 몸무게가 50kg인 사람이 500조 개의 감마선 입자를 흡수한 경우 방사선 피해 정도는 200rem이 된다. 둘째 단락에서 '방사선에 200rem 정도로 피해를 입는다면 머리카락이 빠지기 시작하고, 몸에 기운이 없어지고 구역질이 난다'라고 하였으므로, ①은 옳은 내용이 된다.

② 둘째 단락의 앞부분에서 '이처럼 가벼운 손상은 몸이 스스로 짧은 시간에 회복할 뿐만 아니라, 정상적인 신체 기능에 거의 영향을 미치지 않는다. 이 경우 '문턱효과'가 있다고 한다'라고 하였는데, ②는 이에 부합되는 내용이다.

④ 첫째 단락에서 '1rem은 몸무게 1g당 감마선 입자 5천만 개가 흡수된 양으로 사람의 몸무게를 80kg으로 가정하면 4조 개의 감마선 입자에 해당한다', '체르노빌 사고 현장에서 소방대원의 몸에 흡수된 감마선 입자는 각종 보호 장구에도 불구하고 400조 개 이상이었다'라고 했으므로, 체르노빌 사고 현장에 투입된 80kg의 소방대원이 입은 방사선 피해는 100rem 이상이었다는 것을 알 수 있다. 따라서 ④도 옳은 내용이다.

⑤ 둘째 단락에서 '300rem 정도라면 수혈이나 집중적인 치료를 받지 않는 한 방사선 피폭에 의한 사망 확률이 50%에 달하고,'라고 했으므로, 몸무게 70kg인 사람이 1050조 개의 감마선 입자에 해당하는 방사선을 흡수한 경우 방사선 피해 정도는 300rem이 된다. 그러므로, ⑤는 옳은 내용이다.

[79~80] 다음 글을 읽고 물음에 알맞은 답을 고르시오.

디지털 이미지는 사용자가 가장 손쉽게 정보를 전달할 수 있는 멀티미디어 객체이다. 일반적으로 디지털 이미지는 화소에 의해 정보가 표현되는데, M×N 개의 화소로 이루어져 있다. 여기서 M과 N은 가로와 세로의 화소 수를 의미하며, M 곱하기 N을 한 값을 해상도라 한다.

무선 네트워크와 모바일 기기의 사용이 보편화되면서 다양한 스마트 기기의 보급이 진행되고 있다. 스마트 기기는 그 사용 목적이나 제조 방식, 가격 등의 요인에 의해 각각의 화면 표시 장치들이 서로 다른 해상도와 화면 비율을 가진다. 이에 대응하여 동일한 이미지를 다양한 화면 표시 장치 환경에 맞출 필요성이 발생했다. 하나의 멀티미디어의 객체를 텔레비전용, 영화용, 모바일 기기용 등 표준적인 화면 표시 장치에 맞추어 각기 독립적인 이미지 소스로 따로 제공하는 것이 아니라, 하나의 이미지 소스를 다양한 화면 표시 장치에 맞도록 적절히 변환하는 기술을 요구하고 있다.

이러한 변환 기술을 '이미지 리타겟팅'이라고 한다. 이는 A×B의 이미지를 C×D 화면에 맞추기 위해 해상도와 화면 비율을 조절하거나 이미지의 일부를 잘라 내는 방법 등으로 이미지를 수정하는 것이다. 이러한 수정에서 입력 이미지에 있는 콘텐츠 중 주요 콘텐츠는 그대로 유지되어야 한다. 즉 리타겟팅 처리 후에도 원래 이미지의 중요한 부분을 그대로 유지하면서 동시에 왜곡을 최소화하는 형태로 주어진 화면에 맞게 이미지를 변형하여야 한다. 이러한 조건을 만족하기 위해 ㉠ 다양한 접근이 일어나고 있는데, 이미지의 주요한 콘텐츠 및 구조를 분석하는 방법과 분석된 주요 사항을 바탕으로 어떤 식으로 이미지 해상도를 조절하느냐가 주요 연구 방향이다.

79 다음 글을 바탕으로 한 추론으로 옳지 않은 것은?

① 디지털 이미지는 가로와 세로의 화소 수에 따라 해상도가 결정된다.

② 무선 네트워크와 모바일 기술을 이용한 스마트 기기의 경우 그 사용 목적이나 제조 방식 등에 따라 화면 표시 장치의 해상도와 화면 비율이 다양하다.

③ 스마트 기기에 대응하기 위해서는 하나의 이미지 소스를 표준적인 화면 표시 장치에 맞추어 개별적으로 제공할 필요가 있다.

④ 이미지 리타겟팅은 이미지를 다양한 화면 표시 장치에 맞도록 변환하는 기술을 말한다.

⑤ 이미지 리타겟팅 처리 이후에도 이미지의 중요 콘텐츠는 그대로 유지하는 것이 필요하다.

 정답 ③

정답해설 둘째 단락에서 '하나의 멀티미디어의 객체를 텔레비전용, 영화용, 모바일 기기용 등 표준적인 화면 표시 장치에 맞추어 각기 독립적인 이미지 소스로 따로 제공하는 것이 아니라, 하나의 이미지 소스를 다양한 화면 표시 장치에 맞도록 적절히 변환하는 기술을 요구하고 있다'라고 하였는데, 이를 통해 다양한 스마트 기기에 대응하기 위해서는 동일한 이미지를 다양한 화면 표시 장치라는 환경에 맞추어 적절히 변환하는 것이 필요하다는 것을 알 수 있다. 따라서 ③은 글의 내용과 일치하지 않는다.

80 다음 글의 ⊙의 사례로 보기 어려운 것은?

① 광고 사진에서 화면 전반에 걸쳐 흩어져 있는 콘텐츠를 무작위로 추출하여 화면을 재구성하는 방법

② 풍경 사진에서 전체 풍경에 대한 구도를 추출하고 구도가 그대로 유지될 수 있도록 해상도를 조절하는 방법

③ 인물 사진에서 얼굴 추출 기법을 사용하여 인물의 주요 부분을 왜곡하지 않고 필요 없는 부분을 잘라 내는 방법

④ 정물 사진에서 대상물의 영역은 그대로 두고 배경 영역에 대해서는 왜곡을 최소로 하며 이미지를 축소하는 방법

⑤ 상품 사진에서 상품을 충분히 인지할 수 있을 정도의 범위 내에서 가로와 세로의 비율을 화면에 맞게 조절하는 방법

 정답 ①

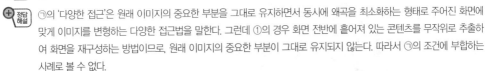 ⊙의 '다양한 접근'은 원래 이미지의 중요한 부분을 그대로 유지하면서 동시에 왜곡을 최소화하는 형태로 주어진 화면에 맞게 이미지를 변형하는 다양한 접근법을 말한다. 그런데 ①의 경우 화면 전반에 흩어져 있는 콘텐츠를 무작위로 추출하여 화면을 재구성하는 방법이므로, 원래 이미지의 중요한 부분이 그대로 유지되지 않는다. 따라서 ⊙의 조건에 부합하는 사례로 볼 수 없다.

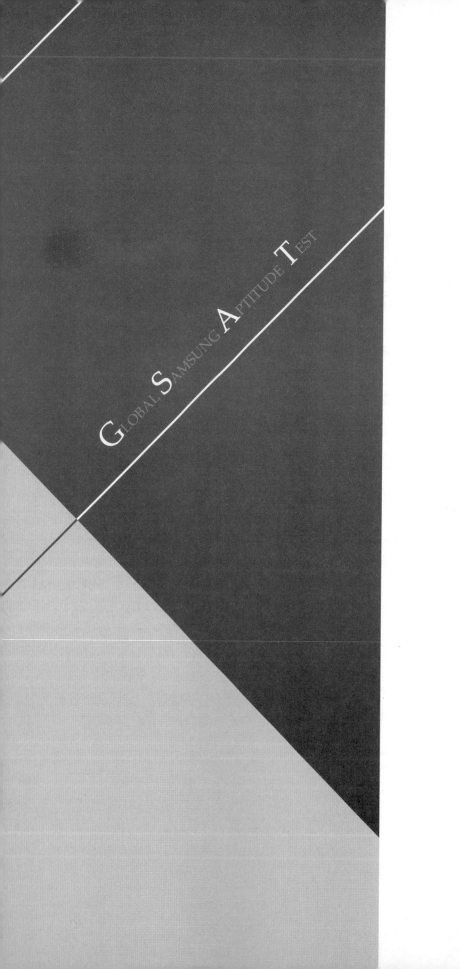

핵심
노트

1. 응용수리

(1) 일차방정식의 활용

　① 속력 · 거리 · 시간

　　㉠ 속력 = $\dfrac{거리}{시간}$

　　㉡ 거리 = 속력 × 시간

　　㉢ 시간 = $\dfrac{거리}{속력}$

　　㉣ 평균 속력 = $\dfrac{총\ 거리}{총\ 시간}$

　② 농도

　　㉠ 소금물의 농도(%) = $\dfrac{소금의\ 양}{소금물의\ 양} \times 100$

　　㉡ 소금의 양(g) = $\dfrac{소금물의\ 농도}{100} \times 소금물의\ 양$

　　㉢ 소금물의 양(g) = 소금의 양 + 물의 양

　③ 일률

　　전체 작업량을 1로 놓고, 단위 시간 동안 한 일의 양을 기준으로 식을 세움

　　㉠ 일률 = $\dfrac{일의\ 양}{일하는\ 데\ 걸린\ 시간}$

　　㉡ 작업속도 = $\dfrac{1}{걸리는\ 시간}$

　　㉢ 걸리는 시간 = $\dfrac{일의\ 양(=1)}{작업속도}$

　④ 정가에 관한 문제

　　㉠ 정가 = 원가 + 이익

　　㉡ 판매가 = 정가 − 할인 금액

　　　예 원가 x원에 $a\%$의 이익을 붙이면 $x\left(1 + \dfrac{a}{100}\right)$원이 된다.

　　　원가 x원에 $a\%$의 할인을 하면 $x\left(1 - \dfrac{a}{100}\right)$원이 된다.

　⑤ 시계

　　㉠ 시침이 1시간 동안 이동하는 각도 : $\dfrac{360°}{12} = 30°$

ⓒ 시침이 1분 동안 이동하는 각도 : $\dfrac{30°}{60}=0.5°$

ⓒ 분침이 1분 동안 이동하는 각도 : $\dfrac{360°}{60}=6°$

⑥ 수

　ㄱ 연속한 두 자연수 : x, $x+1$

　ㄴ 연속한 세 자연수 : $x-1$, x, $x+1$

　ㄷ 연속한 두 짝수(홀수) : x, $x+2$

　ㄹ 연속한 세 짝수(홀수) : $x-2$, x, $x+2$

　ㅁ 십의 자릿수가 x, 일의 자릿수가 y인 두 자리 자연수 : $10x+y$

　ㅂ 백의 자릿수가 x, 십의 자릿수가 y, 일의 자릿수가 z인 세 자리 자연수 : $100x+10y+z$

⑦ 부등식의 성질

　ㄱ 부등식의 양 변에 같은 수를 더하거나 양 변에 같은 수를 빼도 부등호의 방향은 바뀌지 않는다.

　　$a<b$이면 $a+c<b+c$, $a-c<b-c$

　ㄴ 부등식의 양 변에 같은 양수를 곱하거나 양 변을 같은 양수로 나누어도 부등호의 방향은 바뀌지 않는다.

　　$a<b, c>0$이면 $a\times c<b\times c$, $\dfrac{a}{c}<\dfrac{b}{c}$

　ㄷ 부등식의 양 변에 같은 음수를 곱하거나 양 변을 같은 음수로 나누면 부등호의 방향은 바뀐다.

　　$a<b, c<0$이면 $a\times c>b\times c$, $\dfrac{a}{c}>\dfrac{b}{c}$

(2) 경우의 수와 확률

① 경우의 수

　ㄱ 어떤 사건이 일어날 수 있는 모든 가짓수

　ㄴ 합의 법칙 : 두 사건 A와 B가 동시에 일어나지 않을 때, 사건 A가 일어나는 경우의 수를 m, 사건 B가 일어나는 경우의 수를 n이라 하면, 사건 A 또는 B가 일어나는 경우의 수는 $(m+n)$이다.

　ㄷ 곱의 법칙 : 사건 A가 일어나는 경우의 수를 m, 사건 B가 일어나는 경우의 수를 n이라 하면, 사건 A와 B가 동시에 일어나는 경우의 수는 $(m\times n)$이다.

② 순열 · 조합

　ㄱ 순열

　　• 정의 : 서로 다른 n개에서 r개를 순서대로 나열하는 경우의 수

　　• 계산식 : $_n\mathrm{P}_r=\dfrac{n!}{(n-r)!}$

　　• 성질 : $_n\mathrm{P}_n=n!$, $0!=1$, $_n\mathrm{P}_0=1$

　ㄴ 조합

　　• 정의 : 서로 다른 n개에서 r개를 순서에 상관없이 나열하는 경우의 수

- 계산식 : $_nC_r = \dfrac{n!}{(n-r)! \times r!}$

- 성질 : $_nC_r = {_nC_{n-r}}$, $_nC_0 = {_nC_n} = 1$

ⓒ 확률

- 사건 A가 일어날 확률 $= \dfrac{\text{사건 A가 일어나는 경우의 수}}{\text{모든 경우의 수}}$

- 여사건의 확률 : 사건 A가 일어날 확률이 p일 때, 사건 A가 일어나지 않을 확률은 $(1-p)$ 이다.

- 확률의 덧셈 : 두 사건 A, B가 동시에 일어나지 않을 때 A가 일어날 확률을 p, B가 일어 날 확률을 q라고 하면, 사건 A 또는 B가 일어날 확률은 $(p+q)$이다.

- 확률의 곱셈 : A가 일어날 확률을 p, B가 일어날 확률을 q라고 하면, 사건 A와 B가 동시 에 일어날 확률은 $(p \times q)$이다.

(3) 도형

① 피타고라스의 정리

직각삼각형 ABC에서 직각을 낀 두 변의 길이를 각각 a, b라 하고, 빗변의 길이를 c라고 할 때, $a^2 + b^2 = c^2$

② 도형의 내각

ⓐ n각형의 내각의 크기의 합 : $180° \times (n-2)$

ⓑ 정n각형에서 한 내각의 크기 : $\dfrac{180° \times (n-2)}{n}$

③ 각뿔과 원뿔

ⓐ 각뿔의 부피(V) : 각뿔의 밑넓이를 s, 각뿔의 높이를 h라고 할 때,

$V = \dfrac{1}{3}sh$

ⓑ 원뿔의 부피(V) : 밑면의 반지름을 r, 원뿔의 높이를 h라고 할 때,

$V = \dfrac{1}{3}\pi r^2 h$

ⓒ 원뿔의 겉넓이(S) : 밑면의 반지름을 r, 모선의 길이를 l이라고 할 때,

$S = \pi r(r+l)$

ⓓ 구의 부피(V) : 반지름을 r이라고 할 때,

$V = \dfrac{4}{3}\pi r^3$

ⓔ 구의 겉넓이(S) : 반지름을 r이라고 할 때,

$S = 4\pi r^2$

2. 자료해석

(1) 통계

① 의미

집단현상에 대한 구체적인 양적 기술을 반영하는 숫자를 의미한다. 특히 사회집단 또는 자연집단의 상황을 숫자로 나타낸 것이다.

② 기능

㉠ 많은 수량적 자료를 처리가능하고 쉽게 이해할 수 있는 형태로 축소시킨다.

㉡ 표본을 통해 연구대상 집단의 특성을 유추한다.

㉢ 의사결정의 보조수단이 된다.

㉣ 관찰 가능한 자료를 통해 논리적으로 어떠한 결론을 추출·검증한다.

③ 통계치

㉠ 빈도 : 어떤 사건이 일어나거나 증상이 나타나는 정도

㉡ 빈도 분포 : 어떤 측정값의 측정된 회수 또는 각 계급에 속하는 자료의 개수

㉢ 평균 : 모든 사례의 수치를 합한 후에 총 사례수로 나눈 값

㉣ 중앙값 : 크기에 의하여 배열하였을 때 정확하게 중간에 있는 값

㉤ 백분율 : 전체의 수량을 100으로 하여 생각하는 수량이 몇이 되는지를 가리키는 수(퍼센트)

(2) 도표

① 의미

선, 그림, 원 등으로 그림을 그려서 내용을 시각적으로 표현하여 다른 사람이 한 눈에 자신의 주장을 알아볼 수 있게 한 것

② 종류

구분	목적	용도	형상
종류	• 관리(계획 및 통제) • 해설(분석) • 보고	• 경과 그래프 • 내역 그래프 • 비교 그래프 • 분포 그래프 • 상관 그래프 • 계산 그래프 • 기타	• 선(절선) 그래프 • 막대 그래프 • 원 그래프 • 점 그래프 • 층별 그래프 • 레이더 차트 • 기타

㉠ 선(절선) 그래프

• 시간의 경과에 따라 수량에 의한 변화의 상황을 선(절선)의 기울기로 나타내는 그래프

• 시간적 추이를 표시하는데 적합

예 월별 매출액 추이 변화

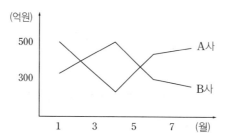

ⓛ 막대 그래프

- 비교하고자 하는 수량을 막대 길이로 표시하고, 그 길이를 비교하여 각 수량간의 대소 관계를 나타내고자 할 때 가장 기본적으로 활용할 수 있는 그래프
- 내역, 비교, 경과, 도수 등을 표시하는 용도로 활용

例 영업소별 매출액

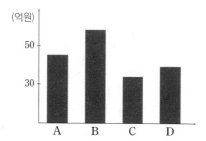

ⓒ 원 그래프

- 내역이나 내용의 구성비를 원에 분할하여 작성하는 그래프
- 전체에 대한 구성비를 표현할 때 다양하게 활용

例 기업별 매출액 구성비 등

ⓔ 점 그래프

- 지역분포를 비롯하여 도시, 지방, 기업, 상품 등의 평가나 위치, 성격을 표시하는데 활용할 수 있는 그래프

例 각 지역별 광고비율과 이익률의 관계 등

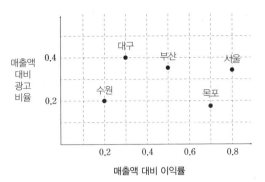

ⓜ 층별 그래프

- 선의 움직임보다는 선과 선 사이의 크기로써 데이터 변화를 나타내는 그래프
- 층별 그래프는 합계와 각 부분의 크기를 백분율로 나타내고 시간적 변화를 보고자 할 때 활용
- 합계와 각 부분의 크기를 실수로 나타내어 시간적 변화를 보고자 할 때 활용

例 월별 · 상품별 매출액 추이 등

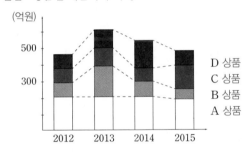

ⓗ 레이더 차트(거미줄 그래프)

- 비교하는 수량을 직경 또는 반경으로 나누어 원의 중심에서의 거리에 따라 각 수량의 관계를 나타내는 그래프
- 다양한 요소를 비교할 때, 경과를 나타낼 때 활용

例 상품별 매출액의 월별변동 등

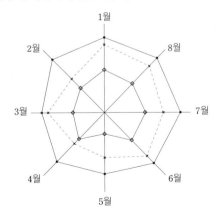

③ 도표 해석상 유의사항

　㉠ 도표에 제시된 자료의 의미에 대한 정확한 숙지

　　주어진 도표를 무심코 해석하다 보면 자료가 지니고 있는 진정한 의미를 확대하여 해석할 수 있으므로 유의해야 한다.

　㉡ 도표로부터 알 수 있는 것과 알 수 없는 것의 구별

　　주어진 도표로부터 알 수 있는 것과 알 수 없는 것을 완벽하게 구별할 필요가 있다. 도표를 토대로 자신의 주장을 충분히 추론할 수 있는 보편타당한 근거를 제시해주어야 한다.

　㉢ 총량의 증가와 비율증가의 구분

　　비율이 같다고 하더라도 총량에 있어서는 많은 차이가 있을 수 있다. 또한 비율에 차이가 있다고 하더라도 총량이 표시되어 있지 않은 경우 비율차이를 근거로 절대적 양의 크기를 평가할 수 없기 때문에 이에 대한 세심한 검토가 요구된다.

3. 언어추리

(1) 연역 추론

이미 알고 있는 판단(전제)을 근거로 새로운 판단(결론)을 유도하는 추론.

① **직접 추론** : 한 개의 전제로부터 새로운 결론을 이끌어내는 추론이며, 대우 명제가 대표적인 예이다.

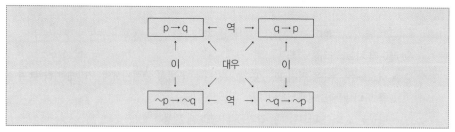

　㉠ ~p는 p의 부정명제이다.

　㉡ 명제가 참일 경우 대우 명제도 반드시 참이 된다.

　㉢ 명제가 참일 경우 '역'과 '이'는 참일 수도 있고 거짓일 수도 있다.

　　예 명제 : 볼펜은 학용품이다(참).

　　　역 : 학용품은 볼펜이다(거짓).

　　　대우 : 학용품이 아니면 볼펜이 아니다(참).

② **간접 추론**

둘 이상의 전제로부터 새로운 결론을 이끌어내는 추론이다. 삼단논법이 가장 대표적인 예이다.

　예 인간은 죽는다. 소크라테스는 인간이다. 그러므로 소크라테스는 죽는다.

(2) 귀납추론

특수 사실로부터 일반적이고 보편적인 법칙을 찾아내는 추론방법이다.

⑩ 오늘도 해가 졌다. 어제도 해가 졌다. 따라서 내일도 해가 진다.

(3) 유비추론

서로 다른 범주에 속하는 두 대상 간에 존재하는 유사성을 근거로 하여 구체적 속성도 일치할 것이라는 결론을 도출한다.

⑩ 지구에는 생물이 있다. 화성에는 지구와 마찬가지로 공기, 육지, 물이 있다. 따라서 화성에도 생물이 살 것이다.

4. 단어유추

(1) 유의어 관계

유의어는 한 언어 안에서 공시적으로 비슷한 의미를 가지는 두 개 이상의 단어를 말한다. 유의 관계의 대부분은 개념적 의미의 동일성을 전제로 한다.

(2) 반의어 관계

반의어는 둘 이상의 단어에서 의미가 서로 짝을 이루어 대립되는 단어를 말하며 이러한 단어들을 반의 관계라고 한다. 두 단어가 반의어가 되려면, 두 어휘 사이에 공통적인 의미 요소가 내재되어 있으면서 동시에 하나의 의미 요소만 달라야 한다.

(3) 상하 관계

상하 관계는 단어의 의미적 계층 구조에서 한 쪽이 의미상 다른 쪽을 포함하거나 다른 쪽에 포섭되는 관계를 말한다. 상하 관계를 형성하는 단어들은 상위어일수록 일반적이고 포괄적인 의미를 지니며, 하위어일수록 개별적이고 한정적인 의미를 지닌다. 따라서 하위어는 상위어를 의미적으로 함의하게 된다. 즉, 상위어가 가지고 있는 의미 특성을 하위어가 자동적으로 가지게 된다.

(4) 부분 관계

부분 관계는 한 단어가 다른 단어의 부분이 되는 관계를 말하며, 전체 – 부분 관계라고도 한다. 부분 관계에서 부분을 가리키는 단어를 부분어, 전체를 가리키는 단어를 전체어라고 한다.

(5) 다의어와 동음이의어

다의어(多義語)는 뜻이 여러 개인 낱말을 뜻하고, 동음이의어(同音異議語)는 소리는 같으나 뜻이 다른 낱말을 뜻한다. 중심의미(본래의 의미)와 주변의미(변형된 의미)로 나누어지면 다의어이고, 중심의미와 주변의미로 나누어지지 않고 전혀 다른 의미를 지니면 동음이의어라 한다.

5. 논리추론

(1) 지문의 핵심 파악하기

① 핵심어 찾기

② 각 문단의 중심 문장 찾기

③ 주제문 확정하기

(2) 글의 구조 파악하기

① 문단들 간의 관련성을 파악하고 중심 문단과 뒷받침 문단으로 나누기

② 글의 구조와 전개 방식 파악하기

(3) 글 속의 정보 파악하기

① 설명문

주로 분석에 따른 지식을 전달하고자 하는 글이므로 정확하고 객관적이다. 용어, 이론, 개념 등에 주의해야 한다. 서두에는 집필 배경ㆍ목적ㆍ대상 등을, 끝부분에는 요약을 나타내는 경우가 많다.

② 논설문

제시된 주장으로 독자를 설득하고자 하는 글이다. 주장을 객관화하기 위해 사용된 근거와 논지 전개, 수용 가능성에 대한 부분을 눈여겨보아야 한다.

(4) 추론 과정 파악하기

① 전제, 논지, 논거 찾기

② 재구조화하기

전제, 논지, 논거를 찾은 후 그중 핵심이 되는 것을 추려서 다시 구조화하는 과정이 필요하다.